भारत की विदेश नीति

भारत की विदेश नीति

पी०सी० जैन

ATLANTIC
PUBLISHERS & DISTRIBUTORS (P) LTD

प्रकाशक :

एटलांटिक पब्लिशर्स एण्ड डिस्ट्रीब्यूटर्स (प्रा.) लि.

7/22, अन्सारी रोड, दरियागंज, नई दिल्ली-110002

दूरभाष : +91-11-40775252, 23273880, 23275880, 23280451

फैक्स : +91-11-23285873

ई-मेल : orders@atlanticbooks.com

वेबसाइट : www.atlanticbooks.com

शाखा कार्यालय :

5, नालाथम्बी स्ट्रीट, वालाजाह रोड, चेन्नई-600002

दूरभाष : +91-44-64611085, 32413319

ई-मेल : chennai@atlanticbooks.com

मुद्रक : ग्लोरियस प्रिंटर्स, ए-13, डी.एस.आई.डी.सी., झिलमिल औद्योगिक क्षेत्र, नई दिल्ली-110095

Mani Shankar Aiyar
MEMBER OF PARLIAMENT
(RAJYA SABHA)

12, Safdarjung Lane
New Delhi - 110 011
Tel. 23795402
E-mail : manirsmp@gmail.com

FOREWORD

Sitting in a small town far removed from the hurly-burly of Delhi, Prof. P.C. Jain has done a remarkable job of meticulously researching the evolution of Indian foreign policy, focusing particularly on the foundations laid in the Nehru era. Writing with admirable objective detachment, his credibility is only enhanced by his weaving constructive criticism with an appreciation of the moral and principled underpinnings of a rational, pragmatic approach that enabled newly Independent India to punch much above its weight till the disastrous setback of 1962. The subsequent elaboration of basic perceptions to respond to changing challenges has also been carefully documented and explained by Prof. Jain. In particular, I am deeply impressed by the clarity of his exposition in Hindi to students and scholars who might otherwise have remained distanced from the preoccupations of scholars and practitioners of diplomacy in an increasingly complex world.

I extend my very best wishes to Prof. Jain and entertain the hope that he has many more years of noble service to the nation.

(Mani Shankar Aiyar)

New Delhi

दो शब्द

यह एक मान्य नियम है कि हर देश की विदेश नीति का लक्ष्य उसके राष्ट्रीय हितों की पूर्ति करना होता है अथवा प्रत्येक देश की विदेश नीति का लक्ष्य राष्ट्रीय हितों की रक्षा तथा उन्हें पूरा करना होता है। एक दूसरा नियम है कि हर देश की विदेश नीति उसकी आंतरिक नीति की अंतर्राष्ट्रीय क्षेत्र में अभिव्यक्ति होती है।

यहाँ एक प्रश्न उठता है कि ये राष्ट्रीय हित क्या हैं? इसका नियम यह है। कि सत्तारूढ़ वर्ग के हितों को राष्ट्रीय हित कहा जाता है। पूंजीवादी समाज में दो या तीन वर्ग होते हैं। इनमें निरन्तर संघर्ष की स्थिति बनी रहती है। सत्ता पूंजीपति वर्ग के हाथों में आ जाती है। जब सत्ता श्रमिक वर्ग के हाथों में आएगी, तब सत्तारूढ़ वर्ग पूंजीवाद के स्थान पर समाजवाद स्थापित करने की दिशा में आगे बढ़ेगा। वर्गीय हितों के साथ कुछ ऐसे भी हित होते हैं, जिन पर पूरे समाज की सहमति होती है–जैसे भारत में कश्मीर के संबंध में। यह ऐसा नहीं है कि $2 \times 2 = 4$ हो। वर्गीय संबंध बहुत जटिल होते हैं।

किसी देश की विदेश नीति की वैज्ञानिक समझ से पहले उस देश की सामाजिक और आर्थिक व्यवस्था को भी समझना पड़ेगा, क्योंकि यही उसका आधार होता है।

अंतर्राष्ट्रीय राजनीति का अध्ययन इतना व्यापक हो गया है कि अब उसके अध्ययन के लिए एक अलग से विभाग या संस्थान बनाना अति आवश्यक है–इस आवश्यकता की पूर्ति के लिए विदेशों और भारत में अलग से संस्थान खोले भी जा रहे हैं।

भारत की एक विशेषता यह रही कि स्वतंत्रता प्राप्त करने के पहले से ही राष्ट्रीय आंदोलन के द्वारा भारत की विदेश नीति के तत्त्वों और सिद्धान्तों को प्रतिपादित किया गया था। भारत ने स्वतंत्र होने के बाद जो नीति अपनाई उसका आधार राष्ट्रीय आंदोलन का इतिहास है। ऐतिहासिक पृष्ठभूमि इस देश की आंतरिक और अंतर्राष्ट्रीय नीति के निर्धारण के लिए आवश्यक है। सिद्धान्त तो केवल आवरण या अलंकार मात्र होते हैं। आंतरिक और विदेश नीति सामाजिक, आर्थिक और सांस्कृतिक व्यवस्था पर निर्भर

करती है। उदाहरणार्थ यह कहा जा सकता है कि असम्बद्धता की विदेश नीति भारत की मिश्रित अर्थव्यवस्था की अभिव्यक्ति है। विश्वशांति का लक्ष्य अमूर्त सिद्धान्तों पर आधारित न होकर सामाजिक, आर्थिक और सांस्कृतिक आवश्यकताओं पर निर्भर करता है।

शीत युद्ध समाप्त होने पर भारत के सामने सबसे बड़ा प्रश्न यह था कि भारत असम्बद्ध बना रहे या किसी महाशक्ति से बंध जाए। अनेक लोगों की यह मान्यता हो गई है कि शीत युद्ध समाप्त होने पर असम्बद्धता का कोई अर्थ नहीं रहा। परिणामतः भारत सरकार शनैःशनैः अमेरिका का अनुगामी बनती जा रही है। यह भी माना जाता है कि इसका लाभ भारत को मिल रहा है।

विश्व में एकल ध्रुवीय व्यवस्था बन गई है जिसमें संयुक्त राज्य अमेरिका एक मात्र सर्वोच्च अति महाशक्ति के रूप में अपनी मनमानी कर रहा है। छोटे और निर्बल देशों की स्वतंत्रता और संप्रभुता के लिए विश्व में शक्ति के एक से अधिक ध्रुव होना चाहिए। विश्व इस दिशा में बढ़ भी रहा है। चीन, अमेरिका के लिए एक बड़ी चुनौती बन गया है। चीन, भारत, रूस, ब्राजील, फ्रांस मिलकर एक शक्तिशाली दूसरा ध्रुव बना सकते हैं। इसकी संभावना बढ़ रही है।

अंतर्राष्ट्रीय राजनीति, विश्व शक्तिगत संबंध, शक्ति संघर्ष और शक्ति संतुलन की भी अभिव्यक्ति है। शक्ति केवल बाहुबल की नहीं होती। यह एक–दूसरे पर दबाव डालने और नियंत्रण करने की क्षमता है। अंतः राजनीति और अंतर्राष्ट्रीय राजनीति को शक्ति का विज्ञान भी कहा जाता है।

भारत की विदेश नीति पर हिन्दी और अंग्रेजी में अनेक पुस्तकों की रचना हुई है। उनका दृष्टिकोण बहुत कुछ अलग–अलग है। मेरी इस पुस्तक का दृष्टिकोण औरों से कुछ अलग है।

इस पुस्तक का प्रयोग स्नातक और परास्नातक विद्यार्थी और सिविल सर्विसेज् की परीक्षाओं में शामिल होने वाले प्रत्याशी कर सकते हैं। इनकी आवश्यकताओं का विशेष ध्यान रखा गया है। पुस्तक में हर विषय पर और अधिक विस्तार से लिखा जा सकता था किन्तु वह छात्र–छात्राओं के लिए बोझ बन जाता। फिर भी सभी विषय के मुख्य तत्त्वों की चर्चा और विश्लेषण यथासंभव अवश्य किया गया है। यह मेरा प्रयास पाठकों के मूल्याकंन के लिए प्रस्तुत है।

पी॰सी॰ जैन

विषय-सूची

1
ऐतिहासिक पृष्ठभूमि

प्राचीन और मध्यकाल

प्राचीन काल से भारत के संबंध भारत के बाहर दूसरे देशों से रहे हैं। चीन, ईरान, ग्रीस, मध्य–एशिया और अरब देशों से बराबर संबंध बने रहे हैं।

विदेशों से संबंध स्थापित करने में सबसे पहला मौर्य साम्राज्य था। ये सम्बंध आंशिक रूप से युद्ध में जीत और सर्वोच्चता के आधार पर थे और आंशिक रूप से पारस्परिक व्यापारिक आधार पर थे। चन्द्रगुप्त मौर्य ने ग्रीस से राजनयिक सम्बंध स्थापित किये थे। उसके पुत्र बिन्दुसार ने इन सम्बंधों को बनाये रखा। पाटलीपुत्र में मिश्र के राजदूतों को मान्यता दी गयी थी। कौटिल्य जो कि चन्द्रगुप्त का गुरू था, उसने अपनी ऐतिहासिक पुस्तक, अर्थशास्त्र में चायना पट्‌टू का उल्लेख किया है, जिसका अर्थ चीन का प्रसिद्ध सिल्क का कपड़ा है। इससे यह सिद्ध होता है कि ईसा से लगभग 300 वर्ष पूर्व शताब्दी में भी भारत और चीन के बीच में व्यापारिक सम्बंध थे। प्राचीनकाल की इस प्रसिद्ध अर्थशास्त्र की पुस्तक के एक भाग में विदेशी व्यापारियों के विशेष अधिकार, कर्तव्य, विमुक्तियों का उल्लेख किया गया है। चन्द्रगुप्त के पौत्र अशोक का शासन काल भारत के इतिहास में स्वर्णिम युग माना जाता है। उसने विदेशों से सांस्कृतिक, धार्मिक और व्यापारिक सम्बंध स्थापित किए थे। उसने विश्व को हिंसा के स्थान पर अहिंसा और शांति का संदेश दिया था। उसका लक्ष्य दूसरे देशों पर अपना आधिपत्य स्थापित करने के स्थान पर उनके मन और मस्तिष्क पर विजय पाना था। उसके शासन काल में पश्चिम एशिया के सीरिया, मेसीडोनिया, मिश्र, साइरीन, ईपीरस, और दक्षिण और उत्तर एशिया के बर्मा, स्याम, श्रीलंका, नेपाल, तिब्बत, और दक्षिण–पूर्वी–एशिया और सुदूर पूर्व के चीन, जापान और मलेशिया से सम्बंध स्थापित हुये। मध्य एशिया में एक भारतीय उपनिवेश

कोहटन (वर्तमान सीक्यांग) स्थापित होने का प्रमाण मिलता है। भारत का विदेशों से व्यापार में काफी विस्तार हुआ और तक्षशिला तथा नालन्दा विश्वविद्यालयों में अनेक विदेशी छात्र शिक्षा ग्रहण करने के लिये आये थे।[1]

अशोक के पश्चात् 1 शताब्दी से 13वीं शताब्दी तक दक्षिण भारत के अनेक राज्यों ने समुद्र के मार्ग से जाकर दक्षिण और दक्षिण पूर्व में अपने राज्य और उपनिवेश स्थापित किए थे। इनमें प्रमुख जावा, सुमात्रा, बोर्निओ, अनाम, कोचीन–चीन कम्बोडिया, मलाया, श्रीलंका, सिलीबिस, फिलीपाइन्स, फारमूसा और प्रशान्त महासागर के अन्य द्वीप थे। इन राज्यों और उपनिवेशों को स्थापित करने की प्रेरक शक्ति–महत्वाकांक्षा, व्यापार, धर्म एवं राजनीतिक प्रभुत्व स्थापित करना था। इन देशों तक पहुँचने के लिये स्थल और समुद्री मार्गों का प्रयोग किया गया। के.एम. पाणीकर के अनुसार ईसा से पूर्व दक्षिण भारत के बन्दरगाहों से प्रशान्त महासागर के द्वीपों तक समुद्री मार्ग समुचित रूप से स्थापित था।[2] चालुक्या और पल्लवा उस समय की बड़ी समुद्री शक्तियाँ थीं जिन्होंने भारत की सीमाओं के बाहर अपने राज्य और उपनिवेश स्थापित करने में पहल की थी। उस काल में भारत की सीमा से बाहर प्रमुख भारतीय राज्यों में कम्बूजा (कम्बोड़िया) और स्याम (थाईलैंड़) उल्लेखनीय हैं। आठवीं शताब्दी में श्री विजय साम्राज्य ने मलाया में अपने राज्य की स्थापना की थी। इनका प्रभाव पूरे दक्षिण पूर्वी एशिया पर पड़ा था। इस युग की एक विशेषता यह थी कि यह विदेशी भारतीय राज्य और उपनिवेश भारत तथा चीन के बीच में स्थित थे और इन पर चीन और भारत दोनों देशों की संस्कृति का प्रभाव पड़ा था। जिसके फलस्वरूप इन देशों में मिश्रित संस्कृति का विकास हुआ है किन्तु यह होने पर भी चीन और भारत के बीच कोई झगड़ा या युद्ध नहीं हुआ। इन देशों में दोनों देशों की संस्कृति अलग–अलग ढंग और रूप में विकसित हुई थी।[3] सातवीं शताब्दी में चीन की टी.आंग राजघराने और भारत के सम्राट हर्षवर्धन के बीच राजनयिक सम्बंध स्थापित हुए थे और चीनी राजदूत हुआन् सांग हर्षवर्धन के शासन काल में आया था। भारत पर मुस्लिम आक्रमण के पहले भारत और अरब देशों मे पारस्परिक राजनयिक और व्यापारिक सम्बंध स्थापित हुये थे। भारत

1. नेहरू, *डिस्कवरी ऑफ इण्डिया,* पृष्ठ 123।
2. के.एम. पाणीकर, *सर्वे आफ इन्डियन हिस्ट्री*।
3. के.एम. पाणीकर, *सर्वे आफ इन्डियन हिस्ट्री*।

और अरब देश सभ्यता और संस्कृति मे पर्याप्त विकसित थे। इन सम्बंधों को स्थापित करने में दक्षिण का राष्ट्रकूट राजवंश सबसे आगे था।[4]

मुस्लिम शासन में भारत के सम्बंध मुख्यतः पर्शिया और टर्की से थे। इतिहास में मिलता है कि अकबर का पुर्तगाली पादरियों और व्यापारियों के माध्यम से यूरोप से सम्पर्क था और जहाँगीर के दरबार में इंग्लैण्ड के सम्राट जेम्स ने सर थॉमस रो को राजदूत के रूप में भारत भेजा था। इसके बाद इंग्लैण्ड, नीदरलैंड, और फ्रांस के पादरी, राजनयिक और व्यापारी मुगल शासन में आते रहे थे। उनमें आपस में विशेष सुविधाएं और अधिकार पाने के लिये होड़ रही। इस दौरान यद्यपि पूर्वी देशों से सम्पर्क बहुत कम रहा किन्तु इतिहास में हमें यह मिलता है कि मोहम्मद बिन तुगलक जो दिल्ली का सुलतान था, उसने अरब पर्यटक इब्ने बतूता को अपना प्रतिनिधि बना कर चीन भेजा था। 14वीं शताब्दी के मध्य में चीन के राजदूत त्धु–शियान और शिआन बंगाल के सुल्तान के दरबार में आये थे। बंगाल में सुल्तान ग्यासुद्दीन के दरबार में चीन के मिंग सम्राटों के राजदूत बराबर आते रहे। सन् 1414 में ग्यासुद्दीन ने अपना राजदूत अनेक मूल्यवान भेंटों के साथ चीन भेजा था।

विशेष बात यह है कि प्राचीन और मध्य काल में भारत के जो सम्बंध विदेशों से थे वह मुख्यतः सांस्कृतिक और व्यापारिक थे। भारत के बाहर जो भारतीय उपनिवेश स्थापित हुये वहाँ वास्तव में भारतीय जा बसे थे। वे वहाँ के मूल निवासियों और उनकी संस्कृति और आर्थिक जीवन में घुलमिल गये थे। उस समय भारत की नीति आक्रमणकारी नहीं थी। भारत का संदेश शांति और सहयोग का था।

ब्रिटिश शासन काल

भारत पर अंग्रेजी शासन स्थापित होने पर भारत के अन्य देशों के साथ सम्बंधों का अंत हो गया। भारत के सम्बंध केवल यूरोपियन देशों और विशेषकर ब्रिटेन से स्थापित हुये। इस भांति भारत विदेशों से अलग–थलग पड़ गया।

ब्रिटेन के द्वारा आक्रमण और जबर्दस्ती अपना कब्ज़ा स्थापित करने की नीति और कार्यवाही जब चल रही थी, उस दौरान सन् 1857 में ब्रिटिश राज्य के उन्मूलन करने का असफल प्रयास हुआ। इस काल में टीपू

4. नेहरू, *ग्लिमसेज आफ वर्ल्ड हिस्ट्री*, पृष्ठ 155।

सुल्तान ने जो मैसूर का शासक था, नेपोलियन बोनापार्ट से राजनयिक सम्बंध स्थापित किये जिससे अंग्रेजों के खिलाफ उसे फ्रांस का समर्थन मिल सके। नाना साहब जो 1857 के विद्रोह के शीर्ष नेता और संगठनकर्त्ता थे उन्होंने अजीम उल्लाह खां को विद्रोह के लिये विदेशी समर्थन जुटाने के लिये रूस, टर्की, मिश्र, पर्शिया और यूरोप के अन्य देशों में भेजा था।[5] सन् 1857 के विद्रोह को सफलता नहीं मिल सकी। उसे अंग्रेजों के द्वारा कुछ देशी रजवाड़ों की सहायता से कुचल दिया गया। उस समय ब्रिटिश साम्राज्यवाद ने भारतीय सेना और संसाधनों से पड़ोसी देशों पर आक्रमण किया। रूसी साम्राज्यवाद से उसकी प्रतिस्पर्धा थी। उस समय के रूस के साम्राज्यवाद के विस्तार को रोकने के लिए तिब्बत और अफ़गानिस्तान को बफर स्टेट के रूप में स्थापित किया गया। राष्ट्रीय आन्दोलन आरम्भ में केवल ब्रिटिश उपनिवेशों में भारतीयों के साथ दुर्व्यवहार और भेदभाव तथा पड़ोसी देशों की स्वतंत्रता खत्म करने के लिये भारतीय सेना के प्रयोग का विरोध करने तक सीमित रहा। सन् 1912 में भारतीय राष्ट्रीय कांग्रेस के अध्यक्ष की हैसियत से राव बहादुर मुधोलकर ने दक्षिण अफ्रीका और अन्य अंग्रेजी उपनिवेशों में भारतीयों के साथ दुर्व्यवहार पर और टर्की में खलीफात के अस्तित्व के खतरे पर अपनी गहरी चिन्ता व्यक्त की।[6] कांग्रेस के 28वें अधिवेशन में उसके तत्कालीन अध्यक्ष नबाब सैयद मोहम्मद ने इस चिन्ता को दोहराया। इसके पूर्व भी उदार नेता गोपाल कृष्ण गोखले ने ब्रिटेन के द्वारा भारतीय सेना के विस्तार का विरोध किया था क्योंकि इस प्रकार के विस्तार का उद्देश्य ब्रिटेन के द्वारा एशिया में अपने पक्ष में शक्ति संतुलन बनाये रखना था।[7] जब प्रथम महायुद्ध आरम्भ हो गया तो राष्ट्रीय आन्दोलन के उदारवादी और सुधारवादी नेताओं ने अंग्रेजों का दिल खोलकर समर्थन किया। कांग्रेस के 30वें अधिवेशन में उसके तत्कालीन अध्यक्ष सर सत्येन्द्र प्रसाद सिन्हा ने इस बात पर गर्व व्यक्त किया कि भारतीय अपनी साम्राज्यवादी माँ की सराहनीय सेवा कर रहे हैं।[8] गाँधी जी इस समय दक्षिण अफ्रीका से लन्दन आ गये थे। उन्होंने भारतीयों को सलाह दी थी कि उनको साम्राज्यवाद के दृष्टिकोण से सोचना चाहिए। साम्राज्य के प्रति अपने कर्तव्यों का निर्वाह करना

5. व्ही.डी. सावरकर, *दी इण्डियन वार ऑफ इन्डिपेन्डेन्स*।
6. *कांग्रेस प्रेसीडेनशियल एडरेसेज,* पृष्ठ 65 व 810।
7. इकबाल सिंह, *इण्डिया की फोरेन पालिसी,* पृष्ठ 9।
8. *कांग्रेस प्रेसीडेनशियल एडरेसेज* 310 और 312।

चाहिये। उन्होंने जिन्ना, लाला लाजपतराय, सिन्हा और अन्य के साथ एक पत्र ब्रिटेन के भारतीय मामलों के मंत्री को लिखा था जिससे युद्ध में भारतीयों के समर्थन और सहायता का आश्वासन दिया गया था।[9] सन् 1917 में श्रीमती ऐनी बीसेन्ट ने कांग्रेस के अध्यक्ष के रूप में कहा था कि भारत एशिया में ब्रिटेन के हितों का रक्षक है। ब्रिटेन से यह मिन्नत की थी कि भारतवर्ष में ही इतनी जनसंख्या है, जो एशिया में ब्रिटिश साम्राज्य को प्रभावी रूप में बनाये रख सकती है।[10]

सन् 1918 में दिल्ली में कांग्रेस के 33वें अधिवेशन में पं. मदन मोहन मालवीय ने अपने अध्यक्षीय भाषण में तत्कालीन संयुक्त राज्य अमेरिका के राष्ट्रपति वुड़रो विल्सन के द्वारा घोषित 14 सिद्धान्तों को प्रेरणादायक बताया और शांति सम्मेलन में भारत के नाम पर भारत का जो प्रतिनिधि मंड़ल भेजा गया था उसको भारत का सही प्रतिनिधि न होने पर खेद प्रगट किया। अगले अधिवेशन में कांग्रेस के तत्कालीन अध्यक्ष पं. मोती लाल नेहरू ने ब्रिटिश उपनिवेशों में भारतीयों के साथ दुर्व्यवहार और भेदभाव की आलोचना की। राष्ट्रीय आन्दोलन का उस समय का चरित्र समझौतावादी और उदारवादी था।

इस काल की एक उल्लेखनीय घटना यह है कि उस समय के प्रभावी नेता बाल गंगाधर तिलक ने वरसाइ में होने वाले शांति सम्मेलन के अध्यक्ष क्लीमेन्स को एक पत्र लिखा था जिसमें उन्होंने कहा था कि भारत किसी अन्य देश पर अपना आधिपत्य स्थापित करने की महत्वाकांक्षा नहीं रखता। वह अपनी विशाल भूमि प्रचुर संसाधनों और विपुल जनसंख्या के आधार पर एशिया का एक शक्तिशाली राज्य बनने की आकांक्षा रख सकता है। पूर्व में शांति और व्यवस्था बनाये रखने में राष्ट्र संघ का एक प्रबल अग्रदूत बन सकता है।[11] सैद्धान्तिक क्षेत्र में समाजवादी व्यवहारिक राजनीति से आगे थे। वे स्वस्थ और परिपक्व राष्ट्रीयता में विश्वास करते थे। इसके साथ–साथ वे अन्तर्राष्ट्रीयता के भी कट्टर पक्षधर थे। वे यह भी मानते थे कि साम्राज्यवाद उग्रवादी और विकृत राष्ट्रीयता की अभिव्यक्ति हैं। उनका विश्वास था कि साम्राज्यवाद विकृत पूंजीवादी व्यवस्था की उपज है। वह कुछ देशों के सामूहिक स्वार्थों का प्रतिनिधित्व करता है। वे समझते थे कि साम्राज्यवाद के

---

9. आर. पी. दत्त–*इन्ड़िया टुडे*, पृष्ठ 275।
10. *कांग्रेस प्रेसीडेनशियल एडरेसेज*, पृष्ठ 312।
11. इकबाल सिंह, *इण्डिया की फोरेन पालिसी से उद्वधृत*, पृष्ठ 10।

अंतर्गत देश की शक्ति और संसाधनों का प्रयोग सत्तारूढ़ वर्ग के हितों के लिये किया जाता है। वे मानवतावादी थे और उनका मानना था कि उनकी राष्ट्रीयता अन्तर्राष्ट्रीयता की विरोधी नहीं है। वे देश की स्वतंत्रता इसलिये भी चाहते थे कि स्वतंत्र भारत विश्वशांति और भाईचारे को बढ़ाने का काम कर सके।

अरविन्दो घोष, बाल गंगाधर तिलक, लाजपतराय और अन्य इस खेमे के प्रमुख नेता थे। विपिनचन्द्र पाल ने अपनी ओजस्वी शैली में लिखा था कि देशभक्ति श्रेष्ठ और दिव्य है बशर्ते उससे मानव जाति का हित होता हो। मानवता रहित राष्ट्रीयता विकारों और निर्बलताओं की जड़ है, श्रेष्ठता और शक्ति का स्त्रोत नहीं। यूरोपियन मानवता की बात करते हैं किन्तु वास्तव में वे श्वेत जाति के प्रभुत्व को बनाये रखने में लगे रहते हैं। हम भूरे या काले रंग की जातियों की प्रभुता नहीं चाहते। हम वास्तव में उस मानवता की बात कर रहे हैं जिसमें श्वेत, काले, पीले और भूरे रंग की सभी जातियों का समन्वय हो।[12] वास्तव में क्रांतिकारी खेमा राष्ट्रीय पूंजीवादी वर्ग के उदय का संकेत देता था।

इटली की पराजय और 1904–05 में जापान के द्वारा रूस की पराजय ने यह साबित कर दिया कि यूरोपियन देश अपराजेय नहीं है। प्रथम महायुद्ध ने भी अमिट छाप छोड़ी थी। युद्ध के दौरान जब भारत के उदारवादी अंग्रेजी साम्राज्यवाद की दुहाई दे रहे थे, कुछ भारतीयों ने युद्ध में अंग्रेजी राज्य का विरोध करने के लिये जर्मनी में एक भारतीय समिति की स्थापना की थी। भारतीय राष्ट्रीय आन्दोलन पर सबसे अधिक प्रभाव सन् 1917 में रूस की बोलशेविक क्रांति का पड़ा था। इस क्रांति ने भारतीयों में एक नयी चेतना और जागृति उत्पन्न की थी। इस क्रांति की सफलता से यह सिद्ध हो गया था कि शोषित और उत्पीड़ित जनता अपनी दासता की शृंखलाओं को तोड़कर एक नए समाज को स्थापित कर सकती है। लेनिन के द्वारा जो साम्राज्यवाद की व्याख्या की गयी थी, उसे भारत के अनेक बुद्धिजीवी और राजनेताओं ने स्वीकार किया था।

सन् 1921 में कांग्रेस के एक प्रस्ताव में ब्रिटेन के द्वारा पड़ोसी देशों के प्रति जो नीति अपनायी जा रही थी, उससे अपनों को अलग रखते हुये यह घोषणा की गई कि वह सब पड़ोसी देशों से मित्रता और भाईचारे के सम्बंध

---

12. विपिनचन्द्र पाल, *स्वदेशी और स्वराज्य*, पृष्ठ 222।

चाहता है। सन् 1922 में काँग्रेस के 33वें अधिवेशन में तत्कालीन अध्यक्ष सी.आर. दास ने एशिया के देशों के संघ का संकल्प प्रस्तुत किया था। सी.आर. दास ने इस बात पर ध्यान आकर्षित किया कि काँग्रेस को विदेशों में भी अपना प्रचार करना चाहिये। इसके साथ–साथ विदेशों में भारतीय और अन्य एशियन और अफ्रीकन देशों के लोगों के प्रति दुर्व्यवहार और रंग–भेद की नीति का प्रखर विरोध आरम्भ हुआ। टर्की के कमालपाशा के सुधारवादी आन्दोलन का उसने समर्थन किया।

सन् 1927 में चीन की जनता के स्वतंत्रता संघर्ष का समर्थन किया। सन् 1927 में ब्रूसेल्स में साम्राज्यवाद विरोधी लीग के उद्घाटन समारोह में जवाहर लाल नेहरू ने भाग लिया। इटली के द्वारा इथियोपिया पर आक्रमण का तीव्र विरोध किया गया। जब स्पेन में फासिस्टवादियों ने वहाँ की लोकतांत्रिक व्यवस्था पर आक्रमण किया और जब पश्चिमी लोकतांत्रिक देश हस्तक्षेप की नीति की आड़ में अपना मुंह छिपा रहे थे, भारत के राष्ट्रीय आन्दोलन ने स्पेन की लोकतांत्रिक शक्तियों का पुरजोर समर्थन किया। नेहरू जनवादी नेताओं को साहस बढ़ाने और भारतीय जनता की सहानुभूति जताने स्वयं स्पेन गये थे। भारत के द्वारा औषधियां, कपड़े और जरूरत की अन्य सामग्री स्पेन को भेजी गई।

जब जापान ने चीन पर आक्रमण किया तो काँग्रेस ने स्पष्ट शब्दों में इसका विरोध करते हुये चीन का समर्थन किया। चीन की सहानुभूति में भारत में जापानी वस्तुओं के बहिष्कार करने का अभियान चलाया गया। चिकित्सकीय दल औषधियों के साथ चीन भेजा। पं. जवाहर लाल नेहरू द्वितीय महायुद्ध के पूर्व चीन की जनता के साथ सहानुभूति और भारत की जनता को एकजुटता का संदेश लेकर चीन गये थे।

फिलिस्तीन की समस्या पर भारत ने आरम्भ से ही अरब राष्ट्रीयता का समर्थन किया और यहूदियों को सलाह दी कि वह ब्रिटेन और अमेरिका का सहारा न लेकर अरब के लोगों से शांतिपूर्ण ढंग से अपनी समस्याओं का निराकरण करें।

काँग्रेस आरम्भ से ही फासिस्टवाद का विरोध कर रही थी और यह मानती थी कि फासिज्म पूंजीवादी व्यवस्था का विकृत रूप है। जब 1938 में पश्चिमी देशों ने शर्मनाक तरीके से चैकोस्लोवाकिया को फासिस्टवादी शक्तियों को सौंप दिया तो काँग्रेस ने इसकी तीव्र भर्त्सना की।

द्वितीय महायुद्ध आरम्भ होने के बाद काँग्रेस ने इस बात पर जोर दिया की भारत अपनी पूरी ताकत मित्र देशों के साथ लगाने को तैयार है बशर्ते कि भारत को स्वतंत्र किया जाये। 9 अगस्त 1942 का भारत छोड़ो प्रस्ताव में कहा गया था कि भारत की स्वतंत्रता एशिया के अन्य देशों की स्वतंत्रता का पथ प्रशस्त करेगी। स्वतंत्रता और लोकतंत्र पर्यायवाची हैं। यदि लोकतंत्र की रक्षा करनी है, तो साम्राज्यवाद का अंत आवश्यक है। पराधीन देशों की स्वतंत्रता अपरिहार्य है।

काँग्रेस और विशेषकर जवाहर लाल नेहरू और अन्य प्रगतिशील तत्त्व फासिस्टवाद को पूंजीवादी व्यवस्था की ही विकृति मानते थे। जब 22 जून 1941 को फासिस्ट जर्मनी ने सोवियत संघ पर आक्रमण किया तो काँग्रेस ने सोवियत संघ की जनता को अपनी सहानुभूति और समर्थन का संदेश भेजा। दिसम्बर 1941 में काँग्रेस की कार्यसमिति ने बारदोलई में हुई बैठक में अपने एक प्रस्ताव में कहा कि सोवियत संघ कुछ निश्चित मानवीय, सांस्कृतिक और विशेष मूल्यों का प्रतिनिधित्व करता है, जो मानव जाति के विकास और प्रगति के लिये महत्वपूर्ण हैं। प्रस्ताव में सोवियत जनता की देशभक्ति और बहादुरी की प्रशंसा की गयी।

8/9 अगस्त 1942 में काँग्रेस ने 'भारत छोड़ो' आन्दोलन आरम्भ किया। 'भारत छोड़ो' प्रस्ताव में कहा गया कि भविष्य में शांति, सुरक्षा और व्यवस्थित प्रगति तथा शोषण और उत्पीड़न, आक्रमण का अंत और राष्ट्रीय भेदभाव का उन्मूलन, एक विश्वव्यापी सत्ताधारी संगठन बनाकर ही किया जा सकता है।

काँग्रेस ने संयुक्त राष्ट्र की स्थापना का स्वागत किया और यह आशा व्यक्त की कि संयुक्त राष्ट्र संघ पिछड़े और निर्बल देशों के साथ भी समानता का व्यवहार करेगा और उनके हितों की रक्षा करेगा।

स्वतंत्रता की पूर्व बेला में मार्च 1947 में नई दिल्ली में एशियन देशों का सम्मेलन आहूत किया गया जिसमें एशिया के देशों के बीच सांस्कृतिक, आर्थिक, व्यापारिक, तकनीकी और राजनीतिक सहयोग पर बल दिया गया। जब हॉलैण्ड ने दिसम्बर 1948 में इन्डोनेशिया पर अपनी सत्ता पुनः स्थापित करने के लिये आक्रमण किया, तो जनवरी 1949 में शासकीय स्तर पर एशियन देशों का सम्मेलन नई दिल्ली में बुलाया गया। इस सम्मेलन में आक्रमण का विरोध किया गया और इन्डोनेशिया के प्रति सहानुभूति और समर्थन व्यक्त किया गया।

इन सबका तात्पर्य यह है कि जब भारत स्वतंत्र हुआ तब विदेश नीति के क्षेत्र में उसने शून्य से आरम्भ नहीं किया। विश्व–शांति, साम्राज्यवाद का विरोध, परतंत्र देशों की स्वतंत्रता, एशियन देशों की एकजुटता, सामूहिक शांति के लिये सामूहिक सुरक्षा, विश्व भर में लोकतंत्र की व्यापकता की ऐतिहासिक परम्पराओं की नींव पहले से पड़ चुकी थी। इस संबंध में काँग्रेस के 1920 और 1927 के प्रस्ताव महत्वपूर्ण थे। इन प्रस्तावों में काँग्रेस ने यह घोषणा की थी कि भारत के स्वतंत्र हो जाने पर भारत की विदेश नीति कैसी होगी।

2

विदेश नीति के निर्माणात्मक तत्त्व

पिछले अध्याय में हमने भारत की विदेश नीति की ऐतिहासिक पृष्ठभूमि की चर्चा की है। ऐतिहासिक परम्पराओं के अतिरिक्त विदेश नीति को निर्धारित करने वाले और भी तत्त्व होते हैं। इस संदर्भ में हम पहले भौगोलिक तत्त्व पर विचार करेंगे।

भौगोलिक तत्त्व

किसी भी देश की विदेश नीति उस देश के राष्ट्रीय हितों का प्रतिनिधित्व करती है अथवा उनकी पूर्ति और रक्षा के लिये होती है। राष्ट्रीय हित में सबसे पहले देश की सुरक्षा अर्थात् देश की स्वतंत्रता और प्रादेशिक अखंडता की रक्षा करना है। देश की सुरक्षा में एक बड़ा अंश होता है, देश की भौगोलिक स्थिति का।

भारत के उत्तर में चीन के साथ सीमायें लगभग 2000 से 2500 मील मिलती है। उत्तर–पश्चिम में कश्मीर में अफगानिस्तान से गुजरने वाली एक संकरी पट्टी से, विगत सोवियत संघ भारत से जुड़ा हुआ था। भारत की असम्बद्धता की नीति का एक यह भी कारण था कि चीन और सोवियत संघ भारत के पड़ोस में थे। अतएव भारत के हित में यह नहीं था कि इन देशों के प्रति शत्रुता की नीति और व्यवहार अपनाये। इन देशों से मित्रता भारत की उत्तरी सीमाओं की रक्षा के लिये महत्वपूर्ण थी। सीमाओं को लेकर भारत–चीन विवाद का समाधान दोनों देशों के हित में था और है। एशियाई देशों की स्वतंत्रता और एकजुटता विश्व शांति के लिये आवश्यक है। सीमाओं के संबंध में दोनों देशों के विवाद का शांतिपूर्ण हल निकाला जा सकता है यह बहुत कुछ दोनों राज्यों की राजनीतिक इच्छा शक्ति पर निर्भर करता है।

स्थलीय सीमाओं के साथ भारत की सागरीय सीमायें दक्षिण में, दक्षिण पश्चिम और दक्षिण पूर्व में है। सुरक्षा, आदान–प्रदान और व्यापार के लिये हिन्द महासागर में भारत की स्थिति महत्वपूर्ण है। के.एम. पाणीकर के अनुसार भारत में औधोगिक विकास, व्यापारिक विस्तार और राजनीतिक संस्थाओं का स्थायित्व इस पर निर्भर करता है कि हिन्द महासागर वास्तव में भारतीय रहे। स्वतंत्रता प्राप्ति के बाद बहुत वर्षों तक हिन्द महासागर पर ब्रिटेन की नौसेना का आधिपत्य रहा। यह एक दूसरा कारण था कि भारत ने अपनी सुरक्षा के हित में असमबद्धता की नीति अपनायी। वह पश्चिमी देशों से विरोध और शत्रुता के सम्बंध देश के लिये हितकर नहीं समझता था।

यहाँ यह भी बताना जरूरी है कि द्वितीय महायुद्ध के बाद भी अन्तर्राष्ट्रीय राजनीति में शक्ति और शक्ति–संतुलन राज्यों की और विशेषकर महाशक्तियों की नीति और आचरण का एक मुख्य आधार रहा है। दक्षिण और दक्षिण पूर्व एशिया में सोवियत संघ और चीन की शक्ति और प्रभाव क्षेत्र को रोकने के लिये ही संयुक्त राज्य अमरीका के द्वारा दक्षिण–पूर्वी एशिया संधि संगठन और मध्य पूर्व में मध्य पूर्व सुरक्षा संगठन की स्थापना की गयी थी। इस प्रकार के संधि संगठन भारत की असम्बद्धता की विदेश नीति के लिये चुनौती थे। यह भारत की शांति क्षेत्र का विस्तार करने की नीति को विफल बनाने के लिये किये गये थे।

हिन्द महासागर स्वतंत्र रहे और शीत युद्ध का अखाड़ा न बने, इसलिये भारत ने हिन्द महासागर में डियागोगार्सिया में अमेरिका के द्वारा सैनिक अड्ड़ा बनाने का विरोध किया था।

वर्तमान समय में वैज्ञानिक आविष्कारों और सैनिक उपकरणों के विकास के कारण भौगोलिक स्थिति का महत्व अब उतना नहीं है जितना पहले था। अन्तर्महाद्वीपीय प्रक्षेपास्त्रों के द्वारा और मिसाइलों से लैस किसी भी देश के द्वारा दूर–दराज के देशों को निशाना बनाया जा सकता है। आवाज रहित बहुत ऊँचाई पर उड़ने वाले वायुयानों के द्वारा विरोधी देशों की गुप्तचरी की जा सकती है। अंतरिक्ष में जाना–आना संभव हो गया है, जिसके परिणामतः भौगोलिक स्थिति का महत्व और कम हो गया है। मनुष्य ने मंगल और चन्द्रमा तक पहुँचकर वहाँ खोज आरम्भ कर दी है।

इस सबके बावजूद किसी देश की भौगोलिक स्थिति के महत्व को बिल्कुल नकारा नहीं जा सकता है। देश की सीमाओं से लगे या पड़ोसी

देशों की विशेषकर जब उनसे मतभेद और विरोध की स्थिति में उनकी बढ़ती हुई शक्ति को नजरअन्दाज नहीं किया जा सकता। उदाहरणार्थ भारत अपनी सुरक्षा के हित में पाकिस्तान या चीन की बढ़ती हुई सैनिक और सामरिक स्थिति को नजर–अन्दाज नहीं कर सकता है। भारत की सुरक्षा के हित में यह आवश्यक है कि हिन्द महासागर में किसी विरोधी देश के प्रभाव में विस्तार न हो या वहाँ ऐसे सैनिक अड्डे न बनें, जो भारत की सुरक्षा के लिये खतरा बनें। इसी तरह उत्तर में नेपाल, भूटान, उत्तर पश्चिम में अफगानिस्तान, दक्षिण में श्रीलंका और दक्षिण पूर्व में म्यांमार की स्वतंत्रता, सम्प्रभुता और प्रादेशिक अखंडता भारत के लिये महत्वपूर्ण है।

भौगोलिक तत्त्व में देश का आकार–प्रकार और जलवायु भी आ जाते हैं। एक देश का आकार–प्रकार भी देश की शक्ति को थोड़े बहुत रूप में निर्धारित करता है। आकार–प्रकार में छोटा देश कभी भी महाशक्ति नहीं बन सकता। हॉलैण्ड और बुल्गेरिया यद्यपि साम्राज्यवादी देश रहे हैं किन्तु वे प्रबल महाशक्ति नहीं बन सकते हैं। यूरोप में पुर्तगाल, डेनमार्क, बुल्गेरिया, रूमानियां, एशिया में सीरिया, इराक, ईरान, अफगानिस्तान, उत्तरी और दक्षिण कोरिया, वियतनाम, कम्पूचिया और लाओस ऐसे छोटे देश हैं जो कभी भी महाशक्ति नहीं बन सकते हैं। चीन और भारत विश्व में आकार–प्रकार में विश्व के पहले दस देशों में है। चीन महाशक्ति बन गया है। भारत भी एक सम्भाव्य महाशक्ति है। बड़े आकार–प्रकार होने से शक्तिशाली से शक्तिशाली देश आक्रमण के द्वारा उस पूरे देश पर कब्जा नहीं कर सकता। जापान ने चीन पर आक्रमण 1935 से आरम्भ किया था किन्तु द्वितीय युद्ध में भी वह पूरे चीन को अपने अधिकार में नहीं ले सका था। यही स्थिति द्वितीय महायुद्ध में विगत सोवियत संघ की रही। जर्मनी, मोस्को और लेनिनग्राड तक पहुंचने के बाद भी पराजित हो गया।

जलवायु भी थोड़े–बहुत रूप में देश की शक्ति को प्रभावित करती है। साम्राज्यवादी युग में यह भ्रम फैलाया जाता था कि केवल ठण्डे देश ही उन्नति और समृद्धि प्राप्त कर सकते हैं। किन्तु अब यह भ्रम दूर हो गया। वे देश भी उन्नति और समृद्धि के शिखर पर पहुँच सकते हैं, जिनकी जलवायु न बहुत गर्म और न बहुत ठण्डी है। इसके उदाहरण चीन, भारत, दक्षिण कोरिया और जापान हैं। भारत की जलवायु समशीतोष्ण है। भारत में औद्योगीकरण हुआ है। वह निरंतर आगे बढ़ रहा है। यह कहना गलत है कि केवल ठण्ड़े देशों में ही लोगों में काम और श्रम करने की बहुत क्षमता होती

है। काम करने की क्षमता आदत पर निर्भर करती है, न कि जलवायु पर। बहुत गर्म या बहुत ठण्डे जलवायु के असर को बहुत कुछ वैज्ञानिक अन्वेषणों और उनके द्वारा उपलब्ध कराये जाने वाले संसाधनों के द्वारा नियंत्रित कर लिया गया है। श्रम करने की प्रेरणा और अपनी क्षमताओं का सदुपयोग देश की सामाजिक और आर्थिक व्यवस्था पर भी निर्भर करता है।

आर्थिक तत्त्व

विदेश नीति के निर्माणात्मक तत्त्वों में सबसे महत्वपूर्ण आर्थिक तत्त्व है। 4 दिसम्बर 1947 को पं. नेहरू ने संविधान सभा में कहा था कि अन्तोगत्वा विदेश नीति आर्थिक नीति की उपज है। जब तक भारत अपनी आर्थिक नीति निर्धारित नहीं कर लेता है, तब तक विदेश नीति अस्पष्ट असगंत और अंधेरे में भटकने जैसी होगी। उन्होंने आगे कहा कि हम कहते हैं कि हमारा ध्येय विश्व शांति और स्वतंत्रता है। किन्तु इसका कोई अर्थ नहीं है क्योंकि हर देश यह कह सकता है चाहे उसका मन्तव्य कुछ भी हो। हमें अफसोस है कि हम अभी तक कोई स्थिर आर्थिक नीति नहीं बना सके हैं। किन्तु हमें यह करना होगा।[1]

एक देश की विदेश नीति उस देश के आर्थिक हितों, आर्थिक आवश्यकताओं और महत्वाकांक्षाओं को अभिव्यक्त करती है। देश की आंतरिक नीति और विदेशनीति एक दूसरे पर अन्योन्याश्रित होती है। अन्तर्राष्ट्रीय राजनीति के प्रसिद्ध विचारक ए.एफ.के. ओरगेन्स्की ने लिखा है कि देश की शक्ति के निर्माणात्मक तत्त्वों में सर्वाधिक महत्वपूर्ण देश की आर्थिक व्यवस्था है। इसे और अधिक स्पष्ट रूप से कहें तो इसका तात्पर्य यह है कि जिस सीमा तक किसी देश का औद्योगीकरण हुआ है, उसी सीमा तक वह देश शक्तिशाली होगा।[2] इसी भांति अन्तर्राष्ट्रीय राजनीति के दूसरे प्रसिद्ध विचारक मोरगेन्यूथू ने लिखा है कि एक देश की शक्ति उस देश की औद्योगीकरण संयत्रों की उत्पादन क्षमता, श्रमिकों की तकनीकी जानकारी, इन्जीनियरों की कार्यकुशलता और वैज्ञानिकों की आविष्कार करने की योग्यता प्रबन्ध संगठन पर निर्भर करती है।[3] श्री आइ. के. गुजराल जो भारत के राजदूत, विदेश मंत्री और प्रधानमंत्री रह चुके हैं, उन्होंने कहा है कि

1. जवाहर लाल नेहरू–*भाषण–1946–49*, पृष्ठ 203।
2. ए. एफ. के. आरगेन्सकी, *वर्ल्ड पोलिटिक्स*, पृष्ठ 148।
3. *मोरगेन्यूथ दि थ्योरी एण्ड प्रेक्टिस आफ इन्टर नेशनल पॉलिटिक्स*, पृष्ठ 177–78।

अन्तोगत्वा अर्थव्यवस्था के नियम ही निर्धारक और निर्णायक होते हैं।[4] जब देश स्वतंत्र हुआ तब औपनिवेशिक अर्थ व्यवस्था हमको विरासत में मिली थी। देश अत्यधिक गरीबी, निरक्षरता, पिछड़ेपन, अन्धविश्वासों से जकड़ा हुआ था। इन सबसे मुक्ति पाने के लिये और राजनीतिक स्वतंत्रता को अर्थपूर्ण बनाने के लिये आर्थिक विकास, आत्मनिर्भरता और सम्पन्नता प्राप्त करना अपरिहार्य था। इस लक्ष्य की प्राप्ति के लिये लोकतांत्रिक ढांचे में सुनियोजित विकास की नीति अपनायी गयी।

औद्योगिक नीति के प्रस्ताव संसद के द्वारा पारित किये गये और प्रथम पंचवर्षीय योजना कृषि के उत्पादन को बढ़ाने और इसके लिये संसाधनों की व्यवस्था करने के लिये बनायी गयी। दूसरी पंचवर्षीय योजना देश का औद्योगीकरण करने के लिये बनाई गयी। भारत की असमबद्धता की विदेश नीति अन्तर्राष्ट्रीय क्षेत्र में इस मिश्रित अर्थव्यवस्था की अभिव्यक्ति थी। इस असम्बद्धता की विदेश नीति को 1990–91 के पहले आर्थिक विकास के लिये मिश्रित अर्थ व्यवस्था के कारण अपनाया गया था। बुनियादी और बड़े उद्योगों को सार्वजनिक क्षेत्र में स्थापित करने का निर्णय लिया गया था। शेष उद्योगों को स्थापित करने का दायित्व निजी क्षेत्र को दिया गया। यह थोड़े–बहुत परिवर्तनों के साथ चलती रही। सन् 1990–91 तक विश्व दो भागों में बंटा हुआ था। एक तरफ संयुक्त गणराज्य अमेरिका के नेतृत्व में पूंजीवादी पश्चिमी देशों का खेमा था। दूसरी तरफ सोवियत संघ के नेतृत्व मे समाजवादी देशों का खेमा था। दोनों खेमों में शीतयुद्ध चल रहा था। मिश्रित अर्थव्यवस्था का तकाज़ा था कि भारत किसी भी खेमे में सम्मिलित न हो। दोनों खेमों के देशों से उसके मैत्रीपूर्ण सम्बंध हों जिससे दोनों खेमों के देशों से उसे आर्थिक और तकनीकी सहायता मिल सके।

देश के आर्थिक विकास और प्रगति के लिये यह भी आवश्यक था कि विश्व में शांति रह सके। शांति क्षेत्र का अधिक से अधिक विस्तार हो सके। विश्वशांति के इस लक्ष्य के लिये असम्बद्धता की विदेश नीति अधिक उपयोगी थी। असम्बद्ध रह कर भारत दोनों खेमों से सुलह कराने की स्थिति में था।

असम्बद्धता की विदेश नीति के कारण भारत को दोनों देशों के खेमों से आर्थिक और तकनीकी सहायता मिल सकी और इस सहायता को प्राप्त करने के लिये किसी एक देश या एक गुट पर निर्भर नहीं रहना पड़ा।

---

4. *फ्रंटलाइन*–अगस्त 22, 1997, पृष्ठ 14।

जे. बन्दोपाध्याय ने लिखा है कि वैदेशिक सहायता पर निर्भरता देश के आर्थिक विकास की शैली पर निर्भर करता है। यह शैली इस बात को परिसीमित करती है कि हम कहाँ से और किन शर्तों पर यह वैदेशिक आर्थिक सहायता प्राप्त करें। यह शैली ही हमारी वैदेशिक व्यापार के विस्तार, विविधता और दिशा निर्धारित करती है।[5] नेहरू ने भी कहा था कि अन्तर्राष्ट्रीय गतिविधियाँ आंतरिक गतिविधियों का परिणाम होती है। नेहरू के बाद लाल बहादुर शास्त्री और इन्दिरा गाँधी ने असम्बद्धता की ही विदेश नीति को अपनाया। यद्यपि इस समय तक सोवियत संघ पाकिस्तान को भी आर्थिक और थोड़ी–बहुत सैनिक सहायता देने लगा था फिर भी भारत से उसके सम्बंध अधिक प्रगाढ़ रहे। श्रीमती इन्दिरा गांधी ने सोवियत संघ से सुरक्षा के लिये पारस्परिक सहयोग की एक महत्वपूर्ण संधि की थी, जो 1971 में भारत और पाकिस्तान के युद्ध में अत्यन्त कारगर साबित हुई।

इन्दिरा गाँधी के बाद राजीव गांधी, मोरारजी देसाई, विश्वनाथ प्रताप सिंह जब प्रधानमंत्री बने तो उन्होंने भी असम्बद्धता की विदेश नीति, जो पहले से चली आ रही थी, उसी पर काम किया। चरण सिंह और चन्द्रशेखर बहुत कम समय तक प्रधानमंत्री रहे, लेकिन विदेश नीति में परिवर्तन नहीं हुआ।

सन् 1990–92 में नरसिम्हा राव प्रधानमंत्री बने। उन्होंने डॉ. मनमोहन सिंह को वित्त मंत्री बनाया। इस समय एक अत्यन्त महत्वपूर्ण घटना घटी। वह थी सोवियत संघ और पूर्वी यूरोपीय समाजवादी देशों का पराभव। इसके फलस्वरूप विश्व की राजनीति एक ध्रुवीय हो गयी।

नरसिम्हा राव और डॉ. मनमोहन सिंह ने उदारवाद और सुधारवाद के नाम पर आर्थिक नीति में मूलभूत परिवर्तन करना आरम्भ कर दिया। कहा जाता है कि **'लाइसेन्स परमिट'** व्यवस्था खत्म की जाने लगी। निजी क्षेत्र और विदेशी निवेश को प्रोत्साहन दिया जाने लगा। सार्वजनिक क्षेत्र में आने वाले उद्योगों का निजीकरण आरम्भ हुआ। देश की आर्थिक व्यवस्था में परिवर्तन ने विदेश नीति में भी परिवर्तन ला दिया। शनैः शनैः असम्बद्धता की इतिश्री होने लगी और अमेरिका के साथ सुरक्षा जैसे संवेदनशील क्षेत्र में सहयोग और समर्थन का दौर आरम्भ हुआ। दिनाँक 13.10.99 से मई 2004 तक अटल बिहारी वाजपेयी और उनके नेतृत्व में

5. जे. बन्दोपाध्याय–*विदेश नीति का आर्थिक आधार भारत की विदेश नीति,* सम्पादित, के.पी. मिश्रा, पृष्ठ 37–44।

राष्ट्रीय लोकतांत्रिक मोर्चे की सरकार ने आर्थिक उदारवाद और सुधारवाद की नीति को आगे बढ़ाया। उनके कार्यकाल में भारत और सं.रा. अमेरिका के सम्बंध और प्रगाढ़ बने। किन्तु इन सम्बंधों में कोई विशेष घटना नहीं घटी। 2004 में केन्द्र में डॉ. मनमोहन सिंह के नेतृत्व में यूनाइटेड प्रोग्रेसिव एलाइन्स (यू.पी.ए.) की सरकार बनी, जिसमें काँग्रेस का बहुमत और प्रमुख स्थिति थी।

यू.पी.ए. की सरकार के आने पर उदारवाद और सुधारवाद का एक नया दौर आरम्भ हुआ। सार्वजनिक क्षेत्र में आने वाले अनेक उद्योगों का निजीकरण किया गया। निजी उद्योगों को बढ़ावा दिया गया। भारत के उद्योगों और सेवाओं के क्षेत्र में विदेशी पूंजी के निवेश और भागीदारी को बढ़ाया गया। कहा जाता है कि यू.पी.ए. की सरकार की आर्थिक नीति के पीछे विश्व बैंक और अन्तर्राष्ट्रीय मोनिटरी फण्ड का भी दबाव था।

इस आर्थिक परिवर्तन का प्रभाव विदेश नीति और अन्तर्राष्ट्रीय सम्बंधों पर भी पड़ा। 28 जून 2005 में भारत और अमेरिका के बीच प्रतिरक्षा के क्षेत्र में सहयोग के लिये जो समझौता हुआ उससे भारत और अमेरिका के बीच सम्बन्धों का एक नया दौर आरम्भ हुआ। जुलाई 2005 में प्रधानमंत्री मनमोहन सिंह ने अमेरिका के राष्ट्रपति जार्ज बुश के साथ एक समझौता किया, जिसके अनुसार अमेरिका भारत में नागरिक उपयोग के लिये परमाणु शक्ति के संयत्रों के रख–रखाव, विकास और संवृद्धि में सहायता देगा और इसके लिये संसाधन उपलब्ध करायेगा। इसके बदले भारत ने इन्टरनेशनल एटोमिक एनर्जी एजेन्सी को अपने यहाँ नागरिक उपयोग के लिये परमाणु शक्ति के जो संयंत्र हैं, उनके निरीक्षण और नियंत्रण करने का अधिकार दिया। आर्थिक सुधारों और कथित उदारवाद का लाभ सबसे अधिक अमेरिका को हो रहा है। सन् 1990 में विश्व उत्पादन में अमेरिका की हिस्सेदारी 26.5 प्रतिशत थी जो सन् 2002 में बढ़कर 32.1 प्रतिशत हो गयी थी। यह वृद्धि जारी है।

सुधारवाद और उदारवाद के साथ–साथ आर्थिक क्षेत्र में भूमण्डलीयकरण का संकल्प प्रचलित हुआ है। यह संकल्प संयुक्त राज्य अमेरीका और अन्य पश्चिमी पूंजीवादी देशों ने आरम्भ किया है। इसका तात्पर्य है विश्व के देशों में पारस्परिक व्यापार और निवेश में किसी प्रकार का प्रतिबन्ध नहीं होना चाहिये। आयात और निर्यात के व्यापार को प्रतिबन्धित करने के लिये करों की ऊंची दीवारें न खड़ी की जायें। दूसरे अर्थों में भूमण्डलीयकरण का अर्थ विश्व का पूंजीवादीकरण है। जिसका मुख्य लाभ विकसित पूंजीवादी देशों को

मिलेगा। विकसित पूंजीवादी देशों के लिये मन्दी से बचने का भी यह एक रास्ता था। सन् 2008 से विकसित पूंजीवादी देश जबरदस्त आर्थिक मन्दी के चपेट में आ गये हैं। कई अमेरिकन कम्पनियाँ दिवालियां हो गयीं। ग्रीस, स्पेन और पुर्तगाल की अर्थव्यवस्था चौपट हो गयी। इटली, फ्रांस और जर्मनी भी आर्थिक संकट में जकड़े हुए हैं।

भारत ने भी भूमण्डलीयकरण की नीति को स्वीकार किया है। विश्व–व्यापी आर्थिक संकट का प्रभाव भारत पर भी पडा है। आर्थिक क्षेत्र में भारत लगभग पूरी तरह से पश्चिमी देशों पर निर्भर हो गया है। इसकी परिणति विदेश नीति के क्षेत्र में भी हुई है। असम्बद्धता की नीति को पूरी तरह से त्यागा जा चुका है, यद्यपि भारत असम्बध देशों के संगठन "नाम" में अभी भी सम्मिलित है। लीबिया इराक, ईरान, और सीरिया, के सम्बंध में हमने अमेरिका का ही अनुगमन किया है। भारत असम्बद्धता की नीति अब केवल नाम–मात्र को रह गयी है।

इस भांति हम देखते हैं कि अर्थ–व्यवस्था बहुत कुछ उस देश की विदेश नीति और अन्तर्राष्ट्रीय सम्बंधों को निर्धारित करती हैं।

जवाहरलाल नेहरू का व्यक्तित्व

किसी देश की विदेश नीति उस देश के राष्ट्रीय हितों का प्रतिनिधित्व करती है। विदेश नीति आन्तरिक नीति की अन्तर्राष्ट्रीय क्षेत्र में अभिव्यक्ति होती है। सन् 1947 से 1964 तक और 1964 से 1990 तक जो विदेश नीति भारत की रही उसे नेहरूवियन नीति कहा जाता है। यद्यपि यह सही है कि किसी देश की विदेश नीति किसी एक व्यक्ति के दिमाग की उपज नहीं होती है। चाहे वह व्यक्ति कितना भी बड़ा क्यों न हो। नेहरू स्वयं कहते थे कि भारत की विदेश नीति उनकी स्वयं और काँग्रेस पार्टी की नीति नहीं है। वह देश के वास्तविक हितों की पूर्ति के लिये है। चाहे कोई भी पार्टी सत्तारूढ़ हो या अन्य कोई भी व्यक्ति विदेश मंत्री हो वह इसी नीति को अपनायेगा। देश की सामाजिक, आर्थिक और राजनीतिक व्यवस्था देश की आन्तरिक और अन्तर्राष्ट्रीय नीति को निर्धारित करती है। ऐतिहासिक और भौतिक तत्वों और शक्तियों की अभिव्यक्ति मनुष्यों के द्वारा होती है। इन मनुष्यों में जो व्यक्ति या वर्ग सत्ता में होते हैं, उनके व्यक्तित्व और चरित्र की छाप उस नीति पर पड़ती है जो भौतिक और ऐतिहासिक तत्त्वों और शक्तियों से सृजित होती है। अतः भारत की 1947 से 1990 तक की विदेश

नीति पर नेहरू के व्यक्तित्व और सोच की गहरी छाप मिलती है। माइकेल ब्रीचर जिन्होंने नेहरू की राजनीतिक आत्मकथा लिखी है, का कहना है कि भारत की राजनीति पर नेहरू का इतना अधिक प्रभाव था कि उस समय की नीति को विश्व के सब देशों में नेहरू की नीति के नाम से जाना जाता था। वह भारत की आन्तरिक और विदेश नीति के दार्शनिक, निर्माता, क्रियान्वित करने वाले थे। उनकी आवाज विदेशों में भारत की आवाज मानी जाती थी।[6] राजनीतिक दृष्टि से नेहरू का पश्चिमी लोकतंत्र और उदारवाद में विश्वास था। इसके साथ–साथ वे समाजवादी विचारधारा और व्यवस्था से भी प्रभावित थे। उन्होंने देश के आर्थिक विकास के लिये मिश्रित अर्थव्यवस्था का रास्ता अपनाया जो एक तरह से पूंजीवादी और समाजवादी व्यवस्थाओं के बीच का रास्ता है। एक तरफ वह साम्राज्यवाद और उपनिवेशवाद के घोर विरोधी थे और उसे पूंजीवादी व्यवस्था की विकृति मानते थे लेकिन फिर भी वह पश्चिमी पूंजीवादी देशों से घनिष्ट सम्बन्ध बनाये रखना चाहते थे। वह देश में लोकतांत्रिक ढंग से समाजवादी व्यवस्था लाना चाहते थे। व्यक्तिगत स्वतंत्रता और मानवीय अधिकारों के वह बड़े पक्षधर थे। वह साम्राज्यवाद के घोर विरोधी थे किन्तु स्वतंत्र होने के बाद उन्होंने कॉमनवेल्थ आफ नेशन्स की सदस्यता स्वीकार की थी और ब्रिटेन के प्रति उनकी सहानुभूति थी।

आरम्भिक काल में उनकी मैत्री लार्ड माउन्टबेटन और लेडी माउन्टबेटन से थी। उन्होंने विदेश नीति के क्षेत्र में नेहरू को प्रभावित किया था। उनके परामर्श से ही उन्होंने कश्मीर में भारतीय सेना को आगे बढ़ने से रोका था और संयुक्त राष्ट्र संघ में पाकिस्तान द्वारा आक्रमण की शिकायत की थी।

आरम्भिक वर्षों में अन्तर्राष्ट्रीय राजनीति के क्षेत्र में उनकी सलाहकार उनकी बहन श्रीमती विजय लक्ष्मी पंडित, डॉ. राधा कृष्णनन, मौलाना आजाद और सरदार के.एम. पाणीकर थे। आगे चलकर उनके मुख्य सलाहकार वी.के. कृष्णा मेनन बने। श्रीमती विजय लक्ष्मी पंडित का रूझान पश्चिमी देशों के प्रति थी। डॉ. राधाकृष्णन और मौलाना आजाद एक तरह से तटस्थ थे। के.एम. पाणीकर चीन की क्रांति और कम्युनिस्ट शासकों के प्रशंसक थे। कृष्णा मेनन को कम्युनिस्ट न होते हुये भी वामपंथी माना जाता था। यह माना जाता है कि नेहरूकाल में सन् 1953–54 के बाद अमेरिका से सम्बंधों में कटुता का एक कारण कृष्णा मेनन की अमेरिका और अन्य पश्चिमी देशों की नीति और व्यवहार की तीखी आलोचना भी थी।

6. माइकेल ब्रीचर–*नेहरू राजनीतिक आत्मकथा,* पृष्ठ 564।

पण्डित नेहरू और उनके सलाहकारों का विदेश नीति के क्रियान्वयन पर प्रभाव को मानते हुये अंततः यह बात दोहरानी होगी कि देश की विदेश नीति किसी व्यक्ति या दल के द्वारा निर्धारित नहीं होती। वह राष्ट्रीय हितों के अनुसार देश की सामाजिक, आर्थिक और राजनीतिक आवश्यकताओं को व्यक्त करती है। नेहरू के बाद जब देश की सामाजिक और आर्थिक व्यवस्था बदलने लगी, तो देश की विदेश नीति में भी परिवर्तन आया।

नई उदारवादी अर्थव्यवस्था की अप्रत्यक्ष शुरूआत राजीव गाँधी काल से हो गई थी। सन् 1991 के बाद नयी आर्थिक नीति के कर्णधार नरसिम्हा राव और डॉ. मनमोहन सिंह बने। उनके व्यक्तित्व का प्रभाव विदेश नीति के निर्धारण और क्रियान्वयन पर पड़ा है। सन् 2004 से डॉ. मनमोहन सिंह प्रधानमंत्री रहे हैं। यह कहना बिल्कुल गलत नहीं होगा कि वास्तव में विदेश नीति के निर्धारण और क्रियान्वयन में उनकी मुख्य भूमिका रही है। उनके स्वयं के विचारों और मान्यताओं का प्रभाव वर्तमान में भारत की विदेश नीति पर पड़ा है।

दर्शन और संस्कृति

अनेक विद्वान इस मत के हैं कि भारत की विदेश नीति के आधार स्वरूप परम्परागत दर्शन और संस्कृति है। भारत के लोगों के परम्परागत विशेष चरित्र और दर्शन का उल्लेख करते हुये डॉ. राधाकृष्णन ने लिखा है कि उपनिषद् और ऋषियों से टैगोर और गाँधी तक हिन्दुओं की यह मान्यता रही है कि सत्य का सम्पूर्ण रूप और आकार विविध विचारों और भाषाओं में व्यक्त होता है। अतः हिन्दु दर्शन में संकीर्णता और कटट्रवाद के स्थान पर कमावेश सहिष्णुता की भावना होती है। वह आगे लिखते हैं कि भारत के लोगों में जो चरित्र की विशेषता और मानसिक रूझान है, वह सैद्धान्तिक रूचि और समन्वयवाद की है।[7]

कुछ विद्वानों की यह मान्यता भी है कि इस समन्वयवादी दृष्टिकोण के ही कारण लोकतंत्र, स्वतंत्रता और साम्यवाद के संघर्ष में उसने तटस्थता अर्थात् असम्बद्धता की नीति अपनाई।

कुछ विद्वानों का मत है कि भारत की संस्कृति में अहिंसा का विशेष स्थान रहा है। समाज में परिवर्तन लाने के लिये हिंसक साधनों के स्थान पर अहिंसक साधन श्रेष्ठ हैं। इस अहिंसावादी दृष्टिकोण के प्रतिपादक

7. डॉ. एस. राधा कृष्णनः *हिन्दू का जीवन दर्शन*, पृष्ठ 36–37।

प्राचीनकाल में महात्मा बुद्ध, सम्राट अशोक, महावीर स्वामी और आधुनिक युग में महात्मा गाँधी रहे हैं। शक्तिगत राजनीति और शक्ति संघर्ष पश्चिमी संस्कृति और सभ्यता की चारित्रिक विशेषता है। इसके ही फलस्वरूप वहाँ हमेशा राष्ट्रों के बीच संघर्ष की स्थिति रही है।

मेरी समझ में अमूर्त सिद्धान्तों और धार्मिक मान्यताओं को विदेश नीति का आधार मानना सही नहीं है। अमूर्त सिद्धान्त और मान्यतायें केवल आवरण मात्र होते हैं, जिससे जनता आसानी से इनका समर्थन कर सके। भारत विश्वशांति और सह–अस्तित्व के सिद्धान्तों को इसलिये स्वीकार नहीं करता कि उस पर बुद्ध और गांधी का असर है, वह इन सिद्धान्तों को इसलिये स्वीकार करता है कि विश्वशांति और सह–अस्तित्व उसके राष्ट्रीय हित में हैं। यदि विश्व में तीसरा युद्ध होता है तो भारत के लिये विकास और प्रगति के रास्ते अवरूद्ध हो जायेंगे। असम्बद्धता की नीति इसलिये अपनायी गयी कि इससे विश्वशांति भंग होने का खतरा कम होता है। दूसरे भारत के आर्थिक और सामाजिक विकास के हित में और भारत के औद्योगीकरण के लिये अपेक्षित यही था कि भारत को दोनों खेमों से आर्थिक और तकनीकी सहायता मिल सके।

यह कहना कि भारत अहिंसावादी है, गलत होगा। स्वतंत्रता मिलने पर भारत का आरम्भ में पाकिस्तान से युद्ध हुआ। 1962–63 में चीन से, 1965 और 1971 में पुनः पाकिस्तान से युद्ध हुआ। भारत के पास जितनी बड़ी सेना है, उसमें भारत का विश्व में द्वितीय स्थान हैं। आरम्भ में ही भारत को हैदराबाद और जूनागढ़ में सेना का प्रयोग करना पड़ा। समय–समय पर साम्प्रदायिक झगड़ों और हिंसात्मक गतिविधियों पर काबू पाने के लिये भी सेना का प्रयोग किया जाता है। अमूर्त सिद्धान्त और आदर्श केवल आभूषण मात्र होते हैं। भारत ने भी परमाणु अस्त्र–शस्त्रों का निर्माण और परीक्षण किया है। हम आज भी शक्ति संतुलन में विश्वास रखते हैं और चीन तथा पाकिस्तान की तुलना में पीछे नहीं रहना चाहते। प्राचीन पौराणिक आख्यान भी व्यापक हिंसा से भरे पड़े हैं।

हमारे देश में भी औद्योगिक क्रांति सामाजिक व्यवस्था और व्यक्ति के चरित्र में मूलभूत परिवर्तन ला रही है। पश्चिमी देशों की भाँति हमारी संस्कृति भी भौतिकवादी बनती जा रही है। यह सब ठीक होते हुये भी इस बात से बिल्कुल इन्कार नहीं किया जा सकता कि एक देश की संस्कृति, आचार–विचार और जीवन के प्रति दृष्टिकोण का उस देश की विदेश नीति

और अन्तर्राष्ट्रीय संबंधों पर प्रभाव न पड़े। इसमें भी कोई सन्देह नहीं है कि भारत एक बहुलतावादी देश है, जिसमें अनेक जातियों, धर्मों, भाषाओं और संस्कृति के लोग रहते हैं। इस बहुलतावादी स्थिति का प्रभाव भारत की विदेश नीति और अन्तर्राष्ट्रीय संबंधों पर पड़ा है। सहिष्णुता, समन्वय और शांति के प्रति लगाव सामान्य रूप में जनता में मिलता है। इसका प्रभाव पूरे देश की राजनीति पर पड़ता है।

प्रेस

यह कहना कठिन है कि प्रेस ने, जिसमें इलेक्ट्रॉनिक मीडिया भी सम्मिलित है, कहाँ तक विदेश नीति को प्रभावित किया है। मीडिया दो तरह से विदेश नीति को प्रभावित कर सकता है। पहले तो समाचार प्रकाशित करके और दूसरे सम्पादकीय लेख और स्तम्भ लिखने वालों के द्वारा विचार और दृष्टिकोण प्रकाशित करके। अन्तर्राष्ट्रीय प्रेस संस्थान के एक सर्वे के अनुसार भारत के प्रेस में 12.5 प्रतिशत से 33.3 प्रतिशत विदेशी समाचार होते हैं। जिनमें 90 प्रतिशत पश्चिमी यूरोप और संयुक्त राष्ट्र से सम्बंधित समाचार और लेख होते हैं। प्रेस ट्रस्ट ऑफ इण्डिया और भारतीय समाचार पत्रों के द्वारा संचालित इन्डियन न्यूज एजेन्सी के संवाददाता केवल विश्व के मुख्य देशों को छोड़कर एशिया और अफ्रीका के देशों में नहीं है या बहुत कम है। विदेशों की खबरों के लिये भारत का मीडिया अधिकांशतः विदेशी समाचार एजेन्सी जैसे–रायटर, यूनाइटेड प्रेस, फ्रांस की न्यूज एजेन्सी और अन्य विदेशी श्रोतों पर निर्भर करता है। स्वाभाविक है कि इन समाचार एजेन्सियों का झुकाव पश्चिमी देशों के दृष्टिकोण की तरफ होता है। निःसन्देह ऐसे भी समाचार पत्र और पत्रिकायें हैं, जिन्होंने नेहरूकाल में उनकी अतटस्थता की नीति का पूरा समर्थन किया है। किन्तु इस प्रकार का स्वतंत्र मीडिया बहुत कम है। भारतीय मीडिया की एक विशेषता यह रही है कि बड़े समाचार पत्र और पत्रिकाओं पर स्वामित्व बड़े औद्योगिक घरानों का रहा है। जैसे–हिन्दुस्तान टाइम्स, टाइम्स ऑफ इण्डिया, स्टेट्समैन, इण्डियन एक्सप्रेस आदि। हकीकत यह है कि भारत में समाचार पत्र उद्योग भी अन्य बड़े उद्योगों की तरह एक उद्योग बन गया है। पण्डित नेहरू ने 8 अक्टूबर 1959 में अपनी एक प्रेस वार्ता में कहा था कि बड़े–बड़े समाचार पत्रों की सोच निजी क्षेत्र के प्रति रही है, और उन्होंने जन–हित के स्थान पर निजी और व्यक्तिगत हितों की वकालत की है।[8]

8. *नेशनल हैरल्ड*–संस्करण 10.10.59।

कोरिया के युद्ध के समय, हंगरी में विद्रोह के समय और विशेषकर सीमाओं को लेकर चीन और भारत के थोड़े समय के युद्ध के समय उद्योगपतियों द्वारा नियंत्रित प्रेस ने जितना बवाल किया वह किसी से छिपा नहीं है। इन्होंने नेहरू की असमबद्धता की नीति को असफल बताते हुये उसे छोड़ने पर बल दिया। अभी भी हम पाते हैं कि भारत के समाचार पत्र भारत और चीन के सम्बंधों के बारे में लगातार ऐसे समाचार छापते हैं, जिनसे दोनों देशों में तनाव बढ़े और भारत में चीन के प्रति शत्रुता की भावना को प्रोत्साहन मिले।

नेहरू काल के बाद सन् 1990 से केन्द्र की सरकारों की आर्थिक उदारवाद और सुधारवाद और भू–मण्डलीयकरण की नीति का अधिकांश मीडिया समर्थन करता है। तेजी से व्यापक सुधारों को करने पर बल देता रहा है। इसका तात्पर्य यह नहीं है कि मीडिया ने जो आर्थिक उदारवाद और सुधारवाद के दुष्परिणाम हुये हैं, उन्हें उजागर न किया हो, किन्तु मुख्यधारा इन सुधारों और उदारवाद के समर्थन की रही है। लोकतांत्रिक व्यवस्था में मीडिया की महत्वपूर्ण भूमिका होती है। मीडिया के माध्यम से जनमत निर्धारित होता है। यह जनमत कुछ सीमा तक विदेश नीति के क्रियान्वयन को प्रभावित करता है।

संसदीय व्यवस्था

भारत में लोकतंत्र है। इसके तहत संसदीय व्यवस्था है। संसद में देश की आंतरिक और अन्तर्राष्ट्रीय नीति की चर्चा होती है। संसदीय व्यवस्था में कार्यपालिका, जो मंत्री–परिषद् होती है, संसद के प्रति उत्तरदायी होती है। उसकी नीति और क्रिया–कलापों की विरोधी पक्ष के द्वारा आलोचना की जाती है। मंत्रीमंडल को अपनी नीति और क्रिया–कलापों के पक्ष और समर्थन में अपनी बात कहनी होती है।

संसद में विरोधी पक्ष के द्वारा जो विचार और भावनायें व्यक्त की जाती हैं, उनकी मंत्रीमंडल उपेक्षा नहीं कर सकता। इसका उदाहरण हमें नेहरू काल में हंगरी के विद्रोह के समय देखने को मिलता है। आरम्भ में नेहरू ने हंगरी में सोवियत संघ के हस्तक्षेप का विरोध नहीं किया था। उन्होंने हंगरी में विद्रोह को जन विद्रोह नहीं माना था। किन्तु जब संसद में इस बात पर काफी हो–हल्ला हुआ तो उन्हें अपनी बात बदलनी पड़ी और यह कहना पड़ा कि सोवियत हस्तक्षेप अनुचित है और हंगरी में तत्कालीन व्यवस्था से

त्रस्त होकर जनता विद्रोह कर रही है। जब डॉ. मनमोहन सिंह अमेरिका से परमाणु शक्ति के नगरीय प्रयोग के सम्बंध में सहयोग की संधि करने जा रहे थे, तो संसद में इसका काफी विरोध किया गया। नौबत यहाँ तक आ गयी कि डॉ. मनमोहन सिंह को अपनी सरकार में विश्वास का प्रस्ताव पास करवाना पड़ा, जो बहुत मुश्किल से हो पाया।

कोई भी सरकार संसद की अवहेलना नहीं कर सकती। किसी भी सरकार का संसद में बहुमत होते हुए भी उसे संसद की भावनाओं और विचारों का ध्यान करना पड़ता है। कभी–कभी ऐसे अवसर भी आते हैं जब विषय या मुद्दे इतने संवेदनशील और नाजुक होते हैं कि सरकार का समर्थन करने वाले बहुमत में भी मतभेद उभर आते हैं।

जब से भारत में केन्द्र में गठबन्धनों की सरकार बनने लगी है तब से गठबन्धन में सम्मिलित दलों का या बाहर से समर्थन करने वाले दलों के विचारों और नजरिये का ध्यान रखना बहुत आवश्यक होता है। उदाहरणार्थ भारत और बांग्लादेश की टीस्ट नदी के जल के वितरण के सम्बंध में एक महत्वपूर्ण संधि होनी थी किन्तु ममता बनर्जी के विरोध के कारण यह संधि नहीं हो सकी। ममता बनर्जी की तृणमूल पार्टी यू.पी.ए. की घटक थी। यह संधि भारत और बांग्लादेश की मैत्री और घनिष्ठ सम्बंधों के लिये अत्यन्त महत्वपूर्ण थी। अतः लोकतांत्रिक व्यवस्था में संसद का अन्तर्राष्ट्रीय सम्बंधों पर कुछ न कुछ भूमिका होती है।

वर्गीय स्थिति

देश के स्वतंत्रता संघर्ष में सभी वर्गों का समर्थन और भागीदारी थी। आरम्भ में मुख्यताः मध्य वर्ग की प्रमुखता थी। नेतृत्व उच्च मध्यम वर्ग के हाथों में था। उद्योगीकरण होने के साथ पूंजीपति वर्ग और श्रमिक वर्ग का उदय हुआ। उन्होंने राष्ट्रीय आन्दोलन का समर्थन किया। देश के स्वतंत्र होने पर भारत ने जो असम्बद्धता की नीति अपनायी उसका भी एक कारण समाज के सभी वर्गों की राष्ट्रीय आन्दोलन में भागीदारी थी। पूंजीपति वर्ग कभी इस बात का समर्थन नहीं करता था कि भारत सोवियत खेमे में सम्मिलित हो। उसी तरह श्रमिक वर्ग अमेरिकी खेमे में सम्मिलित होने का विरोध करता था। अतः दोनों खेमों से अलग रहने की नीति उस समय अपरिहार्य और उपयोगी थी।

धीरे–धीरे पूंजीपति वर्ग हावी होता गया। पूंजीपति वर्ग में भी कुछ श्रेणियाँ थीं। एक श्रेणी वह थी जो एकाधिपत्य की समर्थक थी। उसने भारत की असमबद्धता की विदेश नीति का विरोध किया। दूसरी श्रेणी राष्ट्रीय पूंजीपतियों की थी। वह उस समय पश्चिमी देशों से स्वतंत्र होकर औद्योगिक विकास करना चाहते थे। उन्होंने आरम्भ में असमबद्धता की नीति का समर्थन किया।

किस प्रकार से पूंजीपतियों और उद्योगपतियों के हित विदेश नीति के क्रियान्वयन को प्रभावित करते हैं, इसका एक उदाहरण हमें भारत चीन के विवाद से मिलता है। भारत और चीन की सीमायें लगभग 2000 से 2500 मील मिलती है। इस सीमा का अनेक स्थानों पर सीमांकन नहीं हुआ था। पूर्व–उत्तर और पश्चिम उत्तर में सीमाओं को लेकर चीन और भारत में विवाद ने 1959–60 में उग्ररूप ले लिया। इस विवाद के पीछे आर्थिक कारण भी थे। दक्षिण–पूर्व एशिया में भारत और चीन के बीच बहुत व्यापक और तीव्र व्यापारिक प्रतिस्पर्धा थी, इसमें भारत का पलड़ा कमजोर पड़ रहा था। टाइम्स ऑफ इण्डिया और इण्डियन एक्सप्रेस के भूतपूर्व सम्पादक फ्रांक मोरेस ने लिखा था कि हिन्दुस्तान और चीन के बीच प्रतिद्वन्दिता और प्रतिस्पर्धा केवल 2000 मील की सीमाओं को लेकर ही नहीं है, अपितु उनकी प्रतिद्वन्द्विता पूरे दक्षिण एशिया में टेढ़ी–मेढ़ी रीढ़ की हड्डी की तरह फैली हुई है। यदि तिब्बत चीन के साथ चीन में नहीं रह सकता था, तो भारत चीन के साथ कैसे रह सकता था।[9]

देश के पूंजीपतियों के अधिकारिक प्रवक्ता **'ईस्टर्न एकोनोमिक्स'** ने लिखा था कि सम्पूर्ण रूप में भारत को चीन, रूस, पाकिस्तान से प्रतिस्पर्धा का सामना करना पड़ रहा था। जहाँ एक तरफ अमेरीका ने हमारे मेगनीज अयस्क का आयात बन्द कर दिया था दूसरी तरफ हमारे सूती कपड़ों के निर्यात को चीन और पाकिस्तान से गंभीर चुनौती मिल रही थी। इसमें भी बड़ी चुनौती चीन से थी। वह अपने यहाँ बने सूती कपड़ों को बड़े पैमाने पर विदेशों में डम्प कर रहा था।[10]

पूंजीपति और श्रमिक वर्ग के अतिरिक्त भारत में मध्यम वर्ग है। इसमें भी कई श्रेणियाँ हैं। औद्योगीकरण के साथ इसकी संख्या और प्रभाव में बहुत वृद्धि हुई है, एक आंकलन के अनुसार वर्तमान में इसकी संख्या लगभग 20

9. फ्रांक मोरेसः *इन्डिया टुडे*, पृष्ठ 214, 1960।
10. *ईस्टर्न एकोनोमिक्स*–मई 15, 1969, पृष्ठ 849।

करोड़ है। उच्च मध्यम वर्ग प्रायः पूंजीपति वर्ग और उनके हितों का समर्थन करता है। वह स्वयं बहुत सम्पन्न है और अपनी सम्पन्नता की सुरक्षा के लिये संवेदनशील है। मध्यम वर्ग की दूसरी और तीसरी श्रेणियाँ राजनीतिक क्षेत्र में प्रायः डांवाडोल रहती हैं। निर्वाचनों में शहरी क्षेत्रों में इनकी भूमिका महत्वपूर्ण होती है। राजनीतिक दलों का नेतृत्व प्रायः मध्यम वर्ग के हाथों में होता है।

श्रमिक वर्ग की संख्या सर्वाधिक है। सन् 1990—91 तक संगठित श्रमिक वर्ग काफी शक्तिशाली और प्रभावी था और उसने देश की राजनीति को प्रभावित किया था। इसके बाद उसमें बिखराव आता गया। कालांतर में उसकी शक्ति और प्रभाव में कमी आ गयी। इसका एक कारण बढ़ता हुआ उपभोक्तावाद भी है। फिर भी इसके अस्तित्व की बिल्कुल उपेक्षा नहीं की जा सकती है। इसका एक उदाहरण यह है कि इसके विरोध के कारण डॉ. मनमोहन सिंह की सरकार चाहते हुये भी श्रमिक कानूनों में परिवर्तन नहीं कर पा रही है। 1990 के बाद बदलती हुई अर्थव्यवस्था में पूंजीपति वर्ग का आधिपत्य और प्रमुखता में बहुत वृद्धि हुई है। इस काल में उनके धन और बल में आशातीत वृद्धि हुई है। इस दौरान धनी वर्ग और धनी हो गया है और निर्धन वर्ग और गरीब हो गया है। एक अनुमान के अनुसार वर्तमान में भारत में अरबपतियों की संख्या लगभग 900 है। 500 व्यक्ति या घराने ऐसे हैं, जिनकी वार्षिक आय 1 मिलियन डॉलर या उससे अधिक है। इसकी तुलना में मानव विकास के दायरे में भारत का नम्बर 169 देशों में से 119 है। भारत में प्रतिव्यक्ति की औसत आय विश्व के औसत से, जो 3337 डालर है, एक तिहाई हैं। इस भांति गरीबी और अमीरी में बहुत बड़ा अन्तर हो गया है। यह बराबर बढ़ता जा रहा है। गरीबी की सीमा रेखा के नीचे आने वाले लोगों की संख्या कुल जनसंख्या का 37 प्रतिशत है।

इन परिवर्तित परिस्थितियों में भारत का असमबद्धता की नीति से सम्बंध नाममात्र का रह गया है। वह पूरी तरह से अमेरिका के साथ है। हाल के कुछ वर्षों में इराक, ईरान और सीरिया के सम्बंध में जो नीति अपनाई गई वह पूरी तरह से अमेरिका की अनुगमन की नीति रही हैं। परमाणु शक्ति के नियंत्रण, अभिकरण और सुरक्षा परिषद् में उसने अमेरिका के पक्ष में मतदान किया है। इस भांति हम देखते हैं कि समाज की वर्गीय स्थिति देश की राजनीति और विदेश नीति को प्रभावित करती है।

3

आधारभूत सिद्धान्त

हर देश की विदेश नीति उस देश के राष्ट्रीय हितों का प्रतिनिधित्व करती है। राष्ट्रीय हित देश की सामाजिक और आर्थिक व्यवस्थाएँ, आवश्यकता और परिस्थितियों पर निर्भर करते हैं। किसी एक काल या समय में ये सत्तारूढ़ वर्ग के द्वारा परिभाषित होते हैं। अन्य वर्गों के हितों का प्रभाव भी उन पर पड़ता है।

इन हितों के आवरण के लिये या इनके अलंकार स्वरूप अमूर्त सिद्धान्त प्रतिपादित किये जाते हैं। वास्तव में व्यवहार सिद्धान्तों को निर्धारित करता है। भारत की विदेश नीति के सिद्धान्तों की नींव वास्तव में राष्ट्रीय स्वतंत्रता आन्दोलन के दौरान पड़ी थी।

विश्व शांति

भारत की विदेश नीति का पहला आधारभूत सिद्धान्त विश्व शांति है। भारत के लिये इसका इतना महत्व है कि भारत के संविधान में नीति निर्देशक सिद्धान्तों में इसका उल्लेख किया गया है। प्रायः देश के संविधान में विदेश नीति के आधारभूत सिद्धान्तों का उल्लेख नहीं किया जाता है।

भारत की विदेश नीति का विश्व शांति का लक्ष्य नकारात्मक नहीं है। युद्ध का अभाव अथवा श्मशान की शांति नहीं है। यहाँ विश्व शांति का व्यापक अर्थ है अन्तर्राष्ट्रीय राजनीति के क्षेत्र में सक्रियता, राज्यों में पारस्परिक सकारात्मक सहयोग और मित्रता, शक्ति की प्रतिस्पर्धा का अभाव जिससे सभी देशों का कल्याण हो सके। यह उद्देश्य है।

विश्व शांति का लक्ष्य किसी अमूर्त सिद्धान्त, धार्मिक और सांस्कृतिक विरासत या शिक्षा पर आधारित नहीं था। विश्व शांति देश की राष्ट्रीय स्वतंत्रता की रक्षा के लिए आवश्यक थी क्योंकि यदि फिर कोई विश्वव्यापी

युद्ध होता है, तो भारत चाहने पर भी उससे अलग नहीं रह सकता था। इसका परिणाम यह हो सकता था कि भारत अपनी उस राष्ट्रीय स्वतंत्रता को खो दे जिसको उसने वर्षों के लम्बे संघर्ष के बाद प्राप्त किया था। इस प्रकार के युद्ध में अपनी राष्ट्रीय स्वतंत्रता की रक्षा करना उसके लिये असम्भव नहीं, तो कठिन अवश्य होती। स्वतंत्रता बनी भी रहे, तो भी किसी भी देश के विशेषतः वह देश जो हाल ही में स्वतंत्र हुआ हो, विकास के लिये आवश्यक होता है कि वह युद्ध जैसी विध्वंसक स्थितियों से बचने का हर सम्भव प्रयास करे। आज़ाद होने के बाद भारत की सर्वोपरि आवश्यकता थी देश का आर्थिक, सामाजिक, सांस्कृतिक विकास करना। गरीबी, बेकारी, भुखमरी, और पिछड़ेपन से छुटकारा पाना। इसके लिये यह अति आवश्यक था कि विश्व शांति बनी रहे और सभी विकसित देशों से उसके मित्रता के सम्बंध हो। इन सबसे आर्थिक और तकनीकी सहायता और सहयोग मिल सके। युद्ध होने पर अपेक्षित सहायता और सहयोग मिलना सम्भव नहीं हो सकता था। यही नहीं, युद्ध होने पर अपनी भौगोलीय स्थिति के कारण वह भी युद्ध की भंवर में फंसने से बच नहीं सकता था। 2 मई 1954 में कोलम्बो से ब्रॉडकास्ट में नेहरू ने कहा था कि विश्व शांति हमारी सर्वोपरि इच्छा और आवश्यकता हैं। विश्व शांति के अभाव में हमारी सारी योजनायें और भविष्य के लिये स्वप्न ध्वस्त हो जायेंगे। यही नहीं यदि शांति पर जोर नहीं दिया, तो विश्व ही ध्वस्त हो जायेगा।[1]

यह बात बहुत कुछ सही थी। महाशक्तियों ने जो परमाणु और अन्तर महाद्वितीय प्रक्षेपास्त्रों का आविष्कार कर लिया है और उसके जखीरे बना लिये हैं, उनका प्रयोग होने पर सारा विश्व ही नष्ट हो जायेगा। नेहरू के ही शब्दों में युद्ध ने स्वयं अपने को समाप्त कर दिया है।

विश्व शांति को बनाये रखने के लक्ष्य की दिशा में भारत ने उस समय कई अन्तर्राष्ट्रीय विवादों में सक्रिय मध्यस्थता भी की, जैसे कोरिया का युद्ध, वियतनाम में युद्ध और स्वेज् नहर पर विवाद आदि। भारत का विश्वास था कि युद्ध सें कोई समस्या हल नहीं होती है। चाहे कोई जीते या हारे, युद्ध के परिणाम से नये विवाद और तनाव पैदा होते हैं।

विश्व की दो सर्वोपरि महाशक्तियों के बीच जो शीतयुद्ध की स्थिति थी उस सम्बंध में भारत का मानना था कि दोनों व्यवस्था, जिनका वे

1. *जवाहरलाल नेहरू के भाषण:* वोल्यूम 3, 1953–57, पृष्ठ. 251।

प्रतिनिधित्व करते हैं, शांतिपूर्वक एक साथ रह सकती हैं। भारत ने शान्तिपूर्ण सह–अस्तित्व पर जोर दिया था। क्योंकि इसका विकल्प केवल सह–विनाश था। भारत का मानना था कि कथित सामूहिक सुरक्षा के स्थान पर सामूहिक शांति की आवश्यकता थी।

भारत की नीति यह भी थी कि यदि युद्ध होता भी है तो भारत उससे दूर रहने का भरसक प्रयास करेगा। अतः भारत इस बात के लिये प्रयत्नशील था कि उसके आस–पास के देशों में शांति रहे। शांति क्षेत्र का विस्तार हो यानी अधिकाधिक देशों में शांति रहे। भारत का विश्वास था कि युद्ध की अपेक्षा बातचीत करना, चाहे वह बातचीत अच्छी हो या बुरी–श्रेयस्कर है। असफलताओं के बावजूद सम्वाद बेहतर है।

विश्व शांति में उसका अटूट विश्वास था। इसी कारण भारत का गहरा विश्वास संयुक्त राष्ट्र संघ में था। वह संयुक्त राष्ट्र को अधिक शक्तिशाली और प्रभावी बनाने के पक्ष में था।

भारत ने विश्वव्यापी निशस्त्रीकरण का भी निःसंकोच समर्थन किया था। उसने खेद प्रकट किया कि विश्व के कुछ देश जहाँ एक तरफ शांति की बात करते हैं वही दूसरी तरफ युद्ध की तैयारी में संलग्न रहते हैं।

विश्व शांति के सिद्धान्त का भारत की विदेश नीति में बराबर पालन होता रहा। 1990–91 में विदेश नीति में मूलभूत परिवर्तन होने के बाद उसकी विश्व शांति की पहल कमज़ोर पड़ गयी है। इराक में पश्चिमी देशों के आक्रमण का विरोध न करके उसका समर्थन किया यद्यपि वहाँ कथित संयुक्त राष्ट्र संघ की सैनिक कार्यवाही में भाग लेने से जनमत के दबाव में इन्कार कर दिया। इसी प्रकार से अफगानिस्तान में भी अमेरिका की सैनिक कार्यवाही का उसने विरोध नहीं किया। सीरिया के गृहयुद्ध पर सुरक्षा परिषद में उसने अमेरिका के साथ मतदान किया। ईरान के मामले में भी उसने आक्रमण के लिये उत्सुक अमेरिका और अन्य पश्चिमी देशों का साथ दिया था।

असम्बद्धता

भारत की विदेश नीति का एक मूलभूत सिद्धान्त असम्बद्धता या गुटनिरपेक्षता है। 17 मार्च 1950 को नेहरू ने संसद में कहा था कि जिस असम्बद्धता की नीति का अनुपालन हम कर रहे हैं वह नकारात्मक तटस्थता या निष्क्रियता की नीति नहीं है। यह वह नीति है जिसका उद्गम हमारी ऐतिहासिक विरासत, हाल का घटनाक्रम, हमारा राष्ट्रीय आन्दोलन और वे

आदर्श हैं, जिनकी घोषणा हमने समय–समय पर की थी। यदि संसद दूसरे देशों की इसी प्रकार की तुलनात्मक परिस्थितियों का अध्ययन करेगी, तो पायेगी कि यदि हमें अपने देश की आजादी की, जो हमने वर्षों के बाद हासिल की, रक्षा करनी है, और हमें उन तमाम समस्याओं से निबटना है, जो वर्षों से एकत्रित हो रही थीं, तो यह अपरिहार्य है कि हम ऐसी नीति का पालन करें, जिससे विश्व शांति रहे और जिससे हम विश्व की गुटबन्दियों से और उनके झगड़ों से अलग रह सकें।[2]

असम्बद्धता की नीति नकारात्मकता या तटस्थता की नहीं थी। भारत के अन्तर्राष्ट्रीय मामलों और घटनाओं में गहरी दिलचस्पी दिखायी थी। उसने निःसंकोच अंतर्राष्ट्रीय घटनाओं पर अपनी प्रतिक्रिया व्यक्त की थी। अन्तर्राष्ट्रीय घटनाओं पर उसने अपना अभिमत दो पैमानों पर निर्धारित किया था। एक प्रत्यक्ष या परोक्ष राष्ट्रहित और यदि उसका स्वयं का कोई राष्ट्रहित नहीं था तो घटना या नीति की गुणात्मकता।

भारत तमाम सैनिक गठबन्धनों के विरूद्ध था। चाहे वह सैनिक गठबन्धन अमेरिका के नेतृत्व में स्थापित हुये हों या सोवियत संघ के नेतृत्व में। उसका विश्वास था कि इस प्रकार के गठबन्धन शांति के स्थान पर युद्ध के खतरों को बढ़ा देते हैं। विशेष कर भारत ने उन सैनिक गठबन्धनों का तीव्र विरोध किया जिनमें उसकी सीमाओं के नज़दीकी देश सम्मिलित किये गये थे। मध्य पूर्व और दक्षिण पूर्व में इस प्रकार के गठबन्धनों से इन क्षेत्रों में शक्ति संतुलन बिगड़ा था। भारत का यह भी विश्वास था कि इस प्रकार के सैनिक गठबन्धन वास्तव में साम्राज्यवाद का फिर से लौटना था। इन गठबन्धनों की सबसे आपत्तिजनक बात यह थी कि केवल बाहरी आक्रमणों का मुकाबला करने के लिये यह नहीं थे। उन आन्तरिक विद्रोहों के विरूद्ध भी कार्यवाही की जानी थी, जो महाशक्तियों को अपने हितों के विरूद्ध लगते।

असम्बद्धता की नीति विश्व की राजनीतिक गुटबन्दियों से अलग रहने की नीति थी। इसमें कथित सामूहिक सुरक्षा के स्थान पर सामूहिक शांति पर जोर दिया गया था। इसके साथ–साथ यह सह–अस्तित्व के सिद्धान्त से अभिन्न रूप से जुड़ी हुई थी। इसके अनुसार वर्तमान युग में सह–अस्तित्व का विकल्प सह–विनाश था। जिस प्रकार के अस्त्र–शस्त्रों से महाशक्तियां सुसज्जित हो गयी थी, उनके एक दूसरे के विरूद्ध प्रयोग से अधिकांश विश्व के ध्वस्त होने की संभावना थी।

---

2. *जवाहरलाल नेहरू के भाषण*–1949–53, खण्ड 11, पृष्ठ 144।

प्रो. के.पी. करूणाकरण के अनुसार असमबद्धता की नीति समाजवाद, धर्मनिरपेक्षता, राष्ट्रीयता और सामाजिक–आर्थिक निर्माण से जुड़ी हुई थी। इस नीति को त्यागने के परिणामस्वरूप समाजवाद, धर्मनिरपेक्षता, राष्ट्रीयता और सामाजिक–आर्थिक निर्माण भी नष्ट हो जायेगें।

असम्बद्धता की विदेश नीति उन देशों के द्वारा अपनायी गयी जहाँ स्वतंत्रता प्राप्ति के लिये सही और ठोस राष्ट्रीय आन्दोलन थे। जिन देशों में इस प्रकार के आन्दोलन नहीं थे वे स्वतंत्र होने के बाद पश्चिमी देशों के खेमे में चले गये। उदाहरणतः पाकिस्तान, थाईलैन्ड़, फिलीपिन्स आदि। कुछ देशों को छोड़कर अधिकांशतः राष्ट्रीय आन्दोलनों की बागडोर उच्च मध्यम वर्ग के हाथों में रही। उसे न्यूनाधिक समाज के सभी वर्गों का समर्थन मिला था। अतः आजादी के बाद उसने किसी एक खेमे में सम्मिलित न होकर बीच का रास्ता अपनाया था क्योंकि वह विशुद्ध पूंजीवाद और समाजवाद का समर्थन नहीं कर सकता था।

नेहरू के बाद लाल बहादुर शास्त्री और इन्दिरा गांधी ने असम्बद्धता की विदेश नीति का अनुपालन किया। राजीव गांधी, और विशेषकर नरसिम्हा राव के समय से, असम्बद्धता की नीति विश्व के राजनीतिक गठबन्धनों से अलग रहने की नीति मात्र रह गयी। अटल बिहारी वाजपेयी पहले से ही असम्बद्धता की नीति के तीव्र आलोचक थे। प्रधानमंत्री बनने के बाद उन्होंने खुल्लम–खुल्ला असम्बद्धता की नीति का विरोध नहीं किया, किन्तु वे पश्चिमी देशो के नजदीक आते गये। उनके काल में सुरक्षा के क्षेत्र में अमेरिका से सहयोग करने की संधि हुई। अटल बिहारी वाजपेयी के बाद जब सन् 2004 में मनमोहन सिंह प्रधानमंत्री बने, तब से पश्चिमी देशों के प्रति झुकाव बढ़ता गया। मनमोहन सिंह ने अमेरिका से नागरिक क्षेत्र में परमाणु शक्ति के प्रयोग मे सहयोग करने की संधि करने का निर्णय लिया। इसका वामदलों ने डटकर विरोध किया और जब मनमोहन सिंह टस से मस नहीं हुये तो वामदलों ने डॉ. मनमोहन सिंह की सरकार का समर्थन वापिस ले लिया। वामदलों के समर्थन वापस लेने के बावजूद सरकार कुछ राजनीतिक दलों के सहयोग से टिकी रही। इसके बाद डॉ. मनमोहन सिंह की सरकार को पूरी तरह से अमेरिका का समर्थन करने की छूट मिल गयी। यद्यपि भारत अभी भी **'नाम'** का वरिष्ठ सदस्य है। किन्तु वास्तव में और व्यवहारिक क्षेत्र में वह असली गुटनिरपेक्षता से हट गया है। अनेक विचारक और राजनीतिज्ञ इस बात को

मानते हैं कि सोवियत संघ के पराभव के बाद अन्तर्राष्ट्रीय राजनीति एक ध्रुवीय हो गई है। इससे उनके मत में असम्बद्धता की नीति का कोई अर्थ नहीं रह गया है।

साम्राज्यवाद का विरोध

साम्राज्यवाद और उपनिवेशवाद का विरोध भारत की विदेश नीति का आधार स्तम्भ रहा था। भारत स्वयं विश्व के एक समय के सबसे ताकतवर ब्रिटिश साम्राज्यवाद के अधीन था। राष्ट्रीय स्वतंत्रता पाने के लिये उसे लम्बे समय तक संघर्ष करना पड़ा था। अतः यह स्वाभाविक था कि भारत प्रत्यक्ष और परोक्ष साम्राज्यवाद का विरोधी होता। यह एक ऐसा मुद्‌दा था, जिस पर पश्चिमी देशों से उसका मतभेद था। द्वितीय महायुद्ध समाप्त होने पर एक तरफ तो पश्चिमी साम्राज्यवादी देश थे जो इतने कमजोर हो गये थे कि अपने उपनिवेशों को अधिक समय तक अपने अधीन बनाये रखना उनके लिये संभव नहीं था। दूसरी तरफ पराधीन देशों में राष्ट्रीय स्वतंत्रता के लिये संघर्ष अपनी पराकाष्ठा पर पहुंच चुके थे। वे परतंत्रता की बेड़ियों को तोड़ने के लिये दृढ़ संकल्प थे।

उपरोक्त स्थिति में पश्चिमी साम्राज्यवादी देश अपने उपनिवेश छोड़ने के लिये बाध्य हो गये। द्वितीय महायुद्ध के बाद संयुक्त राज्य अमेरिका सोवियत संघ के साथ सबसे शक्तिशाली देश बना। संयुक्त राज्य अमेरिका में पूंजीवादी व्यवस्था थी। युद्ध के दौरान युद्ध सामग्री का उत्पादन कई गुना बढ़ गया था। युद्ध के बाद इस उत्पादन को खपाने की आवश्यकता थी। इसके लिये शीत युद्ध का रास्ता अपनाया गया। साम्यवादी आक्रमण और घुसपैठ का भूत खड़ा करके यूरोपीय, एशियाई और अफ्रीकी देशों को आर्थिक और सैनिक सहायता देकर परोक्ष रूप में अपना आधिपत्य स्थापित करने की तेज मुहिम चली। परिणामतः परोक्ष साम्राज्यवाद का उदय हुआ जिसका अग्रणी अमेरिका था। भारत ने सही समझदारी दिखाते हुये परोक्ष साम्राज्यवाद का भी विरोध किया। इसके फलस्वरूप अमेरिका से उसके सम्बंधों में नेहरू काल में खटास आई।

नेहरू और काँग्रेस साम्राज्यवाद की लैनिन के द्वारा की गयी व्याख्या से लगभग सहमत था। लेनिन साम्राज्यवाद को पूंजीवादी व्यवस्था का सर्वोपरि और विकृत रूप मानते थे। पश्चिमी देशों की इस मान्यता को स्वीकार नहीं करते थे कि सोवियत संघ भी साम्राज्यवादी देश है और सोवियत संघ के

साम्राज्यवाद से विश्व–शांति भंग होने का खतरा है। उन्होंने अपने एक भाषण में कहा था कि एशिया में जो संकट है, वह उपनिवेशवाद और विरोध का है।

अप्रैल 1955 में बाडुंग कान्फ्रेन्स के अवसर पर नेहरू ने कहा था कि वे केन्द्रीय और पूर्वी यूरोप के देशों को उपनिवेश नहीं मानते हैं। उनको उपनिवेश की संज्ञा देना वास्तविकता के विपरीत है। इन देशों को विश्व के अनेक राज्यों संप्रभु राज्यों के रूप में मान्यता दी थी और संयुक्त राष्ट्र संघ के सदस्य भी हैं।[3]

नेहरू के बाद भी भारत की विदेश नीति मूलतः साम्राज्यवाद विरोधी रही। सन् 1990–91 से जो आर्थिक और राजनीतिक व्यवस्था में परिवर्तन आया है, उसके परिणामतः भारत की इस नीति में जो सजीवता और गतिशीलता थी, जह समाप्त हो गयी है। डॉ. मनमोहन सिंह के कार्यकाल में अमेरिका के परोक्ष साम्राज्यवाद का समर्थन किया जाने लगा है। इसके ज्वलन्त उदाहरण इराक, ईरान और सीरिया हैं।

3. लखनऊ में इन्सटीट्यूट आफ पैसिफिक रिलेशन्स में भाषणः *नेहरू के भाषण–1949–53*, खण्ड 11, पृष्ठ 163।

4

भारत और पश्चिम एशिया/मध्य पूर्व

भारत का पश्चिमी एशिया तथा मध्य पूर्व से सम्बंध प्राचीन काल में भी थे। भारत के पर्शिया और अरब देशों से व्यापारिक और सांस्कृतिक सम्बंध स्थापित हुये थे। मुस्लिम शासन काल में ये सम्बंध और प्रगाढ़ बने थे। अँग्रेजी शासन काल में इन संबंधों के दरवाजे एक तरह से बन्द हो गये थे। इस समय भारत के संबंध विशेषकर इंग्लैण्ड से ही थे। इंग्लैण्ड का उपनिवेश होने के कारण यह स्वाभाविक था कि यह सम्बंध इंग्लैण्ड को बनाने थे, भारत को नहीं।

पश्चिमी एशिया और मध्य पूर्व भारत के लिये कई दृष्टि से महत्वपूर्ण रहा है। सुरक्षा की दृष्टि से पश्चिमी एशिया एवं मध्य पूर्व भारत के लिये महत्वपूर्ण है। ईरान, इराक, सीरिया, लेबनान उसकी पश्चिमी सीमाओं पर स्थित है। प्राचीन और मध्य काल में जो आक्रांता भारत की तरफ आये थे, वे इसी तरफ से आये थे। इन देशों के साथ पाकिस्तान और जुड़ गया हैं। वर्तमान में भारत की सुरक्षा इन देशों की नीति और राजनीतिक घटनाओं से जुड़ी हुई है। जब संयुक्त राज्य अमेरिका ने मध्य पूर्व में एक सैनिक गठबन्धन मध्य पूर्व प्रतिरक्षा संगठन, इराक, पाकिस्तान, टर्की, ईरान और ब्रिटेन को लेकर 1953 में बनाया, तो भारत सरकार ने इसका डटकर विरोध किया। यह संगठन भारत की सुरक्षा के लिये एक बड़ा खतरा था। यही कारण था कि भारत ने अमेरिका के द्वारा पाकिस्तान को दी जाने वाली बड़े पैमाने पर सैनिक सहायता का विरोध किया। कारण इस प्रकार की सहायता से भारतीय उप–महाद्वीप में शक्ति–संतुलन बिगड़ रहा था। भारत की सुरक्षा के हित में यह था कि उसके पड़ोसी देशों में ऐसी सरकारे रहें, जिनसे उसके मित्रतापूर्ण संबंध हों और जिनकी एकल और सामूहिक सैनिक शक्ति उससे बढ़कर न हो। शीतयुद्ध के संदर्भ में भारत

इसलिये भी प्रयत्नशील था कि शीत युद्ध उसकी सीमाओं से दूर रहे अर्थात शांति क्षेत्र का अधिक से अधिक विस्तार हो सके। संचार और आवागमन की दृष्टि से भी मध्य पूर्व और पश्चिमी एशिया उसके लिये अत्यधिक महत्वपूर्ण है। यूरोप और अमेरिका से आवागमन और संचार के साधन मध्य पूर्व और पश्चिमी एशिया से गुजरते हैं। वास्को–डी–गामा ने यूरोप से भारत आने के लिये केप ऑफ गुड होप से मार्ग ढूंढा था। सन् 1869 में स्वेज केनाल का काम पूरा हुआ। इससे मुम्बई और लन्दन की दूरी 4500 किलोमीटर कम हो गयी। कालांतर में भारत का आयात और निर्यात का तीन चौथाई व्यापार स्वेज नहर के रास्ते होने लगा। सन् 1956 में स्वेज नहर पर विवाद होने पर नेहरू ने कहा था कि स्वेज नहर पर भारत की गहरी दिलचस्पी है। वह इस नहर का उपयोग करने वाले मुख्य देशों में से हैं। उसकी अर्थव्यवस्था और विकास पर स्वेज नहर पर विवाद का गहरा असर पड़ेगा। यदि यह विवाद बढ़ता है, तो उसके दुष्प्रभाव से भारत अछूता नहीं रह सकेगा।[1] स्वेज नहर पर विवाद का समाधान करने में भी भारत ने अहम भूमिका निभाई थी।

मध्य पूर्व के देशों में प्रचुर मात्रा में तेल के पाये जाने के कारण आरम्भ से पश्चिमी साम्राज्यवादी देशों ने इन देशों पर प्रत्यक्ष और परोक्ष आधिपत्य स्थापित करने और उसे बनाये रखने का प्रयास किया है। इसको लेकर उनमें जो उठक–पठक होती रही उसे तेल की कूटनीति कहा जाता है। इसके परिणामस्वरूप मध्य पूर्व के देश अत्यन्त पिछड़े बने रहे। कुछ सामन्तों को छोड़कर अधिकांश जनता गरीबी, निरक्षरता और पिछड़ेपन का शिकार रही। मुट्ठीभर सामन्त जिनको तेल की रायल्टी विदेशी कम्पनियों से मिलती थी, वह बहुत धनी और विलासी बन गये।

भारत में तेल की आवश्यकता अधिकाँशतः मध्य पूर्व से पूरी होती है। सन् 1977–78 में भारत की तेल की कुल आवश्यकता 25.5 मिलीयन टन थी। इसकी सन् 1979–80 में बढ़कर 90 मिलीयन टन होने की संभावना थी। सन् 1972–73 में भारत ने 15.46 मिलियन टन और सन् 1976 में 16 मिलीयन टन तेल आयात किया था। भारत में आयात होने वाला कच्चा तेल मुख्यतः ईरान और इराक से आता है। सन् 1963 में ईरान ने मद्रास में रिफा. इनरी स्थापित करने के लिये आर्थिक सहायता दी थी। रिफाइनरी में विदेशी मुद्रा के निवेश के लिये ईरान राज्य की राष्ट्रीय ईरानियन तेल कम्पनी और

1. *जवाहरलाल नेहरू के भाषण*, पृष्ठ 527–32।

संयुक्त राज्य अमेरिका की अमेरिकन अन्तर्राष्ट्रीय तेल कम्पनी ने मिलकर 30 मिलीयन डालर की सहायता दी थी। अप्रैल 1973 में इराक ने मथुरा में स्थापित होने वाली रिफाइनरी के लिये 30 मिलीयन टन कच्चा तेल 10 वर्षों तक देने और इसके लिये 50 मिलीयन डालर का ऋण देने का समझौता भारत से किया था। कच्चे तेल के दाम बढ़ने से भारत का विदेशी मुद्रा का व्यय बढ़ जाता है और इसका असर पूर्ण अर्थ व्यवस्था पर पड़ता है। उदाहरण के लिये सन् 1972–73 में भारत को तेल के आयात पर रू. 2040 मिलीयन खर्च करना पड़ा था। सन् 1976 में तेल की कीमत बढ़ने के कारण यह खर्च रू. 13480 मिलियन हो गया था।

शीतयुद्ध के दौरान मध्यपूर्व सामरिक दृष्टि से अत्यन्त महत्वपूर्ण था। मध्यपूर्व के देश सोवियत संघ के नजदीक स्थित थे। अतः संयुक्त राज्य अमेरिका की सोवियत संघ को चारों तरफ से घेरने की जो नीति थी, उसमें पश्चिमी एशिया और मध्यपूर्व के देश अमेरिका के लिये विशेष स्थान रखते थे। शीतयुद्ध समाप्त होने के बाद भी अमेरिका इस बात के लिये प्रयत्नशील है कि इन देशों में ऐसी सरकारे रहें, जो अमेरिका का अनुगमन करें। इसी नीति के तहत इराक, अफगानिस्तान, लीबिया, ट्यूनेशिया, मोरक्को, यमन के शासन में परिवर्तन हुये हैं। इसे जेसमिन क्रांति कहा गया है। अमेरिका की यह मुहिम वर्तमान में ईरान और सीरिया में चल रही है। इस सम्बंध में एक मुख्य बात यह है कि इन देशों में तेल के स्रोतों पर पश्चिमी देशों की तेल कम्पनियों का स्वामित्व और नियंत्रण रहा है। उसको बनाये रखने की कोशिश में पश्चिमी देशों ने यह भी कोशिश की है कि इन देशों में ऐसे शासक रहें जो उनके तेल के स्रोतों से छेड़छाड़ न करें। इस उद्देश्य की पूर्ति के लिये पश्चिमी देशों ने इन देशों में सामन्तों और सैनिक अधिनायकों का समर्थन किया है।

भारत और ईरान

ईरान में तेल की सम्पदा भरपूर है किन्तु इस सम्पदा पर ईरान का अधिकार न होकर ऐंग्लों–ईरानियन कम्पनी का अधिकार था। देश की अर्थव्यवस्था कृषि प्रधान थी और जनता गरीबी में जकड़ी हुई थी। 19वीं शताब्दी से ब्रिटेन ईरान में वहाँ के तेल के स्रोतों का विकास करने में लगा हुआ था। ब्रिटेन और ईरान में सन् 1884, 1892 और 1914 के समझौतों के द्वारा ब्रिटेन ने बहरीन को अपना संरक्षित प्रदेश बनाने का अधिकार प्राप्त

कर लिया था। सन् 1909 में एग्लो–परशियन तेल कम्पनी की स्थापना हुई। इसको तेल के उद्योग में मुनाफे में 16 प्रतिशत की भागीदारी मिली हुई थी। धीरे–धीरे इसने अन्य अनेक सुविधायें प्राप्त कर लीं, जिसके फलस्वरूप वहाँ के देशवासियों की स्वतंत्रता सीमित हो गयी। शाह के कुशासन से देश की अर्थव्यवस्था जर्जर होती जा रही थी। प्रथम महायुद्ध में ईरान, ब्रिटेन, रूस और टर्की के बीच रणभूमि बन गया था। युद्ध के बाद ब्रिटेन ने ईरान पर अपना आधिपत्य स्थापित कर लिया।

सन् 1914 में एग्लो–परशियन तेल कम्पनी ने मुनाफे में 53 प्रतिशत की हिस्सेदारी प्राप्त कर ली। ईरान में इसका विरोध बढ़ रहा था। सन् 1932 में ईरान की सरकार ने एग्लों–परशियन तेल कम्पनी से समझौता रद्द कर दिया। इसके खिलाफ ब्रिटेन ने बल प्रयोग की धमकी दी। सन् 1933 में एक नया समझौता हुआ जो पहले के समझौतों की तुलना में ईरान के पक्ष में था।

द्वितीय महायुद्ध के बाद ईरान में भी राष्ट्रीय चेतना का तूफान आया और वहाँ की जनता एग्लो परशियन तेल कम्पनी के राष्ट्रीयकरण की माँग करने लगी। डॉ. मुसाद्दिक राष्ट्रीय चेतना के प्रतीक बन गये। 15 मार्च 1951 को ईरान की मजलिस ने एग्लो–परशियन तेल कम्पनी के राष्ट्रीयकरण की एक सूत्रीय विधि पारित की। 20 मार्च को सीनेट ने भी उसका समर्थन कर दिया। मई 1951 को शाह ने अपनी स्वीकृति दे दी। डॉ. मुसाद्दिक को प्रधानमंत्री नामांकित किया गया। डॉ. मुसाद्दिक ने एग्लों–परशियन तेल कम्पनी को बाहर करने के लिये आवश्यक कार्यवाही करना आरम्भ कर दिया।

एग्लो–ईरानियन आयल कम्पनी (जिसका नाम बदला गया था) और ब्रिटेन की सरकार ने यह दावा किया कि ईरान की सरकार को 1935 का समझौता रद्द करने का अधिकार नहीं था। विवाद अन्तर्राष्ट्रीय न्यायालय और सुरक्षा परिषद में उठाया गया। अन्तर्राष्ट्रीय न्यायालय ने फैसला दिया कि यह विवाद उसके अधिकार क्षेत्र के बाहर है।

जैसा स्वाभाविक था संयुक्त राज्य अमेरिका ब्रिटेन का समर्थन करने लगा। 30 अगस्त 1952 को चर्चिल और ट्रयूमेन ने विवाद सुलझाने के लिये एक संयुक्त प्रस्ताव रखा। संयुक्त राज्य अमेरिका ने प्रलोभन दिया कि उसको स्वीकार कर लिया जाता है, तो अमेरिका 10 मिलीयन डालर ईरान को देगा। ईरान ने इस प्रस्ताव को स्वीकार नहीं किया। ब्रिटेन से उसने राजनयिक संबंध तोड़ दिये। जनवरी 1952 में ईरान ने म्यूचल सिक्योरिटी

एक्ट के अन्तर्गत सहायता यह कहकर लेने से इन्कार कर दिया कि वह असमबध्यता की नीति का अनुगामी है। अमेरिकन आर्थिक सहायता के अभाव में ईरान की आर्थिक स्थिति बिगड़ने लगी। ईरान के पास तेल कम्पनी चलाने के लिये तकनीकी दृष्टि से प्रशिक्षित लोग नहीं थे। तेल का उत्पादन रूक गया। इसके साथ–साथ तेल का निर्यात नहीं हो पा रहा था। 1953 के मध्य में ईरान आर्थिक संकट में फँसा हुआ था। ट्रयूमेन ने जून 1953 में यह कहा कि जब तक ब्रिटेन और ईरान का झगड़ा समाप्त नहीं होता है, अमेरिका ईरान को कोई आर्थिक सहायता नहीं देगा। ऐसी स्थिति में मुसाद्दिक के विरोधी और पश्चिमी देशों के समर्थक मुसादिद्क के विरोध में लामबन्द होने लगे। शाहा और महारानी देश छोड़कर भाग गये। 20 अगस्त 1953 को मुसादिद्क विरोधियों ने जनरल जहेवी के नेतृत्व में मुसादिद्क को हटाकर उसे गिरफ्तार कर लिया। शाहा और महारानी वापिस आ गये। ब्रिटेन और अमेरिका ने नये शासन का स्वागत किया। अमेरिका ने आपातकालीन 45 मिलीयन डालर की आर्थिक सहायता देने की घोषणा की। उसने 23, 400, 100, मिलीयन डालर की सैनिक और तकनीकी सहायता देने का भी आश्वासन दिया।

इस तख्ता पलटी का षड़यंत्र ईरान की सेना के पश्चिमी देशों के समर्थक अधिकारी और अमेरिका की सेन्ट्रल इन्टेलिजेन्स एजेन्सी ने किया था। इसको खुलकर अमेरिकन मीड़िया ने स्वीकार किया था। एक अनुमान के अनुसार इस काण्ड में 60,000.000 मिलीयन डालर का खर्चा अमेरिका को करना पड़ा था। यह घटना आगे आने वाली अनेक घटनाओं का संकेत था। ईरान की राष्ट्रवादी ताकतों की यह पराजय थी।

भारत ने इस जघन्य कांड पर कोई प्रतिक्रिया व्यक्त नहीं की यद्यपि मुसाद्दिक की सरकार असमबध्यता की विदेश नीति की हामी थी। ईरान भारत के मित्र देशों में से था। भारत में तेल की आपूर्ति का एक बहुत बड़ा हिस्सा ईरान के तेल से होता था। भारत की चुप्पी का एक कारण यह भी हो सकता था कि ईरान के तेल विवाद में मुख्य भूमिका ब्रिटेन की थी और ब्रिटेन के साथ भारत के गहन सम्बंध थे।

मिश्र

मध्यपूर्व के अन्य देशों की भांति मिश्र में भी जनता जागृत हो गयी थी और राष्ट्रीय स्वतंत्रता की प्राप्ति के लिये संघर्ष करना आरम्भ कर दिया था।

सन् 1936 में मिश्र और इंग्लैण्ड के बीच एक सन्धि हुई थी जिसके अन्तर्गत ब्रिटेन ने स्वेज नहर के क्षेत्र में अपनी सेना रखने का अधिकार प्राप्त किया था। मिश्र की जनता इससे असंतुष्ट थी। वह ब्रिटिश सेना को हटाने की मांग कर रही थी। मिश्र के जन–आन्दोलन की विशेषता थी कि उसका नेतृत्व वहाँ की सेना के विशेष कर नौजवान अफसर कर रहे थे। ब्रिटेन ने स्वेज नहर क्षेत्र से अपनी सेनायें हटाने के लिये अक्टूबर 1951 यह शर्त रखी कि वह ब्रिटेन, फ्रांस, टर्की और अमेरिका के साथ एक सैनिक गठबन्धन में सम्मिलित हो जाये। मिश्र ने इससे साफ इन्कार कर दिया। मिश्र में अंग्रेजों और गुरिल्लाओं में झड़पें होने लगी। अक्टूबर 1951 में तत्कालीन मिश्र की सरकार ने एंग्लो ईरानियन ट्रीटी को समाप्त करने की अपनी मन्शा व्यक्त की। सुरक्षा परिषद में यह मामला आया किन्तु कोई नतीजा नहीं निकला।

इस पृष्ठभूमि में जुलाई 1952 में सैनिक अधिकारी मोहम्मद नजीव के नेतृत्व में एक क्रांति हुई। इसका कोई विशेष विरोध नहीं हुआ। इस क्रांति का गठन और संचालन **'फ्री आफीसर्स मूवमेन्ट'** के द्वारा कर्नल नासिर **के नेतृत्व में** किया गया था। मिश्र के सम्राट को अपना सिंहासन छोड़कर **मिश्र के बाहर** जाना पड़ा। मिश्र में जो भ्रष्टाचार और अनियमितायें व्याप्त थीं उनको समाप्त करने के लिये नयी सरकार दृढ़ प्रतिज्ञ थी। भ्रष्ट अधिकारियों पर लगाम कसी गयी। यह एक सामान्य विद्रोह न होकर क्रांति थी जिसने सामाजिक, आर्थिक और राजनीतिक जीवन में महत्वपूर्ण परिवर्तन किये।

लम्बी बातचीत के बाद 12 फरवरी 1953 में सूडान के संबंध में ब्रिटेन और मिश्र के बीच एक समझौता हुआ जिसमें सूडान की जनता का आत्मनिर्णय का अधिकार स्वीकार किया गया।

इस समय मध्य पूर्व में ब्रिटेन और संयुक्त राज्य अमेरिका के बीच प्रतिद्वन्द्वता भी चल रही थी। यह प्रतिद्वन्द्वता मध्य पूर्व के संसाधनों के नियत्रंण करने के सम्बंध में थी। धीरे–धीरे मध्य पूर्व में ब्रिटेन का स्थान स.रा. अमेरिका ने लिया। ब्रिटेन और अमेरिका सोवियत संघ के प्रभाव और प्रसार को रोकने के सम्बंध में एक थे। ईरान ने अधिनियम सिक्योरिटी म्यूचल के तहत अमेरिका से आर्थिक सहायता लेने से इन्कार कर दिया था। अमेरिका का इजराइल का समर्थन अरब देशों को रास नहीं आया था।

स्वेज नहर संकट

26 जुलाई 1956 को नासिर के नेतृत्व में मिश्र की सरकार ने स्वेज नहर का राष्ट्रीयकरण कर दिया। तत्कालिक कारण यह था कि अमेरिका और

विश्व बैंक ने मिश्र में आसवान बाँध बनाने के लिये जो आर्थिक सहायता देने का वचन दिया था, उसे वापस ले लिया। यह इसलिये किया गया था कि मिश्र की विदेश नीति असमबद्धता की नीति थी, जिसके फलस्वरूप उसने शीतयुद्ध में अमेरिकी खेमे में सम्मिलित होने से इन्कार कर दिया था। मध्य पूर्व में अमेरिका और ब्रिटेन एक सैनिक गठबन्धन बना रहे थे, जिसमें मिश्र सम्मिलित नहीं हुआ था। इसकी वजह से अमेरिका और ब्रिटेन मिश्र से नाराज थे। वे उसे सबक सिखाना चाहते थे। नासिर ने घोषणा की कि स्वेज नहर के राष्ट्रीयकरण करने से जो उसकी आय होगी उससे वह आसवान बाँध स्वयं बना लेगा। पाँच दिनों तक भारत ने अपनी कोई प्रतिक्रिया व्यक्त नहीं की। पाँच दिनों के बाद इस सम्बंध में जो वक्तव्य दिया गया उसमें स्वेज नहर के राष्ट्रीयकरण का न समर्थन किया गया न विरोध किया गया।

29 जुलाई से 2 अगस्त 1956 को लंदन में पश्चिमी देशों की एक बैठक हुई। उसमें 1888 के कन्वेन्शन के प्रति अपनी प्रतिबद्धता व्यक्त की गई। स्वेज नहर पर मिश्र की सम्प्रभुता पर कोई प्रश्न नहीं उठाया गया। बैठक में तय हुआ कि एक बड़ा सम्मेलन इस समस्या पर विचार करने के लिये बुलाया जाये।

नेहरू ने घोषणा की कि भारत इस सम्मेलन में भाग लेगा किन्तु वह किसी ऐसे फैसलों से बंधा नहीं है जो पहले से ले लिये गये हों। मिश्र ने सम्मेलन में भाग लेने से इन्कार कर दिया।

लन्दन में आहूत सम्मेलन में भारत और संयुक्त राज्य अमेरिका ने दो अलग–अलग प्रस्ताव रखे। दोनों प्रस्तावों में उद्देश्य एक समान थे। वे प्रस्ताव थेः 1. स्वेज नहर में आवागमन की स्वतंत्रता हो, 2. आवागमन कर समान और न्यायपूर्ण हो, 3. स्वेज नहर का रख रखाव ठीक तरह से किया जाये और स्वेज नहर का उपयोग करने वालो के हितों की सुरक्षा की जाये, 4. स्वेज नहर पर मिश्र की सम्प्रभुता स्वीकार की जाये। उद्देशों की समानता होते हुये भी दोनों प्रस्तावों में इन उद्देश्यों की प्राप्ति के लिये रास्ते अलग–अलग थे। भारत के प्रस्ताव में स्वेज नहर को मिश्र का अति महत्त्व अंग मानते हुये उसे अन्तर्राष्ट्रीय महत्व का जल मार्ग माना गया था। इस प्रस्ताव में परामर्श देने के लिये एक बोर्ड की स्थापना का सुझाव था। इसके विपरीत अमेरिका स्वेज नहर के अन्तर्राष्ट्रीयकरण करने पर तुला हुआ था। इस प्रस्ताव में भी एक बोर्ड की स्थापना का सुझाव था किन्तु यह बोर्ड मिश्र से स्वतंत्र होगा। उसको प्रशासनिक अधिकार दिये जायेंगे और वह संयुक्त

राष्ट्र संघ को अपनी रिपोर्ट देगा। इस सम्मेलन में कोई समझौता नहीं हो सका। भारत के प्रस्ताव को श्रीलंका, इंडोनेशिया और सोवियत संघ का समर्थन मिला। अमेरिका के प्रस्ताव को 18 देशों का समर्थन प्राप्त हुआ। भारत के प्रतिनिधि कृष्णा मेनन मिश्र गये थे। उन्होंने नासिर को पूरी स्थिति से अवगत कराया।

12 सितम्बर 1956 को ब्रिटेन ने स्वेज नहर उपभोक्ता संघ स्थापित करने की घोषणा की और अमेरिकन प्रस्ताव का समर्थन करने वाले 15 देशों की एक बैठक 19–21 सितम्बर 1956 को लंदन में बुलाई।

इस विवाद को सुरक्षा परिषद में पेश किया गया। सुरक्षा परिषद में विचार–विमर्श में फ्रांस, ब्रिटेन और मिश्र ने भी भाग लिया। सुरक्षा परिषद के सुझावों में 6 में से 5 सुझाव वही थे, जिन्हें भारत ने लन्दन के दूसरे सम्मेलन में रखा था। कृष्णा मेनन ने कुछ एक संशोधनों के साथ पुनः वही प्रस्ताव रखा जो वह पहले रख चुके थे। इसमें एक उपभोक्ता संघ की स्थापना की बात कही गयी थी, जिसमें स्वेज नहर प्राधिकरण के प्रतिनिधियों के साथ उपभोक्ताओं के प्रतिनिधियों को सम्मिलित किया गया था। इस संघ को समय–समय पर कर के सम्बंध में, नहर के रख रखाव के सम्बंध में और अपने उपभोक्ताओं के हितों के सम्बंध में अपने सुझाव देने थे किन्तु वह स्वेज नहर प्राधिकरण के प्रशासन के सम्बंध में हस्तक्षेप नहीं कर सकता था। विवाद के उन मुद्दों को जो बातचीत से नहीं सुलझते, उन्हें अन्तर्राष्ट्रीय न्यायालय को सौंपा जाना था। यह प्रस्ताव सभी सम्बंधित राज्यों से परामर्श करने के बाद ही रखा गया था। जब इस प्रस्ताव पर विचार विमर्श चल रहा था तब ब्रिटेन, फ्रांस और इजराइल ने मिश्र पर आक्रमण कर दिया।

ब्रिटेन पहले से ही मिश्र से असंतुष्ट था। सन् 1954 में उसे स्वेज नहर क्षेत्र से अपना सैनिक अड्डा हटाना पड़ा था। वहाँ ब्रिटिश सेना का कमाण्डर जनरल ग्लब को नासिर ने बर्खास्त कर दिया था। स्वेज नहर का निर्माण फ्रांस ने किया था। स्वेज नहर कम्पनी में उसका विशेष आर्थिक हित था। नासिर अरब राष्ट्रीयता का प्रतीक बन गया था। इसका प्रभाव सभी अरब देशों पर पड़ रहा था।

भारत के अन्तर्राष्ट्रीय व्यापार के लिये स्वेज नहर अत्यधिक महत्वपूर्ण थी। यदि स्वेज नहर से आवागमन बन्द हो जाता तो यूरोप और अमेरिका आने–जाने के लिये जहाजों को कैप आफ गुड होप का चक्कर लगाकर आना–जाना पड़ता। इससे विदेशी मुद्रा का खर्च काफी बढ़ जाता।

भारत स्वेज नहर पर मिश्र की संप्रभुता को स्वीकार करते हुये इस बात के विरूद्ध था कि स्वेज नहर का नियंत्रण एक मात्र मिश्र के हाथों में रहे।

ब्रिटेन, फ्रांस और इजरायल के आक्रमण की पूरे विश्व में तीव्र प्रतिक्रिया हुई। 1 नवम्बर 1956 को भारत ने समर्थन का संदेश मिश्र को भेजा। इसी समय भारत ने एक संदेश ब्रिटेन को भेजा जिसमें कहा गया था कि मिश्र पर हवाई बमबारी मानवता के विरूद्ध है। इसका दुष्प्रभाव सारे एशिया और अफ्रीका के देशों पर पड़ेगा। 16 नवम्बर 1956 को संसद में नेहरू ने कहा कि यह दो महाशक्तियों का एक कमजोर देश पर नृशंस हमला था। यद्यपि भारत पूरी तरह से मिश्र के साथ था किन्तु भारत ने मिश्र को सैनिक सहायता देने पर विचार नहीं किया। सोवियत संघ संयुक्त राष्ट्र के चार्टर के अनुसार मिश्र में आक्रमण को विफल बनाने के लिये सैनिक हस्तक्षेप करने के लिये तैयार था। भारत ने युद्ध विराम, विदेशी सेनाओं का मिश्र से हट जाने और विवाद का शांतिपूर्ण हल ढूँढ़ने पर जोर दिया। इस विषय पर दूसरा बाडुंग सम्मेलन बुलाने के पक्ष में भारत नहीं था। उसके स्थान पर नई दिल्ली में कोलम्बो सम्मेलन में सम्मिलित देशों का सम्मेलन बुलाया गया। 14 नवम्बर 1956 को इस सम्मेलन के द्वारा वक्तव्य जारी किया गया, जिसमें स्वेज नहर का शांतिपूर्ण समाधान पर जोर दिया गया। सम्मेलन में सम्मिलित देशों के प्रधानमंत्रियों ने किसी भी देश में विदेशी हस्तक्षेप का विरोध किया। भारत और कोलम्बो देशों के प्रयास विफल रहे।

संयुक्त राज्य अमेरिका और सोवियत संघ ने सुरक्षा परिषद में यह मामला उठाया। सुरक्षा परिषद में एक प्रस्ताव युद्धविराम और बल प्रयोग न करने का रखा गया, जिसे ब्रिटेन और फ्रांस ने अपने निषेधाधिकार (वीटो) का प्रयोग करके गिरा दिया। इस स्थिति में यूगोस्लाविया ने प्रस्ताव शांति के लिये एकता क्रमांक 337 (अ) के अन्तर्गत सामान्य सभा आहूत करने के लिये रखा। ब्रिटेन और फ्रांस के विरोध के बावजूद यह प्रस्ताव बहुमत से पारित हो गया।

1 नवम्बर 1956 को सामान्य सभा की आपातकालीन बैठक हुई, जिसमें संयुक्त राज्य अमेरिका ने प्रस्ताव रखा कि युद्धविराम हो और युद्धरत देशों की सेनायें नियंत्रण रेखा के पीछे चली जायें। जब यह प्रस्ताव सम्बंधित पक्षों के द्वारा स्वीकार नहीं किया गया, तब भारत ने अफ्रो–एशिया के 18 देशों के साथ मिलकर यह प्रस्ताव रखा कि ब्रिटेन, फ्रांस और इजरायल अमेरिका के पूर्व प्रस्ताव को मानते हुये 12 घंटों में मिश्र से अपनी सेनायें हटा ले। मिश्र

ने 5 नवम्बर को इस प्रस्ताव को स्वीकार कर लिया। ब्रिटेन और फ्रांस ने 7 नवम्बर को इसे स्वीकार किया।

युद्धविराम होने पर श्रीलंका ने 19 अफ्रो–एशियन देशों की तरफ से 23 नवम्बर को प्रस्ताव रखा कि ब्रिटेन, फ्रांस और इजरायल के द्वारा मिश्र से अपनी सेनायें न हटाना एक गंभीर बात है। ब्रिटेन, फ्रांस और इजरायल इस बात पर जोर दे रहे थे कि वे अपनी सेनायें तब हटायेगें, जब उनके स्थान पर संयुक्त राज्य संघ की आपातकालीन सेना वहाँ तैनात कर दी जायेगी। भारत ने इसका विरोध किया।

अफ्रो–एशियन देशों के दबाव में दिसम्बर 1956 में ब्रिटेन और फ्रांस ने अपनी सेनायें मिश्र से हटाना शुरू कर दिया। कुछ समय तक इजरायल अड़ा रहा। वह शर्म.इल. शेख और गाजा पट्टी पर अपना नियंत्रण बनाये रखना चाहता था। किन्तु सामान्य सभा के बहुमत के दबाव में अन्ततः उसे भी वहाँ से अपनी सेनायें हटानी पड़ीं।

मार्च 1957 में कृष्णा मेनन ने लोकसभा में कहा कि स्वेज नहर के विवाद पर भारत का रूख वैसा ही है, जैसा कि उसका रूख कश्मीर पर है। इसका तात्पर्य है कि आक्रमण के द्वारा अपना अधिकार नहीं जमाया जा सकता। बल प्रयोग कानूनी अधिकार प्रदत्त नहीं करता है।[2]

स्वेज नहर विवाद पर भारत ने अमेरिका और सोवियत संघ से सहयोग किया। दोनों महाशक्तियाँ एक दूसरे के पास आईं। भारत ने इस समय अफ्रो–एशियन देशों का नेतृत्व करते हुये उनके तीव्र विरोध को नरम बनाया। भारत की मध्यस्थता और शांति बनाये रखने में भूमिका महत्वपूर्ण थी। संयुक्त राष्ट्र संघ की शांति स्थापित करने की भूमिका को भी उसने कारगर बनाया।

अल्जीरिया

अल्जीरिया मे फ्रांस के आधिपत्य के विरूद्ध सन् 1954 से राष्ट्रीय स्वतंत्रता के लिये संघर्ष चल रहा था। सन् 1960 में संयुक्त राष्ट्र संघ की सामान्य सभा के 13 वे अधिवेशन में नेहरू ने अल्जीरिया की आजादी की लड़ाई का समर्थन करते हुये, एशिया और अफ्रीका के देशों की जागृति और राष्ट्रीय स्वतंत्रता प्राप्त करने की उनकी प्रतिबद्धता पर जोर डाला था।[3] इस प्रकार उन्होंने पश्चिमी साम्राज्यवादी देशों को चेताया था। कहा जाता है

2. *जवाहरलाल नेहरू के भाषण,* पृष्ठ 527–32।
3. *टाइम्स आफ इन्डिया*–अक्टूबर 26, 1956।

कि इस शाब्दिक समर्थन के अलावा भारत ने अल्जीरिया के स्वतंत्रता संघर्ष की कोई विशेष मदद नहीं की थी। इस समय भारत का दृष्टिकोण यह था कि राष्ट्रीय मुक्ति संघर्ष के प्रति सहानुभूति के साथ–साथ दूसरे देशों के आतंरिक मामलों में हस्तक्षेप से अलग रहना चाहिये। इस बात को नेहरू ने स्वीकार किया था। यह अवश्य है कि भारत इस प्रकार के विवादों और समस्याओं को शांतिपूर्ण ढंग से हल करने के पक्ष में था।

एक बार संसद में अशोक मेहता ने यह शिकायत की थी कि पं. नेहरू ने जैसी हिन्द–चीन में संघर्ष पर गर्मजोशी दिखाई थी, वैसी ही गर्मजोशी अल्जीरिया के संघर्ष पर नहीं दिखायी। फ्रांस के विदेश मंत्री यहाँ पर आये। उन्होंने प्रधानमंत्री से बात की। उन्होंने अल्जीरिया के सम्बंध में फ्रांस की विशेष स्थिति समझाई, जिसके परिणामतः प्रधानमंत्री नेहरू ने यह रूख अपनाया था। यह भी कहा गया है कि भारत फ्रांस के साथ इसलिये भी नरम था क्योंकि फ्रांस के जो उपनिवेश भारत में थे उन्हें बिना किसी बड़े विवाद के फ्रांस ने छोड़ दिया था।

भारत की नीति सिद्धांततः साम्राज्यवाद और उपनिवेशवाद की विरोधी होते हुये भी व्यवहार में एक समान नहीं थी। ब्रिटेन के प्रति भारत विशेष तरह से नरम था।

इस दौरान भारत ने अरब और अफ्रीकन देशों से अपने आर्थिक सम्बंध मजबूत करने का प्रयास किया। आयातित तेल का मूल्य चुकाने के लिये निर्यात के व्यापार को बढ़ाने की चेष्टा की। मध्यपूर्व के देशों में काफी संख्या में भारतीय स्थायी और अस्थायी रूप में रह रहे थे। उनके हितों की रक्षा करना भी भारत की विदेश नीति का एक लक्ष्य था। भारत का प्रयास था कि वहाँ रहने वाले भारतीय वहाँ के मूल निवासियों से घुलमिल जायें। अपने को उसी देश का निवासी समझें जहाँ वह रह रहे हैं। भारत ने इन देशों में संयुक्त कम्पनियां भी स्थापित की थीं। सन् 1964 और 1972 के बीच इस प्रकार की 2 संयुक्त कम्पनियां अल्जीरिया में स्थापित की गयीं।

अभी हाल में भी अल्जीरिया में सत्ता परिवर्तन हुआ है। इसके पहले 1992 से अल्जीरिया में 1999 तक गृह युद्ध चलता रहा था। अफ्रीका के उत्तर में स्थित होने के कारण भारत के लिये वह अपना महत्व रखता है। अल्जीरिया और भारत के आर्थिक और व्यापारिक सम्बंध बढ़ रहे हैं।

इराक

अपनी उर्वरता और केन्द्रीय स्थिति के कारण इराक मध्य पूर्व में अत्यन्त महत्वपूर्ण है। इराक एक छोटा राज्य है। उसका क्षेत्रफल 4.44.400 वर्ग किलोमीटर है। जनसंख्या 83 लाख है। छोटा होने के बावजूद यहाँ तेल का उत्पादन मध्य पूर्व में सऊदी अरेबिया के बाद दूसरे स्थान पर आता है। एक अनुमान के अनुसार विश्व के देशों में जो तेल के भण्डार और निक्षेप हैं, उनमें इराक का स्थान चौथा है।

प्रथम महायुद्ध में ब्रिटेन ने टर्की को हरा कर सन् 1920 में इराक पर मैन्डेट (निर्देश) प्राप्त किया था। 23 अगस्त 1921 को ब्रिटेन ने यहाँ के भूतपूर्व राजा शरीफ हुसेन के पुत्र फैजल प्रथम को गद्दी पर बिठाया किन्तु वास्तविक शक्ति अपने हाथों में रखी। इराक की जनता इससे खुश नहीं थी। वह अरब राष्ट्रीय जागृति और चेतना से अछूती नहीं थी। राष्ट्रीय मुक्ति संघर्ष के दबाव में ब्रिटेन ने सन् 1927 और सन् 1930 में संधियाँ की जिनमें इराक की स्वतंत्रता को स्वीकार करते हुये ब्रिटेन ने इराक में कुछ विशेष अधिकार और सुविधायें प्राप्त की। इनके फलस्वरूप इराक ब्रिटेन के प्रभाव क्षेत्र में बना रहा। इस समय इराक का प्रधानमंत्री नूरी ए सय्यद था, जो पश्चिमी देशों का कट्टर समर्थक था। ब्रिटेन और अमेरिका ने उसकी सहायता से बगदाद संधि के अन्तर्गत मध्य पूर्व सुरक्षा संगठन की नींव डाली थी।

14 जुलाई 1958 को टर्की के इस्तम्बोल नगर में बगदाद संधि में सम्मिलित देशों के शासक/अध्यक्षों का एक सम्मेलन होने वाला था। इसी दिन इराक में एक सैनिक क्रांति हुई। जिसमें इराक के राजा फैजल द्वितीय (फैजल के पोत्र) तथा प्रधानमंत्री नूरी अस्साद की हत्या कर दी गयी और ब्रिगेडियर कासिम के नेतृत्व में गणराज्य की स्थापना की गई। कासिम की सरकार ने पश्चिमी देशों के समर्थक सभी अधिकारियों को पदच्युत कर दिया। उन पर देशद्रोह के मुकदमें कायम किये गये। 27 जुलाई को कासिम ने एक अस्थायी संविधान की भी घोषणा कर दी।

इस समय इराक में कई राजनीतिक दल थे। इनमें पारस्परिक संघर्ष चलता रहता था। कुछ दल यह चाहते थे कि अरब राष्ट्रीयता की एकता को आगे बढ़ाने के लिये इराक का संयुक्त अरब गणराज्य (मिश्र और सीरिया) में विलय हो जाये। कासिम इस प्रकार के विलय के पक्ष में नहीं था। वह इराक को सुदृढ़ और सम्पन्न बनाना चाहता था और साम्राज्यवाद के प्रभाव

से सर्वदा के लिये मुक्ति पाने के लिये प्रयासरत था। उसने 24 मार्च 1959 की बगदाद संधि से अलग होने की घोषणा की।

9 फरवरी 1963 को इराक में दूसरी सैनिक क्रांति हुई। इसमें कासिम की हत्या कर दी गयी। उसके स्थान पर कर्नल अब्दुल सलाम मोहम्मद आरिफ को राष्ट्रपति बनाया गया और ब्रिगेडियर अहमद हसन बद्र को प्रधानमंत्री। यह नयी सरकार मिश्र, सीरिया और इराक को मिलाकर एक संयुक्त अरब गणराज्य बनाने के पक्ष में थी। इसके लिये एक योजना तैयार की गयी किन्तु योजना पर दोनों देशों के हस्ताक्षर होने के बाद भी यह बात आगे नहीं बढ़ सकी।

सन् 1972 में ईराक ने वहाँ कार्यरत पश्चिमी देशों की तेल कम्पनियों का राष्ट्रीयकरण किया। यह एक अभूतपूर्व घटना थी जिसका प्रभाव पूरी अरब जनता पर पड़ा। सन् 1972 में इराक और सोवियत संघ के बीच एक मैत्री संधि 15 वर्षों के लिये की गयी।

मध्य पूर्व में इराक और ईरान की पारस्परिक प्रतिस्पर्धा परम्परागत कही जा सकती है। इराक एक अरब देश है। ईरान अरब देश नहीं है। ईरान काफी समय तक पश्चिमी देशो का कट्टर समर्थक माना जाता था। इराक और अन्य अरब देश अरब चेतना और जागृति से प्रभावित थे। ईरान को यह शिकायत थी कि इराक ने कुर्द विद्रोहियों को भड़काकर ईरान की प्रादेशिक अखण्डता पर आक्रमण किया था। ईरान की एक यह भी शिकायत थी कि इराक की सरकार वहाँ रहने वाले अल्पसंख्यक शियाओं के साथ भेदभाव की नीति पर कार्य करती थी। इराक को यह शिकायत थी कि ईरान ने पश्चिमी देशों की सहायता से उसके एक भाग को उससे अलग कर दिया था। इस पृष्ठभूमि में सन् 1980 में दोनों देशों में युद्ध छिड़ गया। आरम्भ में इराक को काफी सफलता मिली। यह लगने लगा कि इस युद्ध में जीत इराक की होगी। किन्तु चार साल चलने के बाद भी युद्ध अनिर्णीत ही रहा। इस युद्ध को समाप्त करवाने के लिये इस्लामिक शिखर सम्मेलन और असमबद्ध देशों के संगठन ने प्रयास किया। इस समय तक इराक में सद्दाम हुसैन सत्तारूढ़ हो चुका था।

इराक और ईरान युद्ध का भारत पर गहरा आर्थिक प्रभाव पड़ा। युद्ध के पूर्व इराक में 100 हिन्दुस्तानी कम्पनियां थी। युद्ध के कारण इन कम्पनियों की संख्या तीस रह गयी। इराक में लगभग 50,000 भारतीय काम कर रहे

थे, जिनमें इन्जीनियर, टेक्नीशियन, डाक्टर, नर्सेज आदि थे। युद्ध के कारण वहाँ से अधिकांश भारतीय स्वदेश लौट आये। उनकी संख्या 9000 रह गयी। सन् 1985 में इराक को भारत की कम्पनियों का 1 बिलीयन अमेरिकी डालर ऋण चुकाना था। इराक भारत को मिलने वाले तेल का एक मुख्य स्रोत था। 14 मार्च 1990 को भारत और इराक में एक समझौता हुआ, जिसके अन्तर्गत 1990–91 में इराक को भारत को 2.5 मिलीयन टन तेल देना था। इस युद्ध से असंबधता अभियान पर प्रतिकूल प्रभाव पड़ा था क्योंकि एक असमबद्ध देश का आक्रमणकारी होना असंबद्धता के मान्य सिद्धान्तों के विरूद्ध था।

अगस्त 1990 में इराक और कुवैत के बीच युद्ध छिड़ गया। संयुक्त राज्य अमेरिका के नेतृत्व में पश्चिमी देशों ने कुबैत का साथ दिया परिणामतः फरवरी 1991 में इराक की पराजय हुई। यह युद्ध खाड़ी युद्ध के नाम से जाना जाता है। अमेरिका और अन्य पश्चिमी देशों का इस क्षेत्र मे मुख्य स्वार्थ, वहाँ पर निकलने वाला तेल था। सद्दाम हुसैन इराक की तेल सम्पदा का राष्ट्रीयकरण करना चाहता था। अन्तर्राष्ट्रीय क्षेत्र में उसकी विदेश नीति असबंद्धता की थी। कुवैत पूरी तरह अमेरिका और अन्य पश्चिमी देशों के प्रभाव क्षेत्र में था। अमेरिका ने यह घोषणा की थी कि कुवैत में 6 लाख इराकी सैनिक थे, जबकि कुवैत में इराकी सेनायें तीन लाख थीं। इस युद्ध का भारत के आर्थिक हितों पर विपरीत प्रभाव पड़ा था।

संयुक्त राष्ट्र संघ में कुवैत पर इराकी आक्रमण पर चर्चा हुई थी। सुरक्षा परिषद ने इराक को आक्रांता मानते हुये उस पर आर्थिक और सैनिक प्रतिबन्ध लगाने का निर्णय लिया था। भारत ने सुरक्षा परिषद में इस कार्यवाही का समर्थन किया यद्यपि आक्रमण की निन्दा देर से की गयी थी।

उस समय भारत में संयुक्त मोर्चे की सरकार थी और वी.पी. सिंह प्रधानमंत्री थे। भारत ने यह माँग की कि इराक की सेना को कुवैत से हटा लिया जाये।

संयुक्त मोर्चे की सरकार के बाद कांग्रेस के समर्थन से चन्द्रशेखर ने अपनी सरकार बनायी। चन्द्रशेखर ने अमेरिकन परिवहन वायुयान सी–141 के खाड़ी युद्ध में भाग लेने के लिये जाते समय, मुंबई के सहारा हवाई अड्डे पर तेल भरवाने की अनुमति दे दी थी। इसका खुलासा होने पर उनकी तीव्र आलोचना की गयी। बाद में यह भी उजागर हुआ कि मद्रास हवाई अड्डे पर भी इसी प्रकार की अनुमति दी गयी थी।

कुवैत में लगभग 1 लाख भारतीय रह रहे थे। एक अनुमान के अनुसार भारतीय बैंकों में प्रवासी भारतीयों का जो 28,000 हजार करोड़ रूपया जमा था, उसमें से 6000 करोड़ कुवैत में रहने वाले प्रवासी भारतीयों का था, यद्यपि खाड़ी क्षेत्र मे, जो भारतीय थे उनमें से केवल 10 प्रतिशत कुवैत में थे। भारत और कुवैत का व्यापार 200–250 मिलियन रूपयों का था, जिसे बढ़ाने की दोनों देशों ने उम्मीद जताई थी। युद्ध के बाद कुवैत के विदेश मंत्री, जो कि उप–प्रधानमंत्री भी थे, भारत आये। उन्होंने भारत से अपने सम्बंध अच्छे करने के लिये बातचीत की। कुवैत के संचार मंत्री भी भारत आये। उन्होंने भारत की दूरसंचार परामर्श कम्पनी लिमिटेड से 20 मिलियन रूपये का अनुबन्ध कुवैत में इलैक्ट्रॉनिक एक्सचेन्ज स्थापित करने के लिये किया। इस समय नरसिम्हा राव के नेतृत्व मे कॉंग्रेस की सरकार बन चुकी थी। 6 दिसम्बर 1992 में बाबरी मस्जिद को तोड़ने की दुखान्त घटना–घटी। फरवरी को कुवैत के उप–प्रधानमंत्री भारत आये। उन्होंने आशा व्यक्त की कि भारत सरकार इस मस्जिद को पुनः बना देगी और अपने आश्वासन के अनुसार अर्थव्यवस्था को उदार बनाने के लिये आवश्यक कार्यवाही करेगी। कुवैत में भारतीय कम्पनियों को युद्ध के दौरान जो क्षति हुई थी, उसको कुवैत ने एक हद तक पूरा किया।

संयुक्त राज्य अमेरिका इराक की सद्दाम हुसैन की सरकार को अपदस्थ करने पर तुला हुआ था। उसने इराक पर आरोप लगाया कि सद्दाम हुसैन व्यापक मार करने वाले अस्त्र–शस्त्र अपने यहां एकत्रित कर रहा था। सद्दाम हुसैन एक क्रूर डिक्टेटर था। उसे हटाकर इराक में लोकतंत्र स्थापित होना चाहिये। संयुक्त राज्य अमेरिका और ब्रिटेन ने इराक पर यह भी आरोप लगाया कि सद्दाम हुसैन आतंकवाद को आश्रय दे रहा था। अतः उसे पदच्युत करना आवश्यक था। उन्होंने यह भी आरोप लगाया कि संयुक्त राष्ट्र संघ की जो जांच समिति इराक पर बनायी थी, इराक उसको जाँच नहीं करने दे रहा था।

इराक पर आक्रमण करने की अमरीकी हठधर्मी के फलस्वरूप अन्तर्राष्ट्रीय राजनीति में जो मोड़ आया, उसमें अमेरिका अलग–थलग पड़ गया था। इराक हमले पर वह संयुक्त राष्ट्र की मोहर लगवाने का भरसक प्रयास करता रहा, किन्तु सुरक्षा परिषद में फ्रांस, चीन और रूस इसके लिये तैयार नहीं थे। अमेरिकी प्रस्ताव पर अपना निषेधाधिकार का प्रयोग करने पर कटिबद्ध थे। अतः अमेरिका इराक पर अपने हमले के लिये संयुक्त राष्ट्र

संघ के बैनर का प्रयोग नहीं कर सका। उसे केवल ब्रिटेन और आस्ट्रेलिया के साथ मिलकर आक्रमण करना पड़ा।

अमेरिका की जनता इस युद्ध के विरूद्ध थी। 14 फरवरी 2003 को अमेरिका के जितने बड़े समूह ने सड़कों पर आकर, अमेरिकी शासन का इराक पर हमले की तैयारी का जो विरोध किया, वह पहले कभी नहीं देखा गया था। जैसा पहले लिखा जा चुका है कि अमेरिका का मुख्य ध्येय वहां के विशाल और अत्यधिक सम्पन्न तेल भण्डारों पर कब्जा करना था। अतः वह उद्देश्य की पूर्ति की ओर बढ़ रहा था।

भारत में अटल बिहारी वाजपेयी और सोनिया गांधी ने इस हमले का विरोध किया था। उन्होंने यह कहा था कि इससे भारत पर बहुत विपरीत प्रभाव पड़ेगा। 19 फरवरी 2003 को संसद में भी अनेक सदस्यों ने इसे अमेरिका की दादागिरी और आतंकवादी कारनामा करार दिया था। अमेरिका यह भी चाहता था कि भारत अपनी सेना इराक के युद्ध में अमेरिका को साथ दे, किन्तु भारत ने अपनी सेना भेजने से इन्कार कर दिया।

इराक पर आक्रमण का कारण अमेरिका की अर्थ–व्यवस्था का संकट भी था। बड़ी–बड़ी कम्पनियां घाटे में जा रही थीं और बन्द हो रही थीं। जिससे बेरोजगारी बढ़ रही थी। इस गिरावट और पतन से बचने के लिये भी युद्ध का सहारा लिया गया था ताकि बेरोजगारी और मंदी की ओर से वहाँ की जनता का ध्यान हटाया जा सके।

लगभग 2 वर्ष यह युद्ध चला। इन दो वर्षों में लगभग 1900 अमेरिकन मारे गये। इराकी नागरिकों की मरने वालों की संख्या 10000 से 30000 हो सकती है। अमेरिका के इस आक्रमण से इराक में भयंकर तबाही हुई। स्कूल और अस्पतालों को भी नहीं बख्शा गया। अन्त में इराक की पराजय हुई और सद्दाम हुसैन को बन्दी बना लिया गया। उस पर अभियोग चलाकर उसे मुत्यु दण्ड दे दिया गया। अमेरिका की जीत को ईराक की प्रगतिशील और लोकतंत्र पसन्द जनता स्वीकार नहीं कर रही है। वहाँ की अमरीका परस्त कठपुतली सरकार तथा अमरीकी सेना पर हमले बराबर जारी हैं।

लीबिया

इराक में जीत के फलस्वरूप अमेरिका का हौसला बढ़ गया था। उसने मध्य पूर्व के अन्य देशों में एक–एक करके प्रत्यक्ष और परोक्ष हस्तक्षेप आरम्भ किया। अमेरिका का उद्देश्य इन देशों में पूर्णतः अपनी अनुगामी

सरकारें स्थापित करके मध्य पूर्व के देशों पर अपना आधिपत्य स्थापित करना था। इसी कड़ी में उत्तर अफ्रीका के देश लीबिया को उसने लिया। लीबिया का क्षेत्रफल 1,759540 वर्ग किलोमीटर और जनसंख्या 6,036,914 है। यह एक अरब देश है। इसमें 94 प्रतिशत सुन्नी मुस्लिम सम्प्रदाय के हैं। यह पहले इटली का उपनिवेश था। 1952 में उसने स्वतंत्रता प्राप्त की थी। 1977 में उसका नाम बदल गया। उसका नया नाम दी सोशलिस्ट जनवादी लीबिया अरब जम्हूरियत है। वहाँ का राष्ट्र अध्यक्ष कर्नल मोहम्मद अल गद्दाफी था।

गद्दाफी हमेशा अमेरिका और पश्चिमी देशों की आँखों की किरकिरी रहा। अमेरिका और पश्चिम के अन्य पूँजीवादी देशों को समाजवाद के नाम से चिढ़ थी। अरब देश होने के नाते अरब राष्ट्रीय जागृति का प्रभाव उस पर भी पड़ा था। उसने अनेक बार अमेरिकी वर्चस्व को चुनौती दी थी।

सितम्बर 2006 में मानव अधिकार पर्यवेक्षकों ने गद्दाफी की सरकार पर यह आरोप लगाया कि वह यूरोपियन यूनियन जाने वाले अफ्रीकियों का क्रूरता से दमन और उत्पीड़न कर रहा था। उनको जबरदस्ती वापिस ला रहा था या जाने से रोक रहा था। गद्दाफी ने इन आरोपों को सिरे से खारिज कर दिया। लीबिया अफ्रीका के देशों में मानव विकास के मामलों में सर्वप्रथम था। वहाँ अफ्रीकन महाद्वीप में औसतन आयु सबसे अधिक थी। वहाँ खाद्य सुरक्षाएँ आवश्यक सामाजिक और सार्वजनिक सेवायें और स्वास्थ्य रक्षा की प्रचुर व्यवस्था थी। केवल लीबिया के ही नहीं, पड़ोसी देशों के नागरिकों को भी यहाँ रोजगार मिला हुआ था।

आर्थिक दृष्टि से लीबिया महत्वपूर्ण है। उत्तर अफ्रीका और मध्य पूर्व के क्षेत्र में 103.2 मिलियन टन तेल के प्रमाणित भण्डार है। सन् 2009 में यह पूरे विश्व के प्रमाणित तेल के भण्डारों का 55.6 प्रतिशत था। लीबिया भी इसी क्षेत्र में आता है। इसके अतिरिक्त लीबिया की धरती के नीचे भूजल का भण्डार पाया गया है। संयुक्त राज्य अमेरिका और पश्चिमी देश इस क्षेत्र में पाये जाने वाले तेल पर अपना कब्जा बनाये रखने के लिये आरम्भ से ही प्रयासरत रहे हैं। उत्तरी अफ्रीका और मध्य पूर्व के तेल पर आधारित अन्तर्राष्ट्रीय राजनीति के क्षेत्र में तेल की कूटनीति के नाम से जाना जाता है।

यह सच है कि राजनीतिक दृष्टि से लीबिया की शासन व्यवस्था अधिनायकवादी थी। पिछले कई वर्षों से गद्दाफी सत्तारूढ़ था किन्तु देश के विकास कार्यों के कारण वह लोकप्रिय भी था। लीबिया में अनेक कबीले

पाये जाते हैं। गद्दाफी ने जहाँ एक तरफ इन परस्पर विरोधी कबीलों को नियत्रंण में रखा था और देश को गृह युद्ध से बचाया था, वहीं दूसरी तरफ इस्लामिक फंडामेंडिलिस्टों को भी अनुशासन में बाँध रखा था। इस भांति गद्दाफी अरब राष्ट्रीयता और अफ्रीकन जागृति का प्रतीक बन गया था। उसके घोषणापत्र, 1970 ग्रीन बुक में उसने समाजवाद की परिकल्पना की थी। लीबिया में लोकतंत्र नहीं था किन्तु गद्दाफी के शासनकाल में लीबिया एक लोककल्याणकारी राज्य अवश्य था।

गद्दाफी बहुत खुले रूप में साम्राज्यवाद विरोधी रहा था। वह पश्चिमी साम्राज्यवादी देशों और विशेष कर अमेरिका के परोक्ष साम्राज्यवाद की तीव्र आलोचना करने से कभी नहीं चूका था। सन् 2009 में संयुक्त राष्ट्र संघ में 90 मिनट के अपने सम्भाषण में उसने पश्चिमी साम्राज्यवादी देशों को आड़े हाथों लिया था।

गद्दाफी को व्यवहार में कुछ लोग सनकी भी समझते थे। उसका अपना ढंग निराला था। वह जब न्यूयार्क, लन्दन, पेरिस जाता था तब वह आलीशान होटलों में न ठहरकर कबीलाई तम्बुओं में रहता था। उसने अपनी व्यक्तिगत सुरक्षा के लिये अफ्रीका की तेज–तर्राक महिलाओं को रखा था।

विश्वव्यापी आर्थिक संकट के परिणामस्वरूप लीबिया में भी जनता के एक भाग में आक्रोश उत्पन्न हुआ था। बेरोजगारी, तालाबन्दी, मंहगाई आदि ने लीबिया की जनता के एक वर्ग में गुस्सा और विरोध पैदा किया था। इसके फलस्वरूप उन्होंने विद्रोह कर दिया। संयुक्त राज्य अमेरिका और अन्य पश्चिमी देशों की पहल पर संयुक्त राष्ट्र संघ की सुरक्षा परिषद ने प्रस्ताव 1973 के द्वारा लीबिया में वहाँ की जनता की रक्षा के नाम पर नो फ्लाई जोन लागू करने का फैसला लिया। चीन, रूस, जर्मनी और भारत ने इसके पक्ष में या विपक्ष में मतदान नहीं किया था। फ्रांस ने इस प्रस्ताव की आड़ में आक्रमण की पहल की। ब्रिटेन एवं सं.रा. अमेरिका, इटली, टर्की आदि इस आक्रमण में सम्मिलित हो गये। हमले की कमान आरम्भ में संयुक्त राज्य अमेरिका के हाथों में रही। कुछ समय बाद नाटो ने यह कमान अपने हाथों में ली। नो फ्लाई जोन के नाम पर लीबिया में आक्रमण और युद्ध चलत्ता रहा था।

लीबिया में, पश्चिमी देशों और अमरीका द्वारा लोकतंत्र की स्थापना के नाम पर अस्थिरता उत्पन्न की गई थी।

अमेरिका के प्रमुख पत्र वाशिंगटन पोस्ट ने लिखा था कि गद्दाफी के शासनकाल में साधारण जनता की आय काफी थी, सामाजिक सेवायें संतोषजनक थीं। स्वास्थ्य, सुरक्षा, शिक्षा, प्रचुर मात्रा में थी। गद्दाफी के विरोधी भी इसे स्वीकार करते थे। इसी कारण 42 वर्ष शासन करने के बाद भी वह लोकप्रिय था। किन्तु भारत ने इस सम्बन्ध में कोई प्रतिक्रिया व्यक्त नहीं की।

संयुक्त राज्य अमेरिका और अन्य पश्चिमी देशों ने विद्रोहियों की हर तरफ से मदद की। उनके साथ नाटो की सेनायें भी लड़ रही थीं। यह लड़ाई लगभग 9 माह चली। अन्त में 28 अक्टूबर को विद्रोहियों ने (एन टी सी) सिरते पर कब्जा कर लिया। विद्रोहियों ने गद्दाफी की हत्या कर दी। इस भांति उत्तरी अफ्रीका और मध्य पूर्व से अमेरिका ने अपने एक मुख्य विरोधी से छुटकारा पाया। यह मध्य पूर्व में होने वाले कथित **'जेसमिन क्रांति'** का एक अंग था।

अफगानिस्तान

अफगानिस्तान भारत के उत्तर–पश्चिम का एक मध्यम श्रेणी का राज्य है। इसका क्षेत्रफल 642,497 किलोमीटर है। इसकी जनसंख्या 29,117,000 है। जनता में 80 प्रतिशत सुन्नी हैं। 19 प्रतिशत शिया हैं। एक प्रतिशत अन्य हैं।

जनता की भाषा पुशतो और परसियन है। अहमद शाह दुर्रानी को अफगानिस्तान का संस्थापक समझा जाता हैं। ब्रिटेन ने 19वीं शताब्दी के मध्य में अफगानिस्तान पर अपना कब्जा जमाने की कोशिश की थी, किन्तु वह नाकामयाब रहा। इस नाकामयाबी के बावजूद उसने अफगानिस्तान को डूरडं लाइन को अन्तर्राष्ट्रीय सीमा मानने के लिये राजी कर लिया। ब्रिटेन साम्राज्य और जारशाही रूसी साम्राज्य के बीच अफगानिस्तान एक बफर राज्य बन गया था। ब्रिटिश साम्राज्य भयभीत था कि रूसी साम्राज्य पूर्व की दिशा में अपना विस्तार न कर ले।

यद्यपि अफगानिस्तान ने इस्लाम धर्म स्वीकार किया था किन्तु उसके कबीलाई एक दूसरे से लड़ते रहे और बर्बर थे। इसके बावजूद अफगानिस्तान ने अपनी स्वतंत्रता और सम्प्रभुता पर जोर दिया।

सन् 1917 में रूस की बोल्शेविक क्रांति ने ब्रिटेन को और भी सावधान कर दिया क्योंकि सोवियत संघ और अफगानिस्तान की सीमाएँ एक दूसरे से

मिलती है। इसके दक्षिण में पाकिस्तान, पूर्व में पाकिस्तान और भारत तथा पश्चिम में ईरान स्थित है।

1953 में मोहम्मद दाऊद वहाँ का प्रधानमंत्री बना। यहाँ का राजा जहीर शाह था। मोहम्मद दाऊद आन्तरिक और अन्तर्राष्ट्रीय राजनीति में प्रभावशाली था। उसने निःसंकोच संयुक्त राज्य अमेरिका और सोवियत संघ से सहायता प्राप्त की थी। उसकी विदेश नीति असमबद्धता की विदेश नीति थी। दाऊद ने स्वास्थ्य और शिक्षा के क्षेत्र में सुधार किये। इस पर भी 1969 में जहीर शाह ने दाऊद को अपदस्थ कर दिया। 10 वर्षों के बाद दाऊद ने एक सैनिक विद्रोह के माध्यम से फिर सत्ता प्राप्त की और स्वयं को राष्ट्रपति घोषित किया। किन्तु उसका शासन अधिक समय तक नहीं चला। सन् 1978 में नूर मोहम्मद ने दाऊद को हटाकर सत्ता अपने हाथ में ले ली। इससे पहले 1973 में जहीर शाह के भाई मोहम्मद को अपदस्थ करने के बाद अफगानिस्तान को गणराज्य घोषित कर दिया गया था। इस समय वहाँ की कम्युनिस्ट पार्टी में दो गुट थे। इनमें से एक को परचम और दूसरे को खनक कहा जाता था। दाऊद के सत्तारूढ़ होने पर कुछ वर्षों तक परचम से उसकी सहयोग की नीति रही। कालांतर में दाऊद की देश के प्रतिक्रियावादी तत्वों से सांठगांठ हो गयी। परिणामतः 17 अप्रैल 1978 को वहाँ जनविद्रोह हुआ, जिसके फलस्वरूप दाऊद को अपदस्थ कर दिया गया। इससे पहले साम्यवादी नेता अमीर अकबर खेवर की हत्या हो गयी थी, जिससे जनता भड़क उठी थी।

नूर मोहम्मद तराकी जो कि खनक का सर्वप्रमुख नेता था उसको प्रधानमंत्री बनाया गया। नयी सरकार ने घोषणा की कि उनकी नीति अफगान राष्ट्रवाद, इस्लाम के प्रति आदर, आर्थिक और सामाजिक न्याय, अन्तर्राष्ट्रीय क्षेत्र में असमबद्धता और अन्तर्राष्ट्रीय समझौतों के प्रति आदर पर आधारित रहेगी। नयी सरकार के द्वारा किये जाने वाले उदारवादी सुधारों के खिलाफ मुल्लाओं और अन्य प्रतिक्रियावादी तत्त्वों ने जेहाद बोल दिया।

कम्युनिस्ट पार्टी के खनक और परचम गुट में, जो कि क्रांति के पहले एक हो गये थे, फिर फूट पड़ गयी। खनक गुट में भी तराकी और अमीन के बीच शक्ति संघर्ष चलने लगा। अमेरिका और पाकिस्तान की सहायता और प्रोत्साहन से तराकी के विरूद्ध छापामार युद्ध आरम्भ हो गया। 15 सितम्बर 1981 को अमीन ने तराकी को हरा दिया और वह स्वयं राष्ट्राध्यक्ष बन गया।

अमीन के सत्तारूढ़ होने पर गृह युद्ध और तीव्र हो गया था। ऐसी स्थिति में अमीन ने सोवियत संघ की सेनाओं को आमंत्रित किया था। इस समय तक अफगानिस्तान और सोवियत संघ के सम्बंध प्रगाढ़ बन गये थे। अफगानिस्तान में सोवियत संघ की सेनाओं ने दिसम्बर में अपनी कार्यवाही आरम्भ की। सोवियत संघ की सेनाओं के प्रवेश से एक सप्ताह बाद बाबरक करमाल ने अमीन को अपदस्थ कर दिया था। पश्चिमी देशों ने सोवियत संघ पर अफगानिस्तान पर हस्तक्षेप करने का आरोप लगाया था।

संयुक्त राज्य अमेरिका के तत्कालीन राष्ट्रपति जिम कार्टर ने अमेरिकन नीति की यह घोषणा की थी, यदि कोई बाहरी शक्ति फारस की खाड़ी का नियंत्रण करने की चेष्टा करती है, तो संयुक्त राज्य अमेरिका उसे अपने मूलभूत हितों पर प्रहार मानेगा। इस प्रकार के प्रहार को हर आवश्यक और संभव साधन से, जिसमें सैनिक कार्यवाही भी सम्मिलित होगी, परास्त करने की चेष्टा करेगा। इसे कार्टर नीति कहा जाता था। सार रूप में कार्टर नीति का अर्थ था कि संयुक्त राज्य अमेरिका अरब देशों में फारस की खाड़ी में और दक्षिण पश्चिम एशिया के क्षेत्र में विश्व की पूंजीवादी व्यवस्था के हितों की रक्षा करने के लिये हस्तक्षेप कर सकता था और इस प्रकार के हस्तक्षेप को अकेले विफल करने में सक्षम था।

दिसम्बर 1971 में भारत में चरण सिंह की अंतरिम सरकार थी। चरण सिंह की सरकार ने भारत की असमबध्ता की विदेश नीति को दोहराया और कहा कि सैद्धांतिक रूप में भारत इस बात के विरूद्ध है कि कोई देश दूसरे देश के आन्तरिक मामलों में हस्तक्षेप करे। इस समय सरकार ने सोवियत संघ के अफगानिस्तान में सेना भेजने का समर्थन या विरोध नहीं किया। भारत के राष्ट्रीय समाचार पत्रों के द्वारा भी इसका कोई स्पष्ट विरोध नहीं किया गया। जनवरी 1980 में लोकसभा के निर्वाचन में इन्दिरा काँग्रेस को भारी बहुमत से सफलता मिली।

सुरक्षा परिषद में अमेरिका ने अफगानिस्तान में हस्तक्षेप करने के कारण, सोवियत संघ की निन्दा का एक प्रस्ताव रखा, जो सोवियत संघ के वीटो के कारण पास नहीं हो सका। तत्पश्चात सामान्य सभा में 17 देशों के द्वारा जिनमें पाकिस्तान और बांग्लादेश भी सम्मिलित थे, एक प्रस्ताव रखा गया जिसमें सोवियत संघ से अफगानिस्तान से अपनी सेनायें वापिस बुलाने के लिये कहा गया था। भारत ने सोवियत संघ की कार्यवाही का विरोध न करते हुये वक्तव्य दिया कि उसे सोवियत संघ से यह आश्वासन मिला है कि

सोवियत सेना अफगानिस्तान के अनुरोध पर ही वहाँ भेजी गयी थीं। जैसे ही अफगानिस्तान की सरकार उसको वहाँ से हटाने के लिये कहेगी, वहाँ से अपनी सेना हटा लेगा।

भारत इस बात से चिन्तित था कि जो अफगानी भगोड़े पाकिस्तान में एकत्र हो गये थे, जिनकी संख्या 5 लाख बताई जाती थी, उनको पाकिस्तान और अमेरिका प्रशिक्षित कर रहा था तथा उनको अफगानिस्तान में घुसपैठ करके उपद्रव करने के लिये प्रोत्साहित कर रहा था।

भारत की दिलचस्पी इसमें थी कि अफगानिस्तान की स्वतंत्रता, सम्प्रभुता और असमबद्धता सुरक्षित रहे। वह सोवियत संघ का अकारण विरोध करने को तैयार नहीं था। सन् 1971 में पाकिस्तान के साथ युद्ध में सोवियत संघ का समर्थन और मैत्री कारगार साबित हुई थी। इसके विपरीत अमेरिका पाकिस्तान का शस्त्रीकरण कर रहा था, जो भारत की सुरक्षा के लिये चुनौती बन रहा था। हिन्द महासागर में अमेरिका तेजी से अपने अड्डे स्थापित करके उसको अशांत क्षेत्र बना रहा था।

सोवियत संघ का दृष्टिकोण यह था कि सोवियत संघ के द्वारा अफगानिस्तान को दी जाने वाली सैनिक सहायता सन् 1978 की सोवियत–अफगानिस्तान संधि के अन्तर्गत दी जा रही थी। यह संयुक्त राष्ट्र संघ के चार्टर की धारा 51 के अनुकूल थी।

1978 की जनक्रांति के परिणामस्वरूप अफगानिस्तान के जन–जीवन में बुनियादी परिवर्तन हुये थे। अफगानिस्तान एक पिछड़ा हुआ, मुख्यतः सामन्ती और धार्मिक शृंखलाओं से जकड़ा हुआ देश था। क्रांतिकारी शासन ने वहाँ की सामाजिक और आर्थिक व्यवस्था को मूलभूत रूप में परिवर्तित करने का प्रयास किया था।

1 करोड़ 10 लाख व्यक्तियों को ऋण से मुक्ति मिली थी। 6 लाख 66 हजार हैक्टेयर भूमि को 2 लाख 94 हजार गरीब किसान परिवारों में वितरित किया गया था। किसानों का भूमि पर स्वामित्व का अधिकार स्वीकार किया गया। सूदखोरी बिलकुल समाप्त कर दी गयी। वहाँ 20 से अधिक राष्ट्रीय जातियाँ और कबीले हैं। उन सबको अपनी भाषा में लिखने पढ़ने और अपनी संस्कृति की रक्षा करने का अधिकार मिला था। अफगानिस्तान में सार्वजनिक क्षेत्र में 25 बड़े उद्योग स्थापित हुये थे। सार्वजनिक उद्योगों के साथ–साथ मिश्रित और निजी उद्योगों को भी प्रोत्साहित किया गया।

उद्योगीकरण को बढ़ावा दिया गया। रेडियो और टेलीविजन की व्यवस्था की गयी। निरक्षरता दूर करने का अभियान चलाया गया। लगभग 800 नये स्कूल खोले गये थे। प्रौढ़ शिक्षा पर भी जोर दिया गया। महाविद्यालयों में पढ़ने वाले छात्र–छात्राओं की पहले की संख्या से दोगुनी से ज्यादा हो गयी।

इस दौरान विद्रोहियों और प्रतिक्रांतिवादियों को आक्रमण और आन्तरिक तोड़–फोड़ करने के लिये 50 शिविरों में प्रशिक्षित किया जा रहा था। प्रतिक्रांतिवादियों के तीस अड्डे बन गये थे। इनको अमेरिका, ब्रिटेन और पाकिस्तान आर्थिक सहायता और अस्त्र–शस्त्र दे रहे थे। सितम्बर 1979 में अमीन ने, जो मार्च 1979 से प्रधानमंत्री और विदेश मंत्री था, राष्ट्रपति नूर मोहम्मद तराकी को हटाकर स्वयं को राष्ट्रपति घोषित कर दिया। अमीन कम्युनिस्ट पार्टी के गुट खनका का नेता था। वह उग्रवादी था। उसके शासनकाल में गृहयुद्ध में तेजी आयी थी। सोवियत संघ भी इससे प्रसन्न नहीं था। अतः उसे हटाकर बाबरक करमाल को सत्ता सौंपी गयी।

अफगानिस्तान में गुटबाजी बढ़ रही थी। धार्मिक कटट्रता सिर उठा रही थी। वहाँ की आन्तरिक राजनीति में कई देश हस्तक्षेप कर रहे थे और इन गुटों को आर्थिक और सैनिक सहायता दे रहे थे। इस स्थिति को समाप्त करने के लिये संयुक्त राष्ट्र संघ ने हस्तक्षेप किया, जिसके फलस्वरूप 1988 में अफगानिस्तान और पाकिस्तान में एक समझौता हुआ, जिसके अन्तर्गत दोनों देशों ने आश्वासन दिया कि वे एक दूसरे के आन्तरिक मामलों में हस्तक्षेप नहीं करेंगे। संयुक्त राज्य अमेरिका और सोवियत संघ ने इस समझौते पर हस्ताक्षर किये। सन् 1888 में सोवियत संघ ने अफगानिस्तान से अपनी सेनायें वापिस बुला लीं।

9 नवम्बर 2001 को न्यूयार्क में वर्ल्ड ट्रेड सेन्टर पर हवाई हमले के बाद अन्तर्राष्ट्रीय राजनीति में एक नया मोड़ आया। वहाँ बम गिराने और तहस–नहस करने का दायित्व आतंकवादी संगठन अलकायदा ने लिया। उसका सरगना ओसामा बिन लादेन था। अफगानिस्तान में उसका अड्डा था। उसने सोवियत संघ से प्रभावित अफगानिस्तान की प्रगतिशील सरकार के विरूद्ध जेहाद किया था। उस समय अमेरिका ने उसकी पूरी मदद की थी। इस विद्रोह के फलस्वरूप अफगानिस्तान में अलकायदा और ओसामा बिन लादेन समर्थित तालिबान के हाथों में सत्ता आ गयी थी। 9/11 की घटना के बाद अमेरिका ने उसे उसका उन्मूलन करने के लिये युद्ध छेड़ दिया। इस युद्ध में ब्रिटेन के साथ अन्य पश्चिमी देश भी

सम्मिलित हुए। अफगानिस्तान पर हवाई हमले होने लगे। पांच सप्ताह अफगानिस्तान के सभी प्रमुख स्थानों जैसे संचार के साधनों; रेडियो और टेलीविजन केन्द्र, शासकीय भवन आदि पर हवाई आक्रमण किये गये। 27 नवम्बर 2001 को संयुक्त राष्ट्र के तत्वावधान और पहल पर जर्मनी के बोन शहर में अफगानिस्तान के भविष्य का निर्णय करने के लिये 17 देशों का एक सम्मेलन हुआ। 5 दिसम्बर को 'बोन शांति समझौता' किया गया। एक अंतरिम सरकार की स्थापना की गयी। हामिद करजई, जो पुशतो कबीले का कमाण्डर था, इस सरकार का प्रधान बनाया गया। इस सरकार में मुख्य कबीलों जैसे–पुश्तो, ताजिक, उजवेक, हजरा आदि के प्रतिनिधि सम्मिलित किये गये। महिलायें भी इसमें सम्मिलित थीं। समझौते के अनुसार एक वरिष्ठ नागरिकों की सभा, जिसको लोया जिरगा कहा गया, उसके हाथों में सत्ता सौंपी गयी। छः महीने के बाद इसे अपनी शक्तियाँ अन्तरिम शासन को सौंपनी थी। लोया जिरगा को लोकतांत्रिक सरकार स्थापित करवाने के लिये निर्वाचन भी कराने थे।

हामिद करजई को अमेरिका का समर्थक समझा गया। उसने तालिबान से बातचीत की और अस्त्र–शस्त्रों का समर्पण करने के लिये समझाया। सन् 2002 में लोया जिरगा ने पुनः उसे शासन का प्रधान निर्वाचित कर दिया। उसने शासन के प्रधान होने के नाते अन्य अधिकारियों की नियुक्ति की। कबीलों में मतभेद होने के कारण निर्वाचन नहीं कराये जा सके।

करजई की सरकार की शक्तियाँ और अधिकार काबुल तक ही सीमित रहे। काबुल को छोड़कर अन्य क्षेत्रों में कबीलो में आपस में झगड़े चलते रहे। सन् 2002 में कई राज्यों ने यह आश्वासन दिया कि वह अफगानिस्तान के आतंरिक मामलों में हस्तक्षेप नहीं करेंगे। सन् 2003 में अफगानिस्तान के संविधान पर चर्चा होने लगी। सन् 2004 में नया संविधान तैयार हुआ। 26 जनवरी 2004 में करजई ने नये संविधान पर हस्ताक्षर किये। नये संविधान के अनुसार वहाँ अध्यक्षात्मक सरकार की स्थापना की गयी। दो सदनी संसद या विधान सभा की भी स्थापना की गयी जिसमें एक का नाम वोलीसी जिरगा और दूसरे का नाम मेशरानो जिरगा रखा गया।

भारत और अफगानिस्तान के विशेष सम्बंध रहे हैं। भारत ने अरबों–खरबों रूपये की सहायता अफगानिस्तान को दी है। इसके अतिरिक्त खाद्यान्न, दवाईयां, डाक्टर और इन्जीनियर वहाँ भेजे हैं। अफगानिस्तान के निर्माण में भारत की गहरी दिलचस्पी रही है।

अमेरिका अफगानिस्तान से अपनी सेनायें हटाने जा रहा है। इससे यह आशंका भी होती है कि अमेरिकन सेना हटने के बाद पारस्परिक झगड़े–फसाद फिर शुरू न हो जायें।

अफगानिस्तान को लेकर भारत और पाकिस्तान में भी प्रतिस्पर्धा है। भारत नहीं चाहता है कि अफगानिस्तान पाकिस्तान के प्रभाव में रहे। यह भारत के हित में नहीं होगा। पाकिस्तान इस कोशिश में है कि अफगानिस्तान उसके प्रभाव क्षेत्र में रहे। हामिद करजई ने भारत के हाल के दौरे में कहा था कि पाकिस्तान उसका सहधर्मी है, जबकि भारत उसका मित्र है। इस मुद्दे को लेकर बराबर राजनयिक कशमकश चलती है।

सीरिया

मध्यपूर्व में एक छोटा देश सीरिया का गणतंत्र है। इसका क्षेत्रफल 185180 वर्ग किलोमीटर है। यह भूमध्य सागर के पूर्वी किनारे पर है। इसका प्रमुख बन्दरगाह लटकिया है। जनसंख्या 20.996,000 है। इसमें 74 प्रतिशत सुन्नी मुसलमान, अन्य मुस्लिम सम्प्रदाय 16 प्रतिशत और 10 प्रतिशत ईसाइयों के विभिन्न समुदाय हैं।

सीरिया प्राचीन सभ्यता का केन्द्र रहा है। द्वितीय महायुद्ध के पहले सीरिया एक फ्रैंच मेनडेट था। युद्ध समाप्त होने पर सीरिया ने स्वतंत्र होने का प्रयास किया किन्तु फ्रांस इसे स्वीकार करने को तैयार नहीं था। अतः 1945 में दोनों देशों में युद्ध छिड़ गया। इसकी समाप्ति दिसम्बर 1945 में हुई। सन् 1946 में आजाद सीरिया संयुक्त राष्ट्र संघ की सुरक्षा परिषद का अस्थायी सदस्य बन गया। इसके पहले वह अरब लीग का सदस्य बन चुका था।

अरब देशों और इजरायल के बीच 1948 से संघर्ष चला आ रहा है। आरम्भ से ही सीरिया के पश्चिमी देशों से सम्बंध अच्छे नहीं रहे। इसका कारण था कि सीरिया अरब राष्ट्रीयता से प्रभावित था। पश्चिमी देशों के द्वारा स्थापित यहूदी राज्य, इजराइल से उसका हमेशा विरोध रहा।

14 अक्टूबर 1956 को पश्चिमी जर्मनी ने उससे सम्बन्ध विच्छेद कर लिये क्योंकि सीरिया ने पूर्वी जर्मनी को अपने यह कन्सुलेट खोलने की इजाजत दे दी थी। इन परिस्थितियों में उसका सोवियत संघ से सम्बंध अच्छे हो गये थे। सोवियत संघ ने उसको आर्थिक और सैनिक सहायता प्रदान की थी। उसने अमेरिकी सहायता लेने से भी इन्कार कर दिया था। जब इंग्लैण्ड, फ्रांस तथा इजराइल ने 1956 में मिश्र पर आक्रमण किया तो सीरिया ने

उनसे राजनयिक सम्बंध विच्छेद कर दिये थे। इरान तेल कम्पनी की लाइन काट दी। ब्रिटेन और फ्रांस की सेनायें वहाँ से हटाने के लिये अरब लीग की बैठक में भाग लिया था।

आरम्भ से ही सीरिया और टर्की के सम्बंध अच्छे नहीं रहे। इसका एक कारण यह भी था कि टर्की पूरी तरह पश्चिमी गुट में था। टर्की सीरिया की असमबद्धता की विदेश नीति के विरूद्ध था। 1953 में टर्की और इराक ने एक प्रतिरक्षा समझौता किया था, जिसकी प्रतिकूल प्रतिक्रिया सीरिया पर हुई थी। 1957 में टर्की सीरिया पर आक्रमण की तैयारी कर रहा था किन्तु सोवियत संघ ने यह घोषणा की कि यदि सीरिया पर आक्रमण होता है, तो वह सीरिया के समर्थन में हस्तक्षेप करेगा। परिणामतः टर्की सीरिया पर आक्रमण नहीं कर सका। जोर्डन से उसके सम्बंध अच्छे नहीं थे। इसका मूल कारण यह था जोर्डन पश्चिमी देशों का हमेशा समर्थन करता रहा था अतः फरवरी 1958 में सीरिया और मिश्र ने मिलकर संयुक्त अरब गणराज्य की स्थापना की थी। 8 मार्च 1958 को एक अन्य समझौते के द्वारा यमन भी संयुक्त अरब गणराज्य में सम्मिलित हो गया। लगभग 2 वर्ष तक सब कुछ ठीकठाक चला। विश्व में यह आशा बनी कि अरब राष्ट्रीय एकता का स्वप्न जल्दी ही पूरा होगा। सीरिया में यह असंतोष था कि सेना और प्रशासन में उसका मिश्र की अपेक्षा कम प्रतिनिधित्व था। 1961 के उत्तरार्ध में सीरिया में एक प्रतिक्रांति हुई जो प्रतिक्रियावादी तत्त्वों और कुछ सैनिक अधिकारियों के द्वारा की गई थी। क्रांति के बाद कुजवारी के नेतृत्व में नई सरकार बनी।

मार्च 1963 में एक रक्तहीन सैनिक क्रांति के द्वारा सीरिया में सरकार का तख्ता पलट दिया गया, वहाँ की बाथ पार्टी के हाथों में सत्ता आ गयी। सीरिया की इस नई सरकार को मिश्र, इराक, जोर्डन, यमन और अल्जीरिया ने शीघ्र ही मान्यता दे दी। मिश्र के राष्ट्रपति नासिर ने इसे अरब एकता की विजय बताया। अप्रैल 1963 में मिश्र, सीरिया और इराक ने एक संयुक्त घोषणापत्र पर हस्ताक्षर किये, जिसके अनुसार तीनों को मिलाकर एक संयुक्त अरब गणराज्य के संविधान की व्यवस्था की गई। इसके पूर्व स्थापित अरब गणराज्य और प्रस्तावित गणराज्य में अन्तर यह था कि यह अधिक संघीय था और अन्य अरब राज्य इसमें सम्मिलित हो सकते थे। परन्तु इसका क्रियान्वयन नहीं किया जा सका। सितम्बर 1963 में सीरिया और इराक ने मिलकर यह घोषणा की कि वे मिलकर एक लोकतांत्रिक समाजवादी

गणराज्य सरकार की स्थापना करेंगे, जिसमें अन्य अरब राज्य भी सम्मिलित हो सकेंगे। किन्तु इसको भी अमली जामा नहीं पहनाया जा सका।

इस विवेचना से यह स्पष्ट है कि मिश्र की भांति सीरिया की भी अरब एकता स्थापित करने में मुख्य भूमिका थी। इस लक्ष्य को पूरा करने में सफलता इसलिये नहीं मिल सकी कि पश्चिमी देश और अमेरिका नहीं चाहते थे कि अरब राज्यों की एकता स्थापित हो। क्योंकि यदि वह स्थापित होती है, तो इसका उनके आर्थिक और राजनीतिक हितों पर प्रतिकूल प्रभाव पड़ेगा अतः वे बराबर वहाँ की सरकारों को अस्थिर बनाये रखे। विद्रोह भड़काना और प्रतिकूल सरकार पलट्ना इस क्षेत्र में उनकी कूटनीति रही थी।

मार्च 1966 में सेना ने बाथपार्टी की सरकार को पदच्युत कर दिया। इस समय बाथपार्टी दो गुटों में बंट गई थी। मार्च 1969 में दूसरी बार सैनिक क्रांति हुई जिसके द्वारा सीरिया के प्रतिरक्षा मंत्री तथा वायु सेनाध्यक्ष जनरल हफीजुल असद सत्तारूढ़ हुये। इस सरकार ने सोवियत संघ से अच्छे सम्बंध स्थापित किये। मिश्र से उसके सम्बंध सामान्य रहे।

वर्तमान में सीरिया अन्तर्राष्ट्रीय राजनीति का रणक्षेत्र बन गया है। वहाँ दो तो परोक्ष युद्ध चल रहे हैं। ईरान इस समय सीरिया का सबसे बड़ा मित्र है। अमेरिका की तनातनी पहले से ही ईरान से चली आ रही है। अमेरिका और पश्चिमी देश ईरान द्वारा परमाणु शक्ति के विकास का विरोध करते आ रहे हैं। ईरान उनकी धमकियों के आगे झुकने को तैयार नहीं था। अमेरिका और पश्चिमी देश सीरिया की आड़ में एक तरह से ईरान को झुकाने की कोशिश में लगे हुए हैं। विद्रोहियों को अमेरिका और उसके अनुगामी देश, सऊदी अरेबिया तथा टर्की से आर्थिक और सैनिक सहायता मिल रही है। इजराइल का स्वार्थ है कि ईरान किसी तरह से कमजोर पड़ जाये।

दूसरा परोक्ष युद्ध महाशक्तियों के बीच में है। एक तरफ रूस और चीन है, तो दूसरी तरफ अमेरिका, ब्रिटेन और फ्रांस हैं। संयुक्त राज्य अमेरिका मध्य–पूर्व में अपना वर्चस्व बनाये रखने के लिये सीरिया को अपने प्रभाव क्षेत्र में लाना चाहता है। इसके दूसरी तरफ रूस भूमध्य सागर के क्षेत्र में अपना वर्चस्व पुनः स्थापित करने के लिये प्रयत्नशील है। भूमध्य सागर में उसके 11 युद्धपोत है। सीरिया के राष्ट्रपति अस्साद का हौंसला बढ़ाने के लिये यह बहुत कुछ है। सीरिया में तीसरा संघर्ष मध्यपूर्व के देशों में शियाओं और सुन्नियों में चलने वाला संघर्ष है। सीरिया में 40 प्रतिशत अल्पसंख्यक हैं।

अस्साद अलवाइट है, जिसे शिया मुल्ला पहले शिया नहीं मानते थे किन्तु ईरान के शिया मुल्लाओं ने अलवाइट को शिया मानने का फतवा जारी कर दिया था, जिसके परिणामतः उनको शिया माना जाने लगा था। मध्यपूर्व के देशों में सुन्नी बहुसंख्यक हैं। ईरान, इराक, बहरिन और अजरबाईजन को छोड़ कर अन्य देश सुन्नी हैं। पूरे मध्यपूर्व के मुस्लिम देशों में शिया केवल 10 प्रतिशत हैं। सुन्नी शियाओं को मुस्लिम नहीं मानते हैं।

सीरिया वर्तमान में गृह युद्ध की आग में झुलस रहा है। वहाँ की जनता का एक भाग असद से असंतुष्ट था। वहाँ की अर्थव्यवस्था में जो सुधार होना चाहिये था अस्साद उनको अंजाम नहीं दे सका था। बेकारी और गरीबी की समस्या का हल नहीं हो पाया था। इसके बावजूद बहुमत असद के साथ है। अमेरिका की सह पर टर्की भी सीरिया की सीमाओं पर सेना और अस्त्र–शस्त्र एकत्रित कर रहा है। किसी भी समय कोई न कोई बहाना लेकर सीरिया पर वह आक्रमण कर सकता है। सीरिया में चलने वाले गृह युद्ध और विदेशी हस्तक्षेप पर भारत ने कोई भी प्रतिक्रिया व्यक्त नहीं की है। अपनी भौगोलिक स्थिति और तेल के विशाल भण्डारों के कारण सीरिया मध्यपूर्व अन्तर्राष्ट्रीय राजनीति का अत्यन्त महत्वपूर्व क्षेत्र है। इसके परिणामतः यह महाशक्तियों की प्रतिस्पर्धा का भी केन्द्र रहा है। सीरिया का समर्थन भारत के राष्ट्रीय हित में है और साम्राज्यवाद विरोध और असम्बद्धता की नीति के अनुकूल है।

फिलीस्तीन और अरब–इजराइल संघर्ष

प्रथम विश्व युद्ध के बाद फिलीस्तीन पर टर्की का शासन समाप्त हो गया। उस पर ब्रिटेन का मेनडेट स्थापित हुआ। फिलस्तीन में यहूदियों के पवित्र स्थान स्थित हैं। वे फिलस्तीन को अपनी धर्मभूमि मानते आये हैं। जेरूसलेम से अपने धर्म की उत्पत्ति मानते आये हैं। यह होते हुए भी वहाँ अरबो का बाहुल्य था। द्वितीय महायुद्ध तक वहाँ यहूदियों और अरबों में आपस में झगडे चलते रहे थे। द्वितीय महायुद्ध के दौरान ब्रिटेन ने यहूदियों को यह आश्वासन दिया था कि युद्ध के उपरान्त वह वहाँ एक यहूदी राज्य की स्थापना करा देगा। अतः युद्ध समाप्त होने पर ब्रिटेन ने फिलीस्तीन में अपना मैनडेट समाप्त करने और वहाँ यहूदी गृह राज्य स्थापित करने का प्रस्ताव रखा। इस पर अरब लोग भड़क उठे। उन्होंने यहूदियों के विरूद्ध युद्ध छेड़ दिया। संयुक्त राष्ट्र की सामान्य सभा में इस पर विचार किया गया और यहूदियों और अरबों के संघर्ष को समाप्त करने के लिये यह प्रस्ताव रखा कि

फिलिस्तीन को दो भागों में बाँट दिया जाये। एक भाग यहूदियों को दे दिया जाये और दूसरा अरबों को। इसी तरह जेरूसेलम को भी दो हिस्सों मे बाँट दिया जाये। एक हिस्सा यहूदियों के पास रहे और दूसरा हिस्सा अरबों के पास। संयुक्त राष्ट्र संघ के द्वारा नियुक्त मध्यस्थ के प्रयत्नों से युद्ध विराम करवाया जा सका। मई 1948 को ब्रिटेन ने अपना मेनडेट समाप्त कर लिया। ब्रिटिश सेनायें वहाँ से पहले ही हट गयी थीं। 14 मई 1948 को तेल अवीव में यहूदियों के राज्य इजराइल की स्थापना की घोषणा की गयी। इसके परिणामतः यहूदियों और अरबों में फिर युद्ध छिड़ गया। अन्ततः संयुक्त राष्ट्र संघ के मध्यस्थ के प्रयत्नों से फिर युद्ध विराम हुआ।

इस झगड़े को निपटाने में उस समय संयुक्त राष्ट्र संघ को सफलता इसलिये मिल पायी क्योंकि इस मामले पर सं.रा. अमेरिका और सोवियत संघ दोनों एक दूसरे के साथ सहयोग कर रहे थे। इजराइल की स्थापना होने पर संयुक्त राज्य अमेरिका और सोवियत संघ ने उसे मान्यता दे दी थी। बाद मे ब्रिटेन ने भी उसको स्वीकार कर लिया था। युद्ध के परिणाम स्वरूप गाजा की पट्टी मिश्र को मिली थी। जोर्डन के उस भाग में, जो यहूदियों को मिला था, उसकी जनसंख्या 100,000 थी और जो हिस्सा अरबों को मिला था, उसकी जनसंख्या 50000 थी। दोनों देशों की सीमायें इस प्रदेश से होकर गुजरती थीं।

इजराइल की अरब विरोधी नीति के कारण 1958 तक लगभग 9 लाख अरबों ने इस प्रदेश को छोड़कर अन्य राज्यों में जाकर शरण ले ली थी। वे वहाँ शरणार्थीयों की तरह रह रहे थे। यहूदी, अफ्रीका, यूरोप और अमेरिका से लाकर इजराइल में बसाये गये। फलस्वरूप जहाँ 1948 में अरब साढ़े तेरह लाख थे और यहुदी साढ़े छह लाख थे जबकि वहाँ 1958 में 19 लाख 76 हजार की कुल जनसंख्या में यहूदियों की संख्या 17 लाख हो गई थी।

जब अरब राज्यों को इजराइल के विरोध में युद्ध में सफलता नहीं मिली तो उन्होंने इजराइल का आर्थिक और राजनीतिक बहिष्कार आरम्भ कर दिया। व्यापारिक सम्बंध खत्म कर दिये। 1956 में मिश्र पर इजरायल ने आक्रमण की पहल की। बाद में ब्रिटेन और फ्रांस इस युद्ध में शामिल हो गये। असमबद्ध देशों और सोवियत संघ की धमकी के कारण यह युद्ध बन्द हुआ। पहले ब्रिटेन और फ्रांस की सेनायें वहाँ से हटीं। काफी अन्तर्राष्ट्रीय दबाव के कारण अन्ततः इजराइल को भी वहाँ से अपनी सेना हटाने के लिये बाध्य होना पड़ा।

अमेरिका इजराइल को भरपूर आर्थिक, सैनिक और तकनीकी सहायता देता रहा है। जिसके फलस्वरूप इजराइल ताकतवर बन गया। वास्तव में अरब राष्ट्रीयता पर अंकुश लगाने के लिये इजराइल की स्थापना की गयी थी।

उन्होंने खुलकर इजराइल का इस्तेमाल अरब राष्ट्रीयता और एकता को भंग करने के लिये किया था। इजराइल पश्चिमी एशिया और मध्य पूर्व में पश्चिमी साम्राज्यवाद का गढ़ था। यह एक वजह थी कि भारत ने इजराइल को राजनयिक मान्यता नहीं दी थी।

1967 में इजराइल और अरब देशों ने एक दूसरे पर आरोप–प्रत्यारोप लगाये। इजराइल द्वारा इन आरोपों को लगाने की मंशा यह थी कि उसे अरब राज्यों पर हमला करने का बहाना मिल जाये। वह इसकी तैयारी पहले से कर रहा था। 7 अप्रैल 1967 को इजराइल ने दमिश्क पर बमबारी की और सीरिया की सीमाओं पर अपनी सेना एकत्रित कर ली। अरब राज्यों में इसकी प्रतिक्रिया होना स्वाभाविक था। मिश्र ने इसकी प्रतिक्रिया के रूप में अबाबा की खाड़ी से उन जहाजों का आना–जाना प्रतिबन्धित कर दिया जो इजराइल अस्त्र–शस्त्र ले जाते थे। मिश्र की यह कार्यवाही जिनेवा समझौते के अन्तर्गत अनुकूल थी। इस समझौते के अनुसार कोई भी देश अपने तटों के नजदीक ऐसी कार्यवाही रोक सकता था, जो उसकी सुरक्षा के लिये खतरा हो। इस विवाद पर दोनों देशों में बातचीत चल रही थी किन्तु इसके बावजूद इजराइल ने अरब राज्यों के विरूद्ध युद्ध की घोषणा कर दी। युद्ध में इजराइल अरब देशों की तुलना में भारी बैठा। जून में संयुक्त राष्ट्रसंघ की सुरक्षा परिषद के एक प्रस्ताव के फलस्वरूप 10 जून 1967 को युद्ध विराम हो गया। सुरक्षा परिषद में 12 जून को एक दूसरा प्रस्ताव पारित किया गया जिसमें इजराइल से संयुक्त अरब गणराज्य, सीरिया और जोर्डन के उन प्रदेशों से हट जाने को कहा गया, जिन पर इजराइल ने युद्ध द्वारा कब्जा कर लिया था। इसके बाद इस आशय के कई प्रस्ताव सुरक्षा परिषद ने पारित किये किन्तु इजराइल ने एक नहीं सुनी। वह आक्रमण द्वारा अपने कब्जे में लाये गये प्रदेशों में जमा रहा। उसका इस प्रकार का व्यवहार संयुक्त राष्ट्र के चार्टर की 40वीं धारा के विरूद्ध था। उसके विरूद्ध कड़ी कार्यवाही की जा सकती थी किन्तु अमेरिका और अन्य पश्चिमी देश उसकी ढाल बने हुये थे। उल्लेखनीय है कि इजराइल द्वारा युद्ध में जबरदस्ती हथियाये प्रदेशों में मिश्र की गाजा की पट्टी और सिनाई क्षेत्र भी थे। गाजा पट्टी, सिनाई

और गोलन की ऊचाईयों के क्षेत्र में इजराइल ने यहूदियों को बसाना आरम्भ किया। अधिकृत प्रदेश से भागे अरब लोगों ने आसपास के अरब राज्यों में शरण ली, परिणामतः इन अरब राज्यों की अर्थ व्यवस्था गड़बड़ा गयी।

सितम्बर 1990 में मिश्र के राष्ट्रपति नासिर की मृत्यु के बाद सादत वहाँ के राष्ट्रपति बने। इन्होंने मिश्र की विदेश नीति बदली। वह पश्चिम देशों के नजदीक आ गये थे। नतीजन मिश्र और इजराइल के सम्बंध सामान्य हो गये। किन्तु अरब–इजराइल संघर्ष शांत नहीं हुआ। उनमें शीत युद्ध चलता रहा है, जो आज भी कायम है। समय–समय पर इस युद्ध ने गरम युद्ध का रूप भी ले लिया है। 6 अक्टूबर 1973 को मिश्र और सीरिया ने इजराइल पर आक्रमण कर दिया। यह युद्ध 22 अक्टूबर तक चला। पुनः सुरक्षा परिषद के हस्तक्षेप के द्वारा युद्ध विराम हुआ। इस बार दोनों पक्षों की 1967 के युद्ध की तुलना में अधिक क्षति हुई। इस बार अरब देश इजराइल पर भारी पड़े। इस युद्ध में इजराइल ने स्वेज नहर के पश्चिमी तट पर, सीरिया ने सासा के पास अपने सैनिक मोर्चे स्थापित किये और कुछ जमीन हथिया ली। मिश्र ने स्वेजपार 305 मील की पट्टी पर कब्जा कर लिया और सीरिया ने गोलन पहाड़ी के कुछ भाग पर।

मिश्र के राष्ट्राध्यक्ष सादात ने इजराइल से सम्बंध सुधारने की पहल की। परिणामतः अमेरिका में कैम्प डैविड में वार्ता चली। अमेरिका के तत्कालीन राष्ट्रपति निक्सन की मध्यस्थता के फलस्वरूप सितम्बर 1978 में तीनों राज्यों ने पश्चिमी एशिया की समस्या पर एक समझौते पर हस्ताक्षर किये। जिमी कार्टर के प्रयत्नों से अप्रैल 1979 में वाशिंगटन में तीनों देशों ने एक शांति संधि पर हस्ताक्षर किये। इसका तीव्र विरोध अरब संघ के 16 देशों ने किया और मिश्र का बहिष्कार करने और आर्थिक प्रतिबन्ध लगाने का निर्णय लिया। इन देशों ने मिश्र से अपने राजदूत भी वापस बुला लिये। अतः अरब–इजराइल विवाद समाप्त तो नहीं हुआ, केवल मिश्र उससे बाहर हो गया।

मार्च 1980 में संयुक्त राष्ट्र संघ की महासभा के एक विशेष अधिवेशन में अरब–इजराइल विवाद पर चर्चा हुई। अरब देशों ने यह प्रस्ताव रखा कि इजराइल ने आक्रमण के द्वारा अरब देशों के जिस भू–भाग पर जबरदस्ती कब्जा कर लिया है, वह खाली कराया जाये और यह सब मिलाकर फिलिस्तीन राज्य की स्थापना की जाये। तत्कालीन विदेश मंत्री नरसिम्हा राव ने इस प्रस्ताव का समर्थन करते हुए इजराइल के विरूद्ध कड़ी कार्यवाही करने और यथाशीघ्र फिलिस्तीन राज्य की स्थापना का पुरजोर

समर्थन किया। सन् 1981 में पश्चिमी एशिया में शांति स्थापना के लिये सऊदी अरेबिया ने 8 सूत्रीय प्रस्ताव रखा। किन्तु इस प्रस्ताव पर सम्बंधित राज्यों में गहरा मतभेद था। संयुक्त राष्ट्र संघ के सभी प्रस्तावों को ठुकराते हुए 6 जून 1982 को इजराइल की जल, थल और वायु सेना ने लेबनान पर हमला कर दिया। फिलिस्तीन और सीरिया के कड़े प्रतिरोध के बावजूद तीस इजराइली सेना लेबनान की राजधानी बेरूत तक पहुँच गयी। इजराइली सेना ने फिलिस्तीनी छापामारों को बुरी तरह से घेर लिया और मरने या वहाँ से हटने के लिये मजबूर कर दिया। अनेक युद्ध विरामों के होते हुए भी आक्रमण जारी रहा। अरब देशों ने भी लेबनान की कोई ठोस सहायता नहीं की। केवल सोवियत संघ ने इजराइल को चेतावनी दी कि यदि आक्रमण जारी रहता है तो वह हस्तक्षेप करने के लिये मजबूर हो सकता है। 22 सितम्बर 1982 को इजराइली सेना ने बेरूत से हटना शुरू कर दिया, किन्तु जाते–जाते उन्होंने शरणार्थी शिविर में रहने वाले हजारों लोगों की हत्या कर दी। फिलिस्तीनी नेता यासिर अराफत के अनुसार यह संख्या 3000 थी। इस नरसंहार की सर्वत्र तीव्र आलोचना की गयी। इसकी जिम्मेदारी इजराइल की सरकार की थी, जिसको अमेरिका का पूरा समर्थन मिल रहा था। इस नरसंहार की जांच की रिपोर्ट के आधार पर इजराइल के तत्कालीन रक्षा मंत्री शेरोन को त्यागपत्र देना पड़ा था। 30 अगस्त 1983 में असमबद्ध देशों के सम्मेलन में आग्रह किया गया कि लेबनान से विदेशी सेनायें हट जायें। इस सबके बावजूद सितम्बर 1983 में इजराइल ने फिर सीरिया और लेबनान के विरूद्ध युद्ध आरम्भ कर दिया। तीन सप्ताह की घमासान लड़ाई के बाद युद्ध विराम हुआ। वास्तव में पश्चिमी एशिया की स्थिति में आज तक कोई मूलभूत बदलाव नहीं हुआ है।

भारत और इजराइल

मध्य पूर्व और पश्चिमी एशिया में भारत की विदेश नीति दो देशों को लेकर मुखर गई है। एक नेहरू–नासिर काल में मिश्र से उसकी गहरी दोस्ती, जिसकी अभिव्यक्ति स्वेज संकट के समय और असमबद्ध देशों की एकता के सम्बंध हुई थी। दूसरे इजराइल के प्रति उसकी नीति स्पष्ट और सक्रिय रही है। आरम्भ से ही उसने इजराइल राज्य को राजनयिक मान्यता नहीं दी। मई 1948 से लेकर 1950 तक इन दोनों देशों के सम्बन्ध बहुत सीमित और नाम मात्र के रहे थे। सन् 1950 में भारत ने इजराइल को मान्यता दे

दी किन्तु पारस्परिक दूतावास स्थापित नहीं हुये। केवल मुम्बई में इजराइली काउन्सलर का कार्यालय खोला गया।

भारत की इस नीति का ऐतिहासिक कारण था। राष्ट्रीय आन्दोलन के दौरान फिलिस्तीन को हमेशा भारत के राष्ट्रीय आन्दोलन द्वारा समर्थन दिया गया था। इजराइल की स्थापना एक तरह से धर्म के आधार पर राष्ट्रीयता तय करने की थी। राष्ट्रीय आन्दोलन इस दो राष्ट्रों के सिद्धान्त को नहीं मानता था। भारत और अरब देशों के सम्बंध प्राचीनकाल से चले आ रहे थे। दूसरे, भारत में लगभग 16 प्रतिशत मुस्लिम अल्पसंख्यक हैं, जिनकी स्वाभाविक रूप से सहानुभूति मध्य पूर्व के मुस्लिम अरब देशों से रही है। भारत की धर्मनिरपेक्ष सरकार अपनी मुस्लिम जनसंख्या को नाराज नहीं करना चाहती थी। एक लम्बे समय तक भारत के मुसलमानों के बहुमत ने काँग्रेस का समर्थन किया था। इसके अतिरिक्त सबसे बड़ा कारण यह रहा कि भारत का सरकारी और गैर–सरकारी स्तर पर यह विश्वास है कि इजराइल की स्थापना पश्चिमी साम्राज्यवादी देशों की देन है एवं मध्य पूर्व में अमेरिका और पश्चिमी देशों के साम्राज्यवादी हितो की रक्षा करने के लिये है। भारत की विदेश नीति साम्राज्यवाद विरोधी रही थी। इसलिये भी वह इजराइल को पचा नहीं पा रहा था।

1990–91 के पहले भारत की सामरिक आवश्यकता अधिकाँशतः सोवियत संघ से पूरी हो रही थी। 1965 के भारत और पाक युद्ध के बाद संयुक्त राज्य अमेरिका ने भारत को अस्त्र–शस्त्रों के निर्यात करने पर प्रतिबन्ध लगा दिये थे। भारत के साथ सोवियत संघ भी अरब राष्ट्रीयता का सशक्त समर्थक था। और साम्राज्यवाद–उपनिवेशवाद के विरोधी थे।

भारत द्वारा अरब देशों के समर्थन का एक कारण भारत की तेल की आवश्यकता भी थी। भारत की कच्चे तेल की 70 प्रतिशत आवश्यकता मध्य पूर्व के देशों से पूरी होती थी।

सन् 1991 से नरसिम्हा राव ने कथित आर्थिक सुधार आरम्भ किये। इस कार्य के लिये उन्होंने डॉ. मनमोहन सिंह को अपना वित्त मंत्री बनाया। इनकी सरकार ने इजराइल से विशेष कर कृषि और सॉफ्टवेयर के क्षेत्र में सहयोग के सम्बंध स्थापित किये। इजराइल अस्त्र–शस्त्र भी भारत को देने लगा। यहाँ तक कि सन् 1998 में भारत को अस्त्र–शस्त्र की आपूर्ति करने वाले देशों में वह दूसरे स्थान पर आ गया। रूस प्रथम स्थान पर ही रहा।

इजराइल की सहायता और सहयोग से भारत ने अपने स्वयं के अस्त्र–शस्त्रों के उद्योगों का विकास करना आरम्भ किया। इसमें भारत में लाइट कम्बेट एयर क्राफ्ट, एल.सी.आर का निर्माण कार्य भी है, जो पुराने मिग का स्थान लेगा।

भारत और इजराइल दोनों आतंकवाद के शिकार हैं। आतंकवाद से लड़ने और उसका नियंत्रण करने के लिये इजराइल का अनुभव भारत के लिये लाभदायक हो सकता है। 1998 में अटल बिहारी वाजपेयी के नेतृत्व में भारतीय जनता पार्टी की सरकार बनी। उसने इजराइल से और घनिष्ठ सम्बंध बनाने आरम्भ किये। सन् 2000 में शासन के उप–प्रधानमंत्री लालकृष्ण आडवानी और विदेश मंत्री जसवंत सिंह इजराइल गये। 2003 में इजराइल के तत्कालीन प्रधानमंत्री एरियल शरूद भारत आये। दोनों देशों में मुस्लिम आतंकवाद को रोकने के लिये पारस्परिक सहयोग स्थापित हुआ।

इसके पहले कि हम मध्य पूर्व के सम्बंध में भारत की विदेश नीति की चर्चा समाप्त करें, हमें इसके निष्कर्षों पर ध्यान दिलाना आवश्यक लगता है। यद्यपि मध्य पूर्व और पश्चिमी एशिया भारत के लिये कई दृष्टियों से महत्वपूर्ण है, किन्तु कुछ देशों को छोड़कर भारत ने बहुत से महत्वपूर्ण देशों के प्रति विशेष दिलचस्पी नहीं दिखायी। आरम्भ में ईरान में जब डॉ. मुसद्दिक ने वहाँ तेल कम्पनियों से विदेशी वर्चस्व हटाया और जब पश्चिमी देशों ने मुसद्दिक को दबोचा तब भारत लगभग चुप रहा। ईरान के भारत से प्राचीनकाल से सम्बंध रहे हैं। अभी भी तेल के श्रोत के रूप में ईरान भारत के लिये महत्वपूर्ण है, किन्तु अमेरिका के दबाव में परमाणु नियंत्रण अधिकरण में भारत ने ईरान के खिलाफ मतदान किया है। प्रस्तावित तेल लाइन, जो ईरान से भारत आनी थी और जो तेल की कमी कुछ हद तक पूरा करती और उसकी कीमत कम करती, भारत ने अमेरिका के दबाव में उसे छोड़ दिया।

स्वेज नहर पर आरम्भिक हिचकिचाहट के बाद जरूर भारत ने सक्रिय रूप में आक्रमण का विरोध किया था। जिससे अन्तर्राष्ट्रीय राजनीति के क्षेत्र में भारत की प्रतिष्ठा बढ़ी थी।

वर्तमान में जब अमेरिका और ब्रिटेन की सेनाओं ने इराक पर हमला किया तो कई बार केवल मौखिक विरोध जताया गया। इराक के सम्बंध भारत से अच्छे थे। विशेष बात यह थी कि इराक एक धर्मनिरपेक्ष और

असमबद्ध देश था। अफगानिस्तान भारत की सुरक्षा के लिये महत्वपूर्ण है। वहाँ की सोवियत समर्पित सरकार के विरूद्ध अमेरिका ने जो षड़यंत्र किये और जिस प्रकार से अलकायदा और ओसामा बिन लादेन को प्रोत्साहित किया और फिर इनके ही शासन को हटाने के नाम पर और आतंकवाद समाप्त करने के नाम पर सैनिक कार्यवाही की है, उस पर भी भारत ने कोई तीव्र प्रतिक्रिया व्यक्त नहीं की। दरअसल इस समय तक डॉ. मनमोहन सिंह की सरकार असमबद्धता की नीति का लगभग त्याग कर चुकी थी और वह अमेरिका के साथ जुड़ गयी थी।

इसी तारतम्य में ट्यूनेशिया, मिश्र, लीबिया, और सीरिया में होने वाले गृह युद्धों के प्रति जिनको स्पष्टतः अमेरिका ने भड़काया था, भारत की सरकार चुप रही है।

इजराइल के प्रति नीति नेहरू काल तक सैद्धान्तिक सही रही है। नरसिम्हा राव ने इस नीति को बदला और तत्पश्चात भाजपा की सरकार ने इजराइल से दृढ़ मैत्रीपूर्ण सम्बंध स्थापित किये।

इस स्थिति को देखते हुए भारत की विदेश नीति के समालोचक यह कहते हैं कि भारत को अपने पड़ोसी देशों से सम्बंधों पर जोर देना चाहिये। उन्हें अधिक मैत्रीपूर्ण और सहयोग के बनाना चाहिये।

5
भारत और दक्षिण-पूर्व एशिया

भारत के दक्षिण–पूर्व में जो क्षेत्र है, उसे दक्षिण–पूर्व एशिया कहा जाता है। इस क्षेत्र में आने वाले देशों में वर्मा (म्यांमार), वियतनाम, कम्पूचिया, लाओस, मलेशिया, सिंगापुर, थाईलैंड, ब्रुनइ इन्डोनेशिया आदि आते हैं। दक्षिण–पूर्वी एशिया में छोटे बड़े 10 देश हैं। वैसे इनकी कुल संख्या 11 मानी जाती है। इन सभी देशों से भारत के घनिष्ठ सम्बंध रहे हैं। इन देशों में होने वाली घटनाओं और उथल–पुथल का प्रभाव भारत पर पड़ता है। सुरक्षा, व्यापार और सामरिक दृष्टि से ये देश भारत के लिये महत्वपूर्ण हैं। प्राचीनकाल से भारत के सम्बंध दक्षिण पूर्वी एशिया से थे। प्राचीनकाल में भारत के दक्षिण के राजाओं ने वहाँ जाकर अपने उपनिवेश स्थापित किये थे और बहुत से लोग वहाँ बस गये थे। परिणामतः थाईलैंड, कम्पूचिया, और इन्डोनेशिया में भारतीय संस्कृति का प्रभाव मिलता है। दक्षिण–पूर्व एशिया के देशों में भारत और चीन दोनों की संस्कृति का प्रभाव देखने को मिलता है। इन देशों के आयात–निर्यात के व्यापार में भारत का प्रचुर हिस्सा है। अंग्रेजी शासनकाल में भारत के इन देशों से सम्बंध न के बराबर हो गये थे। स्वतंत्र होने पर भारत की विशेष दिलचस्पी इन देशों के प्रति रही है। दक्षिण–पूर्व में भारत की स्थिति केन्द्रीय है। पं. नेहरू के अनुसार भारत एशिया का केन्द्र है। दक्षिणपूर्व एशिया के प्रति भारत की विदेश नीति को दो चरणों में रख सकते हैं। पहला चरण 1947 से 1964 तक माना जा सकता है। दूसरा चरण 1964 के बाद से आज तक माना जा सकता है।

इन्डोनेशिया

द्वितीय महायुद्ध के पूर्व उसे ईस्ट इन्डीज के नाम से जाना जाता था। यह हॉलैंड का उपनिवेश था। द्वितीय महायुद्ध के दौरान इस पर जापान ने अपना कब्जा कर लिया था। युद्ध समाप्ति पर जापान के पराजित होने

पर वहाँ के राष्ट्रवादियों ने अपने देश को स्वतंत्र घोषित कर दिया। और इन्डोनेशिया के गणराज्य की स्थापना की। हॉलैंड या नीदरलैंड ने इसे स्वीकार नहीं किया और उस पर पुनः कब्जा स्थापित करने के लिये जुलाई 1947 में आक्रमण किया। इस आक्रमण की तीव्र प्रतिक्रिया भारत में हुई। पं. नेहरू ने उस समय कहा कि किसी भी यूरोपियन देश का यह अधिकार नहीं है कि वह एशिया के किसी देश में अपनी सेनायें भेजे। यह एशिया की आत्मा के विरूद्ध होगा।

भारत और आस्ट्रेलिया ने यह मामला सुरक्षा परिषद में उठाया। कहा कि इस विवाद को शांतिपूर्ण ढंग से निपटाया जाये। दोनों देश पंचायत कराने के लिये तैयार हों। इस अवसर पर भारत ने एशिया के विकासशील देशों का एक सम्मेलन आहूत किया। जनवरी 1949 के पहले सप्ताह में नई दिल्ली में यह सम्मेलन हुआ, जिसमें 18 अफ्रो–एशियन देशों ने भाग लिया। इस सम्मेलन के अध्यक्ष के रूप में पं. नेहरू ने कहा कि हम यहाँ इसलिये मिल रहे हैं क्योंकि हमारे एक अनुज देश की स्वतंत्रता खतरे में है। उपनिवेशवाद ने फिर अपना सिर उठाया है। विश्व का जो नया ढ़ाँचा बन रहा है, उसको चुनौती दी है। उनकी इस चुनौती का गहन अर्थ तो ऊपर से दिखायी नहीं दे रहा है। यह चुनौती एशिया के उन देशों को चुनौती है, जिन्होंने वर्षों उपनिवेशवाद के विरूद्ध लम्बे समय तक संघर्ष और त्याग किये हैं।[1]

यह सम्मेलन निराशाजनक रहा। अन्य देश जो एकत्रित हुए थे, उनको आशा थी कि सम्मेलन के द्वारा साम्राज्यवादी आक्रमण के विरूद्ध कोई ठोस कार्यवाही की जायेगी। किन्तु संयुक्त राष्ट्र संघ के लिये एक प्रस्ताव पारित करने के अतिरिक्त कुछ भी प्रभावी कदम नहीं उठाया गया। सम्मेलन में वियतनाम के संघर्ष और फिलिस्तीन की समस्या के बारे में भी कोई विचार विमर्श नहीं हुआ। हॉलैंड के विरूद्ध कार्यवाही करने का कोई निर्णय नहीं लिया गया। यह उम्मीद की जाती थी एशियन देशों की एकता की दिशा में यह पहला कदम होगा जो आगे बढ़ेगा और एशियन संघ को जन्म देगा। किन्तु यह प्रत्याशा पूरी नहीं हुई। भारत ने इस प्रकार का संगठन बनाने से स्पष्ट इन्कार कर दिया।

भारत की इस नरमी और बेरूखी का यह कारण बताया गया है कि ब्रिटेन और अमेरिका इस सम्मेलन से भयभीत थे। वे नहीं चाहते थे कि

---

1. *जवाहरलाल नेहरू के भाषण 1949–53*, पृष्ठ 3।

एशियन देशों की जागृति और चेतना का कोई संस्थागत रूप स्थापित हो। सम्मेलन के अंतिम सत्र में जाने के पूर्व पं. नेहरू से तत्कालीन अमेरिकन राजदूत लाय हिन्डरसन मिले थे। उनकी लम्बी वार्ता हुई थी। लाय हिन्डरसन ऐसे मामलों में बड़े चतुर माने जाते थे। पर्यवेक्षकों और टिप्पणी कर्ताओं का मत था कि बैठक के बाद नेहरू और उनके परामर्शदाताओं का रूख और रवैये में परिवर्तन आ गया था। इसकी पुष्टि हेरल्ड प्रसिद्ध लेखक और समालोचक के आइजक और एल.के. रोजिन्जर ने भी की है।[2] इस भांति भारत ने एशियन एकता और सुदृढ़ता का स्वर्णिम अवसर अपने हाथों से निकल जाने दिया।

इस सम्मेलन के 1 माह बाद नेहरू ने बर्मा में चल रहे गृहयुद्ध के सम्बंध में विचार–विमर्श करने के लिये कॉमनवेल्थ देशों की एक अनौपचारिक बैठक बुलाई।

2 नवम्बर 1949 को हॉलैन्ड तथा इन्डोनेशिया के बीच हेग में एक समझौता हुआ। इसके अनुसार इन्डोनेशिया को सर्वोच्च सत्ता हस्तांतरित कर दी गयी। इन्डोनेशिया के संघ में 16 द्वीपों को सम्मिलित किया गया। इन्डोनेशिया में अनेक दल थे। अतः इनमें बराबर सत्ता की होड़ होती रही, इस भांति वहाँ की आन्तरिक राजनीति में अस्थिरता रही। डॉ. सुकार्णो वहाँ के राष्ट्रपति थे। उन्होंने गृह नीति के जो सिद्धान्त प्रतिपादित किये, वे इस प्रकार से थेः इन्डोनेशियाई समाजवाद–निर्देशित लोकतंत्र निर्देशित अर्थव्यवस्था इन्डोनेशियाई पहचान इन सिद्धान्तों के क्रियान्वयन के परिणामस्वरूप समूची शक्ति राष्ट्रपति सुकार्णो के ही हाथों में केन्द्रित हो गयी।

डॉ. सुकार्णो की विदेश नीति असमबध्ता की विदेश नीति थी। परिणामतः उनके सम्बन्ध अन्य असमबद्ध देशों से प्रगाढ़ बन गये। नेहरू, टीटो, नासिर और क्रूमा के साथ वह असमबद्ध देशों का नेतृत्व करने लगे। उनके और नेहरू के सम्बंध बहुत घनिष्ठ थे। उनकी विदेश नीति के सिद्धान्त थेः 1. उपनिवेशवाद का विरोध। 2. समाजवाद का समर्थन। 3. असंलग्नता या असमबध्ता और 4. अफ्रीकी और एशियायी देशों में अपना नेतृत्व स्थापित करने की आकांक्षा। स्वाभाविक रूप से इन्डोनेशिया और सोवियत संघ के सम्बंध मित्रतापूर्ण सम्बंध रहे। पश्चिमी देशों के लिये वह आँख की किरकिरी

---

2. डोरोथी नोरपन (सम्पादक), *नेहरू–पहले 60 वर्ष* 1965, वोल्यूम 11वीं 179।

बने रहे। सन् 1955 में इन्डोनेशिया के नगर बांडुग में अफ्रो–एशियायी देशों का ऐतिहासिक सम्मेलन हुआ। सन् 1962 में एशियन ओलम्पिक खेलों का जकार्ता में आयोजन किया गया। उन्होंने एशियन और अफ्रीकी देशों की कई बार यात्राएँ कीं। सन् 1961 में असमबद्ध अभियान के अन्य नेताओं के साथ मिलकर असमबद्ध देशों का पहला सम्मेलन बेलग्रेड में आयोजित किया गया।

इस काल में इन्डोनेशिया और भारत के सम्बंध बहुत मित्रतापूर्ण थे। किन्तु 1962 में चीन और भारत के बीच युद्ध होने पर इन्डोनेशिया की नीति स्पष्ट नहीं थी। उसने खुलकर भारत का समर्थन नहीं किया। माना जाता है कि बेलग्रेड सम्मेलन के समय सुकार्णो और नेहरू में मतभेद हो गये थे। नेहरू विश्व शांति को प्राथमिकता देने के पक्ष में थे। जबकि सुकार्णो साम्राज्यवाद के उन्मूलन को प्राथमिकता देने के पक्ष में थे।

डॉ. सुकार्णो ने भारत की ही भांति अमेरिका के नेतृत्व और पहल पर गठित प्रादेशिक सैनिक गुटबन्दियों सीटो और मीडों का विरोध किया। भारत और इन्डोनेशिया दोनों का मत था कि यह साम्राज्यवाद को पुनः लाने का षड्यंत्र था।

सन् 1965 में इन्डोनेशिया में दो क्रांतियाँ हुईं। वामपंथी क्रांति असफल हुई और दक्षिणपंथी क्रांति ने सरकार का तख्ता पलट दिया। कुछ समय बाद सुकार्णो के स्थान पर जरनल सुहार्तो को राष्ट्रपति बनाया गया।

यद्यपि इन्डोनेशिया की नयी सरकार ने पहले से चली आ रही विदेश नीति के प्रति अपनी आस्था प्रकट की, तथापि व्यवहार में वह पश्चिमी देशों की अनुगामी बन गयी। इस परिस्थति में उसके भारत के साथ सम्बंध इतने मित्रतापूर्ण नहीं रहे, जितने पहले थे।

दक्षिण–पूर्ण एशिया के देशों में यह भ्रम भी रहा है कि भारत इस क्षेत्र में अपना वर्चस्व और आधिपत्य स्थापित करना चाहता है। इस तरह से वह कहीं ब्रिटेन और फ्रांस का स्थान न ले ले। यद्यपि भारत ने इस प्रकार की महत्वाकांक्षा रखने से कई बार इंकार कर दिया था।

हिन्द चीन

भौगोलिक दृष्टि से हिन्द चीन में पांच क्षेत्र सम्मिलित हैं–टोनकिन, अनाम, कोचीन चीन, लाओस और कम्पूचिया। इनमें सबसे अधिक संख्या वियतनामियों की है, जो हिन्द चीन की कुल जनसंख्या का 70 प्रतिशत है।

ऐतिहासिक दृष्टि से इन देशों में कभी राजनीतिक एकता नहीं रही। 19वीं शताब्दी में फ्रांस ने इन देशों पर आधिपत्य स्थापित कर लिया था। द्वितीय महायुद्ध आरम्भ होने पर सन् 1940 में फ्राँसीसियों को खदेड़ कर जापान ने अपना आधिपत्य स्थापित किया। इस दौरान वहाँ राष्ट्रीय जागृति और चेतना के अन्तर्गत स्वतंत्रता प्राप्त करने के लिये संघर्ष आरम्भ हुआ। टोनकिन, अनाम और कोचिन के क्षेत्रों में राष्ट्रीय आन्दोलन की बागडोर वहाँ के कम्युनिस्टों के हाथों में थी और उनका नेता हो–ची–मिन्ह सर्वाधिक लोकप्रिय था। द्वितीय महायुद्ध की समाप्ति पर पोट्सडम सम्मेलन में तय हुआ कि हिन्दचीन के उत्तर में चीन और दक्षिण में ब्रिटेन के सामने जापान की सेना आत्म–समर्पण करेगी। इससे परिणाम यह निकलता कि हिन्द चीन में फ्रांसीसिओ के लौटने का मार्ग प्रशस्त होता। अतः हिन्द चीन के राष्ट्रीय आन्दोलन ने अपने नेता हो–चि–मिन्ह के नेतृत्व में इसे अस्वीकार कर दिया गया। संयुक्त राष्ट्र संघ से इसे बदलने के लिये निवेदन किया किन्तु संयुक्त राष्ट्र संघ ने उसकी इस मांग को ठुकरा दिया। इसके बाद उसने फ्रांस से सीधे बात की। फ्रांस और राष्ट्रीय आन्दोलन में एक समझौता हुआ जिसमे यह तय हुआ कि टोनकिन और अनाम–को मिलकर वियतनाम की स्थापना की जाये और उसे स्वतंत्र स्वीकार किया जाये। कोचीन चीन के बारे में समझौता हुआ कि वहाँ बाद में लोक निर्णय लिया जायेगा। डॉ. हो–ची–मिन्ह को पाँच वर्ष के लिये राष्ट्रपति बना दिया गया। यह भी तय हुआ कि पांच वर्ष के लिये फ्रांस की सेनायें वापस आ सकती हैं। फ्रांसीसियों ने कोचीन चीन में पृथकतावादी आन्दोलन को जन्म दिया और सन् 1949 में चीन में कम्युनिस्टों की विजय के बाद बाओ दायी को समूचे वियतनाम का सम्राट बना दिया गया। फ्रांस की कार्यवाही को धोखाधडी समझना और उससे असंतुष्ट होना स्वाभाविक था। अतः वियतनाम के राष्ट्रवादियों और फ्रांस में युद्ध छिड़ गया। फ्रांस अपनी वायु सैनिक शक्ति का प्रयोग कर रहा था और उसे अमेरिका से हर तरह की सैनिक सहायता प्राप्त हो रही थी। राष्ट्रीय आन्दोलन की सेनाओं का नेतृत्व जनरल जिआप कर रहे थे। जिआप विश्व के सबसे अधिक लोकप्रिय सेनाध्यक्षों में से थे। 7 मई 1954 को घमासान युद्ध के पश्चात् डीन बीन फू पर जिआप ने कब्जा कर लिया। यह फ्रांस की सबसे करारी हार थी। साढ़े सात वर्ष के युद्ध के काल में फ्रांस की भारी क्षति हुई थी। उसके 92000 सैनिक मारे गये थे। एक लाख चौदह हजार सैनिक घायल हुए। 28 हजार सैनिक युद्ध बन्दी बना लिये गये। इसलिये वह वियतनामियों के

साथ बातचीत करने के लिये तैयार हो गया किन्तु अमेरिका की उस समय नीति साम्यवाद को सीमित करने की चल रही थी। अतः वह कम्युनिस्टों से किसी भी प्रकार का समझौता करने को तैयार नहीं था। किन्तु परिस्थितियों ने उसे थोड़े समय के लिये मजबूर किया। 9 मई 1954 को जेनेवा में यह बातचीत आरम्भ हुई। चीन के तत्कालीन प्रधानमंत्री चाऊ एन लाई ने इसमें भाग लिया। अमेरिका भी इसमें सम्मिलित हुआ किन्तु अमेरिका के तत्कालीन विदेश मंत्री डलेस स्वयं नहीं आये। इस बीच अमेरिका की आक्रामक कार्यवाही चलती रही। फ्रांस ने वियतनाम को विभाजित करने के उद्देश्य से दक्षिण में अपने पिछलग्गू व वाओदाई को वहाँ का शासक बना दिया था। इसी प्रकार से लाओस में भी उसने एक कठपुतली सरकार स्थापित की थी। उल्लेखनीय है कि यद्यपि भारत को इस सम्मेलन में आमंत्रित नहीं किया गया था तथापि भारत ने अनौपचारिक रूप में इसमें भाग लिया था। भारत के वी.के. कृष्णा मेनन वहाँ मौजूद थे। सभी पक्षों से बातचीत के परिणाम वहाँ एक समझौता हो सका था। हकीकत यह थी कि इसके पूर्व भारत ने वियतनाम के संघर्ष पर कोई तीव्र प्रतिक्रिया नहीं की थी। यह उसकी साम्राज्यवाद विरोध नीति के विपरीत था। इसका कारण यह माना जाता था कि वहाँ के राष्ट्रीय आन्दोलन और संघर्ष की बागडोर कम्युनिस्टों के हाथों में थी। उस समय भारत में केन्द्र सरकार और कम्युनिस्टों में विरोध की स्थिति थी। तेलंगाना में कम्युनिस्टों के नेतृत्व में किसानों का विद्रोह हुआ था। इस समय भारत सरकार ने तेलंगाना में कम्युनिस्टों के नेतृत्व में चलने वाले किसान विद्रोह को निर्ममता से कुचला था। उसने कम्युनिस्ट विरोधी नीति अपनायी थी। यह भी माना जाता है कि उस समय फ्रांस के पाँच उपनिवेश भारत में थे। भारत उन्हें शांतिपूर्ण ढंग से मुक्त कराने के लिये प्रयत्नशील था।

जिनेवा समझौते के द्वारा दोनों वियतनामों के अस्तित्व को स्वीकार किया गया। 17वीं अक्षांश रेखा के उत्तर में हेनोई नदी से लगता क्षेत्र उत्तर वियतनाम और उसके दक्षिण में दक्षिण वियतनाम था। यह प्रावधान किया गया कि जुलाई 1956 में दोनों वियतनामों में निष्पक्ष निर्वाचन के द्वारा यह तय होगा कि दोनों वियतनाम एक हो जायें या अलग-अलग बने रहें। फिर से युद्ध न छिड़े और निष्पक्ष निर्वाचन हो सके। इसके लिये वियतनाम-लाओस और कम्बोडिया के लिये संयुक्त राष्ट्र संघ के अधीन तीन अन्तर्राष्ट्रीय नियंत्रण आयोगों की स्थापना की गयी। इनके सदस्य पोलैण्ड, कनाडा और भारत रखे गये थे। भारत को इन आयोगों का अध्यक्ष बनाया

गया। समझौते के अन्तर्गत फ्रांसीसी सेना को वियतनाम से हट जाना था। वियतनाम के दोनों भागों के बीच एक **'बफर जोन'** भी स्थापित किया गया।

जिनेवा समझौते का पालन दक्षिण वियतनाम की कठपुतली सरकार के कुचक्रों से नहीं हो सका। संयुक्त राज्य अमेरिका दक्षिण वियतनाम की सरकार को भड़का रहा था। उसे समझौते के विरूद्ध कार्य करने के लिये प्रेरित कर रहा था। जनवरी 1962 में अमेरिका ने दक्षिण वियतनाम को प्रचुर आर्थिक और सैनिक सहायता देने की घोषणा की। इसके एक माह पश्चात दक्षिण वियतनाम में अपनी सैनिक कमान स्थापित कर दी। इन सब कारणों से दक्षिण वियतनाम की सरकार के विरूद्ध संघर्ष होने लगा। उन्होंने राष्ट्रीय मुक्ति सेना की स्थापना की। इसको वियतकोंग कहा गया।

अन्तर्राष्ट्रीय नियंत्रण आयोग ने उत्तरी वियतनाम को जिनेवा समझौते का उल्लंघन करने का दोषी माना। केवल दक्षिण वियतनाम में निर्वाचन करवा दिये। परिणामतः वहाँ पश्चिमी देशों द्वारा समर्पित सरकार स्थापित हुई। वियतनाम के दोनों भागों में संघर्ष चलता रहा। 5 अगस्त 1964 को अमेरिका ने उत्तरी वियतनाम के पनडुब्बियों के अड्डों और तेल भंडारों पर भीषण बम वर्षा की। फलस्वरूप उत्तरी वियतनाम ने अमेरिकनों और दक्षिण वियतनाम की सरकार के विरूद्ध छापामार युद्ध शुरू कर दिया। फरवरी 1965 में अमेरिका द्वारा उत्तरी वियतनाम पर आक्रमण आरम्भ हो गया। 1967 की समाप्ति पर उत्तरी वियतनाम और वियतकोंग के ठिकानों पर इतने बम गिराये जितने की पूरे द्वितीय युद्ध के दौरान उभय पक्षों के द्वारा एक दूसरे पर नहीं गिराये गये थे। युद्ध समाप्त करने के लिये कूटनीतिक प्रयास भी चलते रहे। 1973 में पेरिस में सम्बंधित पक्षों में एक समझौता हुआ किन्तु फिर भी युद्ध का अंत नहीं हुआ।

अन्तर्राष्ट्रीय नियंत्रण आयोग के युद्ध भी बन्द करने के प्रयास निष्फल रहे। इस सम्बंध में उल्लेखनीय है कि इन आयोगों में भारत के प्रतिनिधियों ने उत्तरी वियतनाम के विरूद्ध रूख अपनाया। कनाडा पहले से ही पश्चिमी देशों के प्रति झुका हुआ था।

अक्टूबर 1956 में भारत ने दोनों वियतनामों को राजनयिक मान्यता दे दी थी। इस भांति वियतनाम के विभाजन को स्वीकार कर लिया था। इसके एक वर्ष के बाद दोनों वियतनामों के राष्ट्राध्यक्षों की मेजबानी भी की थी। भारत ने दक्षिण वियतनाम को उसके दक्षिण पूर्वी संधि संगठन के साथ सम्बंधों की भी कोई आलोचना नहीं की।

इस युद्ध में उत्तर वियतनाम के वियतमिन्ह और दक्षिण में वियतकोंग के नेतृत्व में वियतनामियों ने अद्भुत साहस, अनुकरणीय वीरता और देशभक्ति तथा अपार त्याग दिखाया था। वहाँ हर नागरिक लड़ रहा था, चाहे वह स्त्री हो या पुरूष, जवान हो या बूढ़ा। उन्होंने तीर कमानों और तलवारों से भी युद्ध लड़ा। दिन में पुरूष और स्त्रियां खेतों और कारखानों में काम करते थे। रात में छापामार युद्ध में भाग लेते थे। यह युद्ध ऐतिहासिक और बेमिसाल था। अन्ततः सैगोन की सरकार ने 30 अप्रैल 1975 को आत्मसमर्पण कर दिया। अमेरिका ने, जो कि विश्व की दूसरी सबसे बड़ी महाशक्ति थी, उसे मुँह की खानी पड़ी थी। एक अनुमान के अनुसार इस युद्ध में 56000 अमेरिकी सैनिक मारे गये। यहाँ पर अमेरिका को 59,500 करोड़ डालर का खर्चा करना पड़ा था। जून 1976 में दोनों वियतनामों का एकाकीकरण हो गया। इससे अमेरिका की प्रतिष्ठा पर काफी विपरीत प्रभाव पडा था। वियतनाम का यह संघर्ष बेमिसाल था।

लाओस

लाओस का क्षेत्रफल 2,36,800 वर्ग किलोमीटर है। इसकी जनसंख्या 30 लाख है। यह हिन्द चीन के पूर्वी भाग के केन्द्र में स्थित है। इसकी सीमायें चीन, वियतनाम, कम्पूचिया, थाईलैन्ड और बर्मा से मिलती हैं। यह कृषि प्रधान देश रहा है। कृषि की मुख्य उपज चावल है। लाओस में लोहा, ताँबा, टिन, जस्ता, सोना जैसी बहुमूल्य धातु व अन्य कीमती पत्थर मिलते हैं।

लाओस एक प्राचीन राज्य है। एक अनुमान के अनुसार इसकी स्थापना 749 में हुई थी। 16वीं शताब्दी से 18वीं शताब्दी तक लाओस की गणना दक्षिण-पूर्व एशिया के एक वैभवपूर्ण राज्यों में होती थी।

सन् 1893 से फ्रांस ने लाओस पर अपना अधिकार करना आरम्भ कर दिया। बीसवीं शताब्दी के आरम्भ में फ्रांस ने लाओस पर अपना पूर्ण अधिकार स्थापित कर लिया। फ्रांस के शासनकाल में लाओस की स्थिति अत्यन्त जर्जर हो गई थी। यहाँ किसी भी प्रकार के उद्योगों का विकास नहीं हो सका था। यहाँ के मुख्य खनिज टिन के खन्न पर अमेरिकी और फ्रांसीसी पूंजीपति कम्पनियों का अधिकार था।

द्वितीय महायुद्ध के दौरान जापान ने लाओस पर अपना अधिकार कर लिया। जापान के आत्मसमर्पण करने के बाद फ्रांस ने लाओस पर अपनी प्रभुसत्ता फिर से स्थापित करने का प्रयास किया। सुआंग प्रयंग के राजा

सीसवांग के नेतृत्व में एक सितम्बर 1945 को लाओस की स्वतंत्रता की घोषणा की गई। फ्रांस के द्वारा आक्रमण किये जाने पर वहाँ युद्ध आरम्भ हो गया।

लाओस के मुक्ति संघर्ष का नाम उस समय लाओस इसारा था। 12 अक्टूबर 1945 को लाओ–इसारा ने लाओस की स्वतंत्रता की पुनः घोषणा की और एक अस्थायी सरकार स्थापित की।

लाओस का राष्ट्रीय आन्दोलन फ्रांस का मुकाबला नहीं कर सका। सन् 1946 में फ्रांस ने लाओस पर अपनी सत्ता पुनः स्थापित कर ली। फ्रांस के विरूद्ध लाओस की जनता ने छापामार युद्ध आरम्भ किया। अन्य साम्राज्यवादी देशों की भांति फ्रांस ने भी लाओस को स्वायत्त बनाने या स्वतंत्र करने के अनेक ढोंग किये, किन्तु वास्तविक सत्ता फ्रांस नहीं छोड़ना चाहता था।

सन् 1950 में एक नये राष्ट्रीय मोर्चे की स्थापना हुई, जिसको नियो–लाओ–इतसला का नाम दिया गया था। राजकुमार सुफानोबोंग को इसका प्रधान बनाया गया था। मई 1961 में लाओस की समस्या पर विचार करने के लिए, उसका समाधान करने के लिए जिनेवा में 13 देशों के विदेश मंत्रियों का एक अन्तर्राष्ट्रीय सम्मेलन हुआ। संयुक्त राज्य अमेरिका ने इस सम्मेलन में भाग नहीं लिया और चेष्टा की कि यह सम्मेलन सफल न हो सके।

इस अन्तर्राष्ट्रीय सम्मेलन में गृहयुद्ध समाप्त करने और लाओस के तीनों राजनीतिक तत्त्वों की एक मिलीजुली सरकार स्थापित करने का निर्णय लिया गया। सुवन्नाफूमा को प्रधानमंत्री और सुफानोबोंग और फूमीनोसावन को उपप्रधानमंत्री बनाया गया। यह भी तय किया कि इस सरकार में सारे निर्णय एकमत से लिये जायेंगे तथा इस सरकार की विदेश नीति, असमबद्धता की होगी। इसे सन् 1962 की जिनेवा सन्धि या समझौता कहा जाता है। इसका क्रियान्वयन सभी सम्बन्धित तत्त्वों के सहयोग पर निर्भर करता था, जो आगे चलकर संभव नहीं हो सका।

संयुक्त राज्य अमेरिका के हस्तक्षेप के कारण राष्ट्रीय एकता की सरकार अधिक समय तक नहीं चल सकी और लाओस में फिर एक बार गृहयुद्ध आरम्भ हो गया। संयुक्त राज्य अमेरिका में लाओस के उस क्षेत्र पर जो कि नियोलाओ हकसत के अधिकार में था, परोक्ष–रूप से आक्रमण करना आरम्भ

कर दिया। 1968 में इस आक्रमण में तेजी आ गई। 1970 में बड़े पैमाने पर हवाई हमले किये गये। एक अनुमान के अनुसार मई 1964 से अगस्त 1971 तक अमेरिकी वायुसेना ने लाओस पर तीस हजार (30,000) टन बम गिराये।

लाओस में अमेरिकी सेना की संख्या लगभग 12,000 थी। फरवरी 1971 में 30,000 दक्षिण वियतनाम के सैनिकों और 9,000 अमेरिकी सैनिकों ने मिलकर दक्षिण लाओस पर आक्रमण किया। किन्तु वह सफल नहीं हो पाया। जून 1971 में प्रतिक्रियावादियों ने फिर एक बार थाईलैन्ड और अमेरिका की सहायता से हमला किया, किन्तु देश–भक्त राष्ट्रीय तत्त्वों ने इस आक्रमण को भी विफल बना दिया। सन् 1975 के आरम्भ में वियतनाम में राष्ट्रीय–मुक्ति–संघर्ष अपनी विजय और सफलता के बिल्कुल निकट था। कम्पूचिया में राष्ट्रीय प्रगतिशील तत्त्व अपनी सफलता के समीप थे। इन परिस्थितियों में लाओस में भी साम्राज्यवादियों और देशद्रोहियों पर निर्णयात्मक प्रहार हुआ। इस समय लाओस की मुक्ति–सेना पाये लाओस के नाम से जानी जाती थी।

2 दिसम्बर 1975 को लाओस के जनवादी गणराज्य की स्थापना की घोषणा की गई। पूरे देश पर शासन की बागडोर लाओस के जनवादी क्रान्तिकारी दल के हाथ में आ गई। इस दल की विचारधारा मार्क्सवादी और लेनिनवादी है। सुफानोबोंग को राष्ट्रपति और संसद का अध्यक्ष तथा वैसोनफूमी विहानी को प्रधानमंत्री बनाया गया। राजनीतिक क्षेत्र में केवल एक राजनीतिक दल रहा, जिसको लाओस की जनता का क्रान्तिकारी दल कहा जाता है। दिसम्बर 1975 की सफलता को राष्ट्रीय लोकतान्त्रिक क्रान्ति की सफलता बताया गया।

देश में प्रगतिशील राजनीतिक व्यवस्था स्थापित की गई थी। लाओस के जनवादियों और क्रान्तिकारी दल ने शासन के अपने जो उद्देश्य घोषित किये थे, वे इस प्रकार थे–सर्वहारा वर्ग के अधिनायक तन्त्र को सुदृढ़ करना, नये उपनिवेशवाद के दुष्परिणामों को दूर करना, युद्ध से होने वाली क्षति को पूरा करना, प्रमुख उद्योगों के उत्पादन को बढ़ाने, कृषि व्यवस्था में सुधार और कृषि के क्षेत्र में जमीन, जो छोटे–छोटे टुकड़ों में बटी हुई थी, उस बंटवारे को दूर करना, बड़े पैमाने पर समाजवादी उत्पादन को बढ़ाना, धीरे–धीरे जनता के जीवन स्तर में उन्नति करना।

समाजवादी देशों की सहायता से आर्थिक, तकनीकी, शैक्षणिक और सांस्कृतिक क्षेत्र में विकास करने और एक नई सामाजिक और आर्थिक

व्यवस्था स्थापित करने का प्रयास किया गया। जिनेवा समझौते के द्वारा लाओस के लिये संयुक्त राष्ट्र के अधीन एक अलग नियंत्रण आयोग स्थापित किया गया था, जिसके कनाडा, पोलैन्ड और भारत सदस्य थे। भारत को इसकी अध्यक्षता दी गयी थी।

इसके अन्तर्गत फ्रांस को लाओस में कुछ सैनिक सुविधायें भी दी गयी थीं। इस सन्धि में यह भी घोषणा की गई कि हिन्द–चीन के तीनों देशों की विदेश नीति गुटनिरपेक्षता की होगी।

जिनेवा सन्धि के तत्काल बाद संयुक्त राज्य अमेरिका की पहल और प्रेरणा पर दक्षिण–पूर्व एशिया में 'सीटो' के नाम से एक नया सैनिक गठबन्धन स्थापित किया गया। इसका निहित उद्देश्य जिनेवा सन्धि की उपलब्धियों को विफल बनाना था।

संयुक्त राज्य अमेरिका ने हिन्द–चीन में फ्रांस का स्थान ले लिया। संयुक्त राज्य अमेरिका की साजिशों के कारण लाओस में अन्तर्राष्ट्रीय नियंत्रण में स्वतंत्र निर्वाचन नहीं हो सका, न ही लाओस की एकता संभव हो सकी।

कम्पूचिया

द्वितीय महायुद्ध के दौरान कम्पूचिया पर भी जापान ने अपना अधिकार कर लिया था। जापान की पराजय के बाद फ्रांस ने कम्पूचिया पर पुनः अपनी सत्ता स्थापित करने का प्रयास किया था। किन्तु फ्रांस उस समय इस स्थिति में नहीं था कि कम्पूचिया के स्वतंत्रता संघर्ष का सामना कर सके। अतः उसने आरम्भ में राजनीतिक चालबाजी से काम लिया। 1946 में फ्रांस और कम्पूचिया का एक अस्थायी समझौता हुआ, जिसके अन्तर्गत कम्पूचिया को सीमित आन्तरिक स्वायत्ता प्राप्त हुई।

1949 में कम्पूचिया और फ्रांस के बीच एक दूसरी सन्धि हुई। इसके अनुसार फ्रांस–यूनियन के अन्तर्गत कम्पूचिया को एक स्वतंत्र राज्य के रूप में मान्यता दी किन्तु यह स्वतंत्रता औपचारिक मात्र थी। फ्रांस वास्तविक सत्ता हस्तान्तरित नहीं करना चाहता था। कम्पूचिया के स्वतंत्रता संघर्ष के सैनिक पक्ष का नाम खमर इसारत था। खमर इसारत ने छापामार युद्ध के द्वारा कम्पूचिया के कई क्षेत्रों पर अपना अधिकार कर लिया।

नवम्बर 1953 में फ्रांस ने कम्पूचिया के राजा नोरोदौम सिंहानुक की सरकार को सत्ता हस्तान्तरित कर दी। 1954 की जिनेवा सन्धि में कम्पूचिया

को गुटनिरपेक्ष घोषित कर दिया गया। मार्च 1955 में राजकुमार सिंहानुक ने अपने पिता सुरा अमृत के पक्ष में अपने सिंहासन को त्यागकर सक्रिय रूप में राजनीति में भाग लेना आरम्भ किया। उन्होंने संगकूमा नाम से एक राजनीतिक दल का संगठन किया। खमर इसारत आन्दोलन में जो लोग सम्मिलित थे उन्होंने भी एक अलग राजनीतिक दल का गठन किया। सितम्बर 1955 में संसद का निर्वाचन हुआ, जिसमें संगकुमा दल को 83 प्रतिशत मत प्राप्त हुये। संगकुमा दल का दक्षिण पंथियों और साम्राज्यवादियों ने डटकर विरोध किया। नव निर्वाचित विधान परिषद ने फ्रेंच यूनियन से अलग होने का निर्णय लिया। कम्पूचिया को पूर्ण स्वतंत्र और सम्प्रभु राज्य घोषित किया। सन् 1955 में कम्पूचिया को संयुक्त राष्ट्र संघ की सदस्यता भी प्राप्त हो गई।

संगकुमा दल के शासन ने कम्पूचिया की गरीबी और पिछड़ेपन की समस्याओं को हल करने का प्रयास किया। कम्पूचिया कृषि प्रधान देश था। किसानों का शोषण होता आ रहा था। कम्पूचिया की सरकार ने किसानों को इस शोषण से बचाने के लिये ऋण देने, बीज देने, और फसल क्रय करने के लिये सहकारी संस्थायें स्थापित कीं। 1963 में विदेशी व्यापार और बैंकों का राष्ट्रीयकरण कर लिया गया किन्तु रबर उत्पादन विदेशी पूंजीपति कम्पनियों के हाथ में रहा। 1956-57 में एक दो वर्षीय योजना लागू की गई। 1960 में आर्थिक विकास के लिये एक पंचवर्षीय योजना को लागू किया गया। आर्थिक और तकनीकी कठिनाईयों के कारण योजना के अन्तर्गत निर्धारित लक्ष्यों का 78 प्रतिशत तक पूरा किया जा सका। औद्योगीकरण की प्राथमिक आवश्कताओं के विकास पर भी जोर दिया गया।

1955 से 1969 के बीच में संयुक्त राज्य अमेरिका ने कम्पूचिया को अपने प्रभाव क्षेत्र में लाने की भरसक चेष्टा की। कम्पूचिया के दक्षिणपंथी और प्रतिक्रियावादी तत्व भी इस बात के लिये प्रयत्नशील थे कि कम्पूचिया संयुक्त राज्य अमेरिका का अनुगामी बने। 1955 से संयुक्त राज्य अमेरिका ने कम्पूचिया को आर्थिक और सैनिक सहायता देना आरम्भ किया था। यह आर्थिक सहायता मुख्यतः वस्तुओं के रूप में दी गई थी जिसका लाभ कम्पूचिया के बड़े-बड़े व्यापारियों को मिला था। 1956 में कम्पूचिया ने समाजवादी देशों से भी अपने सम्बन्ध स्थापित किये।

1960 में कम्पूचिया की राष्ट्रीय और अन्तर्राष्ट्रीय नीति के मुख्य मुद्दों पर लोक-निर्णय लिया गया। इस लोक-निर्णय में कम्पूचिया की जनता

ने भारी बहुमत से शासन की नीति का समर्थन किया। तदनुसार संसद में सर्वोच्च सत्ता सिंहानुक को हस्तान्तरित कर दी गयी। उसे राज्य का प्रधान बना दिया गया।

संयुक्त राज्य अमेरिका जितना अधिक वियतनाम के घृणित और बर्बरतापूर्ण युद्ध में उलझता गया, उतना ही अधिक उसने कम्पूचिया पर अपना नियंत्रण स्थापित करने का प्रयास किया, जिसके परिणामतः कम्पूचिया को अमेरिका से आर्थिक और सैनिक सहायता लेना बन्द करना पड़ा। 1965 में कम्पूचिया ने संयुक्त राज्य अमेरिका से अपने राजनयिक सम्बंध तोड़ दिये।

कम्पूचिया की सीमाओं पर अमेरिका, थाईलैन्ड और दक्षिण वियतनाम की प्रतिक्रियावादी सरकार आक्रमण करने लगी।

जुलाई 1969 में संयुक्त राज्य अमेरिका और कम्पूचिया के राजनयिक सम्बन्ध पुनः स्थापित हुये। किन्तु संयुक्त राज्य अमेरिका कम्पूचिया की गुटनिरपेक्षता की नीति को नष्ट करके उसे अपने नियंत्रण में लाने को कटिबद्ध था।

मार्च 1970 में दक्षिणपंथी और प्रतिक्रियावादी तत्त्वों ने राष्ट्रीय सरकार को पलट दिया। इस साजिश के पीछे संयुक्त राज्य अमेरिका के केन्द्रीय गुप्तचर अभिकरण (आइ.एम.आइ.) का हाथ था। संयुक्त राज्य अमेरिका ने कम्पूचिया पर अपना सैनिक नियंत्रण स्थापित किया। सिंहानुक के नेतृत्व में एक राष्ट्रीय संयुक्त मोर्चे की स्थापना की गई, जिसका लक्ष्य सभी वर्गों और जातियों को एक जुट करके राष्ट्रीय स्वतंत्रता, सम्प्रभुता, शांति, गुटनिरपेक्षता और प्रादेशिक अखण्डता के लिये संघर्ष करना था। इस मोर्चे के नेतृत्व में सशस्त्र संघर्ष आरम्भ हुआ। इसे कम्पूचिया के बहुत से क्षेत्रों को स्वतंत्र करने में सफलता मिली। सन् 1970 में अमेरिका, थाईलैन्ड और दक्षिण वियतनाम ने कम्पूचिया पर आक्रमण किया किन्तु अमेरिका की जनता के विरोध के कारण निकसन को अमेरिकी सेना को वापिस बुलाना पड़ा। फिर भी थाईलैन्ड और दक्षिण वियतनाम लगे रहे। परिणामतः 1970 से 1975 तक लोन–नोल के नेतृत्व में शासन की बागडोर दक्षिणपंथी और प्रतिक्रियावादी तत्त्वों के हाथ में रही। इस सरकार को अमेरिका आर्थिक और सैनिक सहायता देता रहा। अमेरिका की शह और सहायता से दक्षिण वियतनाम की प्रतिक्रियावादी सरकार कम्पूचिया के दक्षिण पूर्व में आक्रमण भी करती रही। इस आक्रमण का लक्ष्य कम्पूचिया के राष्ट्रीय देशभक्त तत्त्वों का सफाया करना था।

अप्रैल 1975 में लोन–नोल सरकार का पतन हो गया। कम्पूचिया में पोलपोट के नेतृत्व में एक नई सरकार की स्थापना हुई। पोलपोट माओ और चीन का अनुयायी था। उसने माओ और चीन का अनुकरण करते हुये कम्पूचिया में सांस्कृतिक क्रान्ति करने और सीधे साम्यवाद को स्थापित करने के लिये **'महाउछाल अभियान'** को चलाया। इन अभियानों के कारण जनता के कष्टों में वृद्धि हुई। हजारों लाखों व्यक्तियो को मौत के घाट उतार दिया गया। नगरों के निवासियों को गाँवो में जाने के लिये और वहाँ शारीरिक श्रम करने के लिये बाध्य किया गया। कम्पूचिया की समस्त जनता को **'कम्यून'** में संगठित करने का प्रयास हुआ। सांस्कृतिक संसाधनों और पारिवारिक जीवन और चिकित्सा सेवाओं को नष्ट कर दिया गया।

1977 में वियतनाम और कम्पूचिया के सम्बंध बिगड़ने लगे। सीमाओं पर आये दिन सशस्त्र संघर्ष होने लगे।

पोलपोट इंगसारी शासन के विरूद्ध राष्ट्रीय मुक्ति का एक संयुक्त मोर्चा स्थापित किया गया, जिसका नेता किगं सामरित था। इस मोर्चे ने एक जनविद्रोह का संगठन किया। जनवरी 1979 में शासन की बागडोर इस मोर्चे के हाथों में आ गई। शासन करने के लिये एक जनवादी क्रान्तिकारी परिषद स्थापित की गई।

इस मोर्चे के घोषणा पत्र में कहा गया था कि उसका उद्देश्य लोकतान्त्रिक स्वतंत्रता, अधिकारों और धर्म की स्वतंत्रता, काम, आराम और स्त्रियों के अधिकारों की स्थापना करना था। इस घोषणा पत्र में यह भी कहा गया था कि वह एक ऐसी व्यवस्था स्थापित करेगा, जिसमें मानवीय मूल्यों का आदर हो। व्यक्ति के निजी जीवन की पवित्रता हो। स्त्री और पुरूष में समानता हो और सभी राष्ट्रीय जातियों के समान अधिकार हों। इस घोषणा–पत्र के अनुसार अन्तर्राष्ट्रीय क्षेत्र में कम्पूचिया की नयी नीति शांति, मैत्री और गुटनिरपेक्षता की होगी। नये शासन के अन्तर्गत सामाजिक जीवन को पुनः सामान्य रूप देने का प्रयास किया गया। स्थानीय प्रशासन के लिये गाँवों, नगरों और जिलों में जनसमितियां स्थापित की गईं।

चीन के अनुसार पोलपोट के शासन को पलटने में वियतनाम ने मुख्य भूमिका निभायी थी। अतः फरवरी 1979 में चीन ने वियतनाम पर आक्रमण कर दिया। चीन के अनुसार वियतनाम के विरूद्ध उसकी सैनिक कार्यवाहियाँ, वियतनाम को सबक सिखाने और पोलपोट शासन को पलटने के अपराध में दण्ड देने के लिये की गई थीं।

लगभग 31 देशों ने जिनमें भारत भी सम्मिलित था, कम्पूचिया के नये शासन तन्त्र को मान्यता दे दी।

चीन के अनुसार सोवियत संघ वियतनाम और कम्पूचिया को दक्षिण पूर्वी एशिया में अपने प्रभाव में रखने और उसका विस्तार करने के लिये प्रयास कर रहा था। चीन सोवियत संघ के प्रभाव को रोकने के लिये कटिबद्ध था। चीन पोलपोट को आर्थिक और सैनिक सहायता प्रदान कर रहा था। वियतनाम और कम्पूचिया के विरूद्ध एक नया राजनीतिक गठबन्धन स्थापित करने का भी प्रयास कर रहा था। कम्पूचिया चीन और वियतनाम के बीच में संघर्ष और प्रतिस्पर्धा का मुख्य विषय बन गया था।

वियतनाम, लाओस और कम्पूचिया को सबसे पहले फ्रांसीसी साम्रज्यवादियों से लड़ना पड़ा। उनका यह संघर्ष 1954 तक चलता रहा। 1954 के बाद से 1975 तक उन्हें अमेरिकी साम्राज्यवादियों से जूझना पड़ा। हिन्द—चीन के देशों के स्वतंत्र संघर्ष की मुख्य विशेषता यह रही है कि इन देशों में स्वतंत्रता संघर्षों की अगुवाई किसान, मजदूर और निम्न मध्यम् वर्ग के द्वारा की गई। इन वर्गों का नेतृत्व साम्यवादियों के द्वारा किया गया।

इसके फलस्वरूप संयुक्त राज्य अमेरिका और अन्य पश्चिमी देशों में इन स्वतंत्रता संघर्षों का तीव्र विरोध किया गया। क्योंकि उन्हें यह भय बना रहा कि इन स्वतंत्रता संघर्ष की सफलता का परिणाम यह होगा कि इन देशों में साम्यवादियों के हाथों में सत्ता आ जायेगी। यह देश सोवियत संघ के प्रति झुके रहेंगे। संयुक्त राज्य अमेरिका और पश्चिमी देशों के अन्त तक विरोध के बावजूद इन देशों के स्वतंत्रता संघर्ष को सफलता मिली थी।

हिन्द चीन के देशों के जन संघर्षों और उनकी सफलताओं से यह भी सिद्ध होता है कि दृढ़ प्रतिबद्ध और कृतसंकल्प जन शक्ति के सामने बड़ी से बड़ी सैनिक और अस्त्र—शस्त्रों की शक्ति अन्ततः पराजित होती है।

यह दुर्भाग्यपूर्ण स्थिति है कि जब हिन्द चीन के इन देशों को वास्तविक स्वतंत्रता प्राप्त हुई तब यह देश सोवियत संघ और चीन के पारस्परिक विरोध और प्रतिद्विन्द्विता के शिकार बन गये हैं। चीन इन देशों में सोवियत संघ के प्रभाव को समाप्त करके अपना प्रभाव स्थापित करने के लिये प्रयत्नशील था और उसे अपने इस उद्देश्य की पूर्ति के लिये संयुक्त राज्य अमेरिका और उसके अनुयायी देशों से भी सहायता और सहयोग करने में संकोच नहीं रहा था।

लाओस और कम्पूचिया से भारत के सम्बंध सामान्य रहे हैं। वियतनाम से आरम्भ से ही भारत के सम्बंध घनिष्ठ रहे हैं। भारत में और वियतनाम में दक्षिण चीन सागर में तेल के स्रोत खोजने के सम्बंध में समझौता हुआ है। भारत को दक्षिण पूर्वी एशिया पर और अधिक ध्यान देने और राजनीतिक और आर्थिक क्षेत्र में सहयोग करने की आवश्यकता है।

1967 में ब्रिटेन ने घोषणा की थी कि वह स्वेज के पूर्वी भाग से हट रहा है। उस समय भारत की जल सेना ने यह घोषणा की कि वह ब्रिटेन की जल सेना का स्थान लेगी। किन्तु भारत की जल सेना के पास न तो अपेक्षित संसाधन थे और न ही भारत सरकार की इस सम्बंध में इच्छा शक्ति थी। इसी समय सं.रा. अमेरिका के तत्कालीन राष्ट्रपति निक्सन ने सिद्धान्त प्रतिपादित किया, जिसे ग्वाम सिद्धान्त कहा जाता था। इसका स्थूल रूप में अर्थ था कि अमेरिका–एशियन महाद्वीप के आंतरिक मामलों में हस्तक्षेप नहीं करना चाहता। यह समय भारत के लिये ऐतिहासिक था। वह इन अर्थों में कि हिन्द महासागर और प्रशान्त महासागर के इस हिस्से में कहाँ तक और कितना अपना वर्चस्व स्थापित कर सकता है।

सन् 1971 में भारत और सोवियत संघ के बीच सुरक्षा, शांति और पारस्परिक सहयोग ने भारत की भूमिका को एक नया आयाम दिया था। इसी समय अमेरिका का जहाजी बेडा सुदूर पूर्व के नौसैनिक अड्डों से भारत की बंगाल की खाड़ी की तरफ आया था। यह 7वाँ जहाजी बेडा कहलाता था। इसने भारत और दक्षिण पूर्वी एशिया की सुरक्षा के सम्बंध में शंकायें पैदा कर दी थी। दक्षिण पूर्वी एशिया में बढ़ती हुई राष्ट्रीय और वामपंथी ताकतों के बढ़ते हुये प्रभाव को रोकने के लिए वास्तव में अमेरिका प्रयत्नशील था।

मलेशिया

मलेशिया का पुराना नाम मलाया था। वह अपनी टिन की खदानों और रबर के बागों के लिये प्रसिद्ध था। एक अनुमान के अनुसार मलेशिया में रबड़ का उत्पादन विश्व के उत्पादन में 38 प्रतिशत से 58 प्रतिशत तक रहा है। इसी तरह से विश्व के टिन के उत्पादन में से एक तिहाई उत्पादन मलेशिया में होता है। सिंगापुर, जो एक प्रकार से इसका भाग है, द्वितीय महायुद्ध के पूर्व अँग्रेजों का सबसे बड़ा सैनिक अड्डा था।

मलेशिया का क्षेत्रफल 330434 वर्ग किलोमीटर और जनसंख्या 27,565,821 है। मलेशिया 13 उप–राज्यों का एक संघ है। सितम्बर 1963

में सिंगापुर, सरवाक और साबहा इसमें सम्मिलित हो गये, किन्तु 1965 में सिंगापुर अलग हो गया। वह एक स्वतंत्र राज्य बन गया।

द्वितीय महायुद्ध के दौरान जापान ने इस पर कब्जा कर लिया था। जापान की पराजय के बाद ब्रिटेन ने जब पुनः वहाँ पर अपनी सत्ता स्थापित करने का प्रयास किया, तो विरोध का सामना करना पड़ा। मलाया में राष्ट्रीय आन्दोलन का उस समय नेतृत्व वहाँ के कम्युनिस्टों के हाथों में था। ब्रिटेन जहाँ एशिया के देशों से हटना चाहता था, वही मलाया में कम्युनिस्टों के हाथों में सत्ता नहीं देना चाहता था। वहाँ के कम्युनिस्टों के विरूद्ध युद्ध छिड़ गया। उल्लेखनीय है कि भारत उस समय तक स्वतंत्रता प्राप्त कर चुका था। भारत में एक स्वतंत्र राष्ट्रीय सरकार थी। ब्रिटेन मलाया के युद्ध में भाग लेने के लिये भारत की भूमि पर गोरखा सैनिक भर्ती करता था। भारत के बन्दरगाहों पर युद्ध साम्रगी से लदे ब्रिटिश जहाजों को लंगर डालने, ईधन लेने तथा वहाँ से गुजरने की आजादी थी।

मलाया में तीन मुख्य जातियों के निवासी निवास करते हैं। मलायी वहाँ की जनसंख्या का 50 प्रतिशत है। चीनी 37 प्रतिशत और भारतीय 13 प्रतिशत है। सिंगापुर में चीनियों की संख्या कुल जनसंख्या का 80 प्रतिशत है।

ब्रिटेन ने मलाया यूनियन का प्रस्ताव रखा। उसमें मलाया के मूल निवासियों की स्थिति अच्छी नहीं थी। इसलिये उसे 1948 में ठुकरा दिया गया। उसके स्थान पर मलेशिया के संघ की स्थापना की घोषणा की। इसमें सिंगापुर को छोड़कर यूनियन के सभी क्षेत्र शामिल होने थे। इसके उपरान्त वहाँ टुकु अब्दुल रहमान के नेतृत्व में स्वतंत्र मलाया की पहली सरकार स्थापित हुई। चूंकि मलाया में चीनियों का वर्चस्व था अतः यह भय था कि कहीं आगे चलकर चीनी कम्युनिस्ट हावी न हो जायें। अतः 1967 में मलेशिया की रचना की गयी। इसमें मलाया के अतिरिक्त सिंगापुर, सरावक और उत्तरी बोर्नियो को सम्मिलित किया गया। कुछ समय तक इसका इन्डोनेशिया से विवाद रहा।

रबर और टिन के अतिरिक्त यहाँ से पाम का तेल और लकड़ी का निर्यात किया जाता है। पेट्रोलियम और उस पर आधारित उत्पाद भी महत्वपूर्ण रहे हैं। मलेशिया की अर्थव्यवस्था में पर्यटन का भी मुख्य स्थान है।

भारत और मलेशिया के सम्बंध सामान्य रहे हैं। यद्यपि मलेशिया मुख्यतः एक मुस्लिम देश है तथापि भारत–पाक संघर्ष में उसने कभी भारत का विरोध और पाकिस्तान का समर्थन नहीं किया। व्यापार की दृष्टि से भारत के लिये मलेशिया महत्वपूर्ण है। उसे मध्य एशिया और सुदूर पूर्व जाने के लिये महत्वपूर्ण माना जा सकता है। भारत को पूर्व के और देशों की नीति के अन्तर्गत मलेशिया से भी घनिष्ठ आर्थिक, सामरिक और राजनीति सम्बंध स्थापित करने होंगे। भारत के लिये मलेशिया का राजनीतिक और सामरिक महत्व है।

थाईलैन्ड

थाईलैन्ड दक्षिण पूर्वी एशिया का देश है। इसका क्षेत्रफल 513.115 वर्ग किलोमीटर है और जनसंख्या 67,070.000 है। इसका पुराना नाम **'स्याम'** था। 1948 में इसने अपना नया नाम **'थाईलैन्ड'** रख लिया। प्राचीनकाल से यहाँ राजतंत्र रहा है। यहाँ प्राचीनकाल में भारतीय राजा आये थे और उन्होंने अपने राज्य स्थापित किये थे। इसके परिणामतः वहाँ के जन जीवन में भारतीय संस्कृति की छाप मिलती है। भारत से यहाँ बौद्ध धर्म भी आया जिसके फलस्वरूप यहाँ की जनता में 94.6 प्रतिशत लोग अभी भी बौद्ध धर्म के अनुयायी हैं।

दक्षिण पूर्व एशिया के देशों में थाईलैन्ड ऐसा देश है, जो द्वितीय महायुद्ध के थोड़े से समय को छोड़कर हमेशा स्वतंत्र रहा है। द्वितीय महायुद्ध के दौरान जापान ने इस पर अपना कब्जा कर लिया था। उसने अमेरिका और ब्रिटेन के विरूद्ध युद्ध की घोषणा की थी। युद्ध समाप्त होने पर वह स्वतंत्र हो गया।

यहाँ पुनः राजतंत्र स्थापित हुआ। 1974 में यहां एक हिंसात्मक सैनिक विद्रोह हुआ। 1988 में यहाँ लोकतंत्र के लिये निर्वाचन हुए, किन्तु 1991 में यहाँ फिर एक सैनिक विद्रोह हुआ। शासन की बागडोर सेना के हाथों में आ गयी। सन् 2006 में फिर यहाँ एक सैनिक विद्रोह हुआ और थकसिन शिनवत्रा को प्रधानमंत्री के पद से हटा दिया गया। सन् 2007 में सैनिक शासकों ने एक संविधान की रचना की। जुलाई 2011 में निर्वाचन कराये। वहाँ एक संवैधानिक राजतंत्र है। निर्वाचन में पूर्व प्रधानमंत्री की बहन पिगंलक शिनावत्रा के विरोधी दल ने बहुमत हासिल किया। वह प्रधानमंत्री बनी।

आरम्भ से ही थाईलैन्ड संयुक्त राज्य अमेरिका का समर्थक रहा है। कोरिया के युद्ध में उसने अमेरिका की सेना का साथ देने के लिये अपनी सेना भेजी। वियतनाम में भी अमेरिकी सेना के साथ थाईलैन्ड की सेना थी। 1954 में थाईलैन्ड ने मनीला सम्मेलन में भाग लिया और वह दक्षिण पूर्वी एशिया सन्धि संगठन का सदस्य बना। इसी भांति अमेरिका द्वारा प्रेरित वह आसियान संगठन का सदस्य भी है, जिसका उद्देश्य दक्षिण पूर्वी एशिया में अमेरिकन हितों की पूर्ति करना है। थाईलैन्ड में अमेरिकन सैनिक अड्डे पहले से ही स्थापित हैं। चूंकि थाईलैन्ड दक्षिण पूर्वी एशिया में अमेरिका का कट्टर और विश्वस्त अनुयायी रहा है अतः सन् 1990–91 तक उसके और भारत के सम्बंध घनिष्ठ नहीं थे। इसके बाद भारत और थाईलैन्ड के सम्बंध सामान्य हो गये। थाईलैन्ड में काफी भारतीय जाकर बसे हैं। वहाँ के उद्योग और व्यापार में उनकी भागीदारी है।

थाईलैन्ड में विश्व के अन्य देशों की तुलना में सबसे अधिक चावल होता है। वहाँ कई खनिज भी मिलते हैं। किन्तु वहाँ आधुनिकीकरण और औद्योगीकरण बहुत कम हुआ है। कृषि के बाद आमदनी का एक मुख्य स्रोत पर्यटन है। तमाम देशों के लाखों पर्यटक वहाँ वर्ष–भर आते हैं।

बर्मा/म्यांमार

बर्मा जिसका आधुनिक नाम म्यांमार है, का क्षेत्रफल 676,533 किलोमीटर है। जनसंख्या 50,496,000 है। इसकी सीमायें बहुत दूर तक भारत से मिलती हैं। भारत के अरूणाचल प्रदेश, नागालैन्ड, मिजोरम और असम भारत म्यांमार सीमाओं पर स्थित है। परिणामतः सुरक्षा की दृष्टि से एक दूसरे को प्रभावित करते हैं। 1949 में कम्युनिस्ट चीन के अभ्युदय से भारत और म्यांमार के पारस्परिक सम्बंध यह एक बड़ा मुद्दा हो गया है।

बर्मा/म्यांमार 1937 के पहले भारत का हिस्सा था। वह ब्रिटेन के अधीन था। अंग्रेजों ने 1937 में बर्मा को भारत से अलग करके अपना एक अलग उपनिवेश बना लिया था। द्वितीय महायुद्ध के दौरान वह जापान के कब्जे में आ गया था। उस समय भारत में यह भय व्याप्त हो गया था कि बर्मा की धरती से वह भारत पर भी हमला करेगा।

सन् 1948 में बर्मा ने ब्रिटेन के आधिपत्य से मुक्ति पायी। बर्मा स्वतंत्रता प्राप्त करने के बाद कॉमनवेल्थ से हट गया। इस भांति उन देशों में जो ब्रिटिश उपनिवेश रह चुके थे और जो कॉमनवेल्थ से हट गये थे अमेरिका, आयरलैन्ड के बाद बर्मा तीसरा देश था।

स्वतंत्र होने के बाद थू नू के नेतृत्व में राष्ट्रीय सरकार की स्थापना हुई थी किन्तु कुछ समय बाद उसके विरूद्ध विद्रोह आरम्भ हो गया। इस विद्रोह की अगुआयी वहाँ के कम्युनिस्ट कर रहे थे। कुछ समय बाद वहाँ के अल्पसंख्यक करेन भी इनसे मिल गये। भारत ने थू नू का समर्थन किया और उन्हें सहायता दी। थू नू की सरकार ने भारत का अनुसरण करते हुये असम्बद्धता की ही विदेश नीति अपनायी थी। बर्मा में इस आंतरिक संघर्ष के फलस्वरूप सेना ने सत्ता पर अपना अधिकार कर लिया। सन् 1962 से 1988 तक जनरल नी विन हावी रहे। वह पहले सैनिक शासक के रूप में और बाद में स्वयं राष्ट्राध्यक्ष के रूप में राजनीतिक शक्ति के केन्द्र के रूप में रहे। तीस वर्षों के बाद 1990 में वहाँ निर्वाचन कराये गये, जिसमें मुख्य विरोधी दल नेशनल लीग फार डेमोक्रेसी को भारी बहुमत मिला, किन्तु सेना ने सत्ता नहीं छोड़ी। आगं सान सू को जो विरोधी दल की नेता है; उनको 21 वर्ष नजरबन्द रखा गया। (20 जुलाई 1989 से 13 नवम्बर 2010 तक) सैनिक शासन नया संविधान बनाने की बात कहते रहे, किन्तु बनाया नहीं।

बर्मा एशिया का चावल का कटोरा माना जाता है। यहाँ चावल, गन्ना, मूंगफली और सेमफली की व्यापक खेती होती है। यहाँ पेट्रोलियम, जस्ता, टिन, जिंक, टगस्टिन, तांबा, एण्टीमनी, चाँदी और मूल्यवान पत्थर पाये जाते हैं। बर्मा उत्कृष्ट किस्म के पन्ने, जेड ओर मानिक जैसे रत्नों के लिये प्रसिद्ध है। यहाँ से टीक वुड (सागौन की लकड़ी) का निर्यात होता है।

बर्मा और भारत के बहुत अच्छे संबंध रहे हैं। भारत की सुरक्षा की दृष्टि से बर्मा बहुत महत्वपूर्ण है। जैसा ऊपर लिखा गया है कि भारत और बर्मा की सीमायें बहुत दूर तक मिलती हैं। स्वतंत्रता पाने के बाद बर्मा ने असम्बद्धता की विदेश नीति को अपनाया था। भारत को सहयोग दिया था। उसकी विदेश नीति भी साम्राज्यवाद उपनिवेशवाद विरोधी रही थी। जब हॉलैन्ड ने इन्डोनेशिया पर आक्रमण किया, तो बर्मा ने भारत और एशिया के अन्य देशों से एशियन देशों का सम्मेलन बुलाने पर जोर दिया था। उसने भारत की ही भांति जातिभेद और वर्णभेद की नीति का विरोध किया था। उसने पंचशील के सिद्धान्तों का पूर्ण समर्थन किया। वह बांडुग सम्मेलन में सक्रिय रहा। उसमें उसकी भूमिका सकारात्मक थी।

भारत की एक समस्या यह रही है कि उसके उत्तर–पूर्वी क्षेत्र में विभिन्न कबीलों और उप–जातियों के लोग विद्रोह करते रहे हैं इनमें से कुछ विद्रोही

बर्मा के जगंलों में जाकर छिप जाते थे। बर्मा ने विद्रोहियों के अड्डे हटाने और उनको वहाँ से भगाने की सशक्त कार्यवाही की है।

सन् 1953 में बर्मा मे क्यूमिनटागं के दस हजार भगोड़े सैनिकों ने प्रवेश करके वहाँ की अर्थव्यवस्था को अस्थिर कर दिया था और सुरक्षा के लिये एक चुनौती पैदा कर दी। इस संकट से उभरने में भी भारत ने बर्मा की मदद की थी। बर्मा ने संयुक्त राष्ट्रसंघ में इस मुद्दे को उठाया। इन सैनिकों को बर्मा से बाहर निकालने में संयुक्त राष्ट्र संघ से मदद मांगी। भारत ने बर्मा का पूरा समर्थन किया और सामान्य सभा में और अन्य देशों के साथ मिलकर यह प्रस्ताव रखा कि बर्मा में शांति बनाये रखने के लिये इन भगोड़े सैनिकों को भगाने का बर्मा को पूरा अधिकार है।

17 मार्च 1953 को नेहरू ने एक वक्तव्य में कहा था कि हमारे बर्मा से संबंध बहुत अच्छे हैं। सदन जानता है कि बर्मा को अनेक समस्याओं का सामना करना पड़ा है। वह अभी भी अनेक समस्याओं से जूझ रहा है। बर्मा के कुछ हिस्सों में अव्यवस्था है। बर्मा के उत्तर पूर्व में उसके लिये एक बड़ी समस्या उत्पन्न हो गयी है। वहाँ क्युमिनटांग के सैनिक घुस आये हैं। यह सैनिक वहाँ उपद्रव कर रहे हैं। इस पूरे समय में हमारे संबंध सहयोग और मित्रता के रहे हैं।

भारत और बर्मा के बीच सीमाओं को लेकर विवाद था किन्तु बातचीत के द्वारा उसको भी समाप्त कर दिया गया। 1000 मील की सीमा पर सीमांकन कर दिया गया। दोनों देश इससे सहमत हैं कि शेष सीमा को भी पारस्परिक बातचीत के द्वारा निर्धारित कर लिया जायेगा। इस समय भारत और बर्मा के बीच एक सन्धि है, जिसके अन्तर्गत बर्मा ने यह दायित्व स्वीकार लिया है कि उत्तर पूर्व में बर्मा भारत के विद्रोही तत्त्वों का सफाया करने में मद्द करेगा।

भारत और बर्मा के बीच एक समस्या बर्मा में बसे भारतीयों के सम्बंध में है जिसने समय–समय पर कुछ तनाव पैदा किये हैं। जब बर्मा आज़ाद हुआ उस समय वहाँ प्रवासी भारतीयों की संख्या 8 लाख थी। कम संख्या होते हुये भी भारतीयों के हाथों में वहाँ की बहुत सी जमीन और उद्योग धंधे थे। सन् 1953 में बर्मा ने भारतीयों की 10 लाख एकड़ जमीन का राष्ट्रीयकरण भी कर लिया। सन् 1962–63 में बर्मा ने उन उद्योगों और व्यापार का राष्ट्रीयकरण कर लिया, जो भारतीयों के पास थे। इन घटनाओं से थोड़े समय के लिये दोनों देशों में मतभेद हुए। भारत ने बातचीत की पेशकश की किन्तु बर्मा ने

कहा कि यह उनका आन्तरिक मामला है, इस पर बातचीत करना उचित नहीं है। अन्ततः दोनों देशों के सम्बंध सामान्य हो गये।

भारत और बर्मा के बीच सम्बंधों में एक मुख्य मुद्दा चीन का है। चीन बर्मा को अपने प्रभाव में लाने के लिये प्रयत्नशील है। वहाँ से भारत का प्रभाव कम करना चाहता है। बर्मा और चीन के बीच सीमा विवाद था। 1953 में बर्मा के प्रधानमंत्री यू.नू चीन गये और वहाँ उनकी चीन की सरकार से सीमाओं के सम्बंध में बातचीत हुई किन्तु समझौता नहीं हो सका। विवाद बना रहा। साठवें दशक के प्रारम्भ में चीन ने इस विवाद को हल करने का प्रयास किया। जनवरी 1960 में बर्मा के तत्कालीन शासक जनरल नी विन बीजिंग गये और बातचीत के बाद 28 जनवरी 1960 को चीन और बर्मा ने मैत्री और अनाक्रमण की सन्धि पर हस्ताक्षर किये। इस सन्धि के अन्तर्गत सीमा विवाद भी समाप्त हो गया। यही वजह थी की जब 1962 में भारत और चीन के बीच सीमा विवाद ने उग्र रूप ले लिया, तो बर्मा ने तटस्थता की नीति अपनायी।

बर्मा में सैनिक शासन ने भी करवट बदली है। वहाँ लोकतांत्रिक व्यवस्था स्थापित करने का आश्वासन दिया है। सुई को स्वतंत्र कर दिया गया है। उप चुनाव में सुई की पार्टी को भारी सफलता मिली है। भारत की सहानुभूति सुई के साथ है। भारत और बर्मा दोनों के हित में है कि उनके सम्बंध प्रगाढ़ रहें। चीन से जो प्रतिस्पर्धा है, वह उस समय तक चलती रहेगी जब तक कि दोनों देश पारस्परिक विवाद को समाप्त नहीं कर लेते हैं। इनमें सीमा–विवाद प्रमुख है।

आसियन

सन् 1967 में अमेरिका की पहल और प्रोत्साहन से दक्षिण पूर्व के देशों का एक संगठन स्थापित हुआ, उसे आसियन कहा जाता है। आरम्भ में जो देश इसमें सम्मिलित थे, वे थे ब्रुनेइ, कम्पूचिया, इन्डोनेशिया, लाओस, मलेशिया, म्यांमार, फिलीपीन्स, सिंगापुर, थाईलैन्ड और वियतनाम हैं। यह वह समय था, जब अमेरिका वियतनाम के युद्ध में फंसा हुआ था। वह दक्षिण पूर्वी एशिया में अपनी स्थिति मजबूत करना चाहता था। इसका उद्देश्य इस क्षेत्र के देशों के आर्थिक विकास को गतिशील बनाना था। दक्षिण–पूर्व एशिया की आर्थिक और राजनीतिक स्थिति में स्थिरता स्थापित करना था। इसका मुख्यालय जकार्ता में रखा गया था।

पहले दस वर्षों तक यह निष्क्रिय रहा। 1975 में जब वियतनाम का युद्ध समाप्त हुआ, उसका एककीकरण हुआ, तब इस संगठन ने क्षेत्रीय सहकार की दिशा में काम करना आरम्भ किया। इसकी सबसे बड़ी विशेषता रही है कि विश्व के राजनीतिक परिदृश्य में परिवर्तन होने के कारण इसने अपने दृष्टिकोण में भी परिवर्तन किया है। इसने अमेरिका का पिट्ठू न होकर सदस्य देशों के आर्थिक और राजनीतिक हितों के अनुरूप कार्य किये हैं। वियतनाम इसका सदस्य है और इसका रवैया चीन के प्रति भी मित्रतापूर्ण हैं। इनमें से अधिकांश देश पश्चिमी उदारवादी पूंजीवादी व्यवस्था के पक्षधर हैं। सदस्य देशों में इन्डोनेशिया सबसे बड़ा है। उसकी आर्थिक और सैनिक क्षमता (वियतनाम को छोड़कर) सबसे अधिक है। सिंगापुर एक नगरद्वीप राज्य है, किन्तु उसने अपने आर्थिक और व्यापारिक विकास के कारण अपना महत्वपूर्ण स्थान बना लिया है। आसियन में सम्मिलित देशों में दक्षिण एशियायी देशों की तरह विषमता और साम्प्रदायिक उलझने नहीं हैं। आसियन ने स्वतंत्र आर्थिक और व्यापारिक नीति अपनायी, जिससे आशंकित होकर अमेरिका ने एशिया पेसीफिक इकनामिक कारपोरेशन नाम से एक प्रतिद्वन्द्वी अतंर्राष्ट्रीय संगठन को स्थापित किया है।

आसियन कोई विशेष क्षेत्रीय सहकार की परियोजना को लागू नहीं कर सका। भारत इसका सदस्य नहीं है। भारत ने आसियन का हिस्सा बनने की पेशकश अवश्य की है, किन्तु आसियन में सम्मिलित देशों ने इसे तवज्जो नहीं दी। इसलिये भारत का इससे सहयोग न के बराबर हैं।

बांडुग सम्मेलन

18 अप्रैल से 24 अप्रैल 1955 तक इन्डोनेशिया के नगर बांडुग में एशिया और उत्तरी अफ्रीका के देशों का अत्यन्त महत्वपूर्ण सम्मेलन हुआ। यह नवोदित राष्ट्रों का एक ऐतिहासिक सम्मेलन था। बांडुग सम्मेलन इस बात का प्रतीक था कि एशिया और अफ्रीका के देशों की एकता विश्व की राजनीति को बदल सकती है। अब एशिया और अफ्रीका के देशों का पश्चिमी देशों द्वारा उत्पीड़न नहीं किया जा सकता। इस सम्मेलन से अमेरिका और पश्चिमी देश एक बार घबड़ा गये थे। इस सम्मेलन ने यह साबित कर दिया था कि गोरी जातियों की श्रेष्ठता केवल एक भ्रामक 'मिथ' है। यह इस बात का प्रतीक था कि विकास और उद्योगीकरण पर यूरोप और अमेरिका का ही एकाधिकार नहीं है।

सम्मेलन में 23 देशों ने भाग लिया। केवल सेन्ट्रल अफ्रीकन संघ ने निमंत्रण स्वीकार नहीं किया था। लगभग सभी देशों के राष्ट्राध्यक्ष व प्रधानमंत्री और विदेश मंत्रियों ने भाग लिया। इस भांति इसमें विश्व की कुल जनसंख्या के आधे के बराबर की जनता का प्रतिनिधित्व था। पं. नेहरू के शब्दों में बांडुग उन दिनों विश्व की राजधानी कहा जा सकता था।

सम्मेलन में विस्तार से अन्तर्राष्ट्रीय विषयों पर चर्चा हुई। मनुष्य के मूलभूत और बुनियादी अधिकार, विश्व शांति, आत्म निर्णय का अधिकार, साम्राज्यवाद और उपनिवेशवाद, रंग-भेद, और वर्ण-भेद, निशस्त्रीकरण, व्यापार और आर्थिक, सांस्कृतिक सहयोग पर विचार-विमर्श हुआ। इन पर सामान्य अभिमत बन सका था। अन्त में जो घोषणा पत्र तैयार हुआ, वह परस्पर विरोधी दृष्टिकोणों और नीतियों के बीच समझौता था। पंचशील के प्रति आस्था प्रगट की गयी थी। उनकी विस्तृत व्यवस्था की गयी थी। इसके साथ प्रत्येक देश का अपनी सुरक्षा अकेले या अन्य देशों से मिलकर करने के अधिकार को स्वीकार किया गया था। सदस्य देशों को सावधान किया गया था कि वे उन सुरक्षा संधियों से अलग रहें, जो महाशक्तियों द्वारा प्रायोजित हैं। सबसे महत्वपूर्ण बात यह थी कि उपनिवेशवाद और साम्राज्यवाद की स्पष्ट शब्दों में निंदा और भर्त्सना की गयी थी। भविष्य में उसे जड़मूल से नष्ट करने की प्रतिबद्धता जतायी गयी थी। आर्थिक और व्यापारिक क्षेत्रों में पारस्परिक सहयोग तथा प्राथमिक वस्तुओं की माँग और कीमत पर नियंत्रण के लिये समुचित प्रयासों पर जोर दिया गया था। यह भी निर्णय लिया गया कि अन्तर्राष्ट्रीय सम्मेलनों और बैठकों के पहले सम्मिलित देश एक दूसरे से बातचीत करेगें। जहाँ तक हो, समान नीति और दृष्टिकोण रखेगें। द्विपक्षीय समझौतों के द्वारा सहयोग को बढ़ावा दिया जायेगा।

विश्व के अन्य देशों और महाद्वीपों की प्रतिस्पर्धा से बचने पर जोर दिया गया था। अफ्रो-एशियन देशों की एकता और संयुक्त राष्ट्र संघ को सशक्त बनाने पर जोर दिया गया था।

सम्मेलन में यह स्पष्ट किया गया था कि उनकी मंशा एक नया गठबंधन बनाने की नहीं है। यह भी तय हुआ था कि पाँच प्रायोजक देश अन्य देशों से सलाह करके भविष्य में इसी प्रकार का सम्मेलन बुलाने पर विचार करेंगे।

बांडुग सम्मेलन इस अर्थ में भी ऐतिहासिक था कि इसमें भाग लेने वाले देशों में जो भावात्मक एकता और भाईचारा बढ़ा, वह अद्‌भुत था। इससे एक

नयी समानता और एकता का भाव उत्पन्न हुआ, जिसको बांडुग स्प्रिट के नाम से जाना जाता है। पं. नेहरू ने अपने भाषण के अन्त में कहा था कि हमें उन बातों को लागू करना है, जो हमने यहाँ कही हैं। यही नहीं, हमें वह करना है, जिसकी प्रत्याशा विश्व को है, जिसकी प्रत्याशा एशिया को है, जिसकी प्रत्याशा विश्व के अरब–खरब लोगों को है। उन्होंने कहा कि मुझे उम्मीद है कि हम उनके विश्वास और आस्था पर खरे उतरेंगे। इन्डोनेशिया के राष्ट्राध्यक्ष सुकर्ण ने अपने उद्घाटन भाषण में कहा कि जब तक कोई राष्ट्र या उसका कोई भाग परतंत्र है, हमारा लक्ष्य पूरा नहीं होता है। स्मरण रखिये कि मनुष्य का सर्वोपरि लक्ष्य मनुष्य की भय से स्वतंत्रता है। निर्धनता के बन्धनों से स्वतंत्रता है। उन अध्यात्मक भौतिक और बौद्धिक बन्धनों से स्वतंत्रता है, जो अभी तक मनुष्य जाति के बहुसंख्यक भाग के विकास को रोकते रहे। भाइयो और बहनो याद रखें कि इस प्रकार की स्वतंत्रता प्राप्त करने के लिये एशिया और अफ्रीका के निवासियों को एक होना है।[3] यह सब होते हुये भी इस सम्मेलन में इसे कोई स्थायी संगठनात्मक या संस्थागत रूप देने का फैसला नहीं लिया गया। भारत विशेष कर इसके विरूद्ध था। उसने इस प्रकार का संगठन बनाने से साफ इन्कार कर दिया था। सम्मिलित देशों में मतभेद और भटकाव के होते हुये भी इनमें साम्राज्यवाद के उन्मूलन और विश्व शांति जैसे मूलभूत विषयों पर एकता थी।

टर्की, ईरान, लीविया, पाकिस्तान, श्रीलंका, थाईलैन्ड और फिलिपीन्स ने सोवियत संघ के उपनिवेशवादी होने की निन्दा और आलोचना करवाने की कोशिश की, किन्तु वे सफल नहीं हो पाये।

इस सम्मेलन की एक देन यह भी थी कि इसमें एशिया और अफ्रीका के राजनेताओं का एक दूसरे के सम्पर्क में आने और एक दूसरे को समझने का मौका मिला। चीन के प्रधानमंत्री ने पहली बार महाद्वीपीय या अन्तर्राष्ट्रीय सम्मेलन में भाग लिया था। नेहरू और कृष्णा मेनन ने सम्मेलन के दौरान चाउ एन लाई से मुलाकात और बातचीत की थी। इस संवाद के विषय पारस्परिक विवाद के मुद्दों का समाधान करना, फोर्मोसा के भविष्य और चीन और अमेरिका के बीच तनाव और मतभेदों को दूर करना था। यह सम्मेलन एशिया और अफ्रीका की एकता और सुदृढ़ता की मील की शिला थी।

---

3. *भारत की विदेश नीति,* प्रकाशन विभाग, भारत सरकार, पृष्ठ 272।

6
भारत और सुदूर पूर्व

एशिया के उत्तर पूर्व का क्षेत्र सुदूर पूर्व माना जाता है। यह क्षेत्र भी भारत के लिये सुरक्षा, रणनीति, व्यापार, और आर्थिक दृष्टि से अत्यन्त महत्वपूर्ण है। इस क्षेत्र में स्थित उत्तर कोरिया, दक्षिण कोरिया, और जापान में भारत की विदेश नीति का विशेष क्रियान्वयन हुआ है। जापान विश्व का विकसित देश है। उसे पहले विश्व की दूसरी और अब विश्व की तीसरी अर्थव्यवस्था माना जाता रहा है।

कोरिया

द्वितीय महायुद्ध के पहले कोरिया पर जापान का आधिपत्य था। जापान की पराजय होने पर 38वीं अक्षांश रेखा के उत्तर से सोवियत संघ की सेना के समक्ष जापानियों ने समर्पण किया और दक्षिण में संयुक्त राज्य अमेरिका की सेना के समक्ष समर्पण किया। यह 38वीं अक्षांश रेखा कोरिया की विभाजन रेखा बन गयी। मई 1948 में दक्षिण कोरिया के गणराज्य की स्थापना हुई और सितम्बर 1948 में उत्तरी कोरिया में लोकतांत्रिक जनवादी गणतंत्र की स्थापना हुई। उत्तरी कोरिया सोवियत संघ के प्रभाव में था। दक्षिण कोरिया संयुक्त राज्य अमेरिका के प्रभाव में था।

संयुक्त राष्ट्र संघ की सामान्य सभा में 1947 के अन्त में कोरिया की समस्या पर विचार किया गया। भारत ने इस विचार विमर्श में सक्रिय भाग लिया। इस सम्बंध में अमेरिका के मूल प्रस्ताव में भारत ने जो संशोधन रखे उनमें सार्वभौम मताधिकार, गुप्त मतदान, और सम्पूर्ण कोरिया में संयुक्त राष्ट्र संघ के तत्वावधान में निर्वाचन के बारे में सुझाव दिये गये थे। सोवियत संघ और उत्तर कोरिया इस प्रस्ताव के विरूद्ध थे। इसके बाद कोरिया पर संयुक्त राष्ट्र संघ का एक आयोग स्थापित किया गया, इसका अध्यक्ष भारत को बनाया गया।

अन्तरिम समितियों के सुझाव पर कोरिया के उन भागों पर जो उसकी कथित पहुँच के अन्दर थे, वहाँ निर्वाचन के लिये भारत सहमत हो गया। जबकि यह सामान्य सभा के प्रस्ताव के विपरीत था। फरवरी 1948 में भारत केवल दक्षिण कोरिया में निर्वाचन करवाने के लिये तैयार था, जब कि आयोग के अन्य सदस्य, आस्ट्रेलिया और कनाडा इससे सहमत नहीं थे। परिणामतः दक्षिण कोरिया के राज्य की स्थापना हुई, जिसका राष्ट्राध्यक्ष सिघंमरिही बनाया गया। इसकी प्रतिक्रिया के रूप में उत्तर कोरिया के जनवादी गणराज्य की स्थापना की गयी जिसको सोवियत संघ और चीन ने मान्यता दे दी। इस भांति कोरिया का दो राज्यों में विभाजन हो गया। यह अभी तक चला आ रहा है।

भारत ने अमेरिका के उस प्रस्ताव का भी समर्थन किया जिसके अनुसार कोरिया की एकता स्थापित करने के लिये एक दूसरा आयोग स्थापित होना था। इस प्रस्ताव में दक्षिण कोरिया को ही कोरिया का एक मात्र शासन माना गया था। इससे भी खराब तब हुआ जब भारत ने 27 जून 1950 को उस प्रस्ताव का समर्थन किया, जिसके द्वारा उत्तरी कोरिया को दक्षिण कोरिया का आक्रांता घोषित किया और जिसमें संयुक्त राष्ट्र के सदस्यों से इस आक्रमण का प्रतिरोध करने के लिये कहा गया था। पं. नेहरू ने भी उत्तरी कोरिया को आक्रांता बताया। लॉड वर्डवुड के अनुसार भारत के मंत्रिमंडल का यह फैसला आयोग के भारतीय सदस्य सी. कोन्डापी और डॉ. अनूप सिंह की रिपोर्ट और संस्तुति पर लिया गया था। इन दोनों सदस्यों की यह रिपोर्ट उनके व्यक्तिगत राजनीतिक रूझान पर आधारित थी, न कि वस्तुस्थिति की सच्चाई पर। वास्तव में संयुक्त राष्ट्र संघ के इस प्रस्ताव के पहले अमेरिका के तत्कालीन राष्ट्रपति ने उत्तरी कोरिया पर आक्रमण करने की मंशा जाहिर की थी। इसके साथ–साथ उन्होंने वियतनाम में कम्युनिस्टों को पराजित करने और फार्मोसा को तटस्थ बनाने के लिये भी कहा था। इससे यह स्पष्ट था कि अमेरिका पहले से ही उत्तर कोरिया पर आक्रमण करने की योजना बना चुका था।

यहाँ यह भी उल्लेखनीय है कि भारत के मंत्रीमंडल की उस बैठक के पूर्व, जिसमें कोरिया के सम्बंध में निर्णय लिया गया था, अमेरिका के तत्कालीन राजदूत लोय हिन्डरसन की पं. नेहरू से मुलाकात हुई थी। यह मुलाकात दो घंटे तक चली थी। ऐसी आशंका है कि अमेरिका ने कोरिया पर भारत की नीति और निर्णय को प्रभावित किया था। यह लोय हिन्डरसन

वही व्यक्ति थे, जिन्होंने 1949 में एशियन सम्मेलन के समय भारत के रूख को बदला था, जिसके परिणामस्वरूप सम्मेलन के द्वारा हॉलैण्ड के आक्रमण पर कोई ठोस निर्णय नहीं लिये जा सके थे।

इसी भांति युद्ध बन्दियों के विषय में भारत ने पहले तो सही रवैया अपनाया। किन्तु जब उसने ब्रिटेन के उस प्रस्ताव को स्वीकार कर लिया जिसके अनुसार उन युद्ध बन्दियों के भविष्य का निर्णय, जिन्होंने उस समय तक अपना विकल्प नहीं दे पाया था, राजनीतिक समिति पर न छोड़कर, संयुक्त राष्ट्र संघ पर छोड़ दिया जाना था। संयुक्त राष्ट्र संघ में उस समय संयुक्त राज्य अमेरिका का बहुमत था। भारत के द्वारा इस प्रस्ताव का समर्थन सही दिशा में नहीं था। यह प्रस्ताव युद्ध बन्दियों के सम्बंध में जिनेवा संधि में स्थापित सर्वमान्य सिद्धान्त और नियम के विरूद्ध था। नतीजन अधिकांश युद्ध बन्दियों को अपनी इच्छा जाहिर करने का मौका न देकर, उन्हें अमेरिका और उसके समर्थक देशों को भेज दिया गया था।

भारत तब चेता जब संयुक्त राष्ट्र की तथाकथित सेना के अमेरिकन सेनापति जनरल मेकआर्थर ने यह घोषणा की कि वह युद्ध को उत्तरी कोरिया तक ले जायेगा। स्पष्ट था कि यदि कथित संयुक्त राष्ट्र की सेनाएं 38वीं अक्षांश रेखा को पार कर के उत्तरी कोरिया तक आ जातीं, तो चीन चुप नहीं बैठता। इससे महाशक्तियां सीधे–सीधे एक दूसरे के आमने–सामने आ जातीं, जिसका परिणाम विस्फोटक होता।

भारत के प्रतिनिधि कृष्णा मेनन के सुझाव पर तय हुआ कि असमबद्ध देशों की एक तटस्थ समिति बनायी जाये। वह युद्ध बन्दियों का भविष्य तय करे। भारत को इस समिति का अध्यक्ष बनाया गया। भारत ने इस आयोग में सक्रिय भूमिका निभायी। किन्तु अप्रैल 1954 में जब जिनेवा में कोरिया की समस्या पर विचार करने के लिये एक सम्मेलन बुलाया गया, तो अमेरिका और दक्षिण कोरिया के कारण भारत को इस सम्मेलन में आमंत्रित नहीं किया गया।

करूणाकर गुप्त के अनुसार कोरिया पर भारत की विदेश नीति का विश्लेषण करने पर उसकी शक्ति और निर्बलता, उसकी अच्छाई और बुराई दोनों उजागर होती है। भारत की विदेश नीति की अभिव्यक्ति के पीछे इसे निर्धारित करने वाले अनेक तत्त्व थे।

वास्तव में भारत की विदेश नीति का यह प्रथम काल था, जिसमें असमबद्ध होते हुये भी वह अमेरिका और पश्चिमी देशों की ओर झुका हुआ

था। फरवरी 1951 में अमेरिका द्वारा संयुक्त राष्ट्र में प्रस्तुत भारत ने उस प्रस्ताव का विरोध किया, जिसमें चीन को आक्रांता घोषित किया गया था।

कालान्तर में चीन से उसके मैत्रीपूर्ण सम्बंध स्थापित हुये। भारत संयुक्त राष्ट्र संघ में चीन के वास्तविक प्रतिनिधित्व पर जोर दे रहा था। अमेरिका इसके विरूद्ध था। सन् 1954 में नेहरू और चाऊ एन लाई ने तिब्बत पर जो समझौता किया, उसमें पंचशील के सिद्धान्त का प्रतिपादन किया गया था। 1955 में बांडुग सम्मेलन में भारत और चीन के सम्बंध में प्रगाढ़ता आई। किन्तु 1959 में चीन और भारत में सीमाओं को लेकर जो विवाद आरम्भ हुआ, उससे दक्षिण पूर्वी एशिया और सुदूर पूर्व में भारत की दिलचस्पी और भूमिका कम होती गयी।

चीन और सोवियत संघ के सम्बंध बिगड़ने पर सोवियत संघ ने भारत पर विशेष ध्यान दिया। इस दौरान भारत और सोवियत संघ के सम्बंध प्रगाढ़ बने। भारत के लिये आवश्यक अस्त्र–शस्त्र की पूर्ति अधिकांशतः सोवियत संघ ने की। भारत ने 1973 के अंत तक दोनों कोरियन राज्यों को राजनयिक मान्यता नहीं दी थी। इसके बाद अगले 25 वर्षों में सम्बंध नाममात्र के रहे।

भारत की सुदूर पूर्व और दक्षिण पूर्वी एशिया में दिलचस्पी कम होने का एक कारण यह भी था कि 1990 के दशक के आखिरी वर्षों तक भारत के समाचार–पत्रों और न्यूज एजेन्सियों का कोई प्रतिनिधि इस क्षेत्र में नहीं था। सोवियत संघ के पराभव होने और शीत युद्ध के समाप्त होने पर भारत की विदेश नीति में भी मूलभूत परिवर्तन होना आरम्भ हुआ। 1990–91 से भारत की आर्थिक नीति में भी बुनियादी परिवर्तन आरम्भ हो गये। अमेरिकी राष्ट्रपति बिल क्लिंटन के दूसरे कार्यकाल में भारत अमेरिका के नजदीक आने लगा। जार्ज डब्लू बुश जब अमेरिका का राष्ट्रपति बना (2000–04 और 2004–08) तो उसके शासन ने परमाणु प्रसार संधि में भारत के शामिल न होते हुए भी उसे परमाणु शक्ति के क्षेत्र में सहयोग देने की पहल की। अन्तर्राष्ट्रीय परमाणु नियंत्रण एजेन्सी IREA और 45 सदस्यी राष्ट्रीय सुरक्षा मंडल (एन एस जी) में इसके लिये समर्थन जुटाया। दक्षिण–कोरिया भी इनका सदस्य था किन्तु उसने इसका विरोध नहीं किया।

सन् 2005 में भारत के प्रधानमंत्री डॉ. मनमोहन सिंह ने भारत की 'पूर्व की तरफ देखो' की नीति की घोषणा की। इस समय से भारत के दक्षिण–पूर्वी एशिया और सुदूर पूर्व के देशों से नजदीकी आर्थिक और व्यापारिक सम्बंध स्थापित हुये थे। दक्षिण कोरिया में पूंजीवादी अर्थव्यवस्था के अन्तर्गत

बहुत तकनीकी और आर्थिक प्रगति हुई थी। इसके परिणामतः उसे अब विकासशील देश के बजाय विकसित देश माना जाने लगा था। 1950 में वह विकासशील देश था। 1970 में यहाँ की जनता की प्रति व्यक्ति आय काफी बढ़ गयी थी।

उत्तर कोरिया अपनी परमाणु क्षमता बढ़ाने में लगा रहा। अमेरिका और पश्चिमी देश इसका विरोध कर रहे थे। उसके न मानने पर उस पर आर्थिक और सैनिक प्रतिबन्ध लगा दिये गये थे। किन्तु उत्तर कोरिया ने अपना परमाणु शक्ति बढ़ाने का कार्यक्रम रोका नहीं है। उसने उनका परीक्षण भी किया है। वह संयुक्त राज्य अमेरिका, ईरान और उत्तर कोरिया को अपना 'टारगेट' बना रहा है।

1990 से ही दक्षिण कोरिया और भारत के आर्थिक सम्बंधों में उल्लेखनीय वृद्धि हुई। 1991 में दक्षिण कोरिया का भारत में पूंजी का निवेश 2.5 मिलियन डालर था जो कथित आर्थिक सुधारों और उदारवाद के कारण बढ़कर 3 मिलीयन डालर हो गया था। 2008 के अंत में दक्षिण कोरिया के निवेश के कई विलियन के प्रस्ताव स्वीकृति के लिये भारत में लम्बित थे। भारत में विदेशी प्रत्यक्ष निवेश में दक्षिण कोरिया का स्थान अमेरिका, ब्रिटेन, जापान और मारीशस के बाद पाँचवा हो गया है।

इसी भांति दक्षिण कोरिया और भारत के बीच व्यापार में भी वृद्धि हुई है। सन् 1997–98 में यह व्यापार 1.5 बिलियन डालर का था जो बढ़कर 2007–08 में 8.9 बिलियन डालर हो गया। 2003 से यह पारस्परिक व्यापार 25 प्रतिशत के हिसाब से बढ़ रहा है। कोरिया से भारत को जिन वस्तुओं का निर्यात किया जाता है, उनमें इलैक्ट्रॉनिक्स 39 प्रतिशत, मशीनें 14 प्रतिशत, परिवहन अन्य सामग्री 9 प्रतिशत है। भारत जो दक्षिण कोरिया को निर्यात करता है, उसमें मुख्य स्थान पेट्रोलियम उत्पाद और कच्चा माल है। 2009 में भारत और दक्षिण कोरिया के बीच एक व्यापक आर्थिक भागीदारी का समझौता हुआ है।

वर्तमान में भारत और दक्षिण कोरिया की अर्थव्यवस्थायें एक समान और एक दूसरे की पूरक हैं। कोरिया में श्रमिकों का अभाव है। उनका पारिश्रमिक भी ऊँचा है। इस स्थिति में दक्षिण कोरिया द्वारा भारत को **'आउट सोर्सिगं'** की सम्भावना बढ़ गयी है। कोरिया की अनेक कन्सट्रक्शन कम्पनियां भारत में काम कर रही हैं। आगामी वर्षों में भारत को अपने बन्दरगाहों, रेलवे लाइन्स, हवाई अड्डे के निर्माण और विद्युत शक्ति के उत्पादन में अरबों–

खरबों रूपये का विनियोग करना है। इनके निर्माण में दक्षिण कोरिया की नयी टैक्नोलॉजी महत्वपूर्ण भूमिका अदा कर सकती है।

सुरक्षा के क्षेत्र में भारत के लिये अभी तक दक्षिण कोरिया की कोई विशेष भूमिका नहीं रही है। कोरिया और भारत के लिये पश्चिमी एशिया के जल मार्गो की सुरक्षा भारत और कोरिया दोनों के हित में है। दोनों देशों की तेल की आवश्यकता मध्य–पूर्व के देशों से पूरी होती है। भारत में जो तेल की आवश्यकता है, उसका 75 प्रतिशत आयात होता हैं। जिसमें 73 प्रतिशत मध्य–पूर्व से आयात होता है। एशिया में तेल की खपत के सम्बंध में चीन और जापान के बाद तीसरा स्थान भारत का है।

इसी भांति भारत में प्राकृतिक गैस की खपत का एक चौथाई भाग मध्य पूर्व से आता है। कोरिया में तेल और गैस की खपत का दो तिहाई भाग आयात होता है। तेल का आयात करने वाले पहले पांच देशों में से संयुक्त राज्य अमरिका, जापान, चीन और जर्मनी के बाद दक्षिण कोरिया पांचवा देश है। विश्व में गैस का आयात करने वाले देशों में इसका दूसरा स्थान है। चूंकि कोरिया और भारत दोनों तेल और गैस की आपूर्ति के लिये मध्यपूर्व पर निर्भर करते हैं, अतः दोनों के हित में है कि समुद्री चौकियाँ जैसे होरमुज की जलसंधि, अदन की खाड़ी, स्वेज नहर और मलक्का की जलसंधि, निर्बाध रूप से आवागमन के लिये खुली रहे और भारतीय महासागर दक्षिण चीन सागर और प्रशान्त महासागर में आतंकवादी और समुद्री डाकू उत्पात न मचा सकें। इसके लिये दोनों देशों के बीच नौसैनिक सहयोग भी आवश्यक है।

वर्तमान में भारत में प्रतिरक्षा पर व्यय बढ़ रहा है। 2007–08 में प्रतिरक्षा पर खर्च 22 मिलियन डालर था। बजट का एक बड़ा भाग तकनीकी दृष्टि से नये और आधुनिक अस्त्र–शस्त्रों और प्रतिरक्षा सामग्री की है। भारत को निर्यात करने वाले देशों में कोरिया, इजराइल और संयुक्त राज्य अमेरिका और रूस है। विकासशील देशों में भारत सबसे अधिक अस्त्र–शस्त्रों का आयात करता है। अस्त्र–शस्त्रों का आयात करने वालों में उसका दूसरा स्थान है।

जापान

एशिया के सुदूर पूर्व में जापान आर्थिक, राजनीतिक और सामरिक दृष्टि से एक अत्यन्त महत्वपूर्ण देश है। उसका क्षेत्रफल 377765 वर्ग किलोमीटर है, जनसंख्या 127960.000 है। यह माना जाता है कि बादशाह जिम ने ईसा

से पूर्व 660 में जापान की स्थापना की थी। ईसा के बाद 1868 में शांहशाह मीजी जापान के विभिन्न प्रदेशों को मिलाकर अपने शासन के अन्तर्गत लाया था। पहले जापान के रिश्ते दूसरे देशों से नहीं थे। 1871 में संयुक्त राज्य अमेरिका से उसकी पहली व्यापारिक संधि हुई थी।

जापान में राज्य की शक्ति सम्राट के हाथों में थी। वहाँ सामन्तवादी व्यवस्था में औद्योगिक प्रगति के साथ सैनिक शक्ति में वृद्धि हुई। द्वितीय महायुद्ध के पहले उसे सैनिक राज्य माना जाता था। 1904–05 में उसका रूस से युद्ध हुआ। उसमें उसकी जीत हुई थी जिससे उसकी प्रतिष्ठा में इज़ाफा हुआ था।

भारत से उसके सम्बंध 6वीं शताब्दी से आरम्भ होते हैं। भारत से बौद्ध धर्म दक्षिण–पूर्व एशिया और सुदूर पूर्व में फैला। जापान में शिटो और बौद्ध धर्म के मानने वालों की कुल जनसंख्या 84 प्रतिशत है। बौद्ध धर्म के अनेक पवित्र स्थान भारत में स्थित हैं। इनकी यात्रा करने के लिये काफी संख्या में जापानी हर वर्ष भारत आते हैं। द्वितीय महायुद्ध के पूर्व जापान अपने यहाँ उत्पादित तमाम वस्तुओं का निर्यात करता था। भारत में उस समय जापानी वस्तुओं को घटिया समझा जाता था।

द्वितीय महायुद्ध के दौरान सुभाषचन्द्र बोस ने अंग्रेज़ों से लड़ने के लिये जापान की सरकार की मदद से **'आजाद हिन्द फौज'** का गठन किया था। इस सेना ने जापानियों से मिलकर अँग्रेज़ों और अमेरिका के विरोध में लड़ाई में भाग लिया था। इनकी देश भक्ति की भारत में बहुत सराहना की गयी थी। सुभाष चन्द्र बोस की भारत के स्वतंत्रता संग्राम के महारथियों में गिनती होती है।

द्वितीय महायुद्ध के पहले ही जापान ने चीन पर आक्रमण किया था। वहाँ युद्ध चल रहा था। 1939 में द्वितीय महायुद्ध आरम्भ होने पर चीन और जापान का युद्ध विश्व युद्ध का हिस्सा बन गया। जापान ने पहले अपनी जीत का डंका बजाया। कोरिया, सुदूर पूर्व, दक्षिण पूर्वी एशिया और दक्षिण एशिया के अनेक देशों पर अपना कब्जा कर लिया था। एशिया में जापान को पराजित करने का श्रेय मुख्यतः संयुक्त राज्य अमेरिका को है। अमेरिका द्वारा हीरोशिमा और नागासाकी पर एटम बम गिराने से व्यापक जनहानि हुई थी। इसकी वजह से जापान को हार मानते हुये अमेरिकी सेना के समक्ष आत्म–समर्पण करना पड़ा था। जापान पर पूरी तरह से अमेरिका का कब्जा

हो गया था। यह कब्जा 6 वर्ष तक चला। उस काल में जनरल मेकआर्थर जापान में मुख्य प्रशासक थे।

जापान से शांति संधि करने के लिये महाशक्तियों में वार्ता आरम्भ हुई किन्तु सोवियत संघ और अमेरिका में मतभेदों के कारण संधि टलती रही। अन्त में अमेरिका और ब्रिटेन ने एक मसौदा बनाया जिस पर 5 सितम्बर 1951 में सेनफ्रांसिस्को में 43 देशों ने हस्ताक्षर किये। संयुक्त राज्य अमेरिका और जापान के बीच एक सुरक्षा संधि हुई, जिसके अन्तर्गत जापान अपने यहाँ अमेरिकन सेना के रखने और अमेरिकन सैनिक अड्डो को बनाये रखने के लिये राजी हुआ। सोवियत संघ और यूरोप के पूर्वी जनवादी राज्यों ने इस पर हस्ताक्षर नहीं किये। भारत की आपत्ति थी कि संधि के अन्तर्गत जापान में अमेरिकी सेना और सैनिक अड्डे बने रहेंगे, जिसके परिणामतः अमेरिकी आधिपत्य बना रहेगा। जापान और भारत में 1952 में एक अलग संधि हुई। इसके अन्तर्गत दोनों देशों ने अपने राजनयिक सम्बंध स्थापित किये। भारत ने जापान को 1951 में नयी दिल्ली में एशियन गेम्स में निमंत्रित किया था। 1955 में बांडुग सम्मेलन में जापान को सम्मिलित करने की पहल की थी। जापान का आर्थिक और औद्योगिक पुनःनिर्माण आगे बढ़ा। भारत और जापान के आर्थिक और व्यापारिक सम्बंधों में वृद्धि हुयी। जापान बहुत बड़ी मात्रा में भारत से लोह–अयस्क खरीदता है और भारत में कई संयुक्त उद्योगों की स्थापना हुई है। आटो उद्योग काफी बड़े पैमाने पर संयुक्त उद्योग है। जापान के प्रधानमंत्री नोबप्रसक किशी भारत आये और भारत के प्रधानमंत्री जवाहरलाल नेहरू जापान गये। उनकी इन यात्राओं और वार्तालापों से दोनों देशों के सम्बंधों में नजदीकी आयी। पारस्परिक आर्थिक और व्यापारिक संबंधों में उन्नति हुई।

भारत वह पहला देश है जिसे जापान से वहां की मुद्रा में ऋण मिला। 1986 तक जापान भारत को ऋण और अनुदान देने वाला सबसे बड़ा देश बन गया। दोनों देशों में आर्थिक सम्बंधों में घनिष्ठता थी। अन्तर्राष्ट्रीय राजनीति के क्षेत्र में भूमिकायें अलग–अलग थीं। भारत ने स्वतंत्रता प्राप्त करने के बाद असमब्धता की विदेशनीति अपनायी थी, जबकि जापान आरम्भ से ही संयुक्त राज्य अमेरिका के खेमे में सम्मिलित रहा था। जापान अपने को असुरक्षित समझता था क्योंकि उसके पश्चिम में सोवियत संघ का प्रदेश लगता था। सोवियत संघ के पराभव के बाद यह खतरा तो नहीं रहा किन्तु सुदूर पूर्व में चीन से उसकी प्रतिस्पर्धा पहले से ही चली आ

रही है। चीन के अभ्युदय और आधुनिकीकरण के पहले जापान विश्व की दूसरी बड़ी अर्थव्यवस्था थी। वर्तमान में उसका स्थान तीसरा हो गया और चीन का स्थान दूसरा हो गया। 1990–91 में भारत और जापान के बीच जो अलगाव था वह भी दूर हो गया। जापान की भांति भारत मुक्त व्यापार और बाजार आधारित अर्थव्यवस्था का समर्थक बन गया।

1962 में भारत और चीन के युद्ध के दौरान जापान तटस्थ रहा। इसी प्रकार से भारत और पाकिस्तान के बीच विवादों में जापान ने तटस्थता की नीति अपनायी थी। 1998 में पोखरन में भारत के द्वारा परमाणु बम के परीक्षण को लेकर जापान ने न केवल उसकी आलोचना की प्रत्युत अपने आर्थिक और व्यापारिक सम्बंधों पर रोक लगा दी। ऋण और अनुदान बन्द कर दिया और तकनीक का हस्तांतरण रोक दिया। यह स्थिति तीन वर्षों तक चलती रही। सन् 2000 में जापान के प्रधानमंत्री योशितो मोरी भारत आये। इसके बाद दोनों देशों के बीच आर्थिक और व्यापारिक सम्बंध सामान्य होते गये।

एशिया प्रशान्त सागर के क्षेत्र में भारत और जापान दोनों चीन से आशंकित हैं। उसके प्रभाव और प्रसार पर नियंत्रण लगाना चाहते हैं। इस प्रयास में संयुक्त राज्य अमेरिका उनकी पूरी सहायता कर रहा है। वह चाहता है कि इन दोनों देशों के सहारे उसका वर्चस्व इस क्षेत्र में बना रहे। चीन की बढ़ती हुई शक्ति से वह भयभीत है। सुदूर पूर्व और दक्षिण पूर्वी एशिया और दक्षिण एशिया के देशों में उसकी घुसपैठ को रोकने के लिये प्रयत्नशील है। इस भांति चीन के विरूद्ध भारत और जापान के बीच नया गठबंधन सम्भव है।

जापान और सोवियत संघ के बीच 1956 में एक संधि हुई थी, जिसके तहत दोनों देशों के सम्बंध सामान्य हुये थे। इसी समय चीन से भी जापान के सम्बंध सामान्य हुए और व्यापार का आदान–प्रदान आरम्भ हुआ। कालांतर में जापान ने अन्तर्राष्ट्रीय राजनीति के क्षेत्र में तटस्थता की नीति अपनायी और एशिया के देशों–भारत, पाकिस्तान, बर्मा, श्रीलंका, थाईलैन्ड और दक्षिण पूर्वी एशिया के अन्य देशों में अपने सद्भावना मिशन भेजे और अन्तर्राष्ट्रीय सम्बंधो को मजबूत बनाया। जापान इसी समय संयुक्त राष्ट्र का सदस्य बना। अक्टूबर 1957 को उसकी सुरक्षा परिषद का सदस्य निर्वाचित हुआ। वह 5 मार्च 1958 को भारत और जापान ने भारत में लोह अयस्क के संसाधन

के विकास के लिये संयुक्त प्रयास करने के लिये एक संधि पर हस्ताक्षर किये।

जापान ने एक बार धराशायी होने पर पुनः अपना पुनर्निर्माण किया और प्रगति हासिल की है, वह अनुकरणीय है। उसकी अर्थव्यवस्था विश्व में तीसरे स्थान पर है। तकनीकी क्षेत्र में उसने जो प्रगति की है वह अद्‌भुत है।

पिछले पाँच वर्षों में जापान की उन्नति चीन के साथ आर्थिक सम्बंधों के कारण हुई है। जापान और चीन का व्यापार 250 मिलियन यू.एस. डालर हो गया है। जापान ने चीन में 6 मिलियन यू.एस. डालर का निवेश किया है। जापान ने बहुत सी उन वस्तुओं का उत्पादन बंद कर दिया है, जो चीन से बनकर सस्ते में आती है। इसके साथ–साथ दक्षिण पूर्वी एशिया और दक्षिण एशिया में चीन से उसकी प्रतिस्पर्धा भी है।

जापान में भारत के इलैक्ट्रॉनिक्स और संचार से सम्बंधित तकनीक की अच्छी माँग और खपत है। यद्यपि 1986 से भारत को आर्थिक सहायता देने वाले देशों में जापान प्रथम रहा है किन्तु भारत ने चीन को भी पीछे छोड़ दिया है। जापान जो आर्थिक सहायता विदेशों को देता है, उसका 30 प्रतिशत भारत को मिलता है। भारत जापान के द्वारा विदेशी प्रत्यक्ष निवेश (एफ.डी.आई) पर जोर दे रहा है। भारत जापान के अन्तर्राष्ट्रीय सहयोग बैंक से यह आशा करता है कि वहाँ के बुनियादी ढाँचे की परियोजनाओं को धन उपलब्ध करायेगा। इस भांति भारत में जापान का निवेश बढ़ रहा है। जापानी कम्पनियाँ सुजुकी और होन्डा को भारत में ऑटोमोबाइल क्षेत्र में काफी सफलता मिली है। वे अपना निवेश और उत्पादन बढ़ा रही हैं। जापान की कम्पनी तोशिबा भारत में हैवी ड्यूटी विद्युत उपकरण, ट्रॉसफॉर्मर, टर्बाइन्स, इनवर्टर इत्यादि की आपूर्ति के क्षेत्र में महत्वपूर्ण भूमिका निभा रही हैं।

जापान की जनसंख्या में वृद्धों की संख्या बढ़ने और भारत में कुशल नौजवान व्यक्तियों की पर्याप्त संख्या के परिणाम दोनों देशों में मानव संसाधन के क्षेत्र में महत्वपूर्ण सहयोग हो सकता है। जापान की वर्तमान जनसंख्या 127 मिलियन है। विश्व में जापान में सबसे अधिक वरिष्ठ नागरिक हैं। एक अनुमान के अनुसार सन् 2030 तक जापान में काम करने की उम्र के लोगों की संख्या घटने से आर्थिक विकास शून्य पर आ जायेगा। लगभग इसी समय भारत में वृद्धों की संख्या में उल्लेखनीय वृद्धि हो जायेगी। आज की युवा शक्ति वृद्धावस्था में प्रवेश कर चुकी होगी।

1989 में जापान के सम्राट होरोहितो का स्वर्गवास हुआ तब तत्कालीन भारत के राष्ट्रपति वैंकटरमन उनके अन्तिम संस्कार में गये थे। भारत में तीन दिन के शोक की घोषणा की गयी थी। यह एक राजनयिक प्रक्रिया थी। अप्रैल 1990 में जापान के तत्कालीन प्रधानमंत्री काइक भारत आये। इस समय भारत आतंकवाद से परेशान था। काइक ने भारत की समस्या के प्रति अपनी साझेदारी दिखाते हुये भारत से मैत्री की घोषणा की। काइक ने आगामी वित्त वर्ष के लिये 1250 करोड़ रूपये के ऋण की घोषणा की। 1991 में खाड़ी युद्ध के कारण कच्चे तेल के दाम अनाप–शनाप बढ़ गये थे। इसके फलस्वरूप भारत में विदेशी मुद्रा का संकट हुआ था। तब जापान ने अप्रैल 1991 में 150 यू.एस. मिलियन डालर और मई में 350 यू.एस. मिलियन डालर का अनुदान दिया था। जून 1991 में भारत और जापान में तीन समझौते हुए जिनके तहत 410 यू.एस. मिलियन डालर की तीन विशिष्ट परियोजनाओं के लिये मदद दी गई।

भारत में 1990–91 से अर्थव्यवस्था में सुधार और उदारवाद आरम्भ होने से भारत में जापान की दिलचस्पी बढ़ गयी। सितम्बर 1991 में जापान ने भारत को रू. 2000 करोड़ का ऋण देने की घोषणा की जिस पर 2.6 प्रतिशत ब्याज लिया जाना था। इसे 20 वर्षों में लौटाना था। 10 वर्ष का अतिरिक्त ग्रेस पीरियड दिया गया था। 1992 में जापान भी विश्वव्यापी आर्थिक गिरावट की चपेट में आ गया। इसके चलते जापान ने अपनी वैदेशिक सहायता में कटौती कर दी। इस दौरान जापान भारत पर इस बात के लिये भी दबाव डालने लगा कि भारत परमाणु अप्रसार संधि को स्वीकार कर ले।

अप्रैल 1992 में डॉ. मनमोहन सिंह, जो उस समय वित्त मंत्री थे, जापान गये। तत्पश्चात् जून में तत्कालीन प्रधानमंत्री नरसिम्हा राव जापान गये। उनकी वहाँ उद्योगपतियों और जापान के तत्कालीन प्रधानमंत्री मियाजावा से विस्तार से बातचीत हुई। इससे पूर्व जापान से 100 सदस्यों का एक शिष्ट मंडल भारत आया। उसने भारत सरकार के सामने 21 मांगों का एक चार्टर रखा जिस पर भारत सरकार ने प्रतिक्रिया व्यक्त की कि वह धीरे–धीरे उन सुधारों की तरफ बढ़ रहा है, जिनको चार्टर में दिया गया था।

राजनीतिक मतभेद होते हुए भी भारत को जापान की आर्थिक सहायता में बढ़ोत्तरी होती गयी। सन् 1990 में भारत के विकास के लिये जापान ने 1250 करोड़ रूपये की सहायता दी थी, जो 1993–94 में 3230 करोड़ हो

गयी और 1996–97 में 4140 करोड़ हो गयी। इसी प्रकार से पारस्परिक व्यापार में वृद्धि हुई। 1993–94 में यह पारस्परिक व्यापार 10.231 करोड़ रूपये था। 1994–95 में भारत ने जापान को 6368 करोड़ रूपये का निर्यात किया, जो बढ़कर 1995–96 में 7414 करोड़ रूपये हो गया। जापान को भारत का निर्यात 1994–95 में 6405 करोड़ रूपये का था, जो 1995–96 में 8061 करोड़ रूपया हो गया। इसी प्रकार से भारत में जापान के निवेश में भी वृद्धि हुई है। 1993 में यह निवेश 2574.3 मिलियन रूपये था, जोकि 1996 में 7695.83 मिलियन रूपये हो गया। इसके बावजूद जापान भारत की आर्थिक और राजनीतिक व्यवस्था के प्रति पूर्णतः आश्वस्त नहीं है। चीन और जापान में एक दूसरे के प्रति सन्देह होते हुए भी, दोनों के बीच भारत की तुलना में नजदीकी और व्यापक आर्थिक सम्बंध हैं।[1]

राजनीतिक क्षेत्र में 1996 में संयुक्त राष्ट्र संघ की सुरक्षा परिषद में अस्थायी स्थान के लिये भारत और जापान के बीच तीव्र प्रतिद्वन्द्विता रही। अन्त में जापान को सफलता मिली। अब दोनों देश सुरक्षा परिषद में स्थायी स्थान पाने के लिये प्रयत्नशील हैं।

1. V.P. Dutta: *India's Foreign Policy in the Changing World*, pp. 323-29.

7

भारत और चीन

चीन क्षेत्रफल में विश्व का तीसरा और जनसंख्या में विश्व का सबसे बड़ा देश है। चीन का क्षेत्रफल 9,561000 वर्ग किलोमीटर है। जनसंख्या[1] 341,000,000 हैं। इसमें 22 प्रांत, 5 स्वायत्व क्षेत्र और 4 नगर पालिकायें हैं। इसका दो–तिहाई भाग पहाड़ी और रेगिस्तानी है। इसके पूर्व में घनी आबादी है। पूर्व में तीन महानदियाँ उन क्षेत्र के उपजाऊ और आबादी के घनत्व के कारण हैं। ये नदियाँ–मॉवसी, छुआंग या येलोरिवर और अक्साई हैं।

चीन एक प्राचीन देश है। उसकी अपनी एक अलग संस्कृति है। प्राचीन और मध्यकाल में वहाँ राजतंत्र था। राजघरानों में प्रसिद्ध मिंग राजघराना था। उसके बाद मचूंको राजघराना आया। प्रांतों में गर्वनर और सामन्त थे। ये प्रान्त बादशाह के अधीन थे, किन्तु आपस में लड़ते रहते थे। 1645 में मंचू राजघराने ने पूरे चीन पर अपनी सत्ता स्थापित कर ली थी। मंचू राजघराना 1911 तक सत्ता में रहा।

भारत की ही भांति चीन में भी पहले पश्चिम से विदेशी व्यापारी आये। 1839 में चीन और ब्रिटेन के बीच युद्ध हुआ, जो 1842 तक चला। इसे 'ओपियम वार' (अफीम युद्ध) कहा गया है। इस युद्ध में चीन की पराजय के कारण ब्रिटेन ने चीन में अनेक सुविधायें प्राप्त कर लीं। यह सुविधायें 1842 की नानकिंग की संधि के अन्तर्गत दी गयी थी। हॉगकाग ब्रिटेन को दे दिया गया। चीन के पाँच बन्दरगाहों को विदेशी व्यापार के लिये खोल दिया गया। अमेरिका और फ्रांस ने 1844 में और इसके बाद बेल्जियम और स्वीडन ने भी चीन में इस प्रकार की सुविधायें प्राप्त कर ली थीं।

चीन में विदेशी घुसपैठ आरम्भ हो गयी थी किन्तु वे इतने से ही सन्तुष्ट नहीं थे। अतः 1856 में फिर चीन और ब्रिटेन में युद्ध हुआ, जिसमें फ्रांस

1. *जवाहरलाल नेहरू के भाषण*, पूर्व उल्लेखित, पृ. 164।

भी शामिल हो गया। 1857 में इन देशों के बीच जो संधि हुई उसमें फिर चीन को अनेक सुविधायें देनी पड़ीं। पश्चिमी राज्यों ने चीन में अपने प्रभाव क्षेत्र अलग–अलग बना लिये थे। इस भांति राजनीतिक दृष्टि से चीन का विभाजन हो गया था। अमेरिका ने 'उन्मुक्त द्वार' की नीति के नाम पर अपने आर्थिक और व्यापारिक हितों की रक्षा की। इसी समय जापान का भी आक्रमण हुआ, जिसमें चीन को मुंह की खानी पड़ी। चीन में विदेशियों के खिलाफ जो एक विद्रोह आरम्भ हुआ उसे 'बडेक्सर' कहा गया। अन्ततः विदेशियों ने इसको भी कुचल दिया। कोरिया और मंचूरिया को लेकर 1904–05 में रूस और जापान में युद्ध हुआ। इस युद्ध में रूस की हार हुई।

1911 में चीन में विद्रोह हुआ। चीन विभाजित हो गया। विद्रोहियों के नेता डॉ॰ सन.यट. सेन थे। नानकिंग में एक गणतंत्र की स्थापना डॉ॰ सन.यट. सेन के नेतृत्व में हुई। 1912 में पीकिंग और नानकिंग की सरकारों ने पुनः चीन की एकता स्थापित की। किन्तु चीन में उपद्रव चलते रहे और चीन विभाजित रहा। पहले विश्व युद्ध में जापान ने चीन को युद्ध में सम्मिलित होने को बाध्य किया। अमेरिका और जापान में, चीन पर अपना प्रभाव स्थापित करने के लिये प्रतिस्पर्धा चलती रही। 1921–22 में वाशिंगटन सम्मेलन हुआ जिसमें 9 देशों ने भाग लिया। इस सम्मेलन में चीन की एकता, स्वतंत्रता और प्रादेशिक अखंडता स्वीकार की गयी।

1921 में केन्टन में एक गणराज्य की स्थापना की गयी। डॉ॰ सन.यट. सेन उसके अध्यक्ष थे। डॉ॰ सन.यट. सेन रूस की बोल्शेविक क्रांति से बहुत प्रभावित हुए थे। उन्होंने सोवियत संघ से घनिष्ठ सम्बंध स्थापित किये। सोवियत संघ से इन्जीनियर्स, तकनीशियन, डॉक्टर और सलाहाकार आये जिनमें बोर्डिन प्रमुख था। सन.यट. सेन को चीन की क्रांति का पितामह माना जाता था। उनके तीन सिद्धान्त राष्ट्रीयता, लोकतंत्र, जीवन निर्वाह और आर्थिक समानता क्रांति के उद्देश्य थे, किन्तु चीन में गृह युद्ध चलता रहा। बावजूद इसके कि सन.यट. सेन ने चीन की एकता के लिये अथक प्रयास किये और अनुकरणीय आत्म त्याग किया। 1925 में डॉ॰ सन.यट. सेन का देहान्त हो गया।

च्यांग काई शेक जो क्युमिनटांग पार्टी की सेना का सेनापति था, उसने क्युमिनटांग पार्टी पर अपना आधिपत्य स्थापित कर लिया। उसने कम्युनिस्टों पर, जो क्यूमिनटांग पार्टी में शामिल थे, प्रहार करना आरम्भ कर दिया। वह किसानों और श्रमिकों के विरूद्ध था। उसने विदेशियों की सहायता से जनता

का दमन करना आरम्भ किया। माओत्सेतुगं साम्यवादी संघर्ष के नेताओं में प्रमुख थे। सितम्बर 1931 में जापान ने चीन पर आक्रमण कर दिया। च्यांग काई शेक जापान से लड़ने के बजाय अपने देश के कम्युनिस्टों के विरूद्ध जापान से सहयोग करने लगा। द्वितीय महायुद्ध आरम्भ होने पर चीन–जापान युद्ध उसका अंग बन गया।

युद्ध में चीन के कम्युनिस्टों ने क्युमिनटांग से जापान को पराजित करने में सहयोग दिया। किन्तु उनमें संघर्ष की स्थिति बनी रही। जापान को हराने का श्रेय वहाँ के कम्युनिस्टों को है। चीन में फिर गृह–युद्ध आरम्भ हो गया। कम्युनिस्टों ने पूरे चीन पर आधिपत्य स्थापित कर लिया। माओत्सेतुंग के नेतृत्व में 1949 के अन्त में चीन के जनवादी गणराज्य की स्थापना हुई। च्यांग काई शेक फार्मोसा भाग गया। वह अपने को चीन का प्रशासक बताता रहा।

भारत ने दिसम्बर 1949 में चीन के जनवादी गणराज्य को मान्यता दे दी। सोवियत संघ और पूर्वी यूरोप के समाजवादी देशों और बर्मा के बाद भारत उन पहले देशों में था, जिसने चीन के नये जनवादी गणराज्य को मान्यता दी थी। 17 मार्च को पं. नेहरू ने संसद में कहा था कि सवाल इस बात का नहीं है कि हम वहाँ पर होने वाले परिवर्तनों को पसन्द करते हैं या नहीं। प्रश्न यह है कि इतिहास के एक बहुत बड़े परिवर्तन को मान्यता देते हैं या नहीं, उसे समझते हैं या नहीं। चीन की नयी सरकार एक राष्ट्रीय सरकार है। उसका शासन पूरे देश पर है। उसे हटाने की कोई सम्भावना नहीं है।

के.एम. पाणिकर, जो आजाद चीन में भारत के पहले राजदूत थे, नई दिल्ली में अक्टूबर 1951 में अपने एक भाषण में कहा कि 400 मिलियन लोगों की जातिगत (रेसल), भाषागत और ऐतिहासिक एकता इतिहास की एक बहुत बड़ी घटना है......... यह कि इतिहास में पहली बार देश का मुख्य भाग पर ऐसी सरकार स्थापित हुई है, जो कि पूरे देश के संसाधनों और मानव शक्ति का जिस तरह चाहे उपयोग कर सकती है। जिसने भू. राजनीति के क्षेत्र में, शक्ति संतुलन में ऐसा परिवर्तन ला दिया है, जिसकी उपेक्षा नहीं की जा सकती है।[2]

भारत ने लगातार संयुक्त राष्ट्र में चीन के जनवादी गणराज्य को प्रतिनिधित्व देने पर बल दिया था। उसने बराबर इस बात पर भी जोर दिया

---

2. करूणाकर गुप्ताः *भारत की विदेश नीति से उदघृत,* पृ. 48।

था कि फार्मोसा चीन को लौटा देना चाहिये। भारत ने जापान शांति–संधि को इसलिये अस्वीकार कर दिया क्योंकि चीन, जिसने जापानी आक्रमण सबसे अधिक झेला था, उसने भी जापान शांति संधि स्वीकार नहीं की थी और उसको शांति संधि से अलग रखा गया था।

कोरिया के युद्ध के दौरान जब अमेरिका के कमान्डर मेकआर्थर ने यालू नदी और 38वीं अक्षांश रेखा पार करने की धमकी दी थी, तब भारत ने उसका कड़ा विरोध किया था। क्योंकि इसका तात्पर्य चीन पर हमला करना होता। इस भांति इस युद्ध के कारण महाशक्तियों के टकराव से तीसरे विश्व युद्ध के आरम्भ होने की परिस्थितियाँ बन जातीं। फरवरी 1951 में अमेरिका ने संयुक्त राष्ट्र संघ में चीन को आंक्राता घोषित करने का प्रस्ताव रखा, तो सोवियत खेमे के बाहर केवल भारत और बर्मा ने इसका विरोध किया था। इसी भांति जब अमेरिका ने चीन को अस्त्र–शस्त्र भेजने पर प्रतिबन्ध लगाने का प्रस्ताव संयुक्त राष्ट्र संघ में 18 मई 1951 में रखा, भारत ने उसका विरोध किया था।

26 जनवरी को के.एम. पाणिकर ने एक स्वागत समारोह में बोलते हुये कहा था कि माओत्सेतुंग के नेतृत्व ने एशिया के अन्तर्राष्ट्रीय कद को बढ़ाया है। शांति के हित में उनके प्रयास सफल हों और चीन और भारत की जनता और शासको की मैत्री दूरगामी और हमेशा बनी रहे।[3]

तिब्बत

चीन हमेशा तिब्बत को अपना अभिन्न हिस्सा मानता आया था। वहाँ के निवासियों को अपनी पाँच राष्ट्रीय जातियों में एक जाति मानता था। ब्रिटिश सरकार ने तिब्बत को अपने और रूसी साम्राज्यवाद के बीच बफर स्टेट बनाकर रखा था। कम्युनिस्ट शासन स्थापित होने के बाद चीन ने उस पर अपना आधिपत्य बताते हुये, तिब्बत के शिष्टमंडल को पीकिंग आकर बातचीत करने के लिये कहा। जब तिब्बत का शिष्टमंडल कुछ न कुछ बहाना करके वहाँ नहीं पहुँचा, तो अक्टूबर 1950 में वहाँ उसने अपनी सेना भेज दी।

भारत में इस पर काफी राजनीतिक गर्मा–गर्मी हुई। भारत की दृष्टि से तिब्बत उसकी सुरक्षा के लिये महत्वपूर्ण था। दक्षिणपंथी पार्टियों ने इसे चीन का आक्रमण बताया, जिसका उद्देश्य तिब्बत की स्वतंत्रता को नष्ट करना था। भारत सरकार ने ऐतिहासिक तथ्यों के आधार पर तिब्बत को चीन का

3. करूणाकर गुप्ताः *भारत की विदेश नीति से उदघृत*, पृ. 48।

अभिन्न अंग मानते हुये, उस पर चीन की सम्प्रभुता स्वीकार की, किन्तु इस बात पर जोर दिया कि उसे एक स्वायत्त प्रदेश के रूप में चीन मान्यता दे। नेहरू का मानना था कि चीन की क्रांति एक राष्ट्रीय क्रांति थी। उसका लक्ष्य चीन की स्वतंत्रता और एकता स्थापित करना था। उसी तरह से जैसे भारत में राष्ट्रीय क्रांति हुई थी। भारत का यह भी उद्देश्य था कि वह चीन और पश्चिमी देशों के बीच सम्बंधों को सामान्य बनायें और उनकी आपस की गलतफहमी दूर करवाने में सहयोग दे।

चीन और भारत की सीमाएँ लगभग 3520 किलोमीटर लम्बी है। सुदीर्घ इतिहास में उनमें आपस में कोई युद्ध नहीं हुआ था। चीन के तत्कालीन प्रधानमंत्री चाऊ एन लाई 1954 के अप्रैल में भारत आये थे। यहाँ उनका भव्य स्वागत किया गया। भारत और चीन में विस्तार से वार्तालाप हुई। इसमें दोनों के सम्बंधों को निर्देशित करने के लिये पाँच सिद्धान्त प्रतिपादित किये गये जिनको पंचशील कहा गया। ये सिद्धान्त थे। (1) पारस्परिक सम्प्रभुता और प्रादेशिक अखण्डता की रक्षा तथा आदर, (2) अनाक्रमण, (3) एक दूसरे के आन्तरिक मामलों में हस्तक्षेप न करना, (4) सह–अस्तित्व, और (5) समानता के आधार पर एक दूसरे से सहयोग। यह वह समय था जबकि अमेरिका कोरिया की समस्या में उलझा हुआ था और फ्रांस की डीन–बीन–क्यू की हार के बाद हिन्द चीन में अमेरिका के हस्तक्षेप का भय था।

पश्चिमी देशों और अमेरिका ने चीन और भारत को प्रतिस्पर्धी के रूप में रखने का भरसक प्रयास किया। उनका कहना था कि भारत में लोकतांत्रिक तरीके से विकास किया जा रहा है, जबकि चीन में अधिनायकतंत्रों अथवा एकतंत्रीय व्यवस्था के माध्यम से विकास किया जा रहा है। अंत में कौन कितना सफल होता है, इसका प्रभाव पूरे एशिया पर पड़ेगा। अमेरिकन विचारकों और समालोचकों ने इस बात के भी स्पष्ट संकेत दिये कि दक्षिण–पूर्वी एशिया में चीन और भारत में आर्थिक और अन्य क्षेत्रों में प्रतिस्पर्धा होना अपरिहार्य है। इसका इतना प्रचार किया गया कि स्वयम् नेहरू भी इसको मानने लगे कि दोनों व्यवस्थाओं में प्रतिस्पर्धा है और देखना है कि कौन सी व्यवस्था सफल होती है और किस व्यवस्था में सबसे अधिक जनता का हित होता है।[4]

---

4. करूणाकर गुप्ताः *भारत की विदेश नीति से उदधृत,* पृ. 48।

सीमा विवाद

जैसा पहले लिखा जा चुका है, चीन और भारत की सीमाएँ 3520 किलोमीटर मिलती है। तिब्बत और भूटान की सीमाएँ 480 कि.मी. मिलती है। ये सीमाएँ विभिन्न संधियों और परम्पराओं पर निर्धारित है। सामान्यतः सर्वमान्य सिद्धान्त नदियों के तटों (वाटरशेड) से निर्धारित होती है। पं. नेहरू ने 28 अगस्त 1959 में संसद में यह स्वीकार किया कि चीन और भारत में सीमाओं को लेकर विवाद है।

उत्तर–पूर्व में चीन और भारत की सीमाएँ मेकमोहन रेखा पर है। यह सीमा 1914 में शिमला सम्मेलन में तय हुई थी। उस समय भारत अंग्रेजों के अधीन था और भारत का प्रतिनिधित्व ब्रिटेन के भारतीय मामलों के सचिव मेकमोहन ने किया था। चीन भी उस समय निर्बल था और पश्चिमी साम्राज्यवादी शक्तियों के आधिपत्य में था। हकीकत यह थी कि मेकमोहन रेखा को कभी भी वास्तव में धरती पर खींचा नहीं गया था। शिमला में 1914 में जो समझौता हुआ था, उस पर चीन ने हस्ताक्षर नहीं किये थे। आचिसन ने अँग्रेजी काल में जो संधियाँ साम्राज्यवादी ब्रिटेन ने भारत की ओर से अन्य देशों से की थीं, उनको संग्रहित किया है। उसके 14 वें भाग को देखने से यह स्पष्ट होता हैं। पं. नेहरू का यह कहना था कि मेकमोहन रेखा चीन और भारत की सीमाएँ निर्धारित करती है और उसके पुनः सीमांकन की आवश्यकता नहीं है।

उत्तर–पश्चिम में भी भारत और चीन के बीच सीमाओं को लेकर विवाद था। 1954 से 1956 के मध्य नेहरू ने बराबर कहा कि चीन और भारत की सीमाएँ कभी भी सावधानी और स्पष्ट रूप से निर्धारित नहीं हुई। किन्तु 1958 में उन्होंने कहा कि भारत और चीन की सीमाएँ अच्छी तरह से निर्धारित है। भूगोल, इतिहास और परम्पराओं पर आधारित है। वे 3000 वर्ष पुरानी है। भारत ने यह दावा भी किया कि लद्‌दाख में चीन ने भारत की बहुत बड़ी जमीन पर आक्रमण कर कब्जा कर लिया था।

चीन ने उत्तर–पश्चिम में अक्साई चिन में एक सड़क बना ली थी। यह सड़क चीन के लिये महत्वपूर्ण थी। इससे सिक्यागं और तिब्बत का पश्चिमी भाग जुड़ता था। गिलगिट इससे थोड़ी सी दूरी पर था। गिलगिट में अमेरिका ने चीन के विरूद्ध अपना सैनिक अड्‌डा स्थापित कर लिया था। अप्रैल 1960 में नई दिल्ली में नेहरू और चाऊ एन लाई की भेंट और बातचीत हुई। यह माना जाता था कि इस बैठक में चाऊ एन लाई ने यह प्रस्ताव रखा था

कि सीमाओं पर जितना भू–भाग भारत के पास है, वह भारत रख ले और जितना भू–भाग चीन के पास है, वह चीन रख ले। यदि यह सुझाव मान लिया जाता, तो 50,000 वर्ग किलोमीटर भूमि पर जो विवाद था उसमें से 38,000 वर्ग किलामीटर भारत के पास आता। शेष 12 हजार वर्ग कि.मी. चीन के पास जाता। वी.के. कृष्णा मेनन ने यह भी प्रस्ताव रखा कि भारत चीन को अक्साई चिन लम्बे समय के लिये पट्टे पर दे दे। इसके बदले में चीन नेपाल और भूटान के बीच की चुम्बी घाटी को भारत को दे दे किन्तु भारत सरकार ने दोनों प्रस्तावों को मोरारजी देसाई और गोविन्द बल्लभ पन्त के तीव्र विरोध के कारण स्वीकार नहीं किया यद्यपि नेहरू इनके स्वीकार करने के पक्ष में थे। इसके बावजूद 1959 से सितम्बर–अक्टूबर तक दोनों देशों के बीच पत्र–व्यवहार चलता रहा।

6 नवम्बर 1959 को चीन के प्रधानमंत्री चाऊ एन लाई ने भारत के प्रधानमंत्री को सुझाव दिया कि दोनों देशों के चार हजार सैनिक विवादित क्षेत्र से 20 किलोमीटर पीछे चले जाये। इस प्रकार असैनिक क्षेत्र उस समय तक बनाये रखा जाये, जब तक विवादित क्षेत्र पर समझौता न हो जाये। पं. नेहरू ने इस सुझाव को अस्वीकार करते हुये लिखा कि चीन की सेनायें लद्दाख में 192 किलोमीटर के उस क्षेत्र से हट जाये, जो भारत का क्षेत्र है और जिस पर उन्होंने जबरदस्ती कब्जा कर लिया है। 20 दिसम्बर 1959 को चीन के प्रधानमंत्री ने भारत के प्रधानमंत्री को लिखा कि विवाद को हल करने के लिये दोनों भेंट करें और विवाद का शांतिपूर्ण हल ढूंढने का प्रयास करें। भारत के प्रधानमंत्री ने अपने उत्तर में लिखा कि उनको मिलकर विवाद पर शांतिपूर्ण समझौता करने की यद्यपि बहुत कम उम्मीद है, फिर भी वे मिल सकते थे। उन्होंने चाऊ एन लाई को भारत आने का निमंत्रण दिया।

19 अप्रैल 1960 को चीन के प्रधानमंत्री भारत आये और दोनों देशों के प्रधानमंत्रियों के बीच 7 दिनों तक वार्तालाप हुआ किन्तु कोई हल नहीं निकला। वार्तालाप के बाद जो विज्ञप्ति दी गयी, उसमें कहा गया था कि दोनों देशों के अधिकारी वार्तालाप जारी रखेंगें और ऐतिहासिक अभिलेखों और अन्य तथ्यों को जाँच करके सितम्बर 1962 तक अपना प्रतिवेदन देंगे। अगस्त 1962 में उन्होंने यह प्रतिवेदन दिया कि दोनों देशों के दृष्टिकोणों में बहुत अन्तर है। इसके बाद स्थिति और बिगड़ती गयी।

अगस्त 1962 में सोवियत संघ और भारत के बीच एक महत्वपूर्ण समझौता हुआ। इस समझौते के अन्तर्गत सोवियत संघ को मिग–21 वायुयान

बनाने के लिये भारत की सहायता करनी थी। सोवियत संघ ने भारत को अत्यन्त आधुनिक अस्त्र–शस्त्र बनाने के लिये लाइसेन्स भी दिया। भारत की सड़कों के विकास के लिये सोवियत संघ ने ए.एन. 12 परिवहन वायुयान और मिग–4 हेलीकॉप्टर भी दिये। यह समझौता विशेषकर इसलिये भी महत्वपूर्ण था कि सोवियत संघ ने इस प्रकार की वित्तीय और तकनीकी सहायता चीन को नहीं दी थी।

सितम्बर–अक्टूबर 1962 में चीन और भारत में पत्र–व्यवहार चलता रहा। इसके साथ उनके रिश्तों में तनाव बढ़ता गया। वे एक दूसरे पर सीमाओं का अतिक्रमण करने और सीमाओं के अन्दर चौकियाँ बनाने के आरोप प्रत्यारोप लगाते रहे।

अक्टूबर 12, 1962 को पं. नेहरू ने श्रीलंका के तीन दिन के दौरे पर जाने से पहले एक अनौपचारिक प्रेस वार्ता में कहा कि उन्होंने सेना को आदेश दिया है कि वह नेफा के बाहर चीन को खदेड़ दे और जिस क्षेत्र पर चीन ने अपना कब्जा कर लिया है, उसे खाली करवा दे। पं. नेहरू के इस वक्तव्य से भारत में अफरा–तफरी मच गयी। चीन से युद्ध का माहौल बन गया। विदेशों के समाचार–पत्रों में इसे नेहरू का चीन के विरुद्ध युद्ध की घोषणा बताया गया। 'दि गार्जियन आफ लन्दन' और 'वाशिगंटन पोस्ट' ने यह छापा। इस प्रकार के समाचार भी है कि भारत के तत्कालीन प्रतिरक्षा मंत्री कृष्णा मेनन ने सेना के अधिकारियों की एक गुप्त बैठक को सम्बोधित किया। इसमें चीन के विरूद्ध सैनिक अभियान चलाने की सलाह दी। इस अभियान को 'लेगहार्न' नाम दिया गया था।

20 अक्टूबर 1962 को एशिया के दो महान देश युद्ध में उलझ गये। भारत ने यह आरोप लगाया कि 20 अक्टूबर को प्रातःकाल चीन की सेना ने भारतीय सेना पर आक्रमण किया जबकि भारत की ओर से कोई उत्तेजना नहीं थी। चीन ने भारत पर आरोप लगाया कि भारत चीन की सीमाओं का अतिक्रमण करता रहा था। उसने एक बड़े पैमाने पर आक्रमण किया है।

24 अक्टूबर को चीन ने युद्ध–बन्दी का एक प्रस्ताव रखा। इसमें तीन बातें कही गयीं थीं, (1) सीमा विवाद शांतिपूर्ण ढंग से संवाद के द्वारा सुलझाया जाये। (2) दोनों देशों की सेनायें वास्तविक नियत्रंण रेखा से 20 किलोमीटर तक पीछे चली जायें। (3) दोनों देशों के प्रधानमंत्री सीमा विवाद पर आपस में बातचीत करें।

20 नवम्बर 1962 को चीन ने एक तरफा युद्ध बन्द करने की घोषणा की और अपनी सेनाओं को 20 किलोमीटर अन्दर हटा लिया। इससे पहले 8 सितम्बर को भी अरूणाचल प्रदेश में चीन की सेनायें पीछे हट गयी थी।

युद्ध के दौरान भारत ने संयुक्त राज्य अमेरिका से आधुनिक अस्त्र–शस्त्र और अन्य सैनिक सहायता मागी। संयुक्त राज्य अमेरिका ने सहायता देने के पहले पाकिस्तान से अपने झगड़े समाप्त करने के लिये दबाव डाला। अमेरिका और ब्रिटेन के राजनयिकों की परोक्ष उपस्थिति में भारत और पाकिस्तान के बीच वार्ता भी हुई किन्तु वह निष्फल रही।

भारत और चीन के बीच शत्रुतापूर्ण सम्बंधों का आर्थिक कारण भी था, जो कम महत्वपूर्ण नहीं था। दक्षिण एशिया और दक्षिण–पूर्वी एशिया के बाजारों पर भारत का आधिपत्य था, किन्तु चीन से उसको चुनौती मिल रही थी। चीन से प्रतिस्पर्धा में भारत टिक नहीं पा रहा था। इस बात को भारत के पूंजीपतियों के मुख पत्र 'ईस्टर्न इकोनॉमिक्स', 'फ्रांक मोरेस' और अन्य ने स्वीकार भी किया था।

इस युद्ध से भारत और चीन के सम्बंध बहुत खराब तो हुये ही अन्तर्राष्ट्रीय क्षेत्र में भारत की प्रतिष्ठा को भी बहुत धक्का लगा। भारत एक कमजोर राष्ट्र साबित हुआ। पाकिस्तान को भी प्रोत्साहन मिला। वह सोचने लगा कि भारत से अपने विवादों को युद्ध के द्वारा सुलझाया जा सकता है। भारत और पाकिस्तान के बीच 1965 में युद्ध का एक कारण यह भी था। चीन से युद्ध में पराजय के कारण भारत अपनी सुरक्षा के प्रति चेत गया। उसने अपने प्रतिरक्षा ढाँचे को मजबूत करना आरम्भ कर दिया। असम्बद्धता की विदेश नीति की यह अग्निपरीक्षा थी। कुछ समालोचकों के मत में इस युद्ध ने भारत को विदेश नीति की एक दूसरी दिशा दी थी।

1962 के युद्ध के बाद 1988 तक भारत और चीन के पारस्परिक सम्बंध अच्छे नहीं रहे। दोनों देशों ने एक दूसरे के यहाँ अपने राजनयिकों की श्रेणी को कम कर दिया। राजदूतों के स्थान पर केवल चार्ज.डी अफेयर्स की नियुक्ति की। अनेक तिब्बती तिब्बत से भागकर भारत आ गये थे। वे भारत में शरणार्थी के रूप में स्वीकार कर लिये गये थे। तिब्बत का धर्मगुरू और शासक दलाई लामा भी भारत आ गया था। भारत सरकार ने बड़े सम्मान के साथ उसकी अगवानी की। उसने भारत को अपने निवास और राजनैतिक क्रियाकलाप का केन्द्र बनाया। यद्यपि दलाई लामा को राजनीतिक गतिविधियों से दूर रहना था, किन्तु वास्तव में उनकी गतिविधियों

को राजनीतिक ही माना जायेगा। उन्होंने विदेशों की यात्रा की और वहाँ चीन के नए शासकों के विरूद्ध प्रचार किया। चीन और भारत के पारस्परिक सम्बंधो में खटास उत्पन्न करने में, भारत में दलाई लामा की उपस्थिति भी एक कारण बनी रही।

चीन ने भारत को अन्तर्राष्ट्रीय राजनीति में अलग–थलग करने के लिये दक्षिण और पूर्वी एशिया के अन्य देशों से अपने सीमा विवादों का निपटारा कर लिया और उनसे अपने निकट और मैत्री संबंध स्थापित कर लिये।

राजनयिक क्षेत्र में विशेषकर, पाकिस्तान से उसके संबंधों का बढ़ना विशेष रूप से उल्लेखनीय है। पाकिस्तान उस समय एक बड़ा देश था। उसकी जनसंख्या 10 करोड़ या 100 मिलियन थी। उसकी गिनती विश्व के घनी आबादी वाले 20 देशों में होती थी। उस समय वह दो भागों में बटा हुआ था, पश्चिम और पूर्व भारत पाकिस्तान के सम्बंध आरम्भ से ही अच्छे नहीं रहे थे। उनके पारस्परिक विवाद में कश्मीर का मुद्दा मुख्य था। चीन ने पाकिस्तान से मित्रता स्थापित करना आरम्भ कर दिया। पाकिस्तान को बड़े पैमाने पर आर्थिक, तकनीकी और सैनिक सहायता दी। इस भांति पाकिस्तान को दो स्रोतों चीन और संयुक्त राज्य अमेरिका से अस्त्र–शस्त्र और सैनिक सहायता मिलने लगी। परिणामतः उसकी गणना विश्व के सैनिक रूप से सुसज्जित पहले 10 देशों में होने लगी थी। चीन ने कश्मीर के मामले में भी पाकिस्तान का समर्थन किया। पाकिस्तान ने उत्तर–पश्चिम में एक क्षेत्र, जो कश्मीर के उस भाग में आता था, जिस पर पाकिस्तान का कब्जा था और जो भारत और पाकिस्तान के बीच विवादित था, चीन को हस्तांतरित कर दिया। चीन ने तक्षशिला में एक भारी मैकेनिकल कॉम्पलेक्स स्थापित किया। उसमें अनेक उद्योग स्थापित किये गये। इनमें आधुनिक अस्त्र–शस्त्र बनाने के भी उद्योग थे। चीन और सोवियत संघ में सम्बंध खराब होने से, चीन अमेरिका और पाकिस्तान का शक्ति का एक ध्रुव बन गया। भारत और सोवियत संघ के घनिष्ठ मैत्री सम्बंध भी चीन को नहीं सुहाते थे। दक्षिण एशिया और दक्षिण पूर्वी एशिया के देशों के साथ व्यापार में चीन और भारत में पहले से ही तीव्र प्रतिस्पर्धा थी।

सन् 1969 से दोनों के पारस्परिक सम्बंधों में उस समय सुधार होने लगा जब भारत के राजनयिक अधिकारियों को चीन अपने स्वागत समारोहों में आमंत्रित करने लगा। चीन के राजनयिक अधिकारी भारतीय स्वागत समारोह में भाग लेने लगे। इसी तारतम्य में उल्लेखनीय है कि मई

दिवस पर माओ–त्से–तुंग ने भारत के चार्ज डी अफेयर्स का गर्म जोशी से स्वागत करते हुए कहा कि भारत एक महान देश है। दोनों के बहुत लम्बे समय तक मैत्रीपूर्ण सम्बंध रहे हैं। दोनों को पुनः मिलकर रहना चाहिये। इसको ''माओ की मुस्कान'' कहा जाता है। मई 1971 में सोवियत संघ में, भारत के राजदूत डी.पी. धर की चीन के राजदूत से तीन बार मुलाकात हुई। 1971 में भारत पाकिस्तान में युद्ध को लेकर चीन ने भारत और सोवियत संघ की तीव्र आलोचना की। 15 दिसम्बर 1972 में भारत के तत्कालीन विदेशमंत्री स्वर्ण सिंह ने राज्य सभा में कहा कि भारत इस बात के लिये तैयार है कि जो बीत गया, वह बीत गया और वह चीन से नये संबंध स्थापित करना चाहते हैं।

1974 में भारत के परमाणु बम के परीक्षण और सिक्किम के भारतीय संघ राज्य में सम्मिलित होने से चीन और भारत के सम्बंधो में फिर एक बार खटास आ गयी। किन्तु 1976 में भारत और चीन के नये सम्बंधों में एक बड़ा परिवर्तन उस समय आया, जब भारत ने चीन में अपने दूतावास की श्रेणी को ऊँचा कर दिया और अपने प्रसिद्ध राजनयिक अधिकारी, जो आगे चलकर भारत के राष्ट्रपति बने के.आर. नारायनन को चीन में भारत का राजदूत नियुक्त किया। चीन ने भी ऐसा ही किया। उसने चेन चान यू आन को भारत में अपना राजदूत नियुक्त किया। इसके साथ व्यापारिक और सांस्कृतिक सम्बंध स्थापित हुये।

1977 में भारत में जनता पार्टी की सरकार बनी। उसने असम्बद्धता की विदेश नीति पालन करने का भरोसा दिया। चीन ने भी भारत–चीन संबंधों को सुधारने की पहल की। अप्रैल 1977 में भारत और चीन के बीच एक 13.2 करोड़ का व्यापारिक समझौता हुआ। फरवरी 1975 में चीन का 16 सदस्यीय एक व्यापारिक शिष्ट मंडल भारत आया। उसी वर्ष भारत का चार सदस्यीय व्यापारिक शिष्ट मंडल केन्टन के मेले में गया। मार्च 1978 में वांगपिनकान के नेतृत्व में एक सद्भावना शिष्ट मंडल भारत आया और उसने भारत के तत्कालीन विदेशमंत्री अट . बिहारी वाजपेयी से 90 मिनट बातचीत की और उन्हें चीन आने का निमंत्रण दिया। अटल बिहारी वाजपेयी फरवरी 1979 में चीन गये। पिछले तीस वर्षों में यह एक प्रमुख भारतीय व्यक्ति का चीन का पहला दौरा था। उनकी वहाँ के विदेश मंत्री से बातचीत हुई किन्तु वियतनाम पर चीन के आक्रमण के विरोधस्वरूप वे बीच में ही अपने दौरे को आगे के लिये रद्द करके भारत लौट आये।

जनवरी 1980 में श्रीमती इन्दिरा गाँधी पुनः सत्तारूढ़ हुईं। व्यापार, संस्कृति, खेलकूद के क्षेत्रों में चीन और भारत के सम्बंधों में बढ़ोत्तरी हुई किन्तु राजनीतिक क्षेत्र में उनमे आपस में मतभेद बना रहा। अफगानिस्तान, पाकिस्तान, वियतनाम, और कम्पूचिया पर उनके यह मतभेद थे। मतभेदों का सबसे बड़ा मुद्दा दोनों देशों के बीच की सीमाएँ थीं। सीमाओं पर बातचीत करने के लिये शासकीय स्तर पर दोनों देशों के अधिकारियों के बीच वार्ता आरम्भ की गयी थी। इस वार्ता के दो दौर 1981–1982 में और तीसरा दौर 1983 में हुआ। दो दौरों की तरह तीसरा दौर भी निष्फल रहा। सीमा विवाद काफी उलझा हुआ था। चीन का कहना था कि सीमा विवाद को छोड़कर अन्य क्षेत्रों में जैसे सामाजिक, आर्थिक और सांस्कृतिक क्षेत्रों में पारस्परिक सहयोग बढ़ाया जाये। इससे बाद में सीमा विवाद को सुलझाने में ज्यादा दिक्कत नहीं आयेगी। भारत ने इस समय शंघाई में अपना काउन्सलेट स्थापित किया। चीन ने मुम्बई में अपना काउन्सलेट स्थापित किया। यह भी तय हुआ कि दोनों देशों में एक दूसरे के राष्ट्रीय पर्व मनाये जाएगें। लीपेन्ग ने अपने दौरे के दौरान कहा कि चीन दलाई लामा से बातचीत करने के लिये तैयार है, किन्तु ऐसी किसी वार्ता में तिब्बत की स्वतंत्रता का मुद्दा नहीं होना चाहिये। चीन ने इच्छा व्यक्त की कि वह 'नाम' की अगली बैठक, जो जकार्ता में होनी थी, उसमें पर्यवेक्षक के रूप में आना चाहेगा। भारत ने इस बात को दोहराया कि तिब्बत चीन का एक अंग है और उसकी स्थिति चीन में एक स्वायत्त प्रदेश की होनी चाहिये।

सितम्बर 1993 में भारत के तत्कालीन प्रधानमंत्री नरसिम्हा राव चीन के दौरे पर गये। इसके बाद चीन की कम्युनिस्ट पार्टी के पोलित ब्यूरो के सदस्य और वहाँ की संसद के अध्यक्ष ली रूईहुआन भारत के दौरे पर आये। उनके शिष्टमंडल में चीन के विदेश विभाग के उप–मंत्री तांग जिअक्सआन भी सम्मिलित थे।

सैनिक क्षेत्र में भी दोनों देशों के पारस्परिक सहयोग में वृद्धि हुई। 1994 में सितम्बर में चीन के प्रतिरक्षा मंत्री और उप सेना प्रमुख भी भारत आये। तत्कालीन भारत के सेना प्रमुख जनरल वी.सी. जोशी चीन गये। अक्टूबर 1994 में भारत के तत्कालीन उप–राष्ट्रपति के.आर. नारायनन चीन गये। वहाँ उनकी भेंट और बातचीत चीन के राष्ट्रपति जियांग जैमिन और अन्य राजनेताओं से हुई। इन दौरों से और उनके दौरान सम्वादों से दोनों देशों के पारस्परिक संबंधों में बहुत सुधार हुआ है।

चीन और भारत के बीच के पारस्परिक व्यापार में प्रगति पहले धीरे हुई। सन् 1984–85 में यह व्यापार 140 करोड़ का था, जिसमें भारत से निर्यात रू. 15 करोड़ और चीन से भारत में आयात रू. 125 करोड़ का था। आयात और निर्यात में काफी असंतुलन था। 1992 में दोनों देशों के बीच का व्यापार रू. 189.8 करोड़ हो गया जिसमें भारत में चीन से आयात रू. 71.5 करोड़ और चीन को निर्यात रू. 118.3 करोड़ हो गया। राजीव गांधी के चीन के दौरे के बाद एक संयुक्त आर्थिक ग्रुप की स्थापना हुई थी। 1993 में इसकी प्रथम बैठक बीजिंग में हुई थी। इसमें उसके संयुक्त अध्यक्ष चीन के विदेशी आर्थिक सम्बंधों के मंत्री ली.लेनक्युंग ने कहा था कि चीन की नयी व्यापार नीति में भारत का महत्वपूर्ण स्थान है। भारत ने प्रस्ताव रखा कि चीन और भारत के बीच व्यापार के लिये और मार्ग, जैसे सिक्किम और हिमाचल प्रदेश में सीमाओं पर, खोल दिये जायें।

जून 1993 में भारत के तत्कालीन वाणिज्य मंत्री और योजना आयोग के उपाध्यक्ष चीन गये। वहाँ उन्होंने चीन को नाना प्रकार की भवन निर्माण सामग्री जैसे इस्पात, ग्रेनाइट, विद्युतीकरण की सामग्री, प्लाईवुड आदि निर्यात करने का प्रस्ताव रखा। इसी वर्ष 25–27 जून में संयुक्त आर्थिक (कार्यशील) ग्रुप की छठीं बैठक दिल्ली में हुई। उसमें निर्णय लिया गया कि पारस्परिक व्यापार के लिये, हिमाचल प्रदेश में नामग्या (शिपकी भारत की भाषा में) और तिब्बत में झूबा, अतिरिक्त मार्ग खोल दिये जायें। अगले वर्ष जब भारत के तत्कालीन कोयला मंत्री चीन गये, तो कोयले पर एक संयुक्त पेनल स्थापित करने का निर्णय लिया गया। इसका उद्देश्य जमीन के नीचे कोयले के खन्न में भारतीय इन्जीनियरों को प्रशिक्षित करना था। चीन में जमीन के नीचे 93 प्रतिशत कोयले का खन्न होता था, जबकि भारत में जमीन के नीचे कोयले का खन्न 30 प्रतिशत था।

दोनों देशों में शासकीय और गैर शासकीय स्तर के प्रयासों के कारण 1993 में दोनों देशों के बीच व्यापार में प्रचुर वृद्धि हुई। चीन के अनुसार वहाँ की मुद्रा में उसका व्यापार 673 यू.एस. मिलीयन डालर के बराबर हो गया। यह पहले से दुगना था। भारत का चीन को निर्यात 1992 में 181 यू.एस. मिलीयन था, जो 1993 में यू.एस. 417 मिलीयन डालर हो गया। भारत में चीन से आयात यू.एस. 259 मिलियन डालर हो गया, जो 1992 की तुलना में 63 प्रतिशत अधिक था। दोनों देशों ने यह आशा व्यक्त की कि आगामी वर्षों में पारस्परिक व्यापार यू.एस. 1 बिलीयन डालर हो जायेगा।

भारत से चीन को निर्यात में लोहा अयस्क का प्रमुख स्थान था, किन्तु अब इसका स्थान इस्पात ले रहा था जिसका 1993 में निर्यात यू.एस. डालर 177.5 मिलियन था।

भारत में चीन के राजदूत ने दिल्ली में एक सभा में घोषणा की थी कि अगले तीन वर्षों में चीन का भारत में निवेश यू.एस. 1 बिलियन डालर हो जायेगा। उन्होंने बताया कि यह निवेश मुख्यतः खन्न, मत्स्य उद्योग और विद्युत उद्योग के संयुक्त क्षेत्र में किया जायेगा। उन्होंने बताया कि चीन इस बात के लिये इच्छुक है कि भारत में पश्चिमी देशों के निर्यात के लिये मत्स्य उद्योग (सीकुड) स्थापित किया जाये। अमेरिका स्थित भूमण्डलीय व्यापार विकास केन्द्र की यह मान्यता थी कि यदि दोनों देश अपनी क्षमताओं का पूरा उपयोग करें, तो चीन ओर भारत का व्यापार प्रति वर्ष यू.एस. 25 बिलियन डालर हो सकता है।

जून 1994 में चीन की विदेश व्यापार मंत्री श्रीमती बूयी के भारत के दौरे के समय भारत और चीन के बीच व्यापार का एक समझौता हुआ। इसमे चीन भारत को किन वस्तुओं का निर्यात और आयात करना चाहेगा और भारत चीन की किन वस्तुओं का निर्यात और आयात करना चाहेगा, उनका विवरण दिया गया। भारत चीन से सिल्क, कृषि उत्पाद जैसे दालें, मसाले, रेसिन, कोकिंग कोल, रंग, रसायन, पेट्रोलियम, टायर, ट्यूब, न्यूजप्रिंट और तेल की खुदाई के लिये उपकरण लेने का इच्छुक था। चीन ने भारत से लोह अयस्क, इस्पात, और उसके उत्पाद, चावल, मसाले, कृषि, रसायन, रेलवे के लिये उपकरण, कम्प्यूटर, सॉफ्टवेयर, व्यापार में काम आने वाली गाडियाँ, कपड़ा, उद्योग के लिये मशीनें, हीरा तथा अन्य मूल्यवान जवाहरात लेने की इच्छा व्यक्त की।

अप्रैल 1993 से फरवरी 1994 के बीच दोनों देशों का पारस्परिक व्यापार रू. 1636 करोड़ हो गया। इसमें भारत से चीन को निर्यात रू. 784.8 करोड़ था और चीन से आयात रू. 817.7 करोड़ था। इसके साथ–साथ यह भी उल्लेखनीय है कि भारत और चीन के बाजारों में तीव्र प्रतिस्पर्धा थी। इसमें विशेषकर सिले, गैर–सिले कपड़े और जूतों में भारत चीन से पिछड़ रहा था।

चीन और भारत के संयुक्त उपक्रमों का भी आरम्भ हो रहा था। भारत में औषधि उद्योग में कार्यरत एक बड़ी कम्पनी रेनबेक्सी ने चीन के साथ एक संयुक्त उपक्रम चीन में स्थापित किया था। पश्चिमी बंगाल की सरकार ने चीन के साथ एक स्मृतिपत्र पर हस्ताक्षर किये, जिसके तहत चीन पश्चिमी

बंगाल में चीन की तकनीक पर आधारित इस्पात बनाने के छोटे उद्योग संयुक्त क्षेत्र में स्थापित करेगा। उसमें 2500 करोड़ का निवेश होगा। इनमें चीन की भागीदारी केवल 10 प्रतिशत होगी। भारत के औद्योगिक समूह 'सुरा' ने चीन की एक कम्पनी के साथ केन्टन में मोबाइल फोन का उत्पादन करने का अनुबन्ध किया, जिसकी लागत यू.एस. 300 मिलियन डालर थी।

2011 से पहले विश्व में सं.रा. अमेरिका के बाद अर्थव्यवस्था के क्षेत्र में जापान का दूसरा स्थान था, किन्तु 2011 में चीन का सकल घरेलू उत्पाद यू.एस. 5.88 ट्रिलीयन था, जबकि जापान का सकल घरेलू उत्पादन यू.एस. 5.47 ट्रिलीयन था।

चीन और भारत के सम्बंधों का सामान्य आंकलन

1962 की दुखद स्मृतियां धीरे–धीरे धुँधली होती गयी। चीन और भारत के नये सम्बंधों का इतिहास रचा जाने लगा है। हालांकि इन सम्बंधों के सकारात्मक और नकारात्मक पक्ष दोनों हैं, फिर भी सकारात्मक पक्ष आगे बढ़ रहा है।

1982 में चीन के उप प्रधानमंत्री और विदेश मंत्री हुआगं हुआ भारत आये थे। तब से इन सम्बंधों का सामान्य बनना आरम्भ हुआ है। दोनों देशों के मंत्रियों और अधिकारियों का एक दूसरे के यहाँ आवागमन और सम्वाद से दोनों देशों के पारस्परिक सम्बंधों में सुधार हुआ। सोवियत संघ के पराभव के बाद अंतर्राष्ट्रीय परिदृश्य में बहुत बड़ा परिवर्तन आया है। माओत्सेतुगं के देहान्त के बाद चीन ने अपनी नीतियों में भी बड़े परिवर्तन किये। 1990–91 से भारत की अर्थव्यवस्था में भी कथित सुधार हुये। उसे एक दृष्टि से उदार बनाया गया।

1996 में भारत में देवगौडा के नेतृत्व में संयुक्त मोर्चा की सरकार बनी। उनकी चीन के तत्कालीन प्रधानमंत्री ली पिंग से रोम में 17 नवम्बर 1996 को भेंट हुई। जिसमें दोनों देशों के पारस्परिक सम्बंधों पर वार्तालाप हुआ। इसी समय चीन के राष्ट्राध्यक्ष, चीन की कम्युनिस्ट पार्टी के महामंत्री और चीन की सेना के नियंत्रण आयोग के अध्यक्ष जिआंग जैमिन भारत के दौरे पर आये। चीन के राष्ट्राध्यक्ष का भारत का यह पहला दौरा था। भारत के तत्कालीन राष्ट्रपति डॉ. शंकरदयाल शर्मा के द्वारा उनको जो रात्रि भोज (बेनक्वेट) दिया गया, उसमें चीन के राष्ट्रपति जिआंग जैमिन ने कहा कि दोनों देशों के समान हित उनके मतभेदों से कहीं अधिक हैं। उन्होंने आगे

कहा कि मुझे विश्वास है कि यदि चीन और भारत एक हो जाये तो एशिया में ही नहीं, अपितु विश्व में शांति के लिये यह बड़ी शक्ति होगी। इसके उत्तर में डॉ. शंकरदयाल शर्मा ने कहा कि हमें उस समय तक धैर्य से सीमा विवाद को निपटाने का संयुक्त प्रयास करते रहना चाहिये जब तक वह शांति पूर्ण ढंग से नहीं निपटता है। उन्होंने आगे कहा कि हमारे दोनों देश अपने विकास के लिये प्रतिबद्ध हैं। इसके लिये किये जा रहे प्रयासों में कोई बाधा नहीं आनी चाहिये। चूंकि उनका यह दौरा सद्भावना का दौरा था, अतः वार्ता की समाप्ति पर कोई औपचारिक घोषणा नहीं की गयी। किन्तु इस दौरे के फलस्वरूप दो महत्वपूर्ण फैसले लिये गये।

एक तो हॉगंकॉगं पर चीन की सत्ता पुनः स्थापित होने पर वहाँ भारत के काउन्सलेट जनरल की स्थापना होगी और दूसरे नियत्रंण रेखा पर शांति बनाये रखना तथा एक दूसरे पर विश्वास को बढ़ाना। एक दूसरे पर विश्वास के लिये दोनों देशों के अधिकारियों ने एक समझौते का प्रारूप तैयार किया, जो एक प्रकार से अनाक्रमण समझौते के समान था। इस समझौते के अन्तर्गत दोनों देशों ने सीमाओं पर सेनाओं में कमी करने और अस्त्र–शस्त्रों में कमी करने का फैसला लिया।

जियांग जैमिन के शिष्टमंडल में चीन के विदेश मंत्री और उप प्रधानमंत्री क्युन क्यी चेन भी आये थे। उन्होंने भारत के तत्कालीन विदेश मंत्री श्री आई.के. गुजराल से वार्ता में स्वीकार किया था कि चीन ने परमाणु शक्ति और मिसाइल बनाने का ज्ञान और तकनीक पाकिस्तान को दी अवश्य है किन्तु इसमें भारत और पाकिस्तान के बीच शक्ति संतुलन पर कोई अन्तर नहीं पड़ेगा।

मार्च 1998 में भारतीय जनता पार्टी की अगुआई में 18 दलों की मिली–जुली सरकार का गठन हुआ। अटल बिहारी वाजपेयी प्रधानमंत्री बने। जार्ज फर्नाडीज प्रतिरक्षा मंत्री बने। जार्ज फर्नाडीज ने खुलेआम यह कहा कि भारत की सुरक्षा के लिये सबसे बड़ा खतरा चीन से है। वह भारत को चारों तरफ से घेरने की कोशिश कर रहा था। फर्नाडीज ने चीन पर यह आरोप भी लगाया कि चीन तिब्बत और भारत की सीमा पर अपनी सेनायें एकत्रित कर रहा है। फर्नाडीज के इस प्रकार के वक्तव्यों से चीन और भारत के जो सम्बंध सुधर रहे थे, उन पर थोड़े समय के लिये विपरीत प्रभाव पड़ा। इस काल में भारत ने जो परमाणु परीक्षण किया था, उस पर चीन ने अपनी

नाराजगी बताई। अटल बिहारी वाजपेयी ने इस परीक्षण को सही बताने के लिये जो पत्र तत्कालीन अमेरिकन राष्ट्रपति क्लिन्टन को लिखा था, उसमें भी चीन से आक्रमण की सम्भावना तथा चीन और पाकिस्तान से दोस्ती का मुख्य कारण बताया गया था।

2004 से चीन और भारत के बीच व्यापार में बहुत वृद्धि हुई है। भारत के अन्तर्राष्ट्रीय व्यापार में वर्तमान में चीन का स्थान दूसरा हो गया है। शिक्षा, सुरक्षा, संस्कृति और सामाजिक क्षेत्रों में सम्पर्क और सम्बंधों में भी वृद्धि हुई है, किन्तु राजनीतिक क्षेत्र में दोनों देशों के पारस्पारिक सम्बंधों में वह मैत्री और सहयोग अभी भी नहीं है, जो होनी चाहिये। इसके कारण हैं– (1) 1962 की घटना को अभी भी पूरी तरह से भुलाया नहीं जा सका है। इसके कारण वैमनस्य, अविश्वास पूरी तरह से खत्म नहीं हुआ है। (2) चीन के द्वारा पाकिस्तान को दी जाने वाली सहायता विशेषकर परमाणु शक्ति और परमाणु शक्ति से संचालित अस्त्र–शस्त्रों का निर्माण करने की तकनीक और आर्थिक सहायता को भारत में अपने हितों के विरूद्ध माना जाता है। (3) एक दूसरे की जानकारी बहुत कम होना। दोनों देशों के बीच संचार के साधनों की कमी। (4) भारत में समाचार पत्र–पत्रिकाओं और अन्य साधनों के द्वारा चीन के विरूद्ध विषवमन की प्रवृति। यह सोचा जा सकता है कि आर्थिक, व्यापारिक और तकनीकी सम्बंधों के बढ़ने के साथ–साथ इन रूकावटों का भी लोप हो जायेगा। आकार, प्रकार, क्षेत्रफल और जनसंख्या में एशिया के इन सबसे बड़े देशों में विकास और संवृद्धि और मित्रता होना विश्वशांति और व्यवस्था के लिये और पूरे विश्व की प्रगति के लिये अपरिहार्य है। इन दोनों की मित्रता अन्तर्राष्ट्रीय राजनीति को बहु–ध्रुवीय होने के लिये भी आवश्यक है। बहु–ध्रुवीय व्यवस्था में ही छोटे–बड़े राज्य अपनी स्वतंत्रता, संप्रभुता और प्रादेशिक अखंडता की रक्षा कर सकते हैं।

पिछले तीस वर्षों में चीन की आर्थिक, राजनीतिक और सामरिक स्थिति में बहुत बड़ा परिवर्तन आया है। एक अनुमान के अनुसार पिछले तीस वर्षों में चीन की अर्थव्यवस्था 18 गुना बढ़ गयी है। विश्व की अर्थव्यवस्था में चीन का हिस्सा 6 प्रतिशत है। चीन के जी डी पी में औद्योगिक उत्पादन का हिस्सा 48.6 प्रतिशत है। चीन में गरीबी की रेखा के नीचे आने वालों की संख्या 10 प्रतिशत है। चीन में विदेशी मुद्रा कोष भंडार 21.3 खरब अमेरिकन डालर है। सकल घरेलू उत्पादन में चीन का स्थान विश्व में दूसरा है। इस समय चीन

में 93 प्रतिशत साक्षरता है। सैनिक क्षेत्र में भी चीन पीछे नहीं है। सन् 2009 में चीन का रक्षा बजट 70.5 अरब अमेरिकन डालर था। चीन के पास विश्व की सबसे बड़ी सेना है जिसमें 22.5 लाख सैनिक और अफसर हैं। टैंक, लडाकू वायुयान, हैलीकॉप्टर, परमाणु बम और उनको दागने वाली मिसाइल और पनडुब्बियाँ इसमें सम्मिलित है। चीन अपनी सेना और अस्त्र–शस्त्रों के आधुनिकीकरण में लगा हुआ है। हाल की एक खबर के अनुसार उसने ऐसे भी जंगी जहाज बना लिये हैं जिनसे लड़ाकू वायुयान हमला करने के लिये ले जाये जा सकते हैं।

भारत और पश्चिमी देशों में एक बहुत बड़ा वर्ग, जिसमें बुद्धिजीवी, राजनेता राजनयिक, पत्रकार और लेखक शामिल हैं, यह मानते हैं कि चीन के अभ्युदय और शक्तिशाली होने से दक्षिण एशिया और दक्षिण पूर्वी एशिया में शक्ति संतुलन बिगड़ गया है। इससे भारत को खतरा है। इस खतरे को दूर करने के लिए भारत को अमेरिका से सघन सहयोग करना चाहिये। अमेरिका और पश्चिमी देश भारत और चीन को प्रतिस्पर्धी के रूप में प्रस्तुत करते रहे हैं। शक्ति संतुलन की धारणा साम्राज्यवाद की देन है। अमेरिका, दक्षिण एशिया और दक्षिण पूर्व एशिया में अपने वर्चस्व के लिये चीन को एक बहुत बड़ी चुनौती और खतरा मानता है। इससे निपटने के लिये वह भारत पर अपना दाँव लगा रहा है।

हमें यह समझने में कठिनाई नहीं होनी चाहिये कि आरम्भ से लेकर अब तक पश्चिमी देशों और अमेरिका ने भारत की अपेक्षा पाकिस्तान का ही समर्थन किया है। उन्होंने पिछले पाँच दशकों में भरसक कोशिश की और वे सब दांव चले, जिससे कश्मीर भारत से अलग हो जाये। पाकिस्तान को नख–शिख तक अस्त्र–शस्त्रों से सुसज्जित कर दिया गया है। पाकिस्तान बगदाद संधि और सीटो में उनके साथ सम्मिलित है। अमेरिका जहाँ चीन के विरूद्ध शक्ति स्पर्धा में भारत को दांव पर लगाना चाहता है, वहाँ भारत और पाकिस्तान में भी शक्ति संतुलन बनाये रखना चाहता है। अक्टूबर 2010 में बराक ओबामा की पहल पर अमेरिकन संसद ने पाकिस्तान को दी जाने वाली आर्थिक सहायता तिगुनी कर दी थी। (7.5 बिलियन डालर)। बराक ओबामा ने अपने भारत के दौरे के पहले पाकिस्तान को 2 बिलियन डालर सैनिक सहायता दी, जिससे पाकिस्तान आधुनिक अस्त्र–शस्त्र खरीद सके। अमेरिका पाकिस्तान को अपने यहाँ से आतंकवादी अड्डे हटाने की सलाह तो देता है, किन्तु पाकिस्तान को आतंकवादी देश घोषित नहीं करता। यदि

अमेरिका सच्चाई से आतंकवाद खत्म करना चाहे, तो पाकिस्तान को हर संभव सहायता देते रहने की नीति में, उसे बदलाव लाना होगा। यह कहना गलत नहीं होगा कि विश्व राजनीति में चीन शक्ति का दूसरा ध्रुव बन गया है। इस स्थिति में भारत को अपनी भूमिका तय करनी है।

8

भारत और दक्षिण एशिया

भारत स्वयं दक्षिण एशिया का एक देश है। दक्षिण एशिया के दक्षिण में भारत के पड़ोसी देश आते है। दक्षिण एशिया के देशों में होने वाली घटनायें एक–दूसरे को प्रभावित करती है। अन्तर्राष्ट्रीय क्षेत्र में भारत की सक्रियता तभी सम्भव है जब भारत के सम्बंध अपने पड़ोसी देशों से मित्रतापूर्ण रहें। सुरक्षा की दृष्टि से भी भारत का अपने पडोसी देशों से पारस्परिक सहयोग और मित्रता के सम्बंध होना और एक–दूसरे की मदद करना आवश्यक है। हिन्द महासागर में स्थित देशों में ऐसी कोई घटना या ऐसा कोई राजनीतिक, सामरिक और आर्थिक परिवर्तन होना सम्भव नहीं है जिसका भारत पर प्रभाव न पड़े। भारत दक्षिण एशिया में क्षेत्रफल और जनसंख्या में सबसे बड़ा देश है। इसलिये भारत के लिये यह आवश्यक है कि इन देशों से व्यवहार ऐसा होना चाहिये, जिससे इन देशों में यह भय पैदा न हो कि भारत उन पर आधिपत्य जमाना चाहता है। पारस्परिक संबंध समानता के होने चाहिये।

भारत और श्रीलंका

श्रीलंका भारत के दक्षिण में स्थित है। भारत की दक्षिण नोक से श्रीलंका की दूरी पूर्व दिशा में केवल 80 किलोमीटर है। श्रीलंका का क्षेत्रफल 65610 वर्ग किलोमीटर है। जनसंख्या लगभग 20.410000 है। इनमें 69.1 प्रतिशत बौद्ध, 7.6 प्रतिशत मुस्लिम, 7.1 प्रतिशत हिन्दू, 6.2 ईसाई और शेष 10 प्रतिशत हैं। यहाँ मुख्यतः दो समुदाय हैं–सिहली और तमिल। औपचारिक रूप में इसका नाम समाजवादी श्रीलंका का गणराज्य है। श्रीलंका जिसे पहले सीलोन कहा जाता था, ब्रिटिश साम्राज्य के अधीन था। श्रीलंका पर पहले कई विदेशी आक्रमण हुये। भारत के पल्लव, चोल, चीन, मलाया और बर्मा ने यह आक्रमण किये। पश्चिम से पहले पुर्तगाली आये और उसके बाद

अंग्रेजों ने यहाँ अपना आधिपत्य स्थापित किया। 4 फरवरी 1948 को वह स्वतंत्र हुआ।

स्वतंत्रता के बाद

श्रीलंका के प्रधानमंत्री डब्लू.आर.डी. भण्डारनायके की हत्या कर दी गयी। भण्डारनायके बहुत लोकप्रिय थे। उन्होंने भारत की ही तरह असम्बद्धता की विदेश नीति अपनायी थी और असम्बद्ध देशों के नेताओं के साथ सहयोग किया था। उनके असामयिक निधन के बाद उनकी पत्नी श्रीमती भण्डारनायके प्रधानमंत्री निर्वाचित हुईं। उन्होंने विदेशी तेल कम्पनियों का राष्ट्रीयकरण किया। 1965 में संसद के चुनाव में वहाँ की दक्षिणपंथी संयुक्त राष्ट्रीय पार्टी की जीत हुई। उन्होंने तेल कम्पनियों के मालिकों को मुआवजा देना तय किया।

मई 1970 पुनः श्रीमती भण्डारनायके प्रधानमंत्री बनीं। उनको वहाँ के वामपंथी दलों का समर्थन प्राप्त था। उन्होंने रबर के बगानों का जो विदेशियों के कब्जे में थे, राष्ट्रीयकरण कर दिया। सन् 1977 में पुनः दक्षिणपंथी अनुदारवादी दल संयुक्त राष्ट्रीय पार्टी सत्ता में आ गयी। राजनीतिक स्थिरता स्थापित करने के लिये संविधान में संशोधन किया गया जिसके फलस्वरूप वहाँ मंत्री मंडलीय शासन व्यवस्था के स्थान पर अध्यक्षीय सरकार स्थापित की गयी।

श्रीलंका की एक मुख्य समस्या सिंहली और तमिलों में मतभेदों की रही है। यहाँ 70 प्रतिशत सिंहली हैं। 12 प्रतिशत तमिल हैं। सिंहली अपने को आर्यों की सन्तान बताते हैं, तमिल अपने को द्राविडों की सन्तान बताते हैं। तमिल लोगों का लगाव भारत के दक्षिणी प्रदेशों विशेषकर तमिलों से है। उल्लेखनीय है कि श्रीलंका में बहुत से तमिल अंग्रेजों के द्वारा अनुबन्धित गुलाम श्रमिकों के रूप में लाये गये थे। सन् 1958 और 1961 में सिंहली और तमिलों के बीच संघर्ष आरम्भ हो गया। स्वाभाविक रूप में तमिलनाडु के तमिलों की सहानुभूति श्रीलंका के तमिलों से थी। किन्तु भारत सरकार की नीति हमेशा किसी दूसरे देश में हस्तक्षेप करने की नहीं रही। 1961 में संसद के एक सदस्य के प्रश्न का उत्तर देते हुये नेहरू ने कहा कि श्रीलंका के विरोधी दलों से सम्पर्क करने की बात बिल्कुल उचित नहीं है, कतई उचित नहीं है। उनसे सम्पर्क करना राष्ट्रीय और अन्तर्राष्ट्रीय दृष्टि से कानून और व्यवहार में असाधारण बात होगी।

भारत में तमिलनाडु में डी.एम.के (द्रविण मुनेग कणगम्) पार्टी का भरपूर समर्थन श्रीलंका के तमिलों से रहा है। ए आई ए डी.एम.के पार्टी की भी सहानुभूति श्रीलंका के तमिलों से रही है। दोनों देशों के बीच मतभेद उन लोगों के संबंध में भी रहा है, जो भारतीय मूल के हैं और श्रीलंका में रह रहे हैं। श्रीलंका ऐसे लोगों को श्रीलंका की नागरिकता देने के पक्ष में नहीं रहा। नेहरू ने कहा था कि ऐसे लोगों के सम्बंध में भारत का रवैया केवल भावनात्मक है। भारत का कोई राष्ट्रीय दायित्व नहीं है।

सन् 1962 में भारत और चीन के युद्ध के समय श्रीलंका ने तटस्थ रहने की नीति अपनाई थी। इस समय श्रीलंका में श्रीमती भण्डारनायके राष्ट्राध्यक्ष थी। श्रीलंका में चीन का प्रभाव बढ़ रहा था। इस युद्ध के दौरान कोलम्बो देशों का सम्मेलन कोलम्बो में हुआ था। उसमें भारत और चीन से युद्ध बन्द करके बातचीत के द्वारा अपने पारस्परिक विवाद समाप्त करने की अपील की गई थी।

भारत के प्रधानमंत्री लाल बहादुर शास्त्री ने श्रीलंका की प्रधानमंत्री श्रीमाओ भण्डारनायके से श्रीलंका में रह रहे तमिलों के विषय पर बातचीत की। इसके फलस्वरूप भण्डारनायके 300000 तमिलों को श्रीलंका की नागरिकता प्रदान करने को राजी हो गयी। शेष 150000 लोगों की स्थिति आगे के लिये छोड़ दी गयी। 1974 में इन्दिरा गाँधी और श्रीमती भण्डारनायके के बीच तय हुआ कि इनमें से आधे को श्रीलंका की नागरिकता दे दी जायेगी। शेष को भारत वापिस भेज दिया जायेगा। इन समझौतों को लागू करने मे देरी हुई, परन्तु इससे दोनों देशों के सम्बंधों में सुधार हुआ।

आरम्भ से ही श्रीलंका यह महसूस करता रहा कि हिन्द महासागर में कोई भी देश भारत को मिलाकर इस स्थिति में न हो कि वह श्रीलंका की सुरक्षा के लिये खतरा बन सके। अतः वह सभी देशों से अच्छे सम्बंध बनाये रखते हुये, हिन्द महासागर को परमाणु रहित क्षेत्र बनाना चाहता था। सन् 1971 में भारत और पाकिस्तान के बीच जो युद्ध हुआ, उसके बाद हिन्द महासागर में भारत की उपस्थिति और 1974 में पोखरण में परमाणु बम के परीक्षण से श्रीलंका और सतर्क हो गया।

भारत और श्रीलंका में राजनीतिक क्षेत्र में एकता और सहयोग की स्थिति रही हैं। श्रीलंका ने भारत की भांति असम्बद्धता की नीति अपनाई है। भारत के साथ सहयोग किया है। श्री और श्रीमती भण्डारनायके दोनों असम्बद्ध देशों के आंदोलन के अग्रणियों में से थे। आवश्यकता इन दोनों देशों में आर्थिक,

तकनीकी और सांस्कृतिक सम्बंधों को बढ़ाने की है। भारत और श्रीलंका के बीच व्यापार में, श्रीलंका ने भारत को निर्यात कम किया है, आयात अधिक किया है, जिसके चलते श्रीलंका का भारत से व्यापार घाटे का रहा है। उदाहरण के लिये 1965–66 से 1974–75 में कुल व्यापार रू. 270 मिलियन का था, जो आगे नहीं बढ़ा। श्रीलंका के लिये 1965–66 में घाटा रू. 132 मिलियन था जो 1974–75 के बीच रू. 266 मिलियन हो गया। इस स्थिति में यह आवश्यक है कि भारत श्रीलंका को अधिक आर्थिक सहायता प्रदान करें। 1978 में यह सहायता पहले से दुगुनी हो गयी थी। भारत और श्रीलंका मिलकर श्रीलंका के रबर के बागानों का विकास और रबर उत्पादन बढ़ाने में सहयोग कर सकते हैं।

श्रीलंका के साथ भारत की विदेश नीति की तीन मुख्य बातें हैं (1) श्रीलंका का विभाजन न हो, (2) तमिल लोग जहाँ पर बहुसंख्यक हैं; उन प्रदेशों को स्वायत्तता मिले, (3) श्रीलंका में कोई विदेशी हस्तक्षेप न हो।

श्रीलंका में सिंहली और तमिलों में संघर्ष चल रहा था। वहाँ शांति स्थापित करने के लिये श्रीलंका के राष्ट्राध्यक्ष और भारत के प्रधानमंत्री राजीव गाँधी के बीच एक समझौता 29 जुलाई 1987 में हुआ। इसके तहत भारत ने श्रीलंका में शांति स्थापित करने के लिये शांति सेना (IPKF) भेजी। श्रीलंका में तमिलों की सेना का नाम लिबरेशन टाइगर्स था। भारतीय तमिलों की यह शिकायत थी कि आई.पी.के.एफ ने श्रीलंका सेना के साथ मिलकर लिबरेशन टाइगर्स के विरूद्ध कार्यवाही की जबकि उसको निष्पक्ष रहना था। श्रीलंका की यह शिकायत थी कि लिबरेशन टाइगर्स ने तमिलनाडु में अपने ट्रेनिंग कैम्प स्थापित किये हैं। तमिलनाडु उनको अस्त्र–शस्त्र दे रहा है। यद्यपि इस समझौते में भारत ने श्रीलंका की स्वतंत्रता, संप्रभुता और प्रादेशिक अखंडता के प्रति पूर्ण आदर व्यक्त किया था किन्तु अनेक लोगों का मत था कि राजीव गाँधी का श्रीलंका को वहाँ शांति बनाये रखने के लिये भारतीय सेना को भेजने का निर्णय गलत था। अनेक सिंहली इसको श्रीलंका के आंतरिक मामलों में अनावश्यक हस्तक्षेप मानते हैं।

जुलाई 1987 में भारत और श्रीलंका में एक संधि हुई। इसके द्वारा केवल जातीयता की समस्या को सुलझाने का प्रयत्न ही नहीं किया गया अपितु श्रीलंका और भारत के सम्बंधों को सुधारने और व्यापक स्तर पर सहयोग करने का निर्णय भी लिया गया।

1989 में जयवर्द्धने का स्थान आई. प्रेमदास ने ले लिया। वह श्रीलंका में आई.पी.के.एफ की उपस्थिति के विरूद्ध थे। इस समय श्रीलंका की सरकार का मुख्य मुद्‌दा भारतीय सेना का श्रीलंका से हट जाने का था। 18 सितम्बर को भारत और श्रीलंका के बीच एक सन्धि हुई। इसमें तय हुआ कि दिसम्बर तक वहाँ से भारत अपनी सेना वापिस बुला लेगा। किन्तु वहाँ बसे तमिलों की सुरक्षा का और उत्तर–पूर्व के प्रांत में स्वायत्तता की समस्यायें नहीं सुलझ पायीं।

29 जुलाई से 4 अगस्त 1989 तक भारत और श्रीलंका के प्रतिनिधियों की वार्ता हुई। इसमें भारतीय सेना के श्रीलंका से हटने और श्रीलंका के तमिल को, श्रीलंका के उत्तर में स्वायत्त प्रांत बनाने पर बातचीत हुई।

वर्ष 1989 के अंत में भारत में निर्वाचन के फलस्वरूप, कांग्रेस के स्थान पर वी.पी. सिंह के नेतृत्व में राष्ट्रीय मोर्चे की सरकार बनी। मार्च 1990 में भारतीय सेना श्रीलंका से हट गयी। इसके हटने के बाद श्रीलंका में सिंहली सेना और तमिल लिबरेशन टाइगर्स के बीच भीषण संग्राम हुआ।

श्रीलंका और भारत के रिश्तों में एक दुखद घटना उस समय घटी जब श्रीपिरूमबन्दर में एक सभा के दौरान राजीव गाँधी की हत्या कर दी गयी। यह माना गया कि यह हत्या लिबरेशन टाइगर्स (लिट्‌टे) के द्वारा करायी गयी थी।

नवम्बर 1991 में कोलम्बो में सार्क के राज्य प्रमुखों की बैठक होनी थी। भारत ने इस बैठक में भाग लेने से इस आधार पर इन्कार कर दिया कि भूटान के राजा इस बैठक में भाग लेने के लिये तैयार नहीं थे। भारत को श्रीलंका से जिस भांति अपनी सेना हटानी पड़ी उससे वह रूष्ट था। सार्क की कोलम्बो में बैठक नहीं हो सकी। इस बात से श्रीलंका रूष्ट हुआ था।

सन् 1992 में सार्क के चेयरमैन की हैसियत से श्रीलंका के राष्ट्राध्यक्ष प्रेमदास सार्क की बैठक में भाग लेने के लिये भारत आये। भारत में उनकी बातचीत तत्कालीन प्रधानमंत्री श्री नरसिम्हा राव और अन्य नेताओं से हुई। 3 अक्टूबर को संयुक्त वक्तव्य में कहा गया कि श्रीलंका के तमिलों की समस्या शांतिपूर्ण ढंग से हल की जायेगी और सार्क के देशों से पारस्परिक सहयोग बढ़ाया जाये।

मई 1993 में श्रीलंका के तत्कालीन राष्ट्राध्यक्ष की हत्या हो गयी। इसी वर्ष से दोनों देशों के पारस्परिक सम्बंधों में सुधार होने लगा था। श्रीमाओ

भण्डारनाइके से राजनीति की बागडोर, उनकी बेटी चन्द्रिका कुमारतुंगे के पास आ गई थी। पीपुल्स एलाइन्स के नेता के रूप में निर्वाचन के बाद वह प्रधानमंत्री बनी।

भारत और श्रीलंका में विवाद का जो मुख्य मुद्दा रहा है, वह श्रीलंका में बसने वाले तमिलों का है। इस मुद्दे के समाधान के लिये कुमारतुंगे ने 3 अगस्त 1995 को एक विस्तृत योजना रखी, किन्तु इस योजना को कई कारणों से लागू नहीं किया जा सका। जून 1999 में श्रीलंका के तत्कालीन प्रधानमंत्री भारत आये। उनकी भारत के राजनेताओं से बातचीत हुई, जो काफी संतोषजनक रही।

भारत और श्रीलंका के आर्थिक और व्यापारिक संबंध दिन ब दिन अच्छे होते गये। दक्षिण एशिया में श्रीलंका भारत से आयात करने में दूसरे स्थान पर है। भारत से श्रीलंका को निर्यात 1994–95 में रू. 2419 करोड़ का था जो 1995–96 में 3048 करोड़ का हो गया। 1994–95 में श्रीलंका से भारत को निर्यात रू. 96,49 करोड़ का था, जो 1995–96 में रू. 145,83 करोड़ का हो गया। श्रीलंका में भारत के साथ 38 संयुक्त उद्योग हैं। इनमें 17 कार्यरत थे। उनमें निवेश रू. 11 करोड़ था। 21 संयुक्त उद्योग लग रहे थे, जिनमें निवेश रू. 82 करोड़ का होना था। इन उद्योगों में कई प्रकार के उद्योग सम्मिलित हैं।

अंततः मई 2009 में श्रीलंका की सरकार ने घोषणा की कि लिबरेशन टाइगर्स को पूरी तरह से पराजित कर दिया गया है। जो प्रदेश उनके अधिकार में थे उन पर सरकार का पूरा कब्जा हो गया है। युद्ध के इस अन्तिम चरण में लाखों लोगों की हत्या हुई। सन् 2011 में संयुक्त राष्ट्र के एक पैनल ने अपने प्रतिवेदन में कहा था कि इस युद्ध में श्रीलंका की सेना ने अस्पतालों, विद्यालयों और निर्दोष लोगों पर बमबारी की थी। इसके बाद होने वाले निर्वाचन में इस युद्ध के कमाण्डर फोनसिका तत्कालीन राष्ट्राध्यक्ष राजपक्षे के खिलाफ प्रतिद्वन्द्वी थे। निर्वाचन के बाद उसको गिरफ्तार कर लिया गया और उसके विरूद्ध अभियोग चलाया गया। संविधान में संशोधन करके राजपक्षे को तीसरी बार राष्ट्राध्यक्ष बनने का अवसर दिया गया।

श्रीलंका और भारत में बहुत सी राजनीतिक, आर्थिक और सांस्कृतिक समानतायें हैं: श्रीलंका के सिंहली अपने को आर्यों की सन्तान मानते हैं। श्रीलंका के तमिल भारत के तमिलों की ही जाति के हैं। दोनों में भाषाई एकता है। श्रीलंका के बहुसंख्यक लोग बौद्ध धर्म के मानने वाले हैं। उनके

तीर्थस्थान भारत में स्थित हैं। बौद्ध धर्म का उदय भारत में हुआ था। भारत और श्रीलंका दोनों ही ब्रिटेन के उपनिवेश थे। दोनों ने आज़ादी द्वितीय महायुद्ध के बाद प्राप्त की थी। दोनों देशों ने असम्बद्धता की विदेश नीति को अपनाया। दोनों देश अपने आर्थिक और सामाजिक विकास के लिये प्रयत्नशील हैं। यह समानता होते हुए भी श्रीलंका में यह भी चिन्ता है कि कहीं भारत उस पर अपना आधिपत्य न स्थापित कर ले। श्रीलंका की तुलना में भारत एक विशाल देश है। उसकी जनसंख्या एशिया में दूसरे स्थान पर है। उसके पास एशिया में दूसरी बड़ी सेना है और वह आधुनिक अस्त्र–शस्त्रों से सुसज्जित है। भारत ने अपने पड़ोसी छोटे देशों को यह समझाने की कोशिश की है कि भारत की ऐसी कोई मंशा नहीं है। वह उनसे बराबरी के स्तर पर ही व्यवहार करना चाहता है किन्तु इसके बावजूद भारत के प्रति यह शंका छोटे पड़ोसी देशों के मन में है। भारत का यह प्रयत्न होना चाहिये कि वह अपनी नीति और कार्यों से उनके इस भ्रम को यथासंभव दूर करे।

भारत और बांग्लादेश

1947 में भारत का विभाजन हुआ था। भारत और पाकिस्तान दो स्वतंत्र और सम्प्रभु राज्यों की स्थापना हुई थी। पाकिस्तान को दो हिस्सों में बाँटा गया, एक पश्चिम पाकिस्तान और दूसरा पूर्व पाकिस्तान। आरम्भ से ही पाकिस्तान में उसके पश्चिमी हिस्से का दबदबा रहा था, जिससे उसके पूर्व में असंतोष पैदा हुआ और वह बढ़ता गया। उदाहरणतः जब 1949 में पाकिस्तान में उर्दू को राष्ट्र भाषा के रूप में स्वीकार किया गया, तो इसकी विपरीत प्रतिक्रिया पूर्वी पाकिस्तान में हुई जहाँ बंगाली भाषा बोली जाती थी।

पूर्वी पाकिस्तान में वहाँ की जनता का असंतोष व्यक्त करने और उनकी आकांक्षाओं का प्रतिनिधित्व करने के लिये एक राजनीतिक दल बना। उसका नाम आवामी लीग था। सन् 1957 में पूर्वी बंगाल की विधान सभा में प्रस्ताव आया कि पूर्वी बंगाल को स्वायत्तता प्रदान की जाये। बंगाल की जनता ने उसको राजनीतिक और आर्थिक अधिकारों से वंचित किये जाने के प्रस्ताव का विरोध किया। किन्तु पाकिस्तान की सरकार ने पूर्वी बंगाल की जनता के असंतोष को दूर करने के लिये कुछ नहीं किया। परिणामतः उनका यह असंतोष बढ़ता गया। 1970 तक पूर्वी पाकिस्तान की जनता ने कोई विरोधी अभियान नहीं चलाया।

1970 में पूर्वी पाकिस्तान में विधान सभा के चुनाव में आवामी लीग को स्पष्ट बहुमत से निर्वाचित होने के बावजूद केन्द्र सरकार ने पूर्वी पाकिस्तान

को सत्ता हस्तांतरित नहीं की। इसके फलस्वरूप पूर्वी पाकिस्तान में शेख मुजीबुर्रहमान के नेतृत्व में केन्द्र सरकार के विरूद्ध सविनय अवज्ञा आन्दोलन आरम्भ किया। पाकिस्तान ने शक्ति के द्वारा इसका दमन किया। इसके फलस्वरूप वहाँ एक क्रांति हुई। उसमें बांग्लादेश को एक स्वतंत्र और सम्प्रभु राज्य की घोषणा की गयी।

पहले भारत ने अपने पड़ोस में घटने वाली घटनाओं के प्रति तटस्थता बनाये रखी। किन्तु पाकिस्तानी सेना के द्वारा पूर्वी बंगाल की जनता के प्रति अमानवीय व्यवहार और क्रूरता के कारण और वहाँ से आये हुए शरणार्थियों के कारण भारत पर आर्थिक दबाव पड़ रहा था। उसके परिणामतः भारत का सब्र टूट गया। भारत ने अपना विरोध दर्ज कराया। पाकिस्तान ने इसके उत्तर में भारत को उसके आन्तरिक मामलों में हस्तक्षेप करने का दोषी बताया।

भारत ने पाकिस्तान के आरोपों को गलत बताया और पाकिस्तान के इस कथन का, कि यह विवाद भारत–पाकिस्तान के विवाद का हिस्सा है इसको मानने से साफ इन्कार कर दिया। भारत ने पूर्वी पाकिस्तान में जहाँ मानवीय अधिकारों का दमन किया जा रहा था, उसके विरूद्ध विश्व जनमत एकत्रित करने का अभियान आरम्भ किया। भारत की तत्कालीन प्रधानमंत्री इन्दिरा गाँधी और विदेश मंत्री स्वर्ण सिंह ने जनमत जुटाने के लिये तमाम देशों के दौरे किये। संयुक्त राष्ट्र संघ और अन्य अन्तर्राष्ट्रीय संस्थानों में भी इस समस्या को रखा। जून 1971 में भारत ने निर्णय लिया कि इतने से भी काम नहीं चलेगा। भारत को सक्रिय हस्तक्षेप करना होगा। उन्होंने 13 जून 1971 को राज्य सभा में घोषणा की, कि मजबूरी में हम इस युद्ध में हस्तक्षेप करने जा रहे हैं, इसके पश्चात् भारत ने अपनी सेना का प्रयोग आरम्भ कर दिया। भारतीय सेना और पूर्वी पाकिस्तान की मुक्त–वाहिनी ने एकजुट होकर पाकिस्तानी सेना के दाँत खट्टे कर दिये। 16 दिसम्बर को पाकिस्तान की हार होने पर बांग्लादेश की स्थापना की घोषणा की गयी। भारत ने तुरन्त शेख मुजीबुर्रहमान की सरकार को बांग्लादेश की सरकार के रूप में मान्यता दे दी। अन्य राज्यों ने भी बांग्लादेश को अलग से एक स्वतंत्र राज्य के रूप में मान्यता दे दी। इस भांति पाकिस्तान को अपनी करनी का फल भुगतना पड़ा। यह भारत की राजनीति की एक बहुत बड़ी जीत थी।

बांग्लादेश की स्थापना 16 दिसम्बर 1971 में हुई। आरम्भ से ही बांग्लादेश और भारत के घनिष्ठ सम्बंध रहे। बांग्लादेश ने भी असम्बद्धता की

विदेश नीति अपनायी। पंचशील में अपनी आस्था प्रकट की। दोनों देशों का लक्ष्य सामाजिक, आर्थिक और तकनीकी विकास करना था। बांग्लादेश एक कृषि–प्रधान देश था। पाकिस्तान में रहते हुए उसका कोई औद्योगिक विकास नहीं हो पाया था। पाकिस्तान में रहते हुए उस पर पश्चिमी पाकिस्तान का आधिपत्य था।

भारत और बांग्लादेश के बीच में कई समझौते हुये। इनके तहत भारत ने बांग्लादेश से अपनी सेना हटाने का फैसला किया। भारत ने बांग्लादेश को आश्वासन दिया कि उस पर किसी प्रकार का आक्रमण होने पर भारत उसकी रक्षा करेगा। एक समझौते के द्वारा भारत ने बांग्लादेश को रू. 100 करोड़ का अनुदान देने का निर्णय लिया, जिससे बांग्लादेश के निर्माण में सहायता मिल सके। 8 जनवरी 1972 को पाकिस्तान ने शेख मुजीबुर्रहमान को, जो वहाँ 29 मार्च 1971 से जेल में थे, रिहा कर दिया। मुजीबुर्रहमान पाकिस्तान से बांग्लादेश जाते समय कुछ देर के लिये भारत ठहरे। उन्होंने भारत की जनता के प्रति अपना आभार व्यक्त किया। उन्होंने कहा कि बांग्लादेश की जनता भारत का अहसान कभी नहीं भूलेगी। भारत ने बांग्लादेश की स्थापना में ऐतिहासिक भूमिका निभाई थी। भारत और बांग्लादेश के सम्बंध मैत्रीपूर्ण और पारस्परिक सहयोग के रहेंगे। दोनों देशों के बीच में एक व्यापारिक संधि भी हुई, जिसमें यह तय किया गया कि दोनों देशों के बीच का व्यापार रू. 100 करोड़ का किया जायेगा।

जनवरी 1972 में बांग्लादेश के तत्कालीन विदेश मंत्री अब्दुल समद आजाद भारत के दौरे पर आये। उनकी भारत सरकार से बातचीत हुई। इस बातचीत के फलस्वरूप एक समझौता हुआ कि भारत, बांग्लादेश को रू. 25 करोड़ की सामग्री और सेवायें अनुदान के रूप में देगा। दूसरे बांग्लादेश की विदेशी मुद्रा की आवश्यकता पूरी करने के लिये रू. 25 करोड़ का ऋण देगा, जिसको बांग्लादेश 5 साल के बाद 15 वर्षों में समान किस्तों में वापस करेगा। जनवरी 1972 में इन्दिरा गाँधी के प्रमुख राजनयिक अधिकारी और सलाहकार डी.पी. धर बांग्लादेश गये। उनकी बातचीत बांग्लादेश से भारतीय सेना को हटाने और पाकिस्तान के युद्ध बन्दियों के सम्बंध में हुई। 2 फरवरी 1972 को बांग्लादेश के तत्कालीन वित्तमंत्री ताजुद्दीन अहमद भारत आये। उनकी भारत सरकार से बातचीत के परिणामस्वरूप समझौता हुआ कि भारत बांग्लादेश को 5 मिलियन टन खाद्यान् देगा और इस प्रकार की सहायता की धनराशि रू. 125 करोड़ होगी।

6 से 8 फरवरी तक बांग्लादेश के प्रधानमंत्री शेख मुजीबुर्रहमान भारत के दौरे पर आये। भारत सरकार से बातचीत के बाद तय हुआ कि 25 मार्च 1972 तक भारतीय सेना बांग्लादेश से पूरी तरह से हट जायेगी। दोनों देशों के नेताओं ने अपनी मैत्री, सहयोग और विश्वशांति के प्रति प्रतिबद्धता प्रकट की और घोषणा की कि उनकी मैत्री अटूट है। उसे कोई तोड़ नहीं सकता है।

मार्च 1972 में भारत की तत्कालीन प्रधानमंत्री श्रीमती इन्दिरा गांधी बांग्लादेश के दौरे पर गयीं। वहाँ भारत और बांग्लादेश की 25 वर्षों के लिये एक संधि शांति, मित्रता और सहयोग के लिये हुई। दोनों देशों के बीच वर्ष में दो बार दोनों देशों के उद्योग, व्यापार, सुरक्षा, संस्कृति, योजना, विज्ञान और तकनीकी विभागों से सम्बंधित अधिकारियों के बीच पारस्परिक परामर्श के लिये व्यवस्था की गयी। इस दौरे की सबसे बड़ी उपलब्धि भारत–बांग्लादेश संधि थी, जिस पर 19 मार्च 1972 पर हस्ताक्षर किये गये।

28 मार्च 1972 को भारत और बांग्लादेश में एक व्यापारिक संधि हुई जिसके द्वारा दोनों देशों का व्यापार रू. 100 करोड़ करना तय हुआ। जुलाई 5, 1973 में एक दूसरा व्यापारिक समझौता हुआ, जिसके द्वारा दोनों देशों में तय हुआ कि भारत, बांग्लादेश को रू. 30.5 करोड़ का निर्यात करेगा। भारत ने बांग्लादेश को रू. 41 करोड़ का ऋण देना स्वीकार किया। दोनों देशों में विज्ञान, शिक्षा, व्यापार, संस्कृति, खेल के क्षेत्रों में गहन सहयोग स्थापित हुये।

15 अगस्त 1975 को बांग्लादेश में एक सैनिक विद्रोह हुआ। इसमें शेख मुजीबुर्रहमान की हत्या कर दी गयी। मुजीबुर्रहमान की हत्या से भारत में निराशा के साथ क्रोध भी फैला। यह महसूस किया जाने लगा कि पाकिस्तान की भांति बांग्लादेश उसी रास्ते पर बढ़ रहा है जो भारत के हित में नहीं होगा। बांग्लादेश में राजनीतिक अस्थिरता पैदा हो गयी। शासन सेना के हाथों में आ गया। पहले जनरल जियाउर्ररहमान वहाँ का सैनिक शासक रहा। उसकी हत्या के बाद जनरल मोहम्मद इरशाद वहाँ का सैनिक शासक बना।

भारत और बांग्लादेश के बीच विवाद के जो विषय हैं; वह है गंगा के जल की भागीदारी और इस जल का प्रयोग करने के लिये भारत के द्वारा फरक्का बेराज बनाने की योजना। श्रीमती इन्दिरा गाँधी और जियाउर्रहमान के बीच यह समझौता हुआ था कि दोनों देशों के विशेषज्ञ बातचीत करके इस

विवाद का हल करने के लिये ऐसे सुझाव दें, जो दोनों देशों के हित में हो। किन्तु विवाद का कोई हल नहीं निकला। जियाउर्रहमान ने इस विवाद को अन्तर्राष्ट्रीय मंचों पर उठाने का प्रयास किया। जनवरी 1976 में इस्लामिक कॉन्फ्रेन्स में और अगस्त 1976 में कोलम्बो में असम्बद्ध देशों की शीर्ष बैठक में उन्होंने इस विवाद को उठाया। इसके बाद कॉमनवेल्थ, संयुक्त राष्ट्र संघ और सार्क में भी इस विवाद को उठाने की कोशिश की गयी। किन्तु इसका कोई सकारात्मक परिणाम नहीं हुआ। दोनों देशों के रिश्ते बिगड़ते गये।

सन् 1977 में बांग्लादेश और भारत की जनता पार्टी की सरकार ने पाँच वर्षों के लिये एक समझौता किया, जिससे सूखे के मौसम में बांग्लादेश को पर्याप्त पानी मिलने लगा, किन्तु भारत के एक लिंक नहर बनाने के प्रस्ताव को ढ़ाका ने नहीं माना। भारत की चिन्ता थी की सूखे के मौसम में बिहार और उत्तर प्रदेश को पर्याप्त पानी नहीं मिल सकेगा। कोलकता बन्दरगाह में समुचित जल प्रवाह नहीं हो पायेगा। बांग्लादेश को चिन्ता यह थी कि यदि सूखे के मौसम में भारत से पर्याप्त पानी नहीं मिला तो वह बर्बादी के कगार पर आ जायेगा।

बांग्लादेश और भारत में विवाद के अन्य विषय थे—तीन बीघा गलियारे का बांग्लादेश को हस्तांतरण, सागरीय सीमाओं का सीमांकन, चकमा कबीले के लोगों को बांग्लादेश वापिस भेजना और भारत में बांग्लादेश के नागरिकों का अवैध रूप से घुसपैठ और निवास।

1989 में भारत के शासन में परिवर्तन हुआ। राष्ट्रीय मोर्चे की सरकार ने बांग्लादेश से सम्बंधों को ठीक करने का प्रयास किया। तत्कालीन विदेशमंत्री इन्द्रकुमार गुजराल बांग्लादेश गये और वहाँ जनरल इरशाद और अन्य अधिकारियों से बातचीत की।

भारत के सर्वोच्च न्यायालय ने 5 मई 1990 में अपना निर्णय दिया कि तीन बीघा को बांग्लादेश को हस्तांतरित करने के लिये भारत के संविधान में संशोधन करने की आवश्यकता नहीं है। इस निर्णय से भारत और बांग्लादेश के सम्बंधों में सुधार होने का स्वर्णिम अवसर मिला। 1972 में इन्दिरा गाँधी और मुजीबुर्रहमान के समझौते और 1982 के समझौतों के एक प्रावधान की इससे पूर्ति होती थी। तीन बीघा जमीन बांग्लादेश एंगरोपोटा और दाहाग्राम को मिलाने वाला रास्ता था। शेख जियाउर्रहमान के निधन के बाद बांग्लादेश में पुनः एक लोकतांत्रिक सरकार की स्थापना हुई। जियाउर्रहमान की पत्नी खलिदाजिआ के राष्ट्रीय दल को बहुमत मिला और उनके नेतृत्व में

नयी सरकार का गठन हुआ। उन्होंने कोशिश की कि दोनों देशों के सम्बंध सामान्य बन जाये। वह स्वयं राजीव गाँधी के दाह संस्कार के समय पर उपस्थित हुई थीं। भारत में कांग्रेस की नयी सरकार नरसिम्हा राव के नेतृत्व में उस समय गठित हुई थी। बांग्लादेश के तत्कालीन विदेशमंत्री मुस्ताफिजर रहमान भारत के दौरे पर आये। इस समय दो समझौते हुये। एक दोहरे कर की स्थिति को समाप्त करना और दूसरे के द्वारा भारत ने भारतीय भारी मशीनें खरीदने के लिये रू. 300 मिलियन ऋण देने की स्वीकृति दी। भारत ने 1991 के अंत तक तीन बीघा क्षेत्र बांग्लादेश को हस्तांतरित करने का आश्वासन दिया। उनकी भारत के तत्कालीन विदेशमंत्री माधवराव सोलंकी से गंगा के जल, पारस्परिक व्यापार में बांग्लादेश के घाटे की स्थिति, चकमा शरणार्थियों को वापिस भेजना तथा आर्थिक सहयोग पर बातचीत हुई।

बांग्लादेश की प्रधानमंत्री खालिदाजिया भारत की यात्रा पर आयीं। उनकी भारत के तत्कालीन प्रधानमंत्री नरसिम्हा राव से विस्तार से बात हुई। नरसिम्हा राव ने आश्वासन दिया कि जब तक गंगा का पानी देने का स्थायी हल नहीं निकलता, ऐसी व्यवस्था की जायेगी, जिससे बांग्लादेश के नागरिकों को कोई कष्ट न हो। चकमा कबीलों की वापसी और भारत के उत्तर–पूर्व के विद्रोहियों के बांग्लादेश के साथ सम्बंधों और दोनों देशों के बीच सद्भावना और सौहार्द बढ़ाने पर बातचीत हुई।

20 जून 1992 को तीन बीघा का गलियारा बांग्लादेश को पट्टे पर दे दिया गया। इसी तरह एगंरोपोटा और दाहाग्राम के क्षेत्र बांग्लादेश को दे दिये गये। इसके बदले बेरूबारी का दक्षिणी भाग भारत को दे दिया गया। अगस्त 1992 में दोनों देशों के विदेश सचिव मिले। उन्होंने समान हित के विषयों पर बातचीत की। दोनों देशों के व्यापार में भारत का पलड़ा भारी था। उसको बांग्लादेश से 1.3 मिलियन यू.एस. डालर लेना था। 25–27 अगस्त को भारत के जल संसाधनों के मंत्री विद्याचरण शुक्ला बांग्लादेश गये। उन्होंने बांग्लादेश के अपने समकक्षी मंत्री से दोनों देशों में बहने वाली नदियों के पानी की भागीदारी पर बातचीत की।

अगस्त 1992 में बांग्लादेश के वाणिज्य मंत्री भारत आये। इस अवसर पर एक वाणिज्य समझौता अगले तीन वर्षों के लिये किया गया। इसी वर्ष सितम्बर में बांग्लादेश के वित्त मंत्री भारत आये। उन्होंने इस बात पर जोर दिया कि भारत और बांग्लादेश के बीच व्यापार में नियम उदार बनाये जायें।

इन सबके बावजूद भारत और बांग्लादेश के बीच कुछ ऐसे विवाद के विषय थे, जिन पर समय–समय पर तेजी आ जाती थी। हकीकत यह थी कि बांग्लादेश के धार्मिक कट्टरवादी दिल से भारत के खिलाफ थे। बांग्लादेश की स्थापना में, भारत की जो भूमिका रही थी, वह उससे नाराज थे। बांग्लादेश और भारत के बीच मतभेद का बड़ा विषय था भारत में बांग्लादेश के नागरिकों की घुसपैठ। भारत इससे परेशान था। विरोधी दल इस विषय पर सरकार का नाकोदम किये हुये थे। भारत इनको वापिस बांग्लादेश भेजने का प्रयास कर रहा था। भारत की इस नीति को **'पुश बैक'** की नीति कहा गया। बांग्लादेश का आरोप था कि जो लोग वापिस भेजे जा रहे है, वे वास्तव में बांग्लादेशी नहीं थे। साम्प्रदायिकता के आधार पर इनकी गलत पहचान करके इन्हें बांग्लादेश 'पुश बैक' किया जा रहा है।

भारत और बांग्लादेश में भारत में अवैध बांग्लादेशियों के विषय पर दोनों देशों में कशमकश चलती रही। एक अनुमान के अनुसार लगभग 20 लाख अवैध बांग्लादेशी भारत में थे। इनके प्रत्यार्पण पर दोनों देशों में मतभेद बना रहा।

1992 में बाबरी मस्जिद के ध्वस्त किये जाने पर यह सम्बंध और बिगड़ गये। प्रतिक्रिया के रूप में बांग्लादेश में कई हिन्दू मन्दिरों और पूजा के स्थानों पर तोड़–फोड़ की गयी। बांग्लादेश की संसद में सभी पार्टियों ने इसकी तीव्र आलोचना की। इस तनाव पूर्ण स्थिति के बीच भी दोनों देशों के सद्बुद्धि वाले लोगों ने इन्हें अपराधियों का कार्य बताया। दोनों देशों में सद्भावना बनाये रखने की कोशिश की। तनाव के कारण सार्क का सम्मेलन, जो ढाका में होना था, स्थगित कर दिया गया।

इसके बावजूद दोनों देशों ने अपने सम्बंधों को सुधारने के कदम बढ़ाये। चकमा शरणार्थियों के प्रत्यार्पण के सम्बंध में दोनों देशों में समझौता हुआ और पहली खेप में 50 चकमा शरणार्थी बांग्लादेश लौटे। दोनों देशों ने इस समस्या का शांतिपूर्ण समाधान करने का निश्चय किया। बांग्लादेश के विदेश मंत्री अली अहमद भारत आये। वह स्वतंत्रता सेनानी रह चुके थे। उनकी भारत के तत्कालीन प्रधानमंत्री नरसिम्हा राव से 45 मिनट बातचीत हुई।

बांग्लादेश की प्रगतिशील जनवादी लेखिका तस्लीमा नसरीन भी दोनों देशों के बीच मतभेदों का कारण बनीं। उन्होंने एक उपन्यास लिखा जिसका नाम 'लज्जा' था। इसमें बांग्लादेश के एक हिन्दू परिवार को वहाँ सताये जाने की गाथा थी। बांग्लादेश के कट्टरपंथी इससे बेहद नाराज थे।

उन्होंने तस्लीमा की हत्या करने वाले को पुरस्कृत करने की घोषणा की। वह बांग्लादेश छोड़कर भारत आ गयीं किन्तु भारत सरकार ने इस डर से कि इससे उनके बांग्लादेश से सम्बंध खराब हो जायेंगे, उनको सुरक्षा और शरण देने से इन्कार कर दिया। वह स्वीडन चली गयीं। उनका मन भारत में रहने का था, किन्तु भारत सरकार इसके लिये तैयार नहीं थी।

भारत और बांग्लादेश दोनों देशों में सरकारों का परिवर्तन हुआ। दिसम्बर 1996 में बांग्लादेश की तत्कालीन प्रधानमंत्री शेख हसीना भारत आयीं और 14 दिसम्बर 1996 को दोनों देशों के बीच 30 वर्षों के लिये एक संधि हुई। उसमे तय हुआ कि गंगा के पानी में दोनों देशों की 50–50 की भागीदारी होगी। पानी कम होने पर दोनों देश विशेषकर एक–दूसरे से बातचीत करेंगे और उपयुक्त निर्णय लेंगे। इस समझौते को कराने में पश्चिम बंगाल के तत्कालीन मुख्यमंत्री ज्योति बसु ने विशेष योगदान दिया।

आर्थिक और व्यापारिक संबंध

जनवरी 1978 में दोनों देशों के बीच एक व्यापारिक संधि हुई थी। इस संधि के अन्तर्गत भारत ने बांग्लादेश से 10 हजार टन न्यूज प्रिन्ट, 20 हजार टन नेप्था, 60 हजार टन फर्नेस आयल और, 15 हजार टन क्लोरोक्यिून रॉक फॉसफेट लेने का फैसला किया था। इसके बदले में बांग्लादेश ने भारत से 300000 टन स्टीम कोल लेने का निर्णय लिया था। 75 हजार टन आसाम का तेल खरीदने पर विवाद खत्म करना तय किया था। अक्टूबर 1982 में भारत की तत्कालीन प्रधानमंत्री इन्दिरा गाँधी और बांग्लादेश के राष्ट्राध्यक्ष इरशाद की भेंट हुई। इसमें तय हुआ कि भारत बांग्लादेश में स्पन्ज आयरन, सीमेन्ट, कपड़ा और शक्कर बनाने के उद्योग स्थापित करेगा। 1983 में भारत ने बांग्लादेश से 50 हजार टन यूरिया और 20 हजार टन न्यूज प्रिन्ट हर वर्ष तीन वर्षों तक लेने का फैसला किया। इसके अलावा 20 हजार टन विटुमिन भी बांग्लादेश से लेने का फैसला किया गया। दोनों देशों द्वारा संयुक्त उद्योग स्थापित करने का भी निर्णय लिया गया। भारत ने 1 लाख हाई स्टीम कोल प्रति वर्ष देने पर सहमति दी तथा 3 लाख से 5 लाख टन ली बोलोटायल कोल देने का भी प्रस्ताव रखा।

दोनों देशों में आर्थिक और व्यापारिक सहयोग बढ़ते हुये भी राजनीतिक क्षेत्र में विवाद के कुछ बिषय बने रहे। इसी तरह के विवादों में एक विवाद न्यूमूर द्वीप के स्वामित्व का था। इस द्वीप का पता 1970 में लगा था। भारत और बांग्लादेश दोनों इस पर अपने स्वामित्व का दावा कर रहे थे। यह

द्वीप भारत की जमीन से 5.2 किलोमीटर दूर है। बांग्लादेश की जमीन से 7.6 किलोमिटर दूर है। भारत की जलसेना ने इसकी खोज की थी और 1974 में इसकी पहचान के लिये खम्बे स्थापित किये थे। इसकी सूचना ब्रिटेन और संयुक्त राज्य अमेरीका को भी दी थी। यद्यपि दोनों देशों ने इस समस्या का शांतिपूर्ण समाधान करने का निर्णय लिया था किन्तु यह विवाद अभी तक बना हुआ है। इसी प्रकार से फरक्का बाँध पर गंगा के पानी की भागीदारी पर विवाद भी अभी तक सुलझ नहीं पाया है।

सन् 1986 में बांग्लादेश के तत्कालीन राष्ट्राध्यक्ष जनरल इरशाद भारत की यात्रा पर आये थे। उनकी बातचीत भारत के तत्कालीन प्रधानमंत्री राजीव गाँधी से हुई थी। दोनों ने यह तय किया कि भारत और बांग्लादेश के बीच समुद्री सीमा और स्थल सीमाओं पर आतंकवादी हरकतों पर मैत्रीपूर्ण ढंग से बातचीत के द्वारा हल निकाला जाये। बांग्लादेश भारत में अवैध ढंग से रह रहे चकमा शरणार्थी, जो लगभग 1 हजार थे, उसको वापस लेने के लिये बांग्लादेश तैयार हो गया।

अगस्त 2011 में भारत के तत्कालीन गृहमंत्री ने भारत और बांग्लादेश की अन्तर्राष्ट्रीय सीमाओं पर एक चेकपोस्ट स्थापित की, जिसकी लागत रू. 172 करोड़ थी। सितम्बर 2011 में भारत के प्रधानमंत्री डॉ. मनमोहन सिंह बांग्लादेश की यात्रा पर गये। वहाँ उनकी बांग्लादेश की प्रधानमंत्री शेख हसीना से बातचीत हुई। इस समय दोनों देशों के बीच पारस्परिक व्यापार, विद्युत शक्ति के उत्पादन, रेलवे और सीमाओं के निर्धारण पर महत्वपूर्ण बातचीत हुई और इन विषयों पर 7 समझौते हुये। सबसे महत्वपूर्ण समझौते सीमाओं के निर्धारण और दोनों देशों में स्थित एक–दूसरे की बस्तियों (इनक्लेव) में रहने वाले लोगों के सम्बंध में थे। इसके बावजूद तीस्ता नदी के सम्बंध में पश्चिम बंगाल की मुख्यमंत्री की जिद के कारण कोई समझौता नहीं हो पाया। बांग्लादेश की सरकार इस प्रकार का समझौता करने की आशा लगायी थी। यह समझौता न होने के कारण भारत ने अपने हित में बांग्लादेश से अपने सम्बंध और मजबूत करने का एक स्वर्णिम अवसर खो दिया।

दक्षिण एशियाई क्षेत्रीय सहयोग संगठन (दक्षेश) अथवा सार्क

इसकी स्थापना का उद्देश्य दक्षिण एशिया के देशों में पारस्परिक आर्थिक सहयोग को बढ़ाना है। 5 दिसम्बर 1985 को ढाका में सात देशों के राष्ट्राध्यक्षों के सम्मेलन में इसकी स्थापना की गयी। इसमें भारत, पाकिस्तान, बांग्लादेश, नेपाल, भूटान, श्रीलंका और मालद्वीप सम्मिलित

हैं। ढ़ाका सम्मेलन में सदस्य देशों ने सद्भावना, भाईचारा, सहयोग और सहकार के नये युग का आरम्भ तथा सामूहिक सुरक्षा और राजनीतिक इच्छा की अभिव्यक्ति बताया। उल्लेखनीय है कि सम्मिलित देश भारतीय उप–महाद्वीप के क्षेत्र हैं। एक समय में इनमें से अधिकांशतः ब्रिटिश साम्राज्य के अधीन थे या उसके प्रभाव क्षेत्र में थे। एशिया की एकता का विचार भी पुराना था। उसकी स्थापना के कई प्रयास पहले भी हो चुके थे।

सार्क में सम्मिलित देशों की जनसंख्या एक अरब से अधिक है। इसमें सम्मिलित सभी देश गरीबी, निरक्षरता, बेरोजगारी और पिछड़ेपन से मुक्ति पाने के लिये और सामाजिक, आर्थिक, औद्योगिक और सांस्कृतिक विकास के लिये प्रयासरत है। इस प्रकार के संगठन की स्थापना का सुझाव बांग्लादेश के पूर्व राष्ट्रपति जियाउर्रहमान ने दिया था। सन् 1983 में दिल्ली में आयोजित विदेश मंत्रियों की बैठक में तय हुआ कि दक्षिण एशियाई क्षेत्रीय सहयोग के लिये एक संगठन स्थापित किया जाये। सन् 1983 में इसका आरम्भ हुआ। इसमें सभी सदस्य देशों की समानता, संप्रभुता और अखंडता को स्वीकार किया गया।

सार्क के चार्टर में 10 अनुच्छेद हैं। अनुच्छेद 1 में इसके उद्देश्य दिये गये हैं: (1) दक्षिण एशिया के देशों की जनता के जीवन स्तर में सुधार। (2) आत्म निर्भरता में वृद्धि। (3) आर्थिक सामाजिक और सांस्कृतिक विकास में गतिशीलता। (4) आपसी विश्वास और एक दूसरे की समझ में वृद्धि। (5) सामाजिक, आर्थिक, सांस्कृतिक, तकनीकी और वैज्ञानिक क्षेत्रों में सक्रिय सहयोग और सहायता। (6) अन्य विकासशील देशों से सहयोग। (7) सामान्य हितों पर अन्य अन्तर्राष्ट्रीय मंचों पर सशक्त सहयोग। चार्टर के अनुच्छेद 3 से 8 में इसकी संरचना का वर्णन किया गया है। सर्वोपरि शिखर सम्मेलन है। जिसमें सदस्य देशों के शासनाध्यक्ष सम्मिलित होते हैं। इसकी वर्ष में कम से कम एक बैठक का प्रावधान है। इस सम्मेलन में नीतिगत निर्णय लिये जाते हैं। दूसरे विदेश मंत्रियों की परिषद है। इसकी छः माह में कम से कम एक बैठक होना आवश्यक है। आवश्यकता होने पर कभी भी इसकी बैठक बुलाई जा सकती है।

इसमें नीतिगत विषयों पर विचार, निर्धारित नीतियों का क्रियान्वयन तथा सहयोग और सहकार के क्षेत्र में साधनों पर आवश्यक विचार–विमर्श होता है। इसके बाद स्थायी समिति होती है। इसमें सदस्य देशों के विदेश सचिव होते हैं। इनकी वर्ष में कम से कम एक बैठक आवश्यक है। इसका मुख्य

कार्य सहयोग और सहकार के कार्यक्रमों को मॉनीटर करना तथा सहकार के नये क्षेत्रों की पहचान करना होता है। इसके बाद तकनीकी समितियाँ, कार्यकारी समिति और सचिवालय होते हैं। इनका उद्देश्य सहयोग की परियोजनाओं का अध्ययन, क्रियान्वयन, समन्वय और निगरानी करना होता है। वित्तीय आवश्यकताओं की पूर्ति के लिये सदस्य देश, अंशदान निर्धारित प्रतिशत के हिसाब से देते हैं। इसका मुख्यालय काठमाण्डू में रखा गया है।

इसका प्रथम शिखर सम्मेलन 1985 में ढाका में हुआ था, जहाँ पर औपचारिक रूप में इसकी स्थापना की गयी थी। सार्क का दूसरा शिखर सम्मेलन बंगलुरू में 1986 में हुआ। इसमें स्थायी कार्यालय को स्थापित करने में प्रगति हुई।

विकास कार्यों में महिलाओं की भागीदारी, मादक द्रव्यों की तस्करी रोकने, रेडियो तथा टेलीविजन के कार्यक्रमों में सहकार, अध्यापकों और विद्यार्थियो के आदान–प्रदान और युवाजनों को प्रोत्साहित करने आदि समान हित के विषयों पर परामर्श हुआ। बिना किसी देश पर दोषारोपण करते हुये आतंकवाद पर विचार किया गया और उसे समाप्त करने पर सहमति बनी। उस समय श्रीलंका में सिहंली और तमिलों के बीच संघर्ष विस्फोटक रूप ले चुका था। इस सम्मेलन में भारत के तत्कालीन प्रधानमंत्री राजीव गांधी ने भारत का प्रतिनिधित्व किया था। 1987 में तीसरा शिखर सम्मेलन काठमाण्डू में, सन् 1988 में चौथा शिखर सम्मेलन इस्लामाबाद में, पाँचवा शिखर सम्मेलन 1990 में मालद्वीप की राजधानी माली में हुआ। उल्लेखनीय है कि भारत में उस समय संयुक्त मोर्चे की सरकार में वी.पी. सिंह प्रधानमंत्री थे। इसके पहले राजीव गांधी ने श्रीलंका के राष्ट्रपति जयवर्धने के आमत्रंण पर शांति स्थापित करने के लिये भारतीय सेना के दस्ते श्रीलंका भेजे थे जिससे पड़ोसी देशों में भारत के प्रति शंकाएं बढ़ी थी और गलत फहमी पैदा हुई थी।

सार्क का छठवां शिखर सम्मेलन कोलम्बो में हुआ था। इसमें भूटान नरेश ने यह कहकर भाग लेने से इन्कार कर दिया कि भूटान में राष्ट्रीय सुरक्षा की स्थिति नाजुक है। दक्षिण भूटान में अप्रवासी नेपाली वहाँ आतंकवाद के लिये उत्तरदायी थे। सार्क का सातवां शिखर सम्मेलन 1993 में ढाका में हुआ था। सार्क का आठवां शिखर सम्मेलन 1995 में नई दिल्ली में हुआ।

इसमें यह महत्वपूर्ण फैसला लिया गया कि दक्षिण एशियाई व्यापार व्यवस्था, जिसमें एक–दूसरे को व्यापार में प्राथमिकता देने की बात थी, वर्ष के अन्त तक लागू कर दी जाये। दक्षिण एशियाई मुक्त व्यापार क्षेत्र (साक्ता) की स्थापना की जाये। सार्क का नौंवा शिखर सम्मेलन 1997 में माले में हुआ। इसमें तय किया गया कि सन् 2001 तक दक्षिण एशिया में मुक्त व्यापार क्षेत्र स्थापित कर दिया जाये।

सार्क का दसवां शिखर सम्मेलन 1998 में कोलम्बो और 1999 में ग्यारहवां सम्मेलन काठमाण्डू में हुआ। इन सम्मेलनों में केवल पुरानी बातों को दोहराया गया। वह औपचारिक मात्र था। कोई ठोस कदम सहकारिता की दिशा में नहीं उठाया जा सका।

सार्क का बारहवां शिखर सम्मेलन 2004 में पाकिस्तान की राजधानी इस्लामाबाद में हुआ। इस सम्मेलन में सदस्य राज्यों ने एक समझौते पर हस्ताक्षर किये। इसमें यह तय् किया गया की 2006 तक मुक्त व्यापार क्षेत्र की स्थापना कर दी जायेगी। यह भी निर्णय लिया गया कि अगले सात वर्षो में दक्षिण एशिया के देश पारस्परिक व्यापार में शुल्क बिल्कुल समाप्त कर देंगे या अधिक से अधिक 5 प्रतिशत रखेंगे। कुछ वर्षों पहले यह फैसला लिया गया था कि पारस्परिक पर्यटन को बढ़ावा देने के लिये रियायती टिकट उपलब्ध कराये जायेंगे। वीसा देने की प्रक्रिया सरल और सुलभ की जायेगी। व्यवहार में इस दिशा में कोई प्रगति नहीं हो पायी।

सार्क का तेरहवां शिखर सम्मेलन 2005 में ढाका में होना था परन्तु भारतीय प्रधानमंत्री ने यह कहकर कि बांग्लादेश में जाना वहाँ के हालातों के कारण असुरक्षित है और नेपाल में राजनीति की अस्थिरता के कारण वे शिखर सम्मेलन में भाग नहीं ले सकेंगे। परिणामतः 2007 में यह सम्मेलन नई दिल्ली में हुआ। इस सम्मेलन में अफगानिस्तान को संगठन का आठवें सदस्य के रूप में सम्मिलित किया गया। इसके अतिरिक्त चीन और संयुक्त राज्य अमेरिका को पर्यवेक्षक के रूप में शिखर सम्मेलन में भाग लेने के लिये आमंत्रित किया गया। यह भी प्रावधान किया गया कि इन आमंत्रित देशों के प्रधानमंत्री अथवा विदेशमंत्री सामान्य बैठक को यदि चाहें तो सम्बोधित कर सकते हैं। एशिया के दूसरे देशों को विशेष आमंत्रण भेजे गये।

सार्क का मूल्यांकन

सदस्य राज्यों में वर्षों से चले आ रहे कुछ महत्वपूर्ण विषयों पर मतभेद के कारण सार्क को अपेक्षित सफलता नहीं मिल सकी है। भारत

और पाकिस्तान में आरम्भ से ही मधुर सम्बंध नहीं रहे। जम्मू और कश्मीर तथा आतंकवाद के मुद्दे उनमें अच्छे सम्बंध स्थापित होने में बाधक हैं। नेपाल और भारत तथा भारत और बांग्लादेश के पारस्परिक सम्बंधों में प्रायः खटास आ जाती है और संशय की स्थिति उत्पन्न हो जाती है। म्यांमार को भी इसमें सम्मिलित करना आवश्यक है। सदस्य राज्यों में एक समान राजनीतिक व्यवस्था नहीं है। उनकी विदेश नीतियों में भी मूलभूत अन्तर रहा है। पाकिस्तान संयुक्त राज्य अमेरिका का अनुगमन करता रहा है। वह आतंकवाद का स्रोत बन गया है। सार्क में चार इस्लामिक देश, दो बौद्ध देश, एक हिन्दू और एक धर्म निरपेक्ष देश है। यह सब होते हुये भी राजनीतिक इच्छा शक्ति होने और विश्व की आर्थिक और राजनीतिक परिस्थितियों में जो परिवर्तन हो रहे हैं उनमें इन देशों में निकट और सघन सहयोग पूरे क्षेत्र के हित में है। आर्थिक और व्यापारिक सहयोग में वृद्धि राजनीतिक मतभेदों को दूर करने में सार्थक हो सकती है।

डॉ. पुष्पेश पंत[1] के अनुसार सार्क की असफलता का एक कारण भारत का महाशक्ति होने का वह भ्रम है, जो अमेरिका ने प्रोत्साहित किया है। इसी भ्रम के कारण उसका अपने पड़ोसी और दक्षिण एशिया और मध्यपूर्व और दक्षिण पूर्वी देशों से ऐसे सम्बंध नहीं हैं, जो होने चाहिये। इन देशों में भारत के प्रति सन्देह और शंकायें हैं। यद्यपि भारत ने इन देशों से अपने अच्छे सम्बंध बनाने का प्रयास अवश्य किया है, किन्तु कभी सुरक्षा परिषद में स्थायी सदस्यता प्राप्त करने की कोशिश तो कभी संयुक्त राष्ट्र संघ के महामंत्री पद के लिये दौड़, कभी अपने को परमाणु शक्ति के रूप में पहचान बनाने का प्रयास, तो कभी जी–आठ के सम्मिलित किये जाने की अभिलाषा एशिया के अन्य देशों में उनकी शंकायें बढ़ाने में योगदान देती हैं। 'पूर्व की तरफ' देखने की नीति तभी सफल हो सकती है, जब हम अपने 'बड़े भाई' होने के रवैये का परित्याग कर दे।

1. डॉ. पुष्पेश पंत–*अन्तर्राष्ट्रीय संगठन*–टाटा मेकग्रा–हिल पब्लिशिंग कम्पनी लिमिटेड, पृष्ठ 142।

9
भारत और पाकिस्तान

1947 में भारत का विभाजन होने पर भारत और पाकिस्तान, दो स्वतंत्र और सम्प्रभु राज्यों की स्थापना हुई थी। सन् 1971 के पहले पाकिस्तान के दो हिस्से थे–एक भारत के पश्चिम में और दूसरा भारत के पूर्व में। 1971 में उसका पूर्वी भाग उससे अलग होकर एक स्वतंत्र और सम्प्रभु राज्य, बांग्लादेश के रूप में बन गया।

वर्तमान में पाकिस्तान का क्षेत्रफल 7,96,095 वर्ग किलोमीटर है। जनसंख्या 175646014 लाख है। यहाँ 97 प्रतिशत मुस्लिम (77 प्रतिशत सुन्नी, 20 प्रतिशत शिया) और 3 प्रतिशत हिन्दू–ईसाई आदि हैं। साक्षरता 54.2 प्रतिशत है।

आरम्भ से भारत और पाकिस्तान के सम्बंध अच्छे नहीं रहे। पाकिस्तान की स्थापना दो–राष्ट्रों के सिद्धान्त पर हुई थी। इसका तात्पर्य था कि हिन्दू और मुसलमान दो अलग–अलग राष्ट्र हैं। राष्ट्रीयता का यह धार्मिक आधार काँग्रेस को स्वीकार नहीं था। उसने मजबूरी में भारत के विभाजन को स्वीकार किया था। द्वितीय महायुद्ध के बाद ब्रिटेन इतना कमजोर हो गया था कि वह अपने उपनिवेशों को अपने अधीन बनाये रखने में सक्षम नहीं था। वह भारत से हर सूरत में हट जाना चाहता था। दूसरी तरफ मुस्लिम लीग के नेता मोहम्मद अली जिन्ना भारत के विभाजन पर अड़े थे। इस परिस्थिति में काँग्रेस को भारत का विभाजन स्वीकार करने के लिये मजबूर होना पड़ा था। इसी समय भारत के कई हिस्सों में व्यापक रूप में सांप्रदायिक दंगे हुये जिनमें हजारों आदमियों की जान गयी। करोड़ों, अरबों रूपयों की सम्पत्ति नष्ट हुई।

साम्प्रदायिक हिंसा के संदर्भ में एक बहुत बड़ी तादाद में भारत से मुसलमानों ने पाकिस्तान पलायन किया। जो क्षेत्र पाकिस्तान में आये थे, वहाँ

से हिन्दू व अन्य भारत आये। एक अनुमान के अनुसार 12 मिलियन लोग इस पलायन में सम्मिलित थे। इतना व्यापक जनसंख्या का आवागमन पहले कभी नहीं हुआ था। जनसंख्या के आवागमन के साथ दूसरी समस्या संपत्ति की थी, जो लोग एक–दूसरे के यहाँ छोड़ आये थे। उनकी क्षतिपूर्ति भारत और पाकिस्तान के विवाद का एक विषय रहा है। दोनों देशों के बीच आरम्भ से ही एक समस्या देशी रियासतों की भारत या पाकिस्तान में सम्मिलित होने की थी। अँग्रेज भारत छोड़ते समय यह व्यवस्था कर गये थे कि भारतीय रियासतें तय करने के लिये स्वतंत्र हैं कि वह भारत में सम्मिलित हों या पाकिस्तान में। जूनागढ़ में 80 प्रतिशत हिन्दू थे किन्तु वहाँ का शासक मुस्लिम था। वहाँ के नवाब ने जूनागढ़ के पाकिस्तान में सम्मिलित होने की घोषणा की। इसके विरोध स्वरूप वहाँ साम्प्रदायिक दंगे आरम्भ हो गये। वहाँ के नवाब ने भारत सरकार से वहाँ का प्रशासन अपने हाथों में लेने के लिये आग्रह किया। भारत के द्वारा वहाँ के प्रशासन को अपने हाथों में लेने के कारण पाकिस्तान ने आपत्ति की। अन्ततः वहाँ लोक निर्णय कराया गया, जिसमें कुल 91 प्रतिशत लोगों ने पाकिस्तान के पक्ष में अपना मत दिया।

यही स्थिति हैदराबाद की रियासत की भी हुई। वहाँ जनसंख्या हिन्दू थी किन्तु शासक मुसलमान था। उसने हैदराबाद को एक स्वतंत्र राज्य बनाने की घोषणा की और भारत सरकार से एक अस्थायी समझौता किया। वहाँ पर भी व्यापक हिंसा फैली। निजाम की निजी सेना रजाकार वहाँ के हिन्दुओं को उत्पीड़ित करने लगी। इस हिंसा और अराजकता की स्थिति को रोकने के लिये भारत को पुलिस कार्यवाही करने के लिये मजबूर होना पड़ा। इसके फलस्वरूप 23 सितम्बर 1948 को हैदराबाद के निजाम ने भारतीय संघ में सम्मिलित होने का निर्णय लिया।

भारत और पाकिस्तान के बीच सबसे बड़ा विवाद जम्मू और कश्मीर के सम्बंध में रहा है। अनेक द्विपक्षीय और बहुपक्षीय प्रयासों के बाद वह अभी तक नहीं सुलझ सका है। कश्मीर की घाटी में बहुसंख्यक मुसलमान हैं। वहाँ का राजा हरी सिंह हिन्दू था। जम्मू और कश्मीर की भौगोलिक स्थिति यह थी कि उसकी सीमायें भारत और पाकिस्तान दोनों से मिली हुई थीं। जम्मू और कश्मीर में कश्मीर की घाटी, जम्मू, लद्दाख, पहाड़ी जिले और जनजाति क्षेत्र आते हैं। उसका क्षेत्रफल 86,023 वर्ग मील है।

जम्मू और कश्मीर के राजा हरी सिंह ने समय लेने के लिये पाकिस्तान और भारत दोनों देशों से अस्थायी समझौते किये थे। इसके

बावजूद पाकिस्तान ने जम्मू और कश्मीर पर पाकिस्तान में सम्मिलित होने के लिये दबाव बनाना आरम्भ कर दिया। पहले व्यापार आयात–निर्यात पर प्रतिबन्ध लगाये। जब इससे भी काम नहीं चला, तो उस पर कबीलाईयों के विद्रोह के रूप में आक्रमण किया। कबीलाईयों की संख्या 5000 थी। वास्तव में यह कबीलाईयों के भेष में पाकिस्तान के सैनिक थे। अक्टूबर 22 को इसने पूरी तरह से आक्रमण का रूप ले लिया। ऐसी स्थिति में 26 अक्टूबर 1947 को महाराजा हरी सिंह ने भारत में सम्मिलित होने के अभिलेख पर हस्ताक्षर कर दिये। इस पर भारत सरकार ने वायुयानों से आक्रमण को पराजित करने के लिये अपनी सेना वहाँ भेजी। इस प्रकार के हस्तक्षेप से कश्मीर की घाटी को आक्रांताओं से बचा लिया गया। भारतीय सेना ने पाकिस्तानी आक्रांताओं को दूर तक पीछे धकेल दिया। जब भारतीय सेना आगे बढ़ रही थी, तब भारत सरकार ने उसे आगे बढ़ने से रोक दिया। भारत सरकार ने भारत के तत्कालीन गर्वनर जरनल माउन्टबेटन के परामर्श पर 1 जनवरी 1948 को पाकिस्तान द्वारा आक्रमण किये जाने की शिकायत संयुक्त राष्ट्र चार्टर की धारा 35 के अन्तर्गत, सुरक्षा परिषद से की। इसके पहले भारत सरकार ने यह घोषणा की थी कि जम्मू और कश्मीर में शांति और व्यवस्था स्थापित होने पर वहाँ लोक निर्णय कर लिया जाएगा जिसमें कश्मीर का भविष्य तय होगा।

जम्मू और कश्मीर के सम्बंध में भारतीय सेना को आगे बढ़ने से रोकना बड़ी राजनीतिक भूल थी। यदि भारतीय सेना को आगे बढ़ने से नहीं रोका जाता, तो पूरा जम्मू कश्मीर भारत का अंग होता। पाकिस्तान के शिकवा–शिकायतें करते रहने का कोई विशेष असर नहीं होता। यह अनेक विद्वानों और राजनीति के पर्यवेक्षकों का मत है।

सुरक्षा परिषद में जम्मू और कश्मीर महाशक्तियों के बीच चलने वाले शीतयुद्ध में उलझ गया। सुरक्षा परिषद ने इस विवाद को सुलझाने के लिये एक आयोग की स्थापना की। इस आयोग को हिन्दुस्तान और पाकिस्तान भेजा गया। इसके आरम्भ में तीन सदस्य थे। बाद में पाँच हो गये। इस आयोग के प्रयासों से दोनों देशों के बीच युद्ध बन्दी समझौता 1 जनवरी 1949 को हो गया।

संयुक्त राष्ट्र संघ के आयोग ने 13 अगस्त 1948 को एक प्रस्ताव रखा जिसके तहत जम्मू कश्मीर से पाकिस्तानी सेना को बिलकुल हट जाना था। भारत को वहाँ इतनी ही सेना रखनी थी, जितना आयोग के परामर्श से शांति और व्यवस्था बनाये रखने के लिये वहाँ रखना आवश्यक था। दोनों देशों को

यह भी स्वीकार करना था कि जम्मू कश्मीर का भविष्य वहाँ निष्पक्ष आयोग के निरीक्षण में लोक निर्णय से तय होगा। 5 जनवरी 1949 को आयोग ने एक और प्रस्ताव रखा, जो अगस्त 13 के प्रस्ताव का पूरक था। इसमें कहा गया था कि लोक निर्णय करवाने के लिये एक प्रशासक की नियुक्ति किया जाना अति आवश्यक है। यह प्रशासक अपनी शक्ति जम्मू कश्मीर की सरकार से प्राप्त करेगा। उसका दायित्व होगा कि वह निष्पक्ष और स्वतंत्र लोक निर्णय करवाये। भारत ने ये दोनों प्रस्ताव स्वीकार कर लिये, किन्तु इस बात पर जोर दिया कि पहले अगस्त 13 के प्रस्ताव का क्रियान्वयन हो।

संयुक्त राष्ट्र संघ के आयोग की संस्तुति पर सुरक्षा परिषद ने अपने तत्कालीन अध्यक्ष जनरल एम.सी. नाटन को मध्यस्थता करने के लिये मनोनीत किया, किन्तु वह भी कोई समझौता नहीं करवा पाये। 12 अप्रैल 1950 को सुरक्षा परिषद ने आस्ट्रेलिया के श्री ओवन डिक्सन को विसैन्यीकरण करवाने के लिये नियुक्त किया। उनको भी कोई सफलता नहीं मिल सकी। उनके प्रस्तावों को भारत और पाकिस्तान दोनों ने ही स्वीकार नहीं किया। सुरक्षा परिषद ने दूसरे मध्यस्थ के रूप में अमेरिकन फ्राक.पी. ग्राहम को नियुक्त किया। ग्राहम भी दोनों पक्षों में कोई समझौता करवाने में सफल नहीं हो सके।

इस बीच कुछ महत्वपूर्ण परिवर्तन हुए। भारतीय सेना पाकिस्तान से लगती हुई सीमाओं तक पहुँच गयी थी। जम्मू और कश्मीर की संविधान सभा को आहूत् किया गया। पाकिस्तान में तत्कालीन प्रधानमंत्री लियाकत अली की हत्या कर दी गयी। दोनों पक्षों के बीच द्विपक्षीय वार्ता आरम्भ हुई। अगस्त 9, 1953 को जम्मू और कश्मीर के तत्कालीन मुख्यमंत्री शेख अब्दुल्ला को राष्ट्र विरोधी कारनामों के कारण अपदस्थ कर दिया गया था। जम्मू और कश्मीर की संविधान सभा के द्वारा तैयार किये संविधान को स्वीकार कर लिया गया। उसमें जम्मू कश्मीर को भारत में सम्मिलित होने के पुष्टि की गयी। इस संविधान के अनुच्छेद 3 में उल्लेखित किया गया था कि जम्मू और कश्मीर भारत का अभिन्न अंग है।

जम्मू और कश्मीर की संविधान की धारा–356 के अन्तर्गत जम्मू और कश्मीर को विशेष राज्य का दर्जा मिला हुआ है। इस दौरान पाकिस्तान ने पश्चिमी देशों द्वारा प्रायोजित मध्य–पूर्व प्रतिरक्षा संगठन और दक्षिण–पूर्वी एशिया संधि संगठन की सदस्यता स्वीकार की। संयुक्त राज्य अमेरिका ने एक बड़े पैमाने पर पाकिस्तान को सैनिक सहायता प्रदान की। इस परिवर्तित

परिदृश्य में भारत ने घोषणा की, कि चूंकि जम्मू कश्मीर की संविधान सभा ने उसके भारतीय संघ की सदस्यता का अनुसमर्थन कर दिया है अतः वहाँ लोक निर्णय करवाने का कोई प्रश्न नहीं उठता।

संयुक्त राष्ट्र संघ की सुरक्षा परिषद में 1957 में जम्मू कश्मीर की कथित समस्या पर फिर बहस हुई। पाकिस्तान के विदेश मंत्री फिरोज खान नून ने जम्मू कश्मीर के संविधान को अवैध बताया और 1948 और 1949 के सुरक्षा परिषद के प्रस्तावों को क्रियान्वयन करने पर जोर दिया। इस समय भारत का प्रतिनिधित्व वी.के. कृष्णा मेनन कर रहे थे। उन्होंने बहुत प्रभावी ढंग से भारत की नीति और दृष्टिकोण को रखा और उसका पुरजोर समर्थन किया। आस्ट्रेलिया, क्यूबा, ब्रिटेन और अमेरिका ने एक प्रस्ताव रखा, जो एक प्रकार से भारत विरोधी था। इस प्रस्ताव पर सोवियत संघ ने अपना निषेधाधिकार का प्रयोग किया, जिसके कारण यह प्रस्ताव पारित नहीं हो सका।

1962 में भारत और चीन के बीच युद्ध का फायदा उठाते हुये ब्रिटेन और अमेरिका ने भारत पर इस बात का दबाव डाला कि वह पाकिस्तान के साथ जम्मू और कश्मीर पर अपने झगड़े को निपटाये। अतः इन दोनों महाशक्तियों के प्रतिनिधियों की उपस्थिति में बातचीत के छः दौर चले, किन्तु निष्फल रहे।

अगस्त 1965 में पाकिस्तान ने कश्मीर में बड़ी तादाद में घुसपैठियों को भेजा, जिससे वहाँ अव्यवस्था फैलाई जा सके। भारत ने तुरन्त कार्यवाही के द्वारा घुसपैठियों को कश्मीर के बाहर खदेड़ दिया। पाकिस्तान की सेना ने भारत की चौकी, छम्ब पर आक्रमण किया। 15 अगस्त 1965 को भारत की सेना ने कारगिल, टोयवाल, हाजीपीर और उरी–पूंछ की चौकियों पर कब्जा कर लिया। भारत ने पश्चिमी मोर्चा खोलने पर लाहौर और सियालकोट के क्षेत्रों में अपनी सेनायें भेजी। इसके फलस्वरूप पाकिस्तान और हिन्दुस्तान के बीच अघोषित युद्ध आरम्भ हो गया। सुरक्षा परिषद के युद्ध–बन्दी करने के प्रस्ताव और संयुक्त राष्ट्र संघ के तत्कालीन महासचिव यू.थॉन्ट की मध्यस्थता के परिणाम स्वरूप दोनों देशों ने 23 सितम्बर 1965 को युद्ध बन्द कर दिया। भारत ने युद्ध बन्दी प्रस्ताव को आंशिक रूप में स्वीकार किया था। जम्मू कश्मीर से सम्बंधित प्रस्ताव के भाग को उसने अस्वीकार कर दिया था।

सोवियत संघ ने दोनों देशों में तनाव और अविश्वास कम करने के लिये तथा शांतिपूर्ण सम्बंध स्थापित करवाने के लिए दोनों देशों के शासनाध्यक्षों

को ताशकन्द में मिलने के लिये आमंत्रित किया। भारत ने इस निमंत्रण को तत्काल स्वीकार कर लिया, किन्तु पाकिस्तान ने इसे दो माह बाद स्वीकार किया। 4 जनवरी से 10 जनवरी तक सोवियत संघ के नगर ताशकन्द में पाकिस्तान के राष्ट्राध्यक्ष अयूब खाँ और भारत के प्रधानमंत्री लाल बहादुर शास्त्री के बीच सोवियत संघ के तत्कालीन प्रधानमंत्री कोसीजिन की मध्यस्थता में बातचीत हुई। इसके फलस्वरूप 10 जनवरी 1966 को दोनों देशों के नेताओं ने एक घोषणा पर हस्ताक्षर किये, जिसे ताशकन्द घोषणा कहा जाता है। इस घोषणा के अन्तर्गत युद्ध के दौरान दोनों देशों के द्वारा एक–दूसरे के अधिकृत किये गये क्षेत्र को लौटाने का निर्णय लिया गया। 11 जनवरी को ताशकन्द में ही लाल बहादुर शास्त्री का देहान्त हो गया।

13 अगस्त 1968 को भारत की तत्कालीन प्रधानमंत्री श्रीमती इन्दिरा गाँधी ने पाकिस्तान के सामने अनाक्रमण संधि का प्रस्ताव रखा। 1 जनवरी 1969 में एक पूरक प्रस्ताव रखा, जिसके तहत पारस्परिक विवादों को निपटाने के लिये एक संयुक्त आयोग स्थापित करने का सुझाव था।

इस दौरान पाकिस्तान के पूर्वी भाग में पाकिस्तान के पश्चिमी भाग और केन्द्रीय शासन के विरूद्ध विद्रोह कर दिया। इस विद्रोह के नेताओं ने भारत से मदद माँगी। पाकिस्तान ने भारत पर विद्रोह को भड़काने और उसकी मदद करने का आरोप लगाया। दिसम्बर 1971 में इसको लेकर युद्ध छिड़ गया। युद्ध में पाकिस्तान की पराजय हुई। पूर्व में पश्चिमी पाकिस्तान से अलग होकर एक नया राज्य बांग्लादेश बन गया। बांग्लादेश की क्रांति के नेता शेख मुजीबुर्रहमान थे। उनके भारतीय नेताओं से बहुत अच्छे सम्बंध थे। भारत ने बांग्लादेश के नये राज्य को तकनीकी और आर्थिक सहायता प्रदान की।

सन् 1972 में भारत की तत्कालीन प्रधानमंत्री इन्दिरा गाँधी और पाकिस्तान के तत्कालीन प्रधानमंत्री जुल्फिकार अली भुट्टो की पारस्परिक बातचीत हुई। उन्होंने एक समझौते पर हस्ताक्षर किये। इसे शिमला समझौता कहा जाता है। इस समझौते की सबसे बड़ी उपलब्धि यह थी कि दिसम्बर 1971 में हिन्दुस्तान और पाकिस्तान में जो नियंत्रण रेखा थी, उसको स्वीकार करते हुये, उसका परिपालन करने का निर्णय लिया। इस समझौते के परिणामस्वरूप रणनीति की दृष्टि से महत्वपूर्ण क्षेत्र जैसे हाजीपुर, टीठबाल, कारगिल, बल्ज भारत की सीमाओं के अन्तर्गत आ गये, यद्यपि

कश्मीर की समस्या का हल नहीं हुआ। पाकिस्तान की सरकार बराबर कश्मीर के विवाद की बात करती आ रही है। इसके होते हुये भी भारत और पाकिस्तान दोनों ही अपने सम्बंध सामान्य बनाने और आर्थिक, व्यापारिक और सांस्कृतिक क्षेत्रों में सहयोग के लिये प्रयासरत हैं।

1973 में दोनों देशों में युद्ध–बन्दियों के सम्बंध में एक समझौता हुआ जिसे "दिल्ली समझौता" कहा जाता है। 1974 में पाकिस्तान ने बांग्लादेश को मान्यता दे दी। पाकिस्तान धीरे–धीरे यह प्रयास करने लगा कि कश्मीर के उस हिस्से को, जो उसके कब्जे में था पाकिस्तान में मिला ले। सन् 1975 में शेख अब्दुल्ला और इन्दिरा गाँधी के बीच एक समझौता हुआ। इसके द्वारा शेख अब्दुल्ला ने कश्मीर को भारत में सम्मिलित करना स्वीकार कर लिया। यह इन्दिरा गाँधी की एक और बड़ी उपलब्धि थी। संयुक्त राज्य अमेरिका ने भारत और पाकिस्तान को अस्त्र–शस्त्र देने पर, जो प्रतिबन्ध लगा रखा था, उसे हटा लिया। भारत पर इसकी विपरीत प्रक्रिया इसलिये हुई, क्योंकि उसे आशंका थी कि अमेरिका पाकिस्तान को बड़े पैमाने पर सैनिक सहायता देगा। चीन–पाकिस्तान और अमेरिका को भारत–सोवियत संघ की घनिष्ठता पसन्द नहीं थी। 1975 में बांग्लादेश में एक सैनिक विद्रोह हुआ जिसमें शेख मुजीबुर्रहमान की हत्या कर दी गयी।

1977 में भारत में आम चुनावों में कांग्रेस, जो पिछले 30 वर्षों से सत्तारूढ़ थी, हट गयी। केन्द्र में उसके स्थान पर जनता पार्टी की सरकार स्थापित हुई। आपातकाल के बाद जनता पार्टी अनेक विपक्षी दलों के विलय से बनी थी। मोरारजी देसाई प्रधानमंत्री और अटलबिहारी वाजपेयी विदेश मंत्री बने। इसी समय पाकिस्तान में निर्वाचन हुये और पाकिस्तान पीपुल्स पार्टी जुल्फिकार अली भुट्टो के नेतृत्व में विजयी हुई। जनवरी 1977 में पाकिस्तान में भुट्टो प्रधानमंत्री बने। किन्तु पाकिस्तान में विपक्ष निर्वाचन में धांधली का आरोप लगा रहा था। जुलाई 1977 में वहाँ एक सैनिक उपद्रव हुआ, परिणामतः भुट्टो के स्थान पर जनरल जिया–उल–हक सत्तारूढ़ हुये। वहाँ सैनिक शासन की स्थापना हुई।

यह आशंका थी कि भारत में जनता पार्टी सरकार, भारत की विदेश नीति में परिवर्तन कर देगी। किन्तु ऐसा नहीं हुआ। जनता पार्टी शासन ने परम्परागत विदेश नीति के अनुपालन की घोषणा की। उसने अपने पडोसियों और विशेषकर पाकिस्तान से अपने सम्बंध सुधारने का प्रयास किया। पाकिस्तान में जनरल जिया–उल–हक भी भारत से सम्बंधों में

सुधार करने के इच्छुक नजर आये। दोनों देशों ने अपने–अपने यहाँ एक–दूसरे के 200 युद्ध बन्दियों को रिहा कर दिया। फरवरी 1978 में भारत के तत्कालीन विदेश मंत्री अटल बिहारी बाजपेयी पाकिस्तान के दौरे पर गये। पाकिस्तान के तत्कालीन विदेश मंत्री आगा शाही भारत के दौरे पर आये। इसके फलस्वरूप दोनों देशों के बीच सम्बंधों में पर्याप्त सुधार हुआ। दोनों देशों में चिनाब नदी पर सलाल बाँध बनाने और कराची और मुम्बई में एक दूसरे के काउन्सलेट खोलने पर समझौता हुआ। सन् 1980 में जनता पार्टी के शासन का अन्त हो गया। भारत और पाकिस्तान के बीच अफगानिस्तान के संकट को लेकर मतभेद उत्पन्न हुये।

मार्च 1983 में दोनों देशों के बीच विवादों को सुलझाने के लिये एक संयुक्त आयोग की स्थापना की गयी। भारत ने पाकिस्तान के समक्ष मित्रता, शांति और सहयोग संधि करने का प्रस्ताव रखा। पाकिस्तान ने अनाक्रमण संधि करने का प्रस्ताव रखा। इस पर बातचीत चलती रही है। सन् 1985 में मंत्री स्तर पर दोनों देशों में वार्ता हुई। सन् 1986 में दोनों देशों में एक व्यापारिक समझौता हुआ। सन् 1987 में सियाचिन ग्लेसियर को लेकर दोनों देशों के बीच सैनिक झड़पें हुईं। भारत ने पाकिस्तानी सेना की टुकड़ियों को सियाचिन पर आक्रमण करने के प्रयासों को विफल कर दिया, वर्तमान में भारत–पाकिस्तान के मध्य विवाद के मुद्दों को नीचे प्रस्तुत किया जा रहा है।

मुख्य मुद्दा आतंकवाद का है। भारत पर पिछले लगभग दस वर्षों में समय–समय पर आतंकवादी हमले हुये हैं। इनमें प्रमुख संसद परिसर में आतंकी हमला, जम्मू–कश्मीर की विधान सभा के परिसर में विस्फोट, मुम्बई में 2008 में विस्फोट, जिसमें लगभग 300 व्यक्तियों की जान गयी और मुम्बई और पूरा देश हिल गया; आदि। इन आतंकियों को प्रशिक्षण पाकिस्तान में स्थित शिविरों में दिया जाता है। इन्हें अस्त्र–शस्त्र भी मुख्यतः पाकिस्तान से दिये जाते हैं। भारत में यह आतंकी हमले पाकिस्तान के द्वारा प्रायोजित होते हैं। इसके अकाट्य प्रमाण मिल चुके हैं। पाकिस्तान इन आतंकियों को अपने यहाँ शरण और सहायता दे रहा है। अमेरिका पाकिस्तान को इस आतंकवाद को समाप्त करने के उपदेश तो बहुत देता है किन्तु उसे आतंकवादी देश घोषित करने की बात तो दूर रही, उसे बराबर आधुनिक अस्त्र–शस्त्र से सुसज्जित करता जा रहा है। वर्तमान में केवल भारत ही नहीं विश्व के अधिकांश देश आतंकवाद की चपेट में हैं। यहाँ तक कि पाकिस्तान

स्वयं उसका शिकार हो रहा है। यही कारण है कि वर्तमान में जब भी दो देशों में राजनयिक बातचीत होती है, तब इस बात का उल्लेख अवश्य किया जाता है कि विश्वशांति और व्यवस्था के लिए आतंकवाद का उन्मूलन करना आवश्यक है और इसके लिए सम्बंधित देशों में सहयोग होना आवश्यक है।

दूसरा विषय जिस पर 1947 से अब तक दोनों देशों में तीव्र मतभेद बना हुआ है, वह जम्मू और कश्मीर का है। जिसकी संक्षेप में चर्चा पिछले पृष्ठों में की गई है। भारत के लिए कश्मीर का भारत में रहना वैधानिक, राजनीतिक, रणनीतिक और सैद्धान्तिक दृष्टि से महत्वपूर्ण हैं। भारत ने जिन्ना के दो राष्ट्रों के सिद्धान्त को कभी स्वीकार नहीं किया था, यद्यपि परिस्थितिवश भारत के विभाजन को स्वीकार करना पड़ा। भारत एक धर्मनिरपेक्ष राज्य है। कश्मीर में मुसलमानों का बहुसंख्यक होना इस धर्मनिरपेक्षता के अनुकूल है। वैधानिक दृष्टि से जम्मू कश्मीर ने भारत में सम्मिलित होने का फैसला किया है। जम्मू कश्मीर की संविधान सभा ने इस पर जन–समर्थन की पुष्टि की है। इसके बाद भी जो निर्वाचन हुये हैं, उनमें जनता ने धर्मनिरपेक्ष दलों का ही समर्थन किया है। सुरक्षा की दृष्टि से कश्मीर भारत के लिये महत्वपूर्ण है। कश्मीर की सीमाएं रूस, चीन, और अफगानिस्तान से मिलती हैं। इन्दिरा गाँधी से लेकर डॉ. मनमोहन सिंह तक भारत के प्रधान मंत्रियों ने पाकिस्तान से सम्बंधों को सुधारने और कश्मीर की समस्या को हल करने का प्रयास किया है। सम्बंधों में सुधार तो हुआ है, किन्तु कश्मीर का ऐसा कोई हल नहीं निकल सका, जो दोनों देशों को मान्य हो।

हकीकत में पाकिस्तान ने जनता में भारत के प्रति इतना विरोध उत्पन्न कर दिया गया है कि आसानी से दोनों को कोई समझौता मान्य होना असम्भव नहीं, तो कठिन अवश्य है। एक सर्वेक्षण के अनुसार पाकिस्तान में जिन लोगों से पूछा गया, उनमें से 60 प्रतिशत भारत को अपनी सुरक्षा और स्वतंत्रता के लिये सबसे बड़ा खतरा मानते हैं। जबकि केवल 4 प्रतिशत अलकायदा के सम्बंध में यही सोच रखते हैं। इसी सर्वेक्षण के अनुसार पाँच में से चार व्यक्ति चाहते हैं कि पाकिस्तान कड़ाई से कुरान का अनुपालन करे जबकि इसकी तुलना में लेबनान और टर्की जैसे मुस्लिम देशों में पाँच में से एक व्यक्ति कुरान की दुहाई देता है।

जम्मू कश्मीर की समस्या का पिछले 65 वर्षों में समाधान नहीं हो सका। उसकी वर्तमान स्थिति में एक ही हल हो सकता है। भारत और पाकिस्तान

नियंत्रण रेखा को अन्तर्राष्ट्रीय सीमायें मान लें। यद्यपि दोनों देशों की सरकारें सार्वजनिक रूप में इस हल को स्वीकार करने में हिचकिचा रही हैं किन्तु अनेक बुद्धिजीवी और राजनेता इसको प्रत्यक्ष नहीं, तो परोक्ष में स्वीकार करते हैं।

पाकिस्तान के पास परमाणु शक्ति का और उससे बनने वाले परमाणु बमों का पूरा ज्ञान और तकनीकी है या नहीं, इसके सम्बंध में परस्पर विरोधी सूचनायें आती रही हैं। सन् 1992 के फरवरी माह में पाकिस्तान के तत्कालीन विदेश सचिव शाहरयार खान ने वाशिंगटन पोस्ट को अपने एक वक्तव्य में स्पष्ट रूप से स्वीकार किया था कि पाकिस्तान के पास परमाणु बम बनाने की तकनीक और ज्ञान है। इसके पहले बेनजीर भुट्टो ने जून 1989 में, जब वह विरोधी दल की नेता थी, यह स्वीकार किया था कि पाकिस्तान के पास परमाणु बम बनाने की तकनीक उस समय हासिल हो गयी थी, जब कि वह पाकिस्तान की प्रधानमंत्री थीं। संयुक्त राज्य अमेरिका में पूर्व राष्ट्रपति रीगन और बुश कहते रहे थे कि पाकिस्तान के पास परमाणु बम बनाने की क्षमता नहीं है किन्तु 1991 में उनको भी यह स्वीकार करना पड़ा कि पाकिस्तान के पास परमाणु बम बनाने की क्षमता है और इस स्वीकृति के साथ उस समय से पाकिस्तान को दी जाने वाली सैनिक सहायता बन्द करनी पड़ी थी। पाकिस्तान के सेवानिवृत जनरल असलम बेग ने **'डेली आवाज इन्टरनेशनल'** में अपने एक वक्तव्य में कहा था कि पाकिस्तान ने 1987 में ही परमाणु बम बनाने की तकनीकी हासिल कर ली थी। सन् 1989 में पाकिस्तान ने परमाणु बम के प्रयोग के लिये मिसाइल्स का निर्माण करने का भी ज्ञान और तकनीक हासिल कर ली थी।

भारत ने सबसे पहले 1974 में परमाणु परीक्षण किया था। उस समय से परमाणु शक्ति के विकास पर कार्य हो रहा है। पाकिस्तान का दावा रहा है कि जब तक भारत अपने इस कार्यक्रम पर रोक नहीं लगाता पाकिस्तान भी रोक नहीं लगा सकता है। इसी के साथ अगस्त 1994 में पाकिस्तान के तत्कालीन प्रधानमंत्री नवाज शरीफ ने अपने एक भाषण में कहा कि पाकिस्तान के पास परमाणु बम है। यदि भारत पाकिस्तान पर आक्रमण करता है, तो पाकिस्तान उनका इस्तेमाल करेगा। यह भी सच है कि भारत के पास परमाणु बम बनाने की क्षमता तो है, इस कथन की पुष्टि के क्या प्रमाण हैं? यह कार्यक्रम प्रत्यक्ष से अधिक अप्रत्यक्ष होता है। किन्तु तुरन्त इस्तेमाल करने के लिये वास्तव में परमाणु बम नहीं हैं। पाकिस्तान के परमाणु

बम के निर्माता डॉ. अब्दुल कदीर खान ने स्वयं स्वीकार कर लिया था कि पाकिस्तान परमाणु बम के निर्माण करने में भारत से काफी आगे है।

स्टॉकहोम की अन्तर्राष्ट्रीय शांति के खोज संस्थान की 1993 की एक रिपोर्ट के अनुसार पाकिस्तान के पास सन् 1995 तक 430 से 450 किलोग्राम परिशोधित यूरेनियम था। यह 20 से 50 परमाणु बम बनाने के लिये पर्याप्त होता है। इसकी तुलना में भारत के पास 1991 तक 290 किलोग्राम परिशोधित प्लूटोनियम था। इससे 5 किलोग्राम प्रति बम बनाने में इस्तेमाल करते हुये 60 परमाणु अस्त्र बना सकता था। यह माना जाता है कि भारत के पास परमाणु बम नहीं है, केवल उनको बनाने की क्षमता है। अतः आवश्यकता पड़ने पर वह परमाणु बम बना सकता है।

इस भांति दोनों देशों में परमाणु शक्ति और बम को लेकर एक दूसरे के प्रति संदेह है। दोनों अपनी सुरक्षा को लेकर संवेदनशील हैं किन्तु दोनों देश यह जानते हैं कि वास्तव में एक दूसरे के खिलाफ इसका प्रयोग दोनों के लिये घातक होगा। निसन्देह भारत और पाकिस्तान की सैनिक शक्ति में पर्याप्त अन्तर है। इस सम्बंध में भारत की स्थिति पाकिस्तान की तुलना में अधिक मजबूत है।

गुजराल सिद्धान्त

संयुक्त मोर्चे की सरकार के तत्कालीन विदेशमंत्री इंद्रकुमार गुजराल ने अपने पड़ोसी से अच्छे सम्बंध स्थापित करने की जो नीति अपनायी और जिसको गुजराल सिद्धान्त का नाम दिया गया, उसके तहत पाकिस्तान से भी सम्बंधों के सुधार पर जोर दिया गया। बाद में राष्ट्रीय लोकतांत्रिक मोर्चे की सरकार में तत्कालीन प्रधानमंत्री अटल बिहारी वाजपेयी ने पाकिस्तान से अच्छे सम्बंध बनाने का प्रयास किया। पश्चिम में पारस्परिक व्यापार बढ़ाने के लिये बाघा सीमा को खोल दिया गया। दोनों देशों के बीच रेल यात्रा की सुविधा **'समझौता एक्सप्रेस'** के नाम से आरम्भ की गयी। बस सेवा आरम्भ की गयी। यू.पी.ए. 1 और 2 की सरकारों द्वारा भी इस दिशा में पहल की गयी है। जम्मू और कश्मीर की समस्या के अतिरिक्त आतंकवाद के कारण दोनों देशों के सम्बंध सामान्य स्तर पर अभी नहीं आ पाये हैं।

10
भारत और उत्तर-पूर्व के पड़ोसी देश

नेपाल

नेपाल और भारत इतिहास, भूगोल और संस्कृति की दृष्टि से एक दूसरे के बहुत निकट हैं। डॉ. एम.एस. राजन के अनुसार भाषा और धर्म, देवता और देवियों, भोजन और कपड़ों, की दृष्टि से जितने एक दूसरे के निकट भारत–नेपाल हैं, उतना निकट कोई तीसरा देश नहीं है।

भौगोलिक दृष्टि से दोनों देश एक ही भू–भाग के अंग हैं। इन्हें एक दूसरे का भौगोलिक प्रसार कहा जा सकता है। दोनों देशों की सीमाओं पर रहन–सहन, खान–पान एक समान हैं।

ऐतिहासिक दृष्टि से दोनों देशों के उद्भव का स्रोत एक समान है। दोनों देशों में पूर्वकाल में शासन करने वाले राजघराने एक समान रहे थे। रोजगार, जीवन निर्वाह, व्यापार तथा आध्यात्मिक दृष्टि से लोग एक–दूसरे के यहाँ आते–जाते रहे हैं। नेपाल में राजतंत्र और सामन्तवादी व्यवस्था थी। परम्परागत वहाँ की वास्तविक शक्ति राजाओं के हाथ में थी। देश का प्रधानमंत्री राजाओं में से ही होता था। राणा वहाँ का शासक वर्ग था। जनता इस स्थिति से असतुंष्ट थी। राजा स्वयं एक प्रकार से जेल में रहता था। वह प्रधानमंत्री की आज्ञा के बिना कहीं जा आ भी नहीं सकता था। उसकी सहानुभूति जनता के साथ थी। इन हालातों में नेपाल के तत्कालीन राजा त्रिभुवन वीर विक्रम शाह ने अपने परिवार के साथ भारतीय दूतावास में शरण ली, फिर वह भारत आ गये। अन्ततः नेपाल और भारत में बातचीत चली। जनवरी 1951 में दोनों पक्षों में नेपाल में सुधारों के सम्बंध में समझौता हो गया। 15 जनवरी 1951 को नेपाल नरेश नेपाल लौट आये।

इतनी भौगोलिक और ऐतिहासिक एकता और समानता के कारण एक समान संस्कृति, भाषा, और आचार–विचार का विकास हुआ है। दोनों देशों

में धार्मिक समानता मिलती है। नेपाल में भी हिन्दू धर्म के अनुयायियों का बहुमत है। एक मात्र हिन्दू राष्ट्र के रूप में उसकी पहचान भी की जाती है।

भारत की सुरक्षा नेपाल की सुरक्षा से अपरिहार्य रूप से जुड़ी हुई है। नेपाल में स्थायित्व, व्यवस्था और शांति बने रहना भारत के हित में है। नेपाल और भारत की सीमायें खुली हुई हैं। नेपाल में किसी विदेशी शक्ति का प्रभावी होना भारत की सुरक्षा के हित में नहीं है। नेपाल के उत्तर में उसकी सीमायें तिब्बत से मिलती हैं। भारत–नेपाल में चीन के प्रभाव का बढ़ना अपने हित में नहीं समझता है। नेपाल भी अपनी सुरक्षा के लिये भारत की सुरक्षा को महत्वपूर्ण मानता है।

नेपाल चारों तरफ से जमीन से घिरा हुआ है। उसका स्वयं का कोई समुद्री–तट नहीं है। अतः नेपाल का विदेशों से व्यापार भारत के रास्ते से होता है। नेपाल को आवागमन के लिये भी भारत की जमीन, आसमान और समुद्र से गुजरना होता है। उत्तर में अवश्य चीन का मार्ग मिलता है। भारत चाहता है कि नेपाल असम्बद्धता की विदेश नीति का अनुपालन करे। दोनों देशों के पारस्परिक सम्बंध पंचशील के सिद्धान्त पर आधारित हों।

संस्कृति, ऐतिहासिक, भौगोलिक और धार्मिक समानता होते हुए भी भारत और नेपाल के इतने घनिष्ठ सम्बंध नहीं रहे हैं, जितने होने चाहिये। इसका मुख्य कारण नेपाल में भारत के प्रति संदेह और भय की स्थिति रही है। नेपाल की तुलना में भारत एक बहुत बड़ा देश है। नेपाल को यह भय रहा है कि भारत उससे इतना बड़ा शक्तिशाली और पड़ोस में होने के कारण उस पर काबिज हो सकता है। इस संदेह का यह कारण है। क्या भारत की ओर से कभी ऐसे संकेत गये हैं या नेपाल ने कभी खुलकर यह संदेह व्यक्त किया है? यद्यपि भारत और नेपाल में कोई युद्ध नहीं हुआ है, फिर भी नेपाल भारत को संदेह की दृष्टि से देखता है।

भारत और नेपाल में घनिष्ठ मैत्री और सहयोग के सम्बंध न होने के दूसरे कारणों के लिये भारत स्वयं जिम्मेदार है। 1947 तक तो भारत स्वयं ब्रिटिश उपनिवेश था। 1949 तक चीन की यही स्थिति रही। 1947 से 1962 तक भारत ने नेपाल से अपने सम्बंधों की उपेक्षा की। भारत इस विश्वास में रहा कि दोनों देशों में भौगोलिक, सांस्कृतिक और ऐतिहासिक एकता के फलस्वरूप इतने गहन सम्बंध हैं कि नेपाल भारत से अलग हो ही नहीं सकता। भारत उस समय चेता जब नेपाल का दूसरा बड़ा और शक्तिशाली

पड़ोसी देश चीन नेपाल में अपना प्रभाव बढ़ाने लगा और नेपाल उस तरफ झुकने लगा।[1]

सन् 1950 में भारत और नेपाल में शांति और मित्रता की संधि हुई। इस संधि के द्वारा दोनों देशों ने एक–दूसरे की सम्प्रभुता और स्वतंत्रता को स्वीकार किया। तय हुआ कि सुरक्षा के सम्बंध में वे एक–दूसरे से परामर्श करेंगे। किन्तु 1989 में दोनों के सम्बंध तनावपूर्ण हो गये। नेपाल ने भारत से परामर्श किये बिना चीन से अस्त्र–शस्त्र खरीदे और भारतीयों के लिये, जो नेपाल में जाकर काम करना चाहते थे, **'वर्क परमिट'** लेना आवश्यक कर दिया।

जनवरी 1990 में नेपाली कांग्रेस ने लोकतंत्र की स्थापना के लिये आन्दोलन आरम्भ कर दिया। विशेष बात यह थी कि भारत में भा.ज.पा. को छोड़कर सब दलों ने इसका समर्थन किया। 8 अप्रैल 1990 को नेपाल के महाराजाधिराज ने देश में लोकतांत्रिक व्यवस्था स्थापित करने की बात स्वीकार कर ली। नेपाल में मिलीजुली अंतरिम सरकार स्थापित हुई जिसमें 7 दलों का वामपंथी मोर्चा भी शामिल था। 9 नवम्बर को एक नया संविधान लागू किया गया।

1991 में नेपाल की संसद का निर्वाचन हुआ। नेपाली काँग्रेस को साधारण बहुमत मिला। वामपंथी भी अच्छी स्थिति में थे। नेपाली काँग्रेस में अंदरूनी गुटबन्दी और खींचातानी भी बहुत थी। नेपाली काँग्रेस भारत के निकट थी किन्तु मौका पड़ने पर भारत की तीव्र आलोचना भी करती थी। वामपंथी सन् 1950 की भारत नेपाल संधि के स्थान पर नयी संधि चाहते थे, जिससे उसे परिवर्तित परिस्थितियों के अनुकूल बनाया जा सके। भारत की कुछ बड़ी नदियों का उद्‌गम नेपाल से होता है। इन नदियों में पानी की इतनी प्रचुरता थी कि अकेले नेपाल उसका उपयोग नहीं कर सकता था। भारत के लिये इन नदियों का बहुत बडा उपयोग था। दोनों देशों ने आर्थिक और व्यापारिक सम्बंधों की वृद्धि के लिये कई प्रयास किए। दोनों देशों के अधिकारियों ने करमाली, पचेश्वर, और कोसी नदी पर परियोजनाएँ लागू करने का फैसला किया। कोसी परियोजना को लेकर नेपाल की जनता में

---

1. भारत और नेपाल के संबंध पिछले 30 वर्षों में कई चरणों में गुजरे हैं। कभी–कभी अनेक कारणों से उनमें खटास उत्पन्न हुई। जिनमें भू–मण्डलीय और भू–राजनीतिक कारण भी हैः विमल प्रसाद, *भारत की विदेश नीति* 1949, विकास प्रकाशन गृह।

काफी विरोध रहा। दिसम्बर 1962 में जब वी.पी. कोइराला भारत आए, तो दोनों देशों की बातचीत के परिणामस्वरूप एक समझौता हुआ। इसके तहत भारत नेपाल को 20 मिलियन यूनिट बिजली देने को तैयार हो गया और इसके बदले में नेपाल प्रतिवर्ष 150 क्यूसेक पानी भारत को देने को तैयार हुआ। टनकपुर की जल विद्युत योजना से, जिसका निर्माण भारत कर रहा था, नेपाल को जितनी जल विद्युत मिल रही थी, उसका वह 40वां हिस्सा था, उसका तत्कालीन मूल्य लगभग 90 मिलियन रूपये होता था।

दिसम्बर 1992 में नेपाल के तत्कालीन प्रधानमंत्री वी.पी. कोइराला के भारत के दौरे पर आने के दौरान नेपाल और भारत के बीच कई समझौते हुये। ये समझौते अनाधिकृत व्यापार को रोकने, नदियों के पानी के उपयोग में हिस्सेदारी, व्यापार बढ़ाने और संयुक्त उद्योगों को स्थापित करने के सम्बंध में हुए। अक्टूबर 1992 में भारत के तत्कालीन प्रधानमंत्री नरसिम्हा राव नेपाल के जवाबी दौरे पर गये। इस समय में भी दोनों देशों के बीच में कृषि और आर्थिक क्षेत्र में सहयोग के अनेक समझौते किये गये। भारत ने नेपाल को ऋण देने वाली धनराशि 35 करोड़ से बढ़ाकर 50 करोड़ कर दी। उस पर ब्याज केवल 7 प्रतिशत रखा गया। टनकपुर से 20 हजार यूनिट बिजली बिना किसी कीमत के मिलती थी और 250 क्यूसेक पानी नदियों से उपलब्ध होता था। यह 4000–5000 हेक्टेयर जमीन की सिंचाई के लिये पर्याप्त था। उन्होंने नेपालियों के मन से यह भ्रम भी दूर करने का प्रयास किया कि भारत बड़े भाई की तरह व्यवहार करने के लिये प्रयासरत् है।

अगले निर्वाचन में नेपाली काँग्रेस अल्पमत में आ गयी। इसका मुख्य कारण उसकी अन्दर की गुटबन्दी और फूट थी। बहुमत कम्युनिस्ट पार्टी ऑफ नेपाल (सी.पी.एन. और एल.एम.एल) के पास था। अतः उसने अपनी सरकार बनाई। इसके प्रधानमंत्री मनमोहन सिंह अधिकारी थे और प्रतिरक्षा व विदेशमंत्री माधव नेपाल थे। उन्होंने भारत से अच्छे सम्बंध बनाये रखने की घोषणा की थी, किन्तु वे सन् 1950 की नेपाल–भारत संधि में बदलाव चाहते थे। भारत को अपनी प्रतिरक्षा के दायित्व को बनाये रखने के पक्ष में भी नहीं थे। भारत और चीन से एक समान सम्बंध रखना चाहते थे। इस बात की आजादी भी चाहते थे कि यदि वह चाहें तो चीन से भी अस्त्र–शस्त्र खरीद सकते हैं। अप्रैल 1995 में अधिकारी और माधव नेपाल भारत की यात्रा पर आये। अधिकारी ने बहुत परिपक्वता और समझदारी का परिचय दिया। उन्होंने भारत नेपाल की 1950 की संधि को समय के अनुकूल बनाने पर

जोर दिया। भारत की सुरक्षा की आवश्यकताओं को समझा। भारत ने नेपाल के विदेशी व्यापार के लिये मुम्बई और काँडला के बन्दरगाहों की उपलब्धता को स्वीकार किया। किन्तु नेपाल में राजनीतिक अस्थिरता चल रही थी। छह माह के बाद मनमोहन सिंह अधिकारी की सरकार गिर गयी। नये निर्वाचन हुये। नेपाल काँग्रेस को बहुमत मिला। शेर बहादुर देउबा के नेतृत्व में नयी सरकार बनी।

जनवरी–फरवरी 1996 में नेपाल और भारत के बीच महाकाली समझौता हुआ। वह अत्यन्त महत्वपूर्ण था। इस समझौते के अन्तर्गत दोनों देशों की सीमाओं पर स्थित महाकाली के पानी का दोनों देशों के द्वारा प्रयोग करना तय हुआ। टनकपुर और शारदा के अतिरिक्त भारत द्वारा पंचेश्वर में 2000 मेगाबाट बिजली का जल आधारित विद्युत उत्पादन का प्लान्ट लगाना तय हुआ। थोड़े से विरोध के बाद नेपाल की प्रतिनिधि सभा ने सितम्बर में इसे दो तिहाई बहुमत से स्वीकार कर लिया।

नेपाल में माओवादी कम्युनिस्ट पार्टी पिछले दस वर्षों से तत्कालीन व्यवस्था के विरूद्ध सशस्त्र संघर्ष कर रही थी। 2006 में उसने सशस्त्र संघर्ष को छोड़कर संसदीय व्यवस्था अपनायी। सन् 2008 के निर्वाचन में उसने भाग लिया। वह विजयी हुई। उसने अपनी सरकार बनायी। किन्तु राजनैतिक अस्थिरता अभी भी बनी हुई है। माओवादियों और परम्परागत् राजनीतिक दलों में अभी तक गहरे मतभेद चले आ रहे हैं। एक नया संविधान बनाने की बात है, किन्तु इन राजनीतिक भेदों के चलते संविधान के सम्बंध में सहमति नहीं बन पा रही है।

राजनीतिक सम्बंधों के उतार–चढ़ाव के बीच दोनों देशों के व्यापारिक सम्बंधों में वृद्धि हुई है। 1994–95 में भारत ने नेपाल को 377 करोड़ रूपये का निर्यात किया। यह 1995–96 में रू. 536 करोड़ का हो गया। इसी दौरान आयात रू. 114.89 करोड़ से 166.95 करोड़ बढ़ा। नेपाल से भारत को निर्यात होने वाली वस्तुओं में परम्परागत खाद्य वस्तुयें हैं, जैसे–दाल, गेंहू, सरसों, घी, सालसीड तेल, लिन सीड तेल, चावल की खली का तेल, फल, दूध, हल्दी, जूटकटिंग हैन्डीक्राफ्ट आदि। भारत जिन वस्तुओं का नेपाल को निर्यात करता है, वे हैं–सब्जियाँ, फल, बच्चों की खाद्य सामग्री, नमक, लोंग, अण्डे, जिन्दा पशु, सीमेन्ट, विद्युत सामग्री, कपड़ा, परिवहन के लिये गाड़ियाँ, औषधियाँ, श्रृंगार सामग्री, मशीनरी आदि।

भारत का नेपाल में कुल निवेश सन् 1986 से यू.एस. डालर 9,34,000 था, जो 1994 में यू.एस. डालर 12,817,000 हो गया। यह लगभग 37 प्रतिशत की वृद्धि थी। भारतीय सेना में नेपाल के अनेक नागरिक शामिल हैं।

चीन भी नेपाल में अपना प्रभाव स्थापित करने के लिये प्रयत्नशील है। इस समय नेपाल में माओवादियों की शक्ति और सत्ता से निकटता इस प्रभाव को बढ़ाने में सहायक हो सकती है। माओवादी नेता समय–समय पर भारत के प्रति अपना विरोध प्रकट करते हैं। चीन बड़े पैमाने पर नेपाल को आर्थिक और तकनीकी सहायता दे रहा है। उसको विकास और निर्माण के अनेक संसाधन प्रदान किये हैं। भारत को बड़ी सतर्कता और बुद्धिमानी से इस स्थिति का सामना करना है। बहुत कशमकश के बाद अभी हाल में संविधान सभा का निर्वाचन हुआ है। इसके बाद दल बहुमत में नहीं आ पाए। नेपाली काँग्रेस के नेतृत्व में नई सरकार बनी है। नया संविधान तैयार होना है।

भूटान

भूटान पूर्वी हिमालय में स्थित एक छोटा सा देश है। उसका क्षेत्रफल 46.500 वर्ग किलोमीटर है, जनसंख्या 2,327,849 है। राजनीतिक व्यवस्था राजतंत्रीय थी। सन् 1949 में उसने स्वतंत्रता प्राप्त की थी। वह धीरे–धीरे लोकतंत्र की तरफ बढ़ रहा है। वहाँ के शासक जिंगवी सिंगवी वागचुक ने जून 1998 में अपने सिंहासन का त्याग करके एक राष्ट्रीय विधान सभा की स्थापना की थी। इस विधान सभा ने एक मंत्रिपरिषद् का गठन किया गया, जो विधान सभा के प्रति उत्तरदायी थी। यह विधान सभा जिसके 200 सदस्य थे, राजा और मंत्रिपरिषद दोनों को हटा सकती है। एक नया संविधान दिसम्बर 2002 को लागू किया गया।

अगस्त 1949 में भारत और भूटान के बीच एक मैत्री संधि हुई। इसके तहत अन्तर्राष्ट्रीय मामलों में भूटान भारत का परामर्श लेगा, किन्तु उस परामर्श को मानने के लिये बाध्य नहीं है। भूटान 1971 में संयुक्त राष्ट्र संघ का सदस्य बन गया। 1975 में असम्बद्ध देशों के अभियान में सम्मिलित हो गया। 1983 में वह सार्क के संस्थापक देशों में था। 2007 में भारत और भूटान के बीच एक और संधि हुई जिसके द्वारा अन्तर्राष्ट्रीय मामलों और प्रतिरक्षा के क्षेत्र में भूटान ने और अधिक स्वतंत्रता प्राप्त की।

भारत ने 232 वर्गमील का क्षेत्र, जो देवागिरी कहलाता है, भूटान को दे दिया। भारत भूटान को रू. 900,000 की आर्थिक सहायता प्रति वर्ष देता

है। भारत ने भूटान को आर्थिक, तकनीकी और संसाधनों की सहायता दी है। उसने उत्तरी बंगाल और भूटान की राजधानी चिम्पू को जोड़ने वाली 200 कि.मी. की सड़क बनायी है। लगभग रू. 83 करोड़ की लागत से जल विद्युत परियोजना और सीमेन्ट बनाने के कारखाने स्थापित किये हैं। भारत और भूटान के सम्बंध अत्यन्त मैत्रीपूर्ण और सहयोग के रहे हैं।

भारत को अपने पड़ोसी छोटे देशों के साथ बड़ी संवेदनापूर्ण, उदारता और सरलता का व्यवहार करना चाहिये। छोटे होते हुये भी इन देशों में राष्ट्रीयता और आत्म–सम्मान की सशक्त भावना है। प्रसिद्ध राजनयिक टी.एन. कौल ने अपनी पुस्तक **'युद्ध और शांति में राजनय'** में लिखा है कि हमे उन गलतियों को नहीं दोहराना चाहिये, जो हमने नेपाल में की हैं। हमें उनका समर्थन और मित्रता मानकर नहीं चलना चाहिये और उनके साथ बड़े भाई की तरह व्यवहार नहीं करना चाहिये। वे संवेदनशील हैं। जरा सी भी बात उनको खलती है। वे गौरवान्वित अनुभव करते हैं। मामूली बातों का भी उन्हें बुरा लगता है या वे उसे अन्यथा ले सकते हैं। हमें उनकी भावनाओं का आदर करना चाहिये। उनकी राष्ट्रीय आकांक्षाओं का आदर करना चाहिये और हमें उनका विश्वास जीतना चाहिये। उनके ऊपर अनेक दबाव और तनाव हैं। वे इनको तभी सहन कर सकते हैं, जब भारत जैसे बड़े देश का उनको समर्थन हो।

भूटान की राजधानी थिम्पू में सार्क की बैठक हुई और तमिल–श्रीलंका सम्वाद चला। इससे भूटान को अपने महत्व का एहसास हुआ। भूटान यह अच्छी तरह समझता है कि उसकी भौगोलिक स्थिति और स्थलाकृति के कारण अपनी सुरक्षा, सम्प्रभुता और अखण्डता के लिये वह भारत पर निर्भर है और यह जानता है कि भारत ने अब तक भलीभांति उसके हितों की रक्षा की है। राजीव गांधी ने अपने शासन काल में अपने पड़ोसी देशों पर विशेष ध्यान दिया था। उनसे घनिष्ठ सम्बंध बनाये थे। नेपाल की भांति भूटान में भी भारत की प्रतिद्वन्द्वता चीन से है। चीन भूटान में भी अपना प्रभाव जमाने के लिये प्रत्यनशील है। भारत को इस चुनौती का सामना बड़ी चतुराई से करना है।

11
भारत और अफ्रीका

अफ्रीकन महाद्वीप विश्व में एक महत्वपूर्ण स्थान रखता है। वह पिछड़ा हुआ है। उसके पिछड़ेपन का कारण यूरोपियन उपनिवेशवाद है, जिसके कारण एक लम्बे समय तक यूरोपियंस के द्वारा उसका शोषण और उत्पीड़न किया गया। इस पिछड़ेपन के ही कारण उसे कभी–कभी अन्ध महाद्वीप कहा जाता था।

अफ्रीका की जनसंख्या 750 मिलियन है। आकार–प्रकार में वह बहुत बड़ा है। उसके अनुपात में उसकी जनसंख्या बहुत कम है। अफ्रीका की जनसंख्या विश्व की कुल जनसंख्या का 13 प्रतिशत है। 560 मिलियन लोग सब–साहरान अफ्रीका में रहते हैं जो विश्व के भू–भाग का 18 प्रतिशत है। भारत के लिये अफ्रीका का महत्व इसलिये भी है कि उसके अनेक देश हिन्द–महासागर की सीमाओं पर बसे हुये हैं।

ऐतिहासिक दृष्टि से भारत और अफ्रीका ने उपनिवेशवाद/साम्राज्यवाद के अधीन समान यातना सही है। स्वतंत्रता प्राप्त करने के लिये समान संघर्ष किया है। दक्षिण अफ्रीका में महात्मा गांधी ने रंग–भेद और वर्ण–भेद की नीति के खिलाफ सत्याग्रह किया था। भारत का राष्ट्रीय आन्दोलन भी आरम्भ से दक्षिण अफ्रीका की रंग–भेद/वर्ण–भेद की नीति का विरोध करता रहा था। आजादी मिलने के बाद भी वह बराबर रंग–भेद/वर्ण–भेद की नीति का विरोध करता रहा है। अंत में सफल भी हुआ।

स्वतंत्र होने पर भारत ने अफ्रीका के प्रति जो नीति अपनायी उसके तीन स्तम्भ थे। (1) अफ्रीका से उपनिवेशवाद का अंत और अफ्रीका में बहुसंख्यकों का शासन, (2) पूर्वी, केन्द्रीय और दक्षिण अफ्रीका से रंग–भेद और वर्ण–भेद नीति की समाप्ति, (3) अफ्रीका के कई देशों में पर्याप्त संख्या में भारतीय बसे

हुए थे। उनको परामर्श दें कि वह अफ्रीका के मूल निवासियों से तादात्म्य स्थापित करें और उनसे मिलजुलकर रहें।

घाना के लोकप्रिय शासक क्वामी क्रूमा दिल्ली आए, उनके राजकीय भोज के अवसर पर, नेहरू ने कहा था कि अफ्रीका और एशिया के देशों के उपनिवेशवादी और साम्राज्यवादी शोषण की समान पृष्ठभूमि में यह स्वाभाविक और अपरिहार्य है कि दोनों महाद्वीपों के देशों के पारस्परिक सम्बंध घनिष्ठ रहें।[1]

भारत के द्वारा अफ्रीकी देशों को राजनीतिक और राजनयिक मान्यता देने के अतिरिक्त भारत ने अफ्रीकी देशों से अपने आर्थिक और व्यापारिक सम्बंध भी मजबूत करने का प्रयास किया है। उसने निजी पूंजी और तकनीकी ज्ञान वहाँ भेजने को प्रोत्साहित किया है। अफ्रीका के देशों में कई संयुक्त उद्योग स्थापित किये गये हैं। इन संयुक्त उद्योगों को स्थापित करने का उद्देश्य यह भी रहा कि भारत अपने यहाँ बनी भारी मशीनें, कच्चामाल, परिशोधित और अर्ध–निर्मित माल, कल–पुर्जों का निर्यात कर सके और विदेशी मुद्रा का अर्जन कर सके। 1964 और 1972 के बीच भारत सरकार ने 34 ऐसे संयुक्त उद्योगों को मान्यता दी थी। इनमें से 11 ने अपना उत्पादन आरम्भ कर दिया था। इनमें से एक लीबिया में, दो अल्जीरिया में, चार इथियोपिया में और चार केन्या में थे। इन उद्योगों में कई तरह के उद्योग, जैसे–कपड़ा उद्योग, औषधि और रसायन आदि उद्योग सम्मिलित थे।

अफ्रीका के देशों में पर्याप्त संख्या में भारतीय बसे हुए हैं। इनके आर्थिक और व्यापारिक हितों और मूल निवासियों के हितों में कभी–कभी परस्पर विरोध की स्थिति उत्पन्न हो जाती थी। भारत ने सर्वप्रथम इन अप्रवासी भारतीयों को सलाह दी कि वह जिन देशों मे रह रहे हैं, उनमें घुलमिल जायें। भारत उनके कुछ विशेष हितों को वहाँ बनाये रखने और रक्षा करने के पक्ष में नहीं था। इसके बावजूद ये अप्रवासी भारतवासी अफ्रीका की मूलधारा में सम्मिलित होने को तैयार नहीं हुये, अतः उनके प्रति अफ्रीका के देशों में विरोध और पारस्परिक घृणा की स्थिति उत्पन्न हुई। भारतीय वहाँ बसे यूरोपियन से भी दूर रहे। इस भांति यूरोपियन और मूल निवासी दोनों भारतीयों के विरूद्ध थे और उन्हें ठीक नहीं समझते थे।

1. जवाहरलाल नेहरूः *भारत की विदेश नीति (नई दिल्ली 1961)*, पृष्ठ 542।

आरम्भ में भारत ने अफ्रीका में गहरी दिलचस्पी दिखायी। जवाहरलाल नेहरू ने उन साम्राज्यवादियों की तीव्र आलोचना की जो किसी न किसी बहाने अफ्रीकन देशों पर आधिपत्य स्थापित करना चाहते थे। उन्होंने कहा कि भारत पूरी तरह से उन अफ्रीका के देशों के साथ था, जहाँ जुल्म हो रहा था और जहाँ उनके साथ जानवरों जैसा व्यवहार किया जा रहा था। अफ्रीकन देशों के स्वतंत्रता संघर्ष में भारत ने पर्याप्त सहायता दी थी जिसमें सैनिक सहायता भी सम्मिलित थी। नाम्बिया, जिम्बाम्बे (जिसको पहले रोडेसिया कहा जाता था)। अंगोला की एम.पी.एल.ए., मोजाम्बिक के फ्रीलीयो और गाधना के देश थे।

पचास के दशक के आखिरी वर्षों में भारत की अफ्रीका के देशों के प्रति नीति शिथिल हो गयी। इन वर्षों में भारत का विशेष ध्यान विश्व में घटने वाली अधिक महत्वपूर्ण घटनाओं पर केन्द्रित हो गया।

1962 में चीन और भारत में युद्ध के कारण भारत के दृष्टिकोण में परिवर्तन आया। भारत ने अफ्रीका के उन देशों से निकटता बढ़ाई, जिन देशों ने भारत–चीन के संघर्ष में भारत का समर्थन किया था। उदाहरणतः इथियोपिया और नाइजीरिया को आर्थिक और तकनीकी सहायता देने का वायदा किया गया। इथियोपिया में एक बड़ी कपड़ा मिल स्थापित की गयी। पूर्वी अफ्रीका के केन्या को भी आर्थिक और तकनीकी सहायता दी गई। वहाँ भारतीय उद्योगपतियों को अपनी पूंजी का निवेश करने के लिये प्रोत्साहित किया गया। वहाँ के अप्रवासी भारतीयों को बीस इकाई वाला एक इन्डस्ट्रियल इस्टेट स्थापित करने के लिये प्रोत्साहित किया।

1963 में इन्दिरा गाँधी के नेतृत्व में एक उच्च स्तरीय शिष्टमंडल अफ्रीकी देशों के दौरे पर गया। इसके उद्देश्य थेः (1) अफ्रीका में चीन के प्रभाव का आंकलन करना, (2) 1962 में भारत की चीन से पराजय के कारणों की समीक्षा करना, (3) अफ्रीकी देशों में बसने वाले 420000 भारतीयों के भविष्य का अन्दाज लगाना, (4) अफ्रीकन देशों से आर्थिक और तकनीकी क्षेत्रों में सहयोग की सम्भावना तलाश करना। इन्दिरा गाँधी ने वहाँ बसे हुए भारतीयों को भारत का राजदूत कहा था। इस शिष्टमंडल ने अपनी रिपोर्ट में बताया कि अफ्रीकी देश चीन के पक्ष में नहीं हैं। वहाँ भारत के प्रति पर्याप्त सद्भावना है और इसे और आगे बढ़ाना चाहिये।

इस रिपोर्ट को ध्यान में रखते हुये भारत ने रोडेशिया की स्वतंत्रता के लिये संयुक्त राष्ट्र संघ में जोर लगाया। उसके समर्थन में सेल्सबरी से अपने

राजनयिक सम्बंध तोड़ दिये। अन्य अफ्रीकी देशों की स्वतंत्रता के संघर्षों का समर्थन करने के लिये येरूसलम में स्थित अफ्रीकी देशों की एकता के संगठन की समिति से सहयोग किया। इसके बावजूद चीन का विरोध हावी रहा। इसका असर 1964 में असम्बद्ध देशों के सम्मेलन पर और दूसरा बांडुग सम्मेलन की तैयारी करने के लिये बैठक में भारतीय व्यवहार पर पड़ा।

इस समय अफ्रीका के देशों के प्रति भारत की नीति में फिर परिवर्तन आया। एक तो अफ्रीकी देशों में बसे अप्रवासी भारतीयों के हितों की रक्षा और कल्याण पर विशेष जोर दिया गया। दूसरे उन अफ्रीकन देशों के साथ सम्बंधों पर विशेष ध्यान दिया, जो देश चीन और पाकिस्तान के विरोधी थे।

दक्षिण अफ्रीका

दक्षिण अफ्रीका, अफ्रीकी महाद्वीप के दक्षिण में स्थित है। उसका क्षेत्रफल 1,223,20 वर्ग किलोमीटर है। जनसंख्या 499,991,300 है। उसकी स्थापना 1910 में हुई थी। 1961 में कॉमनवेल्थ छोड़ने के बाद वह गणराज्य बन गया।

दक्षिण अफ्रीका में अल्पसंख्यक यूरोपियनों की सत्ता थी। भारत स्वतंत्रता पूर्व से दक्षिण अफ्रीका में अँग्रेजों की वर्ग और वर्णभेदी नीतियों का विरोध करता आ रहा था। स्वतंत्र होने पर भी उसने अपनी यह नीति जारी रखी। अँग्रेज शासित दक्षिण अफ्रीका से अपने आर्थिक, राजनयिक सम्बंध तोड़ दिये। संयुक्त राष्ट्र संघ में भी उसने एशिया और अफ्रीका के अन्य देशों से मिलकर दक्षिण अफ्रीका की रंग–भेद और वर्ण–भेद की नीति का विरोध किया। अनेक प्रस्ताव उसकी आलोचना करते हुये पारित कराये। इसका यह प्रभाव पड़ा कि दक्षिण अफ्रीका को संयुक्त राष्ट्र संघ से हटना पड़ा। यही स्थिति कॉमनवेल्थ में भी रही। रंग–भेद और वर्ण–भेद की नीति के अन्तर्गत वहाँ के मूल निवासियों और एशिया से आकर बसे लोगों से अमानुषिक व्यवहार किया जाता था। उन्हें पशु समान माना जाता था।

साम्राज्यवाद की उपज रंग–वर्ण भेद की नीति के कारण वहाँ उसके विरोध में जन आक्रोश पैदा हुआ। उसके विरोध में संघर्ष करने के लिये अफ्रीकी नेशनल काँग्रेस की स्थापना हुई। इस संघर्ष में अन्य दल जैसे नेटाल इन्डियन काँग्रेस, ट्रान्सवाल इन्डियन काँग्रेस और दक्षिण अफ्रीका की कम्युनिस्ट पार्टी सम्मिलित थे। इनका नेता नेल्सन मण्डेला था। 1998 में मण्डेला भारत आये। उन्हें भारत की सबसे बड़ी उपाधि भारत रत्न से सम्मानित किया गया। वह पहले गैर भारतीय थे, जिनको यह उपाधि दी गयी थी।

नेल्सन मण्डेला को वहाँ की श्वेत सरकार ने 46 वर्ष की आयु में जेल भेजा था। जब वे 70 वर्ष के थे, तब उन्हें रिहा किया गया। इतने लम्बे अर्से जेल में रहने के कारण भी उनके मन में कड़वाहट नहीं आयी। इस समय रंग–भेद की नीति के पक्षधर, वहाँ बसे श्वेत जाति के लोग नाना प्रकार के षड़यंत्र कर रहे थे। दूसरी तरफ दक्षिण अफ्रीका के अन्य कबीले अपनी–अपनी माँगे सामने रख रहे थे। ऐसी स्थिति में मण्डेला जैसा व्यक्ति ही देश को बाँध सकता था और सही नेतृत्व दे सकता था।

दक्षिण अफ्रीका और भारत के नये सम्बंधों का आरम्भ तब हुआ जब जोहान्सवर्ग में एक भारतीय संस्कृति केन्द्र स्थापित हुआ। सन् 1994 में दक्षिण अफ्रीका की अतंरिम सरकार के विदेश मंत्री डॉ. मिक बोथा भारत आये। इसी समय प्रेटोरिया में भारतीय दूतावास खोला गया। जोहान्सवर्ग के सांस्कृतिक केन्द्र को काउन्सलेट–जनरल में परिवर्तित कर दिया गया। दूसरा काउन्सेल जनरल नेटाल प्रांत के डरबन शहर में स्थापित हुआ। डॉ. बोथा ने भारत के सामने पूर्वी अफ्रीका और गल्फ देशों का एक आर्थिक संगठन स्थापित करने का प्रस्ताव रखा।

सन् 1994 में लोकतांत्रिक निर्वाचन हुआ, जिसमें सबको समान नागरिक अधिकार मिला। अफ्रीकन नेशनल काँग्रेस को भारी बहुमत मिला, जिसके फलस्वरूप उनकी सरकार बनी। नेल्सन मण्डेला ने राष्ट्राध्यक्ष का पद संभाला। यह उल्लेखनीय है कि मण्डेला ने जो उप–राष्ट्राध्यक्ष नियुक्त किये, उनमें 5 भारतीय थे। मण्डेला के राष्ट्रपति के रूप में शपथ ग्रहण समारोह के समय भारत के उप–राष्ट्रपति के.आर. नारायनन ने भारत का प्रतिनिधित्व किया। के.आर. नारायनन ने अपने भाषण में कहा कि मण्डेला अपने आप में शांत है, जैसे कि वियतनाम के होचिमिन्ह शांत और अपने आप में थे। उनमें गाँधी जी जैसी क्षमता है, जिसमें अपने शत्रु को क्षमा करने और उसको समझने की क्षमता है। मण्डेला ने कहा कि गाँधी जी ने अफ्रीकी नेशनल काँग्रेस की 100 वर्ष पहले स्थापना की थी। इस काँग्रेस ने दक्षिण अफ्रीका के स्वतंत्रता संघर्ष का नेतृत्व किया था।

जनवरी 1995 में मण्डेला दूसरी बार भारत आये थे। उस समय तक वह दक्षिण अफ्रीका के राष्ट्राध्यक्ष बन चुके थे। उन्हें 26 जनवरी के गणतंत्र दिवस पर मुख्य अतिथि के रूप में आमंत्रित किया गया था। भारत के लिये प्रस्थान होने से पहले संवाददाताओं से उन्होंने कहा था कि दक्षिण अफ्रीका की विदेश नीति अफ्रीकी देशों की एकता के संगठन और संयुक्त राष्ट्र संघ

के द्वारा निर्देशित होगी। कश्मीर पर उन्होंने कहा कि भारत और पाकिस्तान ही बिना किसी बाहरी हस्तक्षेप के इसका समाधान कर सकते हैं।

मण्डेला के भारत के इस दौरे पर भारत और दक्षिण अफ्रीका के बीच कई समझौते हुये। पहले समझौते में दोनों देशों ने शांति, लोकतंत्र और धर्मनिरपेक्षता में अपनी आस्था प्रगट की। रंग–भेद और वर्ण–भेद की नीति, जातीय भेदभाव और धार्मिक कट्टरवाद का विरोध किया गया। दोनों देशों ने अन्तर्राष्ट्रीय अपराध और आतंकवाद को समाप्त करने के एक–दूसरे से सहयोग करने की बात की। दो अन्य समझौतों में परस्पर परामर्श के लिये एक संयुक्त आयोग की स्थापना और तीसरा विज्ञान और तकनीकी क्षेत्र में सहयोग का था। राजीव गाँधी स्मृति व्याख्यान में मण्डेला ने भारतीय सागर की सीमाओं पर स्थित देशों में विशेष सहयोग की बात दोहरायी।

दोनों देशों के राजनेताओं का एक दूसरे के यहाँ आने जाने का दौर आरम्भ हो गया। दिसम्बर 1996 में दक्षिण अफ्रीका के उपराष्ट्राध्यक्ष वोदा मिव्की एक शिष्टमंडल के साथ भारत आये। मिव्की ने भारत और दक्षिण अफ्रीका के राजनीतिक सम्बंधों पर जोर दिया, जो कि महत्वपूर्ण था।

भौगोलिक और आर्थिक दृष्टि से भारत और दक्षिण अफ्रीका एक दूसरे के लिये अत्यन्त महत्वपूर्ण थे। दोनों देशों का परस्पर व्यापार 1993–94 में केवल 2 मिलियन डालर से आरम्भ हुआ। 1995–96 में यह व्यापार यू.एस. 5.66 मिलियन डालर हो गया। इस व्यापार में भारत का दक्षिण अफ्रीका को निर्यात 3.28 यू.एस. मिलियन डालर था। दक्षिण अफ्रीका से आयात 2.35 यू.एस. मिलियन डालर था। भारत से निर्यात होने वाली वस्तुओं में कपड़ा, चमड़ा, रसायन, कागज, हल्के इंजीनियरिंग उत्पाद, और सब्जियों के उत्पाद मुख्य थे। दक्षिण अफ्रीका से आने वाली वस्तुओं में विभिन्न धातु, रसायन, लकड़ी का पल्प, कागज और खनिज उत्पाद शामिल थे। इस व्यापार में लगभग तीस औद्योगिक घराने और अनेक वित्तीय संस्थायें सम्मिलित थीं।[2]

दक्षिण अफ्रीका की मुक्ति के बाद अफ्रीका के महाद्वीप में एक देश के बाद दूसरा देश स्वतंत्र होता गया। इस स्वतंत्रता के दो पहलू थे: एक विदेशी शासन से मुक्ति और दूसरे वर्ण–भेद और रंग–भेद की नीति तथा श्वेत जाति के आधिपत्य से मुक्ति। राजनीतिक स्वतंत्रता प्राप्त करने के बावजूद अफ्रीका के देशों को बहुत–सी ऐसी समस्यायें रही हैं, जो आर्थिक

---

2. V.P. Dutta: *India's Foreign Policy in the Changing World*. pp. 302-03.

और सामाजिक विकास में अवरोधक हैं। जैसे अफ्रीका के कुछ देशों में कबीलों में आपस में झगड़े, श्वेत अल्पसंख्यकों के द्वारा फूट डालना, उपनिवेशवादी शक्तियों की घुसपैठ आदि। यह कहा जाता है कि अफ्रीका में दो अफ्रीका हैं–एक में अधिक जनसंख्या के दुष्परिणाम, पिछड़ापन, बीमारियाँ, कुपोषण, अकाल, निर्धनता और कबीलों के आपसी झगड़े हैं। अफ्रीका का दूसरा चेहरा दक्षिण अफ्रीका का गणराज्य है, जो राजनीति की दृष्टि से स्थिर और आर्थिक दृष्टि से सम्पन्न और विकसित है। विश्व बैंक के द्वारा पूरे अफ्रीका में 1992–2002 में आर्थिक वृद्धि 3.7 मानी गयी, जबकि 1982–1992 यह वृद्धि केवल 2 प्रतिशत थी।

अफ्रीकन देशों की एकता संगठन ए.यू. ने अफ्रीकन देशों में शांति व्यवस्था और एकता स्थापित करने में महत्वपूर्ण भूमिका निभाई है।

भारत को उन अफ्रीकन देशों से अपने राजनीतिक सम्बंध स्थापित करना आसान था, जहाँ भारत ने उनके राष्ट्रीय आन्दोलन का समर्थन किया था। वह असमबद्ध देशों के अभियान में सम्मिलित थे। ऐसे देशों में जाम्बिया, तंजानिया, जिम्बावे और मोजँबीक थे। इसके साथ जिन देशों में पहले से आर्थिक सम्बंध चले आ रहे थे, जैसे नाइजीरिया, केन्या, गायना, फिसायू, सेनेगल, आईवरी कोस्ट इत्यादि। अफ्रीका के देशों के द्वारा स्वतंत्रता प्राप्त करने के बाद अपने आर्थिक और व्यापारिक सम्बंधों को मजबूत करना आवश्यक था। अतः भारत ने उन देशों से न केवल पारस्परिक व्यापार बढ़ाया अपितु परियोजनाओं, संयुक्त उद्योग, परामर्शदायी संस्थायें, आर्थिक और तकनीकी सहायता पर विशेष बल दिया था जहाँ भारत मूल अथवा भारत के अप्रवासी लोग रहते थे।

अफ्रीका के अन्य देश

नाम्बिया

भारत के तत्कालीन प्रधानमंत्री वी.पी. सिंह ने नाम्बिया के नये राष्ट्रपति के आगमन के अवसर पर नाम्बिया के राष्ट्राध्यक्ष को तकनीकी सहायता देने और ऋण देने का वायदा किया। नाम्बिया के राष्ट्राध्यक्ष 1990 में भारत आये। उनको शांति, विश्वस्तरीय सहयोग और विकास के लिये इन्दिरा गाँधी पुरस्कार से सम्मानित किया गया। भारत के तत्कालीन राष्ट्रपति डॉ. शंकर दयाल शर्मा जून 1995 में नाम्बिया गये और नाम्बिया के राष्ट्राध्यक्ष नजोमा दूसरी बार फरवरी 1997 में भारत आये। इन दौरों से दोनों देशों के पारस्परिक सम्बंधों में प्रगाढ़ता आयी।

जिम्बावे

जिम्बावे और तंजानिया से भारत के भी राजनीतिक सम्बंध पर्याप्त घनिष्ठ रहे हैं। जिम्बावे के राष्ट्राध्यक्ष मुगाबी असमबद्ध देशों के अभियान में काफी सक्रिय थे। एक समयावधि के लिये वह असमबद्ध देशों के अभियान के अध्यक्ष भी रहे। 1991 में उन्हें जवाहरलाल नेहरू अन्तर्राष्ट्रीय सद्भावना सम्मान से विभूषित किया गया। इस समय वह दिल्ली आये थे। तत्कालीन राष्ट्रपति वैंकटरमन ने उन्हें सम्मानित करते समय अफ्रीका की जागृत जनता का नेता बताया। 1993 में मुगाबी दूसरी बार भारत आये। उनकी विशेष रूचि भारत के परिवहन और छोटे उद्योगों में थी। सन् 1995 भारत के तत्कालीन राष्ट्रपति डॉ. शंकर दयाल शर्मा जिम्बावे के दौरे पर गये।

तंजानिया

तंजानिया से भारत के राजनीतिक सम्बंध प्रगाढ़ हुये और उनमें परिपक्वता बढ़ी। असम्बद्ध देशों के अभियान में तंजानिया की भूमिका महत्वपूर्ण थी। भारत और तंजानिया में व्यापार और आर्थिक सम्बंधों में वृद्धि हुई। जुलियस नयरे वहाँ के राष्ट्राध्यक्ष थे, जो असम्बद्ध देशों के अभियान में वरिष्ठ नेता थे। वहाँ बहु–दल व्यवस्था अपना ली गयी थी। अक्टूबर 1995 में वहाँ निर्वाचन हुआ। निर्वाचन में चामाचा मेपिनड्यूल पार्टी को बहुमत मिला। उसका नेता बेंजामिन मिकापा देश का राष्ट्राध्यक्ष था। बेंजामिन मिकापा की सरकार से भी भारत के सम्बंध घनिष्ठ रहे। इसके शासन के दौरान भारत को पाँच ठेके मिले। उल्लेखनीय है कि जुलियस नयरे और मण्डेला वहाँ के ऐसे राष्ट्रीय नेता थे, जिन्होंने अपना बहुमत होते हुये भी सत्ता से स्वयं हट जाने का निर्णय लिया था।

जाम्बिया

जाम्बिया से भी भारत के अच्छे सम्बंध थे। वहाँ के राष्ट्राध्यक्ष केनथ बाडा असम्बद्ध देशों के अभियान के मुख्य नेता थे। उनके हट जाने और बहुदलीय व्यवस्था स्थापित होने के बाद भी दोनों देशों में अच्छे सम्बंध बने रहे। सन् 1993 में वहाँ के राष्ट्राध्यक्ष कफ्रेडरिक चिलूषा भारत आये। उस समय जाम्बिया और भारत में कई समझौते हुये। सन् 1994–95 में भारत का तंजानिया को निर्यात 207 करोड़ रूपया था। यह 1995–96 में रू. 270 करोड़ हो गया। भारत का आयात 1994–95 रू. 170 करोड़ था जो 1995–96 में रू. 321 करोड़ हो गया। तंजानिया में भारत के साथ दो संयुक्त

उद्योग स्थापित हुये। इसमें एक उद्योग स्टील रोलिंग मिल था। जाम्बिया को निर्यात 1995–96 रू. में 115 करोड़ हो गया जो 1994–95 में रू. 81.7 करोड़ था। भारत का आयात जो 1994–95 में 171 था वह 1995–96 में रू. 202 करोड़ का हो गया।

यह पहले भी लिखा जा चुका है कि अफ्रीका के देशों में अप्रवासी भारतीयों की भारत के सामने एक समस्या थी। दक्षिण अफ्रीका में उनकी संख्या 10 लाख से कुछ कम थी। पूर्वी अफ्रीका के देश केन्या और यूगाण्डा में भी प्रचुर मात्रा में भारतीय बसे हुये थे। यूगाण्डा में इडी अमीन अधिनायक था। उसने वहाँ से लगभग 66000 भारतीयों को यूगाण्डा से बिना कोई अपना सामान लिये भगा दिया था। केनिया में 200,000 भारतीय थे। इनमें से आधे साठ के दशक में भगा दिये गये थे और अस्सी के दशक में लगभग 51000 व्यक्तियों को छोड़कर वहाँ से भारतीय पलायन कर चुके थे।

यूगाण्डा

यूगाण्डा में इसके बाद शासन में परिवर्तन हुआ। इडी अमीन के स्थान पर के मुसबेनो वहाँ का राष्ट्राध्यक्ष बना। उसने वहाँ की आर्थिक नीतियों में बड़ा परिवर्तन किया। 1992–93 में वहाँ आर्थिक वृद्धि 7 प्रतिशत हो गयी। 1992–93 तक यूगाण्डा और भारत के सम्बंध सामान्य हो गये। अक्टूबर 1992 में राष्ट्रपति मुसवेनी भारत के दौरे पर आये। उन्होंने उन भारतीयों को जो यूगाण्डा से चले आये थे, वापस आने के लिये आमंत्रित किया। दोनों देशों के सम्बंधों में पर्याप्त वृद्धि हुई। यूगाण्डा के नागरिकों को भारत में तकनीकी शिक्षा पाने की सुविधा दी गयी।

केन्या

केन्या में भारतीयों के साथ वैसा अत्याचार नहीं हुआ था, जो यूगाण्डा में हुआ था। 1994–95 में केन्या का भारत को निर्यात रू. 385 करोड़ था, जो 1995–96 में रू. 817 करोड़ का हो गया था। केन्या में भारत से आयात 1994–95 में रू. 48.37 करोड़ था, जो 1995–96 में रू. 49.11 हो गया। केन्या में भारत के साथ संयुक्त उद्योग अफ्रीकन देशों में से सबसे अधिक थे। इन उद्योगों में लकड़ी, कपड़ा पेपर, और उसका पल्प, कार और बसों के पुर्जे, बीमा इनेमल, कॉपर, एल्युमिनियम बार, डिस्टलरीज आदि मुख्य थे।

भारत और अफ्रीका के देशों के साथ सम्बंधों में राजनीतिक पक्ष की तुलना में आर्थिक पक्ष ज्यादा मुख्य रहा है। जो अफ्रीकन देश फ्रांस के अधीन

रहे थे, उनसे आर्थिक और व्यापारिक सम्बंध स्थापित होना आसान रहा जैसे सेनेगल, आइवरी कोस्ट, जेर, मलावी और सीगजिओन। नाइजीरिया अफ्रीका का सबसे बड़ा देश है। नाइजीरिया से आर्थिक और व्यापारिक सम्बंध राजनीतिक सम्बंधों की तुलना में काफी अधिक रहे हैं। नाइजीरिया में सबसे अधिक उद्योग संयुक्त क्षेत्र में लगे हैं। 1995 तक वहाँ भारत के साथ 13 संयुक्त उद्योग थे। एक लग रहा था। नाइजीरिया में तेल निकलता है। भारत बड़ी मात्रा में वहाँ से तेल खरीदता है। 1994–95 में भारत के लिये इसकी कीमत रू. 133070 करोड़ थी, जो 1995–96 में रू. 2573.66 करोड़ की हो गयी थी, जबकि भारत के द्वारा नाइजीरिया को निर्यात इस दौरान रू. 343 करोड़ था, जो इस दौरान रू. 498 करोड़ हो गया था।

मॉरीशस

मॉरीशस भारत के लिये कई दृष्टि से महत्वपूर्ण है। मॉरीशस का क्षेत्रफल 2040 वर्ग किलोमीटर है। इसकी जनसंख्या 1.1 मिलियन है। इसमें 70 प्रतिशत भारतीय हैं। इनमें 50 प्रतिशत हिन्दू, 16 प्रतिशत मुसलमान, 27 प्रतिशत क्रिओल और कुछ थोड़े से फ्रांसीसी–मारेशियन और लगभग 1 प्रतिशत चाइनीज हैं।

मॉरीशस में प्रतिव्यक्ति आय 2980 प्रति यू.एस. डालर है। यह एशियन अफ्रीकन देशों में सबसे अधिक है। वहाँ प्लान्टेशन और अन्य व्यापारिक संस्थान फ्रांसीसी–मारेशियन के हाथों में थे, किन्तु अब 50 प्रतिशत भारतीयों के हाथों में आ गये हैं।

भारत और मॉरीशस के बहुत घनिष्ठ सम्बंध रहे हैं। दोनों देशों के लोगों में काफी समानता मिलती है। दोनों देशों में वहाँ के राजनेता एक–दूसरे के यहाँ आते–जाते रहे हैं। साठ के दशक में शिव सागर राम गुलाम भारत आये थे। इसके बाद मॉरीशस के प्रधानमंत्री श्री अनिरूद्ध जुगनाथ भारत आये। 1990 में उनको गणतंत्र दिवस पर मुख्य अतिथि के रूप में आंमत्रित किया गया।

भारत के आर्थिक और तकनीकी सहयोग संस्थान से मॉरीशस को काफी लाभ हुआ। सन् 1979 में दोनों देशों का पारस्परिक सहयोग के लिये एक संयुक्त आयोग स्थापित हुआ। मॉरीशस के विद्यार्थियों को भारत में अध्ययन और प्रशिक्षण लेने की सुविधा दी गयी है। मॉरीशस की मांग पर भारत ने डियागोगार्सिया मॉरीशस के लिये छोड़ दिया है।

1994–95 में भारत द्वारा मॉरीशस को निर्यात रू. 358 करोड़ का था, जो 1995–96 में रू. 455 करोड़ हो गया था। मॉरीशस के द्वारा भारत से आयात रू. 3–4 करोड़ से अधिक नहीं हो पाया। इसके बावजूद अन्य क्षेत्रों में दोनों देशों के सहयोग में वृद्धि हुई है। भारत के औद्योगिक प्रशिक्षण केन्द्र ने मॉरीशस को रू. 100 करोड़ की सहायता दी है। मॉरीशस में और भारत में लगभग 12 उद्योग संयुक्त उद्योग क्षेत्र में लगाये गये हैं। मार्च 1992 में भारत के तत्कालीन प्रधानमंत्री नरसिम्हा राव मॉरीशस गये थे।

मॉरीशस पर्यटन के हिसाब से भी महत्वपूर्ण हो गया है, हजारों की संख्या में प्रतिवर्ष भारतीय वहाँ अवकाश मनाने जाते हैं।

भारत और अफ्रीकन देशों के पारस्परिक राजनीतिक सम्बंधों की अपेक्षा आर्थिक सम्बंध महत्वपूर्ण रहे हैं। अधिकांश अफ्रीकन देश आजाद होने के बाद भी पिछड़े रहे हैं। यद्यपि वहाँ प्राकृतिक संसाधनों की कमी नहीं है। भारत की तकनीकी और आर्थिक सहयोग का कार्यक्रम बहुत महत्वपूर्ण रहा है। इसने विकासशील और हाल में हुये स्वतंत्र देशों को अत्यन्त महत्वपूर्ण आर्थिक और तकनीकी सहायता दी है। इसका आरम्भ 1994 में हुआ था। 1996 तक उसने लगभग यू.एस. डालर 2.5 मिलियन खर्च किया है। इसका एक चौथाई अफ्रीकन देशों पर खर्च हुआ है। अफ्रीका के जिन देशों से अधिक निकट सम्बंध रहे हैं, वे मुख्यतः मॉरीशस, केन्या, इथियोपिया, घाना, यूगाण्डा, जाम्बिया, तंजानिया, सोमालिया, नाइजीरिया, मोजाम्बिक, नम्बिया और जेर हैं।

आर्थिक और तकनीकी सहायता के अतिरिक्त लगभग 845 अफ्रीका के निवासियों को विभिन्न क्षेत्रों में ट्रेनिंग दी गयी है। सार्क के अन्तर्गत 475 अलग लोगों को प्रशिक्षित किया गया है।

भारत और अफ्रीकी देशों के बीच 47 संयुक्त क्षेत्र में उद्योग लगाये गये हैं। 1996–97 में भारत से अफ्रीकन देशों के निर्यात रू. 478.66 करोड़ था जबकि आयात रू. 8,063.04 करोड़ था। इस तरह यह व्यापार घाटे में रहा है। अफ्रीकी देशों से घनिष्ठ आर्थिक सम्बंध स्थापित करना काफी कठिन रहा है। इसमें कई समस्याऐं हैं। अफ्रीका के देशों से जैसे राजनीतिक और आर्थिक सम्बंध होने चाहिये, वह अभी तक नहीं स्थापित हो पाये हैं।

अल्जीरिया

उत्तरी अफ्रीका में स्थित एक छोटा देश अल्जीरिया है। उसका क्षेत्रफल 2,381,741 वर्ग किलोमीटर है। जनसंख्या 36,300,000 है। यह एक फ्रेंच

उपनिवेश था। अपनी स्वतंत्रता के लिये इसे विकट संघर्ष करना पड़ा। लगभग 100 वर्ष फ्रांस के अधीन रहने के बाद घोर संघर्ष के द्वारा सन् 1962 में उसे स्वतंत्रता प्राप्त हुई थी। 1990 में यहाँ गृह युद्ध शुरू हो गया। यह गृह युद्ध वहाँ की सेना और इस्लाम के कट्टरपंथियों के बीच में था। 1992 में निर्वाचन के बाद वहाँ पुनः गृह युद्ध आरम्भ हो गया। एक अनुमान के अनुसार इसमें 1,50,000 व्यक्ति मारे गये। 1999 में विद्रोहियों को क्षमा किया गया, यद्यपि आपातकाल बना रहा।

यद्यपि भारत साम्राज्यवाद और उपनिवेशवाद का घोर विरोधी रहा है, तथापि उसने अल्जीरिया के स्वतंत्रता संग्राम में बहुत अधिक दिलचस्पी नहीं दिखाई। सन् 1960 में संयुक्त राष्ट्र संघ की सामान्य सभा में बोलते हुये कृष्णा मेनन ने कहा था कि यह एशिया, अफ्रीका तथा अन्यत्र एक और दुखद और कष्टदायी घटना घट रही है–बुनियादी तथ्य यह था कि जनता ने अनेक त्याग और बाधाओं के बावजूद लगातार संघर्ष किया है। उन्होंने आगे चलकर कहा कि एशिया, अफ्रीका और अन्य देशों में इस पर भारी चिन्ता रही है। उन्होंने आशा व्यक्त की कि यह युद्ध शीघ्र ही बन्द हो जायेगा। संयुक्त राष्ट्र संघ को इसमें हस्तक्षेप करना चाहिये, जिससे यथाशीघ्र इस दुखदायी स्थिति का अन्त हो सके।

भारत ने अल्जीरिया की अंतरिम सरकार को मान्यता देने के अलावा उसकी कोई मदद नहीं की। फ्रांस के साम्राज्यवादियों के खिलाफ उन्होंने बहुत उग्रता भी नहीं दिखाई। कुछ लोगों का मानना है कि इसका कारण फ्रांसीसियों द्वारा भारत में अपने उपनिवेश छोड़ना था। इस समय फ्रांस के विदेश मंत्री आये थे और उनकी भेंट भारत के राजनेताओं से हुई थी। यह माना जाता है इस मुलाकात से भारत ने फ्रांस की स्थिति अच्छी तरह समझ ली थी।

डेमोक्रेटिक रिपब्लिक ऑफ काँगो

यह अफ्रीका के लगभग मध्य में स्थित है। इसका पुराना नाम जेर है। इसका क्षेत्रफल 2,344885 वर्ग किलोमीटर है। जनसंख्या 67,827,000 है। यह बेल्जियम का उपनिवेश था। 1960 में इसे स्वतंत्रता प्राप्त हुई। यह खनिजों में बहुत सम्पन्न है।

यहाँ पर ताँबा और हीरा प्रचुर मात्रा में मिलता है। इसमें कोबाल्ट (विश्व के कुल निक्षेप का 60 प्रतिशत), केडिमियम मेंगनीज, जिंक और यूरेनियम की खाने हैं। इसके जंगलों में बेशकीमती लकड़ी मिलती है।

द्वितीय महायुद्ध के बाद पहला दशक 1945 से 1955 एशिया की जागृति का दशक था। 1955 से 1965 तक अफ्रीका की जागृति का दशक था। काँगो की आजादी भी इसका हिस्सा था।

काँगो में साम्राज्यवाद और उपनिवेशवाद का असली चेहरा सामने आता है। राष्ट्रीय स्वतंत्रता देने का बहाना करके किस भांति साम्राज्यवाद पुनः अपना वर्चस्व बनाये रखने के लिये षड़यंत्र और कुकृत्य करता है, इसका उदाहरण हमें काँगो से मिलता है। यह संयुक्त राष्ट्र संघ के इतिहास का एक मील का पत्थर भी था। यूरोपियन और अन्य साम्राज्यवादी देश अफ्रीकियों को अफ्रीकियों के लड़ाने का दुष्प्रयास कर रहे थे। काँगो को स्वतंत्रता के संघर्ष का प्रथम काल उस समय समाप्त होता है जब बेल्जियम जून 1960 में काँगो को स्वतंत्रता देने के लिये राजी हो जाता है। वास्तव में बेल्जियम काँगो छोड़ना नहीं चाहता था क्योंकि उसकी समृद्धि और शक्ति काँगो के प्राकृतिक साधनों के दोहन पर आश्रित थी। 1953 में काँगो में अफ्रीका से मिलने वाले कोबाल्ट का 81.0 प्रतिशत, टिन 60 प्रतिशत, 64 प्रतिशत, लौह अयस्क 58 प्रतिशत, टंगस्टन और जिंक 51 प्रतिशत, चांदी और 34 प्रतिशत ताँबा मिला था। काँगो में मिलने वाला हीरा महत्वपूर्ण औद्योगिक श्रेणी का हीरा होता था। काँगो विश्व में ताँबा का उत्पादन करने वाले देशों में पहला पाँचवा देश था। काँगो में यूरेनियम और थोरियम प्रचुर मात्रा में पाया जाता था। परमाणु ऊर्जा उत्पादन करने में इन दोनों खनिजों का ईंधन के रूप में प्रयोग होता है।

द्वितीय महायुद्ध में काँगो ने ब्रिटेन और संयुक्त राज्य अमेरिका को बड़ी मात्रा में यूरेनियम और थोरियम बेचा था। इसके बदले इन देशों ने यूरेनियम और थोरियम खनिजों के खनन के विकास में मदद की थी। बेल्जियम को परमाणु शक्ति पर खोज के लिये एक व्यापक कार्यक्रम स्थापित करने में विशेष सहायता दी थी।

1956–57 में काँगों ने यूरेनियम और थोरियम के उत्पादन का 90 प्रतिशत संयुक्त राज्य अमेरिका और ब्रिटेन को बेचा था। यूरेनियम और थोरियम के निक्षेप पर अधिकांशतः दो कम्पनियों यू.एस और फोरयनियम का आधिपत्य था। काँगों के प्रान्त कटगां, जहाँ यह खनिज मिलते थे, एक प्रकार से इन कम्पनियों के अधिकार में थे। इन दोनों कम्पनियों में अमेरिका की हिस्सेदारी थी। यह कटगां प्रांत, जहाँ काँगो के 60 प्रतिशत खनिज मिलता था, विदेशियों के षड़यंत्रों का अड्डा बना।

जैसे ही काँगो को स्वतंत्रता मिली इस स्वतंत्रता को नष्ट करने के लिये षड़यंत्र आरम्भ हो गये। कटगां में इन षड़यंत्रों का मुखिया शोम्बे था। उसने कटगां के काँगो से अलग होने की घोषणा की। काँगो के तत्कालीन प्रधानमंत्री पेट्रिस लुमुम्बा ने संयुक्त राष्ट्र संघ से वहाँ शांति और व्यवस्था कायम करने के लिये सहायता मांगी। संयुक्त राष्ट्र संघ ने 13 जुलाई 1960 में संयुक्त राष्ट्र संघ के महामंत्री को वहाँ शांति और व्यवस्था स्थापित करने के लिये आवश्यक कार्यवाही करने को कहा। बेल्जियम को वहाँ से अपनी सेना हटाने का आदेश दिया।

संयुक्त राष्ट्र की सेना ने, जिसमें अधिकांशतः एशिया–अफ्रीका के देशों के सैनिक थे, मध्य जुलाई में प्रवेश किया। 22 जुलाई को सुरक्षा परिषद ने पुनः एक प्रस्ताव पारित किया, जिसमें बेल्जियम से काँगो से अपनी सेनायें हटाने और संयुक्त राष्ट्र के महासचिव की आवश्यक कार्यवाही करने के लिये अधिकृत किया गया। इसके बावजूद न तो कटगां में संयुक्त राष्ट्र संघ की सेना को प्रवेश करने दिया, न ही सं.रा. संघ के महासचिव के द्वारा कोई कार्यवाही करने दी। 22 जुलाई को सुरक्षा परिषद में जो प्रस्ताव पारित किया गया था उसमें यह भी उल्लेखित किया गया था कि संयुक्त राष्ट्र संघ की सेना पूर्णतः निष्पक्ष रहेगी। कोई ऐसी कार्यवाही नहीं करेगी, जिससे आपस के झगड़े का अंतिम परिणाम प्रभावित हो।

काँगो का प्रधानमंत्री पेट्रिस लुमुम्बा बेल्जियम और अन्य पश्चिमी देशों के लिये आँखों की किरकरी था और वहाँ अपनी सत्ता स्थापित करने के लिये उसे हटाना आवश्यक था। अतः काँगो के राष्ट्राध्यक्ष कसाबू का प्रयोग किया गया। उसने 5 सितम्बर 1960 को एक घोषणा के द्वारा लुमुम्बा को पदच्युत कर दिया। संयुक्त राष्ट्र संघ की सेना ने लुमुम्बा को रेडियो स्टेशन में घुसने नहीं दिया। 7 सितम्बर को काँगो की संसद ने दोनों सदनों में बहुमत से लुमुम्बा के प्रति विश्वास प्रकट किया और उसे पूर्ण शक्ति प्रदत्त की गई। 14 सितम्बर को कसाबू ने संसद भंग कर दी।

20 सितम्बर 1960 को सुरक्षा परिषद ने प्रस्ताव पारित करके महासचिव को वह सब कार्यवाही करने के लिये अधिकृत किया जो काँगो की सम्प्रभुता, एकता, प्रादेशिक अखंडता और अन्तर्राष्ट्रीय शांति और सुरक्षा के लिये आवश्यक हो।

भारत के तत्कालीन प्रधानमंत्री नेहरू ने 3 अक्टूबर 1960 को संयुक्त राष्ट्र संघ की सामान्य सभा में कहा कि काँगो में एक निर्वाचित संसद है, जो इस समय कार्य नहीं कर रही है, उसे सक्रिय किया जाये। उसे अंतिम निर्णय लेने का अधिकार हो। संसद की कार्यवाही से आंतरिक विवादों का समाधान हो जायेगा।

इन सबका कोई असर नहीं हुआ। अफ्रीकन और गैर अफ्रीकन देशों को काँगो की कोई मदद नहीं करने दी। संयुक्त राष्ट्र संघ के महासचिव के सहायक राजेश्वर दयाल की रिपोर्ट का पश्चिमी देशों ने विरोध किया। राजेश्वर दयाल को पदच्युत करने के लिये दबाव बनाया। इस रिपोर्ट में बेल्जियम काँगो में घुसपैठ और हस्तक्षेप का उल्लेख किया गया था।

जनवरी 1961 में शोम्बे, कसाबू, कालोन जी के षड्यंत्र और गठबन्धन ने पेट्रिस लुमुम्बा और उसके साथियों की हत्या कर दी। इससे पूरे विश्व में शोक और क्रोध फैल गया। इसके विरोध में भारत को छोड़कर अन्य एशिया और अफ्रीकी देशों ने संयुक्त राष्ट्र संघ की सेना से अपनी सैनिक टुकड़ियाँ हटा लीं। भारत इस आशा में वहाँ बना रहा कि अंत में संयुक्त राष्ट्र संघ समस्या का हल निकाल लेगा किन्तु यह आशा फलीभूत नहीं हुई।

पेट्रिस लुमुम्बा के समर्थक गिजिन्जा के नेतृत्व में वैकल्पिक सरकार की स्थापना की गई। भारत को छोड़कर अन्य एशिया और अफ्रीका के देशों ने इसे मान्यता प्रदान कर दी। पश्चिमी देशों ने शोम्बो, कालोन जी और कसाबू को एक करने का प्रयास किया। वह सम्भव नहीं हो सका। शोम्बो ने कटगां को काँगो से अलग रखने का प्रयास जारी रखा। इसके खिलाफ काँगो की केन्द्रीय सरकार ने संयुक्त राष्ट्र संघ से अपील की। संयुक्त राष्ट्र ने अपनी सेना वहाँ भेजी किन्तु चार दिनों के बाद ही शोम्बे से युद्ध बन्दी का समझौता कर लिया। सं.रा. संघ के तत्कालीन महासचिव हैमर शोल्ड, जो स्वयं काँगो जा रहे थे, उनका वायुयान के रहस्यमयी ढंग से रास्ते में खराब हो जाने और गिर जाने के कारण मृत्यु हो गयी। 14 अक्टूबर को शोम्बे और संयुक्त राष्ट्र संघ में युद्ध बन्दी समझौता हो गया। संयुक्त राष्ट्र संघ के लिये यह अत्यन्त अपमानजनक था। संयुक्त राष्ट्र संघ के समर्पण का यह एक ज्वलन्त उदाहरण था।

पं. नेहरू ने बिजरटा में, जो घोर अनाचार हुआ था, उसके सम्बंध में कहा था कि यह इस बात को स्पष्ट करता है कि साम्राज्यवादी शक्तियाँ

जब वापस आने का प्रयास करती हैं, तो किस प्रकार का क्रूर अत्याचार करती हैं।[3]

इस पर भी भारत नरम रहा। 1961 में असमबद्ध देशों के बेलग्रेड में प्रथम सम्मेलन में भारत ने साम्राज्यवाद के उन्मूलन की अपेक्षा प्राथमिकता विश्व–शांति को दी। 18 सितम्बर 1961 में अमेरिका की सीनेट ने सहायता विधेयक में एक संशोधन किया जिसमें यह प्रावधान किया गया था कि सहायता देने के पहले प्रशासन यह देख ले कि सहायता प्राप्त करने वाले देश कहाँ तक अमेरिका की विदेश नीति का समर्थन करते थे और कहाँ तक वे उसके साथ थे। भारत को उस समय तीसरी पंचवर्षीय योजना के लिये अमेरिका की सहायता की बड़ी आवश्यकता थी।

3. नेहरूः लोकसभा में भाषण अगस्त 16, 1961 राज्यसभा अगस्त 22, 1961 अखिल भारतीय काँग्रेस का मडगई सत्र अक्टूबर 5, 1967 (टाईम्स् ऑफ इण्डिया) दिनाँक 17, 23 और 7 अक्टूबर 1961।

12
भारत और रूस

रूस 1917 के पहले एक साम्राज्यवादी सामन्तवादी देश था। उसका विस्तार उत्तर–पूर्व और मध्य एशिया की तरफ हुआ। सन् 1914 के प्रथम महायुद्ध में रूस पराजित हुआ था। अक्टूबर 1917 में वहाँ बोल्शेविक क्रांति हुई थी। इसके परिणामस्वरूप बड़ी सामन्तवादी साम्राज्यवादी व्यवस्था समाप्त हो गयी। कम्युनिस्ट पार्टी और लेनिन के नेतृत्व में वहाँ मार्क्सवादी आर्थिक नीति अपनायी गयी। अन्ततः ध्येय वहाँ समाजवादी अर्थव्यवस्था स्थापित करना था। जिस राजनीतिक व्यवस्था की स्थापना की गयी उसे सर्वहारा वर्ग का अधिनायकतंत्र कहा गया। इसका तात्पर्य यह था कि राज्य सत्ता सर्वहारा वर्ग के हाथों में थी। उसका राजनीतिक संगठन कम्युनिस्ट पार्टी थी। पूंजीवादी साम्राज्यवादी शक्तियों ने इस क्रांति को विफल करने का प्रयास किया, किन्तु वे सफल नहीं हो सके। हारकर इन शक्तियों ने उसके आर्थिक और राजनीतिक बहिष्कार की नीति अपनायी।

1939 में द्वितीय महायुद्ध आरम्भ हुआ। जर्मनी और इटली फासिस्ट देश थे और साम्यवाद के कट्टर विरोधी थे। पश्चिमी पूंजीवादी देशों ने पहले जर्मनी और इटली के प्रति संतुष्टीकरण की नीति अपनायी। उनका विश्वास था कि जर्मनी और इटली एक न एक दिन सोवियत संघ पर आक्रमण करेंगे और उसे नष्ट कर देंगे। इस तरह से सोवियत संघ के प्रति उनका जो विरोध आरम्भ से था उसका उद्देश्य पूरा हो जायेगा। द्वितीय महायुद्ध ब्रिटेन और फ्रांस के विरूद्ध आरम्भ हो गया। इन देशों को कमजोर करने के लिये जर्मनी ने दूसरा मोर्चा खोलना आवश्यक समझा। सन् 1941 में उसने सोवियत संघ पर आक्रमण कर दिया। यह आक्रमण पूर्वी यूरोप के देशों पर आक्रमण से आरम्भ हुआ। सोवियत संघ की जनता ने अद्भुत बहादुरी दिखाई। जर्मनी की सेनायें सोवियत संघ की राजधानी मास्को तक पहुँच गयी थी। किन्तु

सोवियत संघ की जन सेना ने उसे खदेड़ दिया। अन्ततः जर्मनी और इटली के फासिस्टवादी गठबन्धन को पराजित करने में सोवियत संघ ने मुख्य भूमिका निभायी। 1945 में युद्ध समाप्त हुआ।

युद्ध के उपरांत सोवियत संघ का विश्व की दूसरी महाशक्ति के रूप में उदय हुआ। यूरोप के पश्चिमी देश हर तरह से कमजोर पड़ गये थे। सोवियत संघ की प्रतिस्पर्धा संयुक्त राज्य अमेरिका से थी। अमेरिका सोवियत संघ को नष्ट करना चाहता था क्योंकि उसकी साम्यवादी व्यवस्था अमेरिका की पूंजीवादी व्यवस्था के लिये सबसे बड़ा खतरा मानी जाती थी। इस भांति दोनों देशों और उनके समर्थक देशों में शीत युद्ध आरम्भ हो गया। यह शीत युद्ध इतना व्यापक था कि विश्व की सम्पूर्ण राजनीति इससे प्रभावित हुई। सोवियत संघ के साथ पूर्वी यूरोप के देश थे। वहाँ पर भी जनवादी सरकारें वहाँ की कम्युनिस्ट पार्टी और समाजवादी पार्टियों के नेतृत्व में स्थापित हुई थीं। इनका ध्येय भी अपने यहाँ समाजवादी व्यवस्था स्थापित करना था।

भारत और सोवियत संघ के सम्बंध आरम्भ में औपचारिक मात्र थे। काँग्रेस में वामपंथी विचार रखने वालों का झुकाव सोवियत संघ की तरफ था। नेहरू आजादी के पहले ही सोवियत संघ की यात्रा कर आये थे। वहाँ की निर्माणाधीन समाजवादी व्यवस्था के वह प्रशंसक थे। इसके बावजूद उन पर पश्चिमी लोकतांत्रिक व्यवस्था का प्रभाव अधिक था। काँग्रेस में विभिन्न विचारधाराओं के लोग शामिल थे। सामन्तवादी और पूंजीवादी व्यवस्था का समर्थन करने वाले लोग थे। इस समय भारत अपनी सुरक्षा के लिये भी ब्रिटेन पर आश्रित था। सेना के अधिकारी उच्च शिक्षा के लिये ब्रिटेन ही जाते थे। भारत अपने लिये आवश्यक अस्त्र–शस्त्र ब्रिटेन से ही खरीदता था। आर्थिक क्षेत्र में भारत स्टरलिंग ग्रुप का सदस्य था और ब्रिटेन को भारत का स्टरलिंग पाउण्ड में ही ऋण चुकाना था। जो विदेशी पूंजी उस समय भारत में लगी हुई थी, उसमें ब्रिटेन की भागीदारी सबसे अधिक थी। विदेशों से भारत का जो व्यापार था उसमें भी ब्रिटेन सबसे आगे था। भारत ने ब्रिटेन के द्वारा संचालित कॉमनवेल्थ आफ नेशन्स की सदस्यता स्वीकार कर ली थी। भारत में शिक्षित वर्ग की भाषा अँग्रेजी थी। शासन का कार्य भी मुख्यतः अँग्रेजी में होता था। यद्यपि भारत ने स्वतंत्र होकर अन्तर्राष्ट्रीय राजनीति में असम्बद्धता की नीति अपनायी थी किन्तु सामाजिक, आर्थिक और सांस्कृतिक क्षेत्र में पश्चिमी देशों, विशेषतः ब्रिटेन और अमेरिका की ही तरफ झुका हुआ था।

भारत की द्वितीय पंचवर्षीय योजना का मुख्य उद्देश्य औद्योगीकरण था। जब भारत ने देश में भारी उद्योग स्थापित करने के लिये सं.रा. अमेरिका और ब्रिटेन से आर्थिक और तकनीकी सहायता माँगी, तो उन्होंने इन्कार कर दिया। वास्तव में ये देश इसके समर्थक ही नहीं थे कि भारत में भारी उद्योग स्थापित हो। उनका हित इसी में था कि भारत कृषि प्रधान देश बना रहे। जब पश्चिमी देश ने इस दिशा में कोई रूचि नहीं दिखायी, तो भारत को सोवियत संघ की तरफ देखना पड़ा। 1953 में भारत में सोवियत संघ के राजदूत ने कृषि के लिये मशीनरी और अन्य औद्योगिक सामग्री, पश्चिमी देशों की कीमतों से सस्ते दामों पर देने की पहल की। सबसे बड़ी बात यह थी कि भारत को इसके लिये हार्ड करेन्सी की (डालर–पोन्ड मार्क आदि) नहीं देना पड़ी। सोवियत संघ इसके बदले में भारत से चाय और जूट खरीदने को तैयार था। इस समय पश्चिमी देशों में इन वस्तुओं की कम मांग थी और मन्दी भी थी। सन् 1953 में भारत और सोवियत संघ के बीच पहला व्यापारिक समझौता हुआ।

भारत ने संयुक्त राज्य अमेरिका, ब्रिटेन और पश्चिमी जर्मनी से भारत में इस्पात का कारखाना स्थापित करने के लिये आर्थिक और तकनीकी सहायता मांगी तब इन देशों ने साफ ना कर दी। इन परिस्थितियों में भारत ने सोवियत संघ के सामने यह प्रस्ताव रखा, तो सोवियत संघ भिलाई में 10 लाख टन क्षमता के इस्पात कारखाने के लिये आर्थिक और तकनीकी सहायता देने के लिये तैयार हो गया। इसके बाद कहीं दौड़ में पीछे न छूट जाये, ब्रिटेन दुर्गापुर में और पश्चिमी जर्मनी राउरकेला में इस्पात के कारखानों के लिये आर्थिक और तकनीकी सहायता देने के लिये तैयार हुये।

इसके बाद अपनी निष्पक्षता दिखाने के लिये हमने फिर अमेरिका से बोकारो में इस्पात का कारखाना स्थापित करने के लिये सहायता मांगी तो अमेरिका ने बहुत सोच विचार के बाद ना कर दी। तब सोवियत संघ बोकारो में इस्पात का कारखाना स्थापित करने में हमे आर्थिक और तकनीकी सहायता देने के लिये आगे आया।

यह जानकारी सभी को थी कि भारत के पास लोहा, कोयला और मेगनीज की प्रचुर मात्रा में उपलब्ध हैं। यह कई हजार वर्षों तक चलेंगे। किन्तु इस बात का ज्ञान नहीं था कि भारत के पास तेल भी है। इसलिये हमने पश्चिमी विशेषज्ञ से सम्पर्क किया कि वे भारत में तेल की खोज करें। थोड़ा बहुत काम करने के बाद उन्होंने यह निष्कर्ष निकाला कि भारत में

तेल पाये जाने की कोई सम्भावना नहीं हैं। सोवियत संघ के विशेषज्ञों के खोज से तेल के स्रोतों का पता चला। परिणामतः भारत में तेल का खनन् और परिशोधन प्रारम्भ हुआ।

भारत का 30 प्रतिशत तेल, 20 प्रतिशत विद्युत शक्ति, 65 प्रतिशत भारी विद्युत मशीनरी और 85 प्रतिशत भारी यंत्र उन उद्योगों से मिलते हैं, जो सोवियत संघ की सहायता से स्थापित हुए हैं।

भारत और सोवियत संघ के व्यापारिक समझौते के परिणामस्वरूप दोनों देशों के व्यापार में वृद्धि हुई। 8.1 मिलियन रूपये से लेकर 1961 में वह रू. 7197.7 हो गया, 1966–67 में वह रू. 2,269.5 मिलियन और 1968 में रू. 4976 मिलियन का हो गया। सन् 1966–67 के लिये 7 जनवरी 1966 में दूसरा व्यापारिक समझौता दोनों देशों के बीच हुआ। चूँकि इस व्यापार में सोवियत संघ से निर्यात अधिक था और भारत से आयात कम था। अतः 1963 में एक समझौता हुआ। जिसके द्वारा यह व्यापार ऐसे रूपयों में होगा, जिसको दूसरी मुद्रा में बदला न जा सके।

सोवियत संघ के द्वारा भारत को ऋण दिया गया था। वह लम्बे समय के आधार पर दिया गया था। इसका भुगतान सामग्री मिलने के एक वर्ष बाद होना था। इन पर ब्याज 2.5 प्रतिशत था। सबसे बड़ी बात यह थी कि इनका भुगतान रूपयों में होना था।

दूसरी पंचवर्षीय योजना पूरी होने के पहले ही भिलाई इस्पात का कारखाना बन गया। उसकी क्षमता 1 मिलियन टन से 2.5 मिलियन टन वार्षिक करने का फैसला लिया गया। यह काम 1962 से आरम्भ हुआ और तीसरी पंचवर्षीय योजना के दौरान पूरा हो गया।

नेवेली में लिगनाइट पर आधारित, सोवियत संघ की सहायता से पहला विद्युत उत्पादन उद्योग स्थापित हुआ। 1964 में इसमें 25 मेगावाट के पाँच संयंत्र स्थापित किये गये। सोवियत सहायता से सिंगरौली, कोरबा और भाखड़ा में विद्युत उत्पादन उद्योग स्थापित हुये। दुर्गापुर में कोयला उद्योग के लिये मशीनरी, रांची में भारी संयंत्र और हरिद्वार में भारी विद्युत संयंत्रों का उत्पादन करने वाले उद्योग स्थापित किये गये। ऋषिकेश में एण्टीबायोटिक उद्योग (आई.डी.पी.एन.) स्थापित हुआ। हैदराबाद में ड्रग और मद्रास में सर्जीकल इक्युपमेन्ट उद्योग सोवियत संघ की मदद से स्थापित किये गये। बरौनी में सोवियत संघ की आर्थिक और तकनीकी सहायता से दो मिलियन टन तेल का परिशोधन करने का संयंत्र लगाया गया। इस काल में

सोवियत संघ की आर्थिक और तकनीकी सहायता से 45 परियोजना स्थापित की गयी थी। कृषि के क्षेत्र में 1956 में सूरतगढ़ में एक मेकानालाइज्ड कृषि फार्म सोवियत संघ की सहायता से स्थापित हुआ। इसमें सोवियत संघ द्वारा रू. 7.9 मिलियन के यंत्र निःशुल्क भेंट किये गये।

दिसम्बर 1953 में सोवियत संघ और भारत के बीच व्यापारिक समझौते होने के कारण भारत से सोवियत संघ को निर्यात सात गुना हो गया था। सोवियत संघ के निमंत्रण पर जून 1955 में भारत के तत्कालीन प्रधानमंत्री पं. जवाहरलाल नेहरू सोवियत संघ गये। वहाँ उनका अभूतपूर्व स्वागत हुआ। नवम्बर–दिसम्बर 1955 में सोवियत संघ के तत्कालीन प्रधानमंत्री बुल्गारिन और सोवियत संघ की कम्युनिस्ट पार्टी के प्रथम सचिव ख्रुशचेव भारत यात्रा पर आये। उन्होंने अपनी यात्रा के दौरान घोषणा की कि सोवियत संघ गोवा और कश्मीर को भारत का अभिन्न अंग मानता है। उन्होंने कहा कि सोवियत संघ भारत को प्रथम श्रेणी की महाशक्ति मानता है। सोवियत संघ हर स्थिति में भारत के साथ रहेगा।

1955 में जब टर्की, इराक, ईरान, पाकिस्तान, और ब्रिटेन के बीच बगदाद संधि हुई और उसके अन्तर्गत मिडिल ईस्ट डिफेन्स औरगनाइजेशन स्थापित किया गया, तो भारत ने इसकी तीव्र भर्त्सना की। भारत के मत में यह साम्राज्यवाद और उपनिवेशवाद का एशिया और अफ्रीका में प्रवेश करने का परोक्ष साधन था। इस संधि का मन्तव्य सोवियत संघ और भारत को सैनिक अड्डों से घेरना था। ऐसे सैनिक संगठनों से भारत और सोवियत संघ में मतैक्य और मित्रता बढ़ी।

स्टालिन के निधन के बाद सोवियत संघ की कम्युनिस्ट पार्टी की 20वीं काँग्रेस से उसकी नीति में महत्वपूर्ण परिवर्तन हुये। वह अधिक नम्र और उदार हो गयी। 23 फरवरी 1956 को नेहरू ने लोकसभा में इन परिवर्तनों का स्वागत किया। सोवियत संघ ने भारत एशिया और अफ्रीका के विकासशील देशों की असम्बद्धता की विदेश नीति का पूरा समर्थन किया। दूसरी ओर अमेरिका ने सोवियत संघ और असम्बद्ध देशों को सैनिक दृष्टि से घेरने के उद्देश्य से दक्षिण–पूर्वी एशिया के अपने समर्थक देशों को मिलाकर दक्षिण–पूर्वी एशिया संधि संगठन की स्थापना की थी। इसके प्रति नेहरू ने लोकसभा में गहरी चिंता व्यक्त की थी।

1956 में जब पश्चिमी देशों की तोड़फोड़ और षड़यंत्र करने की जानी समझी नीति के परिणामस्वरूप हंगरी में प्रतिक्रांति आरम्भ हुई, तो उसको

सोवियत संघ की सैनिक सहायता से विफल बना दिया गया। पहले तो भारत ने इस पर कोई प्रतिक्रिया व्यक्त नहीं की किन्तु विरोधी दलों और उनके द्वारा प्रभावित प्रेस के द्वारा संसद में और संसद के बाहर भारी हंगामा किया गया, तो भारत सरकार ने सामान्य रूप से किसी देश में विदेशी हस्तक्षेप की निन्दा की। इस समय संयुक्त राष्ट्र संघ की सामान्य सभा में वी.के. कृष्णा मेनन ने कहा कि भारत सरकार, सोवियत संघ की नीति में जो परिवर्तन आया है, उसका हृदय से स्वागत करती है। यह चाहती है कि पूर्वी यूरोप और अन्य कम्युनिस्ट देशों में भी इसका क्रियान्वयन हो। भारत इसमें कोई बाधा उपस्थित नहीं करना चाहता।

इसके फलस्वरूप भारत के सोवियत संघ और अन्य पूर्वी यूरोप के देशों के साथ आर्थिक और राजनीतिक सम्बंध प्रगाढ़ बने। 1956 में सोवियत संघ के राजनेता ए.आइ. मिकोयान भारत की यात्रा पर आये। उनकी यात्रा के दौरान सोवियत संघ ने भारत को 500 मिलियन रूबल्स का ऋण देना निश्चित किया। इसका प्रयोग भारत को औद्योगिक यंत्र खरीदने में करना था। इस ऋण पर ब्याज 2.5 प्रतिशत था।

राजनीतिक क्षेत्र में भी भारत और सोवियत संघ में सहयोग बढ़ रहा था। जनवरी–फरवरी 1957 में संयुक्त राष्ट्र संघ की सुरक्षा परिषद में भारत को कश्मीर के मामले में घेरने के लिये जो प्रस्ताव रखा, उसे सोवियत संघ ने अपने वीटो पावर का प्रयोग करते हुये गिरा दिया। इसी समय सोवियत संघ के प्रतिरक्षा मंत्री भारत दौरे पर आये। उन्होंने भारत को महत्वपूर्ण आधुनिक और मंहगे अस्त्र–शस्त्र अन्य युद्ध की सामग्री भेंट करने की पहल की।

पश्चिमी देशों की सहायता के मुकाबले सोवियत संघ और अन्य समाजवादी देशों के द्वारा दी जाने वाली सहायता कम थी, किन्तु इस सहायता की कुछ ऐसी विशेषतायें थीं, जिनका भारत की जनता और सरकार पर प्रभाव अधिक पड़ा था। प्रथम तो यह सहायता सार्वजनिक क्षेत्र में भारी उद्योग स्थापित करने के लिये दी गयी थी। यह सहायता लम्बे समय के लिये दी गयी थी। सोवियत संघ और अन्य समाजवादी देशों के द्वारा, जो ऋण दिया गया था, उस पर ब्याज दर बहुत कम थी। उसको देश की मुद्रा रूपये में लौटाना था। इससे भारत के विदेशी मुद्रा कोष पर विपरीत प्रभाव नहीं पड़ा था। इस सहायता की तुलना में पश्चिमी देशों से मिलने वाली सहायता मुख्यतः कृषि और सिंचाई के लिये थी और कुछ सार्वजनिक सेवाओं जैसे–मलेरिया नियंत्रण आदि के लिये ही थी।

बड़े उद्योगों के लिये आर्थिक और तकनीकी सहायता दी भी तो उसको सोवियत संघ के प्रभाव को बढ़ने से रोकने के लिये दी गयी। भारत के एक प्रमुख अर्थशास्त्री वी.के. राव के शब्दों में "यदि भिलाई नहीं होता, तो दुर्गापुर और राउरकेला भी नहीं होता"।

जब 1962 में भारत और चीन की सीमाओं के निर्धारण के सम्बंध में विवाद उग्र हो गया, तो सोवियत संघ ने पहले तो तटस्थ रवैया अपनाया तत्पश्चात् सोवियत संघ ने चीन की आलोचना ही नहीं की अपितु उसे अस्त्र–शस्त्र, देना बन्द कर दिया और लम्बे समय के लिये तकनीकी सहायता के लिये संधियों को भी रद्द कर दिया। इस समय जब अमेरिका और ब्रिटेन ने अस्त्र–शस्त्र, जिनमें सुपरसोनिक लड़ाकू वायुयान और रडार सम्मिलित थे, देने से इन्कार कर दिया था। सोवियत संघ ने सभी प्रकार के अस्त्र–शस्त्र जिनकी भारत को आवश्यकता थी, दिये। भारत को मिग विमान का निर्माण करने के लिये तकनीकी और आर्थिक सहायता दी गई। मई 1964 तक सोवियत संघ ने 130 मिलियन यू.एस. डालर की सहायता दी थी।

सितम्बर 1964 में 140 मिलियन यू.एस. डालर की सहायता का पैकेज दिया गया। 44 मिग विमान, 590 प्रक्षेपास्त्र, 70 हल्के टैंक और शस्त्र थे। इन्हें खरीदने के लिये 10 वर्ष का एक ऋण 2 प्रतिशत ब्याज पर दिया गया।

इसके बावजूद भारत का रूझान अमेरिका की तरफ अधिक रहा। इसके फलस्वरूप सोवियत संघ ने पाकिस्तान के आर्थिक विकास की तरफ ध्यान देना आरम्भ किया। इस समय सोवियत संघ ने कतिपय देशों के पारस्परिक विवाद में पड़ना ठीक नहीं समझा, जब तक कि उस देश में उसके किसी विशेष हितों पर कोई विशेष प्रभाव नहीं पड़ता हो।

पाकिस्तान का रूझान पश्चिमी देशों की तरफ होते हुये भी, उसने चीन से अपने मैत्रीपूर्ण सम्बंध, सीमा सम्बंधी मतभेद और व्यापारिक सम्बंध स्थापित करना आरम्भ किया। उसने चीन से सीमा सम्बंधी मतभेद दूर कर लिये। महत्वपूर्ण व्यापारिक समझौते किये। सामाजिक मामलों में भी एक–दूसरे से सहयोग आरम्भ किया।

सोवियत संघ और चीन के बीच सैद्धान्तिक मतभेद उत्पन्न हुये। परिणामतः सोवियत संघ नहीं चाहता था कि चीन और पाकिस्तान का गठजोड़ बने। भारत में इसकी विपरीत प्रतिक्रिया हुई। लेकिन भारत और पाकिस्तान के बीच युद्ध होने पर उसने भारत को अस्त्र–शस्त्र देना बन्द नहीं

किया। सोवियत संघ ने दोनों देशों से शांतिपूर्ण ढंग से अपने मतभेदों को सुलझाने का अनुरोध किया। सुरक्षा परिषद में कश्मीर को भारत का अभिन्न अंग मानने की घोषणा की। यद्यपि सोवियत संघ ने पाकिस्तान को सैनिक सहायता देना आरम्भ कर दिया था, किन्तु उसके द्वारा भारत को दी जाने वाली सैनिक सहायता कम नहीं की। 1964 के मध्य तक एक अनुमान के अनुसार सोवियत संघ द्वारा भारत को दी जाने वाली सैनिक सहायता का मूल्य रू. 70 करोड़ से अधिक था।

1964 में नेहरू का निधन हो गया। भारत और पाकिस्तान के पारस्परिक सम्बंध बिगड़ते जा रहे थे। परिणामतः सितम्बर 1965 में भारत और पाकिस्तान के बीच युद्ध आरम्भ हुआ। सोवियत संघ ने दोनों देशों से युद्ध बंद करने का अनुरोध किया। युद्ध बंद करवाने और दोनों देशों में समझौता करवाने हेतु सोवियत संघ ने मध्यस्थता करने का प्रस्ताव रखा। दोनों देशों के नेताओं से ताशकंद आने और बातचीत करने के लिये आमंत्रित किया। इसके लिये दोनों देश तैयार हो गये और जनवरी 1966 के पहले सप्ताह में भारत के तत्कालीन प्रधानमंत्री लाल बहादुर शास्त्री और पाकिस्तान के राष्ट्राध्यक्ष जनरल अयूब खां में तत्कालीन सोवियत संघ के प्रधानमंत्री कोसीजिन की मध्यस्थता में बातचीत आरम्भ हुई। 10 जनवरी 1966 को दोनों देशों के बीच एक समझौता हुआ। इसे ताशकन्द समझौता कहा जाता हैं। दुर्भाग्य से 11 जनवरी को ताशकन्द में ही लाल बहादुर शास्त्री का देहान्त हो गया। इसके फलस्वरूप इस समझौते का महत्व कम हो गया।

ताशकंद समझौते के पश्चात् सोवियत संघ और भारत के बीच आर्थिक और व्यापारिक आदान–प्रदान में बढ़ोत्तरी हुई। 1967 में दोनों देशों के बीच पारस्परिक व्यापार रू. 2269 मिलियन था। 1968 के अंत में रू. 4970 मिलियन हो गया। इस समय तक भारत को सोवियत संघ से 10 मिलियन रूपये का ऋण मिल चुका था। 1969 में सोवियत संघ यह महसूस करने लगा था कि पाकिस्तान के प्रति उसकी परिवर्तित नीति सफल नहीं रही। पाकिस्तान को अमेरिकी और चीनी गठबंधन से अलग नहीं किया जा सका। 1969 में कोसीजिन ने भारत की तत्कालीन प्रधानमंत्री श्रीमती इन्दिरा गाँधी को आश्वासन दिया कि सोवियत संघ चाहता है कि भारत एक ताकतवर और सम्पन्न देश बने ताकि वह इस क्षेत्र में अपनी सही भूमिका निभा सके। इसके लिये सोवियत संघ भारत की पूरी मदद करने को तैयार है।

सोवियत संघ और भारत के बीच सम्बंध घनिष्ठ हो गये थे। फलस्वरूप 9 अगस्त 1971 को दोनों देशों के बीच शांति, मित्रता और सहयोग की एक ऐतिहासिक संधि हुई। इस संधि के परिणामस्वरूप दोनों देशों के व्यापारिक, तकनीकी, वैज्ञानिक और राजनीतिक क्षेत्रों में सहयोग में आशातीत वृद्धि हुई। अप्रैल 1974 में भारत का बना अन्तरिक्ष यान आर्यभट्ट सोवियत भूमि से छोड़ा गया। सोवियत एकेडमी ऑफ साइन्सेस और भारत के अंतरिक्ष खोज और अनुसंधान संगठन इसरो के बीच पारस्परिक सहयोग का एक समझौता हुआ। आर्थिक, वैज्ञानिक और तकनीकी क्षेत्र में सहयोग के लिये संयुक्त आयोग स्थापित किया गया। 2 अक्टूबर 1972 को भारत और सोवियत संघ के बीच हर क्षेत्र में पारस्परिक सहयोग बढ़ाने के लिये एक ओर समझौता हुआ।

नवम्बर 1973 में सोवियत संघ के राष्ट्राध्यक्ष ब्रेझनेव भारत यात्रा पर आये। उनकी यात्रा के दौरान दोनों देशों के बीच तीन महत्वपूर्ण समझौते हुये। सोवियत संघ ने भिलाई और बोकारो में इस्पात का उत्पादन बढ़ाने के लिये ऋण देना स्वीकार किया। इसी भांति मथुरा में तेल के परिशोधन का उद्योग और कोलकाता में (ट्यूब रेलवे) भूमिगत रेलवे के लिये ऋण देने के लिये सोवियत संघ ने सहमति दी। दिसम्बर 1976 में सोवियत संघ ने 5.5 मिलियन टन क्रूड ऑयल आगे चार वर्षों में देने का और उसका भुगतान रूपयों में लेने का समझौता किया।

1970 से बांग्लादेश में पश्चिमी पाकिस्तान के आधिपत्य के विरूद्ध विद्रोह भड़क रहा था। पाकिस्तान अपने सैनिक बल से उसे दबाने की कोशिश में लगा हुआ था। पाकिस्तान भारत पर दोषारोपण कर रहा था कि इसके पीछे भारत की साजिश है। इन परिस्थितियों में भारत और पाकिस्तान के बीच युद्ध छिड़ गया। अमेरिका ने जब पाकिस्तान की मदद के लिये अपना जहाजी छटा बेड़ा बंगाल की खाड़ी की तरफ बढ़ाया, तो सोवियत संघ ने 1971 में भारत के बीच संधि के अन्तर्गत सोवियत संघ ने ब्लाडीबोस्टक से अपना जंगी सातवां बेड़ा भारत की मदद के लिये रवाना कर दिया। सोवियत संघ के द्वारा हस्तक्षेप करने की घोषणा के कारण अमेरिका अपने मंसूबों में सफल नहीं हो सका। युद्ध में पाकिस्तान पराजित हुआ। पूर्वी बंगाल में बांग्लादेश की एक स्वतंत्र राज्य के रूप में स्थापना हुई। यह पाकिस्तान की सबसे बड़ी पराजय थी। उसका एक बड़ा और महत्वपूर्ण हिस्सा टूटकर अलग हो गया था।

सोवियत संघ और भारत में बहुत निकट सम्बंध होते हुये भी और इसके बावजूद कि सोवियत संघ भारत को अस्त्र–शस्त्र देने वाला सबसे बड़ा देश था, भारत इस बात से अप्रसन्न था कि सोवियत संघ पाकिस्तान को भी अस्त्र–शस्त्र देने लगा था। रूपये और रूबल्स के एक्सचेंज रेट को लेकर भी मतभेद हुये।

सन् 1977 में भारत में जनता दल की सरकार आने पर इन मतभेदों को बढ़ावा मिला। नई सरकार के प्रधानमंत्री मोरारजी देसाई और विदेश विभाग के मंत्री अटल बिहारी वाजपेयी बने। ये दोनों नेहरू और इन्दिरा गांधी की असम्बद्धता की विदेश नीति के विरूद्ध थे। दोनों इस बात के पक्षधर थे कि असम्बद्धता की नीति के अन्तर्गत भारत को अन्तर्राष्ट्रीय राजनीति के क्षेत्र में गुटों या खेमों से समानता रखनी चाहिये। उनके मत में नेहरू और श्रीमती इन्दिरा गाँधी पूरी तरह से दोनों गुटों में निष्पक्ष न होकर सोवियत गुट की ओर झुके हुये थे।

सोवियत संघ ने भी इस परिवर्तन के संभावित परिणाम महसूस किये। परिणामतः सोवियत संघ के तत्कालीन विदेश मंत्री ए.ए. ग्रोमिको भारत आये। यहाँ भारत के तत्कालीन विदेश मंत्री अटल बिहारी बाजपेयी से लम्बी बातचीत हुई। दोनों देशों ने सन् 1971 की संधि के प्रति अपनी आस्था प्रकट की। सोवियत संघ ने लम्बे समय के लिये 225 करोड़ रूपये का नया ऋण देना स्वीकार किया। 1977 के लिये रू. 160 करोड़ की व्यापारिक ऋण पूरक योजना को भी स्वीकार किया गया। ताशकन्द और कश्मीर के बीच संचार सुविधा स्थापित करने के लिये सोवियत संघ ने तकनीकी सहायता देना स्वीकार किया।

भारत की तत्कालीन जनता सरकार ने सोवियत संघ से घनिष्ठ मैत्री उस समय भारत के हित में ठीक समझी, जब एक तरफ चीन और पाकिस्तान के पारस्परिक रिश्ते बढ़ रहे थे, दूसरी तरफ अमेरिका और चीन के सम्बंध सुधर रहे थे। चीन और बांग्लादेश भी एक–दूसरे के नजदीक आ रहे थे। वाशिंगटन पाकिस्तान को भरपूर अस्त्र–शस्त्र दे रहा था। चीन की परमाणु शक्ति का विकास हो रहा था। इस संदर्भ में यह भारत के हित में था कि वह सोवियत संघ से अपनी मित्रता कायम रखे। अक्टूबर 1977 में मोरारजी देसाई और अटल बिहारी वाजपेयी सोवियत संघ गये। वहाँ इनका अपेक्षित स्वागत हुआ। दोनों देशों ने अपनी मित्रता और सहयोग के पुराने रिश्ते बनाये रखने की इच्छा व्यक्त की। भारत के तारापुर परमाणु संयत्र के लिये परिशोधित

यूरेनियम की आपूर्ति करने के सम्बंध में परमाणु तथा अप्रसार संधि से अलग रहने के सम्बंध में समझौता किया। अमेरिका और भारत के बीच मतभेदों से सोवियत और भारत के पारस्परिक सम्बंधों को प्रोत्साहन मिला। मार्च 1979 में सोवियत संघ के तत्कालीन प्रधानमंत्री कोसीजिन भारत आये। उनसे वियतनाम और कम्पूचिया की उस समय की स्थिति के सम्बंध में बातचीत हुई।

जनवरी 1980 में भारत में फिर एक राजनीतिक परिवर्तन हुआ। इन्दिरा गाँधी के नेतृत्व में काँग्रेस केन्द्र में फिर सत्ता में आ गयी। अफगानिस्तान के मामले में जनता शासन और काँग्रेस शासन में बहुत बड़ा फर्क था। इन्दिरा गाँधी ने अफगानिस्तान में हस्तक्षेप के लिये सोवियत संघ की विपरीत आलोचना नहीं की थी। इसका तात्पर्य यह नहीं था कि भारत अफगानिस्तान के सम्बंध में बिल्कुल मौन रहा। उसने एक असमबद्ध देश के आन्तरिक मामलों में विदेशी हस्तक्षेप की भर्त्सना भी की और आशा व्यक्त की कि परिस्थिति बदलने पर सोवियत संघ वहाँ से हट जायेगा।

फरवरी 1980 में सोवियत संघ के तत्कालीन विदेश मंत्री गोर्वाच्योव फिर भारत आये और भारत सरकार से अफगानिस्तान तथा अन्य अन्तर्राष्ट्रीय विषयों पर चर्चा हुई।

दिसम्बर 1980 में सोवियत संघ के राष्ट्राध्यक्ष ब्रेझनेव भारत की यात्रा पर आये। इस समय में 1981–95 के लिये दोनों देशों के बीच व्यापारिक समझौता हुआ। इसके साथ–साथ 1981–82 में सांस्कृतिक, वैज्ञानिक और शैक्षणिक क्षेत्र में सहयोग पर भी समझौता हुआ। यह माना जाता है कि इन्दिरा गाँधी ने यह आशा व्यक्त की, कि अफगानिस्तान के विवाद का जल्द से जल्द समाधान किया जाये। सोवियत संघ की सेना वहाँ से हट जाये। अगस्त 1981 में शांति मित्रता और सहयोग की संधि के 10 वर्ष पूरे होने का समारोह मनाया गया।

1981 तक सोवियत संघ और भारत के आर्थिक और व्यापारिक सम्बंध एक नए शिखर पर पहुँच गये थे। सोवियत संघ के द्वारा लम्बे समय का ऋण रूपये 1814.4 करोड़ पहुँच गया। व्यापारिक ऋण रू. 650 करोड़ तक पहुँच गया। इस ऋण पर ब्याज 2.5 प्रतिशत था। सोवियत संघ की सहायता से जो औद्योगिक परियोजनायें स्थापित की गयी थीं; उनसे उत्पादन बढ़ा था। इस्पात के उत्पादन में 40 प्रतिशत और विद्युत के उत्पादन में 15 प्रतिशत वृद्धि हुई थी। सोवियत संघ की तकनीकी और आर्थिक सहायता से स्थापित

इस्पात के उद्योग में 40 मिलियन टन और तेल उद्योग में 70 मिलियन टन का उत्पादन हुआ था। 1980–81 में भारत के द्वारा रू. 1,157,3 करोड़ का निर्यात किया गया। सोवियत से आयात रू. 955.2 करोड़ का था।

सितम्बर 1982 में इन्दिरा गांधी सोवियत संघ गयी। वहाँ ब्रेझनेव से उनकी बातचीत हुई। इससे भारत और सोवियत संघ के सम्बंध दृढ़ हुये। यद्यपि सोवियत संघ ने भारत में 100 मेगावाट का परमाणु संयंत्र स्थापित करने की पेशकश की थी, किन्तु भारत ने उसे स्वीकार नहीं किया। दोनों देशों ने लेबनान की समस्या पर और हिन्द महासागर के शांति क्षेत्र पर समान दृष्टिकोण व्यक्त किया।

इन्दिरा गाँधी की हत्या के बाद राजीव गाँधी भारत के प्रधानमंत्री बने। उस समय इस प्रकार के विचार व्यक्त किये गये कि पश्चिमी देशों में शिक्षा और संस्कृति से प्रभावित होने के कारण, उनका रूझान पश्चिमी देशों की तरफ अधिक होगा। किन्तु ऐसा नहीं हुआ। उन्होंने भारत और सोवियत संघ के बीच विशेष रूप से घनिष्ठ सम्बंधों के महत्व को पहचाना और स्वीकार किया। वह 6 दिनों की सोवियत यात्रा पर गये और वहाँ उनकी सोवियत संघ के नेता मिथाइल गोर्वाच्योव से वार्ता हुई।

राजीव गाँधी के सोवियत संघ के दौरे के दौरान सोवियत संघ और भारत में दो महत्वपूर्ण समझौते हुये। विशेष बात यह थी कि दोनों समझौतों पर सोवियत संघ की पोलिट ब्यूरो की उपस्थिति में हस्ताक्षर हुये थे। पहले समझौते के द्वारा सोवियत संघ ने 1 मिलियन रूबल का ऋण भारत को देना स्वीकार किया। यह ऋण भारत की अर्थव्यवस्था को प्रोत्साहित करने के लिये लम्बे समय के लिये दिया गया था। इस पर बहुत कम ब्याज था। सोवियत संघ को इस धन को रूपये में ही लौटाना था। दूसरे समझौते के अनुसार सोवियत संघ को भारत की अर्थव्यवस्था के विभिन्न क्षेत्रों में उन्नति के लिये तकनीकी और आर्थिक सहयोग देना था। यह भी तय हुआ कि भारत के संगठनों को भी सोवियत संघ के औद्योगिक संस्थानों में भागीदारी मिलेगी। दौरे के बाद संयुक्त वक्तव्य में तत्कालीन अन्तर्राष्ट्रीय समस्याओं का उल्लेख किया गया था।

25–28 नबम्वर 1986 को गोर्वाच्योव एक भारी भरकम शिष्टमंडल के साथ भारत आये। उन्होंने राजीव गांधी के साथ मिलकर दस सूत्रीय घोषणा की। इसमें निःशस्त्रीकरण और परमाणु अस्त्र–शस्त्र रहित व्यवस्था स्थापित करने की बात की गई। इसके अतिरिक्त दोनों देशों में एक और समझौता

हुआ। इसमें सोवियत संघ ने टिहरी बाँध बनाने के लिये सहायता का वचन दिया और बोकारो इस्पात कारखाने के विस्तार और आधुनिकीकरण का वचन दिया। समझौते में यह भी शामिल था कि झरिया में चार भूमिगत कोकिग कोल माइन्स स्थापित की जायेंगी तथा पश्चिमी बंगाल के समुद्री तट पर हाइड्रोकार्बन गैस की खोज की जायेगी।

सोवियत संघ का पतन

1990–91 में सोवियत संघ में ऐसी राजनीतिक उथल–पुथल हुई कि सोवियत संघ का पराभव हो गया। गोर्वाच्योव का स्थान येल्तसिन ने ले लिया। सोवियत संघ के 16 सदस्य राज्य थे। वे अलग हो गये। सोवियत संघ में विशेषकर वहाँ की कम्युनिस्ट पार्टी के अन्दर गुटबंदी जनता का असंतोष और सोवियत संघ की नौकरशाही का निकम्मापन और उसके खिलाफ अन्तर्राष्ट्रीय षड़यंत्र, सोवियत संघ के पतन के मुख्य कारण थे। उसके स्थान पर स्वतंत्र राज्यों के कामनवेल्थ की स्थापना की गयी। यह आधुनिक इतिहास की सबसे बड़ी घटना थी। इसने अन्तर्राष्ट्रीय राजनीति का परिदृश्य बिल्कुल बदल दिया।

भारत आर्थिक, राजनीतिक और सुरक्षा के लिये इस समय सोवियत संघ पर बहुत कुछ निर्भर था। सोवियत संघ के पतन के बाद भारत को अपनी विदेश नीति और सुरक्षा के सम्बंध में पुनः सोचना पड़ा।

सोवियत संघ की समाजवादी व्यवस्था को पूंजीवादी व्यवस्था में बदलने का काम आरम्भ हो गया। गोर्वाच्योव का स्थान येल्तसिन ने ले लिया। रूस ने भारत से एक अनुबन्ध रॉकेट के क्रायोजोनिक इंजन देने के लिये किया। भारी अमेरिकी दबाव के कारण रूस को इस समझौते से पीछे हटना पड़ा।

जनवरी 1993 में येल्तसिन भारत के दौरे पर एक बड़े शिष्टमंडल के साथ आये। उन्होंने कश्मीर पर रूस का जो पहले दृष्टिकोण रहा था उसे दोहराया। भारत को अपनी स्वतंत्रता, प्रादेशिक अखण्डता और सम्प्रभुता बनाये रखने में समर्थन और सहयोग देने का आश्वासन दिया। रूसी राष्ट्राध्यक्ष के दौरे के दौरान रूस और भारत के बीच कई महत्वपूर्ण समझौते हुये। इनमें मित्रता और सहयोग की 14 सूत्रीय संधि पर हस्ताक्षर हुये। यह संधि एक प्रकार से 1971 की पुनरावृत्ति थी। दूसरा महत्वपूर्ण समझौता रूस द्वारा भारत को अनवरत और बिना कोई विघ्न बाधा के, वे पूर्जे और अन्य सामग्री देने के सम्बंध में हुआ जिनकी जरूरत भारत में रूसी

मशीनों और अस्त्र–शस्त्रों के लिये थी। इस समय एक समझौता आंतकवाद और संगठित अपराधों के विरूद्ध भारत के गृहमंत्री और सोवियत संघ के आतंरिक मामलों के मंत्री के बीच हुआ। दोनों देशों ने परिवर्तित परिस्थितियों में पुनः अपने सम्बंध दृढ़ करने की कोशिश की।

सन् 1994 में भारत के तत्कालीन प्रधानमंत्री नरसिम्हा राव रूस गये। उनके दौरे के दौरान दोनों देशों के बीच कई महत्वपूर्ण समझौते हुये। इनमें एक महत्वपूर्ण मॉस्को घोषणा थी, जिसमें कहा गया था कि दोनों देश बहुलवादी हैं। इसका तात्पर्य यह था कि दोनों देशों में अलग–अलग जातियों, धर्म और भाषा के लोग निवास करते हैं। दोनों देश इस तथ्य को समझते हुये, यह अपना कर्तव्य समझते हैं कि वे अपने देशों में रहने वाले सभी जातियों और सम्प्रदाय के लोगों की संस्कृति, भाषा, आचार–व्यवहार की स्वतंत्रता और पहचान की रक्षा करें। दूसरा समझौता रूस के द्वारा दी गयी मशीनों और विशेषकर अस्त्र–शस्त्रों के रख–रखाव के पुर्जे और उनको दुरस्त रखने के लिये रूस भारत की हर तरह से मदद करने के सम्बंध में था। 400 मिलियन यू.एस. ड़ालर से एक कम्पनी बनायी गयी, जिसका नाम 'इन्डो रसिया एवियेशन प्राइवेट लिमिटेड' रखा गया। इसमें भारत और रूस के बराबर–बराबर हिस्से थे। इस कम्पनी का काम भारत को रसियन युद्ध की सामग्री के रख–रखाव को पुर्जे देने थे।

इस समय भारत पर रूस का ऋण 30000 करोड़ रूपया था। भारत इसका रू. 3000 करोड़ रूपये की किश्त में लौटाना था। दोनों देशों मे यह समझौता हुआ कि जो रूसी मुद्रा भारत में पड़ी हुई है रूस उसका उपयोग भारत मे बुनियादी ढाँचे के निर्माण और संयुक्त उद्योगों में करेगा।

भारत और रूस के आर्थिक सम्बंध

1993–94 में भारत और रूस के आर्थिक और व्यापारिक सम्बंधों में 43 प्रतिशत की वृद्धि हुई थी। वह यू.एस. मिलियन डालर 898 था जो रू. 2000 करोड़ का हो गया। भारत का रूस को निर्यात यू.एस. डालर 639 मिलियन हो गया, जो 22.7 प्रतिशत वृद्धि थी। रूस से भारत को निर्यात यू.एस. डालर 258 मिलियन हो गया, जो 43.64 प्रतिशत की वृद्धि थी। दोनों देशों के बीच में 23 अगस्त को एक व्यापारिक समझौता हुआ। इस समय रूस की आर्थिक स्थिति डांवाडोल थी। रूबल का मूल्य गिर रहा था और वहाँ के प्रशासन में नीति के सम्बंध में अस्पष्टता थी। रूस में भारत और रूस के संयुक्त क्षेत्र में 35 उद्योग स्थापित थे, किन्तु अर्थव्यवस्था की अनिश्चितता और अस्पष्टता

के कारण कोई भारत में नया निवेश करने को तैयार नहीं था। फिर भी पारस्परिक व्यापार में वृद्धि हो रही थी। सन् 1995–96 में द्विपक्षीय व्यापार लगभग रू. 7000 करोड़ (यू.एस. 2 बिलियन) का हो गया। इस व्यापार में लोहा, इस्पात अन्य धातुयें, न्यूजप्रिंट और मशीनें सम्मिलित थीं।

1994 के अगस्त में भारत के गृहमंत्री एस. बी. चव्हाण रूस की यात्रा पर गये। उन्होंने वहाँ के राजनेताओं से बातचीत की। दिसम्बर के अन्त में रूस के प्रधानमंत्री विक्टर चिरनोमोरडिर भारत की यात्रा पर आये। रूस में कोजीरेव के स्थान पर प्रिमाकोव को विदेश मंत्री बनाया गया। कोजीरेव का रूझान पश्चिमी देशों की तरफ था। वह भारत और पाकिस्तान को नीति के एक ही स्तर पर मानते थे। प्रिमाकोव भारत से पहले से ही परिचित थे और उनको संतुलित नीति का अनुगमन करने वाला माना जाता था।

प्रिमाकोव के रूस के विदेश मंत्री बन जाने के बाद भारत और रूस के बीच **'हॉट लाइन'** आरम्भ हुई। इसका तात्पर्य था कि दोनों देशों के प्रधानमंत्री और अन्य मुख्य शासनाधिकारी टेलीफोन द्वारा जरूरत पड़ने पर तत्काल एक दूसरे से बातचीत कर सकते थे। प्रिमाकोव ने भारत और रूस के विदेश सम्बंधों को सुधारने और बढ़ाने की भी बात की।

रूस भारत को अत्यन्त आधुनिक अस्त्र–शस्त्र देने को तैयार था। यह एक प्रकार से दोनों देशों की आवश्यकता थी। अभी भी रूस भारत के लिये अस्त्र–शस्त्र खरीदने का मुख्य स्रोत है। भारत और रूस के बीच एक समझैता हुआ, जिसके कारण रूस ने भारत को 40 सुखोई विमान और वायुसेना और नौसेना के लिये अन्य दुर्लभ सामग्री देना स्वीकार किया।

1998 में राष्ट्रीय लोकतांत्रिक गठबन्धन (एन.डी.ए.) की सरकार बनी। अटल बिहारी वाजपेयी प्रधानमंत्री बने। उस समय रूस में राष्ट्राध्यक्ष येल्तसिन थे। 11–13 मई 1998 को भारत ने दूसरा परमाणु परीक्षण किया। इसकी अमेरिका के साथ रूस ने भी आलोचना की। रूस ने सम्भवतः अमेरिका के दबाव में भारत को जो दो परमाणु रिएक्टर देने का समझौता किया था, वह रद्द कर दिया। कश्मीर पर भी वह भारत और पाकिस्तान को एक ही श्रेणी में रखने लगा। उसने संयुक्त राष्ट्र संघ में पाकिस्तान के उस प्रस्ताव का समर्थन किया, जिससे दक्षिण–पूर्वी एशिया को परमाणु रहित क्षेत्र स्थापित करने के लिये कहा गया था। थोड़े समय बाद येल्तसिन के हटने पर ब्लादिमिर पुतिन वहाँ का राष्ट्राध्यक्ष बना। उसने भारत के महत्व को पहचानते हुये भारत के प्रति मित्रता और सहयोग की नीति अपनायी।

सन् 2004 में निर्वाचन के बाद काँग्रेस सबसे बड़ी पार्टी के रूप में आयी किन्तु सरकार बनाने के लिये स्पष्ट बहुमत में नहीं थी। अतः एक नया गठबन्धन युनाइटेड प्रोग्रेसिव एलाइन्स की सरकार बनी, जिसमें डॉ. मनमोहन सिंह को प्रधानमंत्री बनाया गया।

डॉ. मनमोहन सिंह के नेतृत्व में 1991–1992 जब वह पी.वी. नरसिम्हा राव के मंत्रीमंडल में वित्त मंत्री थे, कथित आर्थिक सुधार और उदारीकरण आरम्भ हो चुका था। तब से अलग–अलग दलों के सत्तारूढ़ होने पर यह सुधारवादी और उदारवादी नीति आर्थिक क्षेत्र में बढ़ती रही। इस नीति के अन्तर्गत उद्योगों का निजीकरण और निजी क्षेत्र को बढ़ावा देना था। डॉ. मनमोहन सिंह को अब उन्हें पूरी तरह से लागू करने का मौका मिला था।

स्वभावतः भारत और अमेरिका के सम्बंध घनिष्ठ हो गये। अमेरिका आरम्भ से यही प्रयास करता रहा था कि भारत पूंजीवादी व्यवस्था को अपना ले। संयुक्त राज्य अमेरिका की आर्थिक सहायता और निवेश भी सबसे अधिक हो गया। भारत ने **'मार्केट एकोनोमी'** और भूमण्डलीकरण की नीति अपना ली। कश्मीर पर भी पाकिस्तान को खुल्लम्–खुल्ला समर्थन करने की अमेरिकन नीति में कुछ फर्क आया। अमेरिका भी न्यूयार्क के ट्रेड–वर्ल्ड सेन्टर पर हमले के बाद से मुस्लिम कट्टरवाद से परेशान था और उसका उन्मूलन करने पर तुला हुआ था।

सन् 2007 में डॉ. मनमोहन सिंह रूस की यात्रा पर गये। वहाँ उनकी पुतिन से बातचीत हुई। उनके दौरे के दौरान दोनों देशों में कई महत्वपूर्ण समझौते हुये। जिनमें क्रूज मिसाइल, पाँचवीं पीढ़ी के लड़ाकू वायुयान, एन्टीटेन्क मिसाइल व अन्य युद्ध की आधुनिक सामग्री रूस द्वारा भारत को देना सम्मिलित था। यह समझौता 10 वर्षों के लिये हुआ था।

भारत की असम्बद्धता की नीति सारहीन हो गई यद्यपि भारत औपचारिक रूप से **'नाम'** में बना रहा। इसी प्रकार से भारत का सरोकार दक्षिण–पूर्वी एशिया और विकासशील देशों से कम हो गया। असम्बद्धता की नीति के स्थान पर एक तरह से भारत अमेरिकन गुट में आ गया। दूसरी तरफ यह भी महसूस किया जाता है कि अन्तर्राष्ट्रीय क्षेत्र में एकल ध्रुवीय व्यवस्था समाप्त करने और द्विध्रुवीय व्यवस्था स्थापित करने के लिये भारत, रूस, फ्रांस और चीन का साथ होना अति आवश्यक है। इसके आसार कभी–कभी नजर आते हैं।

13

भारत और संयुक्त राज्य अमेरिका

संयुक्त राज्य अमेरिका आकार–प्रकार और जनसंख्या में बड़े देशों में से है। उसका क्षेत्रफल 9,826,630 वर्ग किलोमीटर है। जनसंख्या 311,097,000 है। इसमें अधिकांशतः वर्तमान पीढ़ी के पूर्वज यूरोप से आकर बसे थे। आरम्भ में इसमें तेरह प्रांत या प्रदेश थे। यह ब्रिटिश साम्राज्य के अधीन था। जुलाई 1776 में इसने स्वतंत्रता प्राप्त की। इसके एक तरफ अटलांटिक महासागर है, दूसरी तरफ प्रशान्त महासागर है। इस समय यह सबसे अधिक धनाढ्य और ताकतवर देश है।

भारत के राष्ट्रीय आंदोलन के दौरान कुछ अमेरिकन बुद्धिजीवियों को छोड़कर संयुक्त राज्य अमेरिका की सरकार से कोई सहायता नहीं मिली थी। द्वितीय महायुद्ध के दौरान जब जर्मनी और जापान विजय की ओर बढ़ रहे थे, तो अमेरिका के राष्ट्रपति रूजवेल्ट ने जरूर ब्रिटेन के प्रधानमंत्री चर्चिल से भारत को स्वतंत्र करने की वकालत की थी किन्तु चर्चिल इस बात के लिये तैयार नहीं था। उसी समय चर्चिल ने अपने मशहूर वाक्य में कहा था: "मैं महारानी का प्रथम मंत्री इसलिये नहीं बना कि उनके साम्राज्य के विघटन की अध्यक्षता करूँ।" युद्धोपरान्त एक तरफ ब्रिटेन की सरकार इतनी कमजोर हो गयी थी कि विश्व में अपने इतने बड़े साम्राज्य की रक्षा करना उसके लिये असम्भव था। अतः उसने यही श्रेष्ठ समझा कि वह अपने हितों की रक्षा करने वाले तत्त्वों के हाथ सत्ता सौंप दे। दूसरी तरफ इन पराधीन देशों में राष्ट्रीय आन्दोलन इतना बढ़ गया था कि ब्रिटेन उनका आगे मुकाबला नहीं कर सकता था। अतः ब्रिटेन ने एक के बाद दूसरे अपने उपनिवेशों को स्वतंत्र कर दिया। भारत ने भी 1947 में स्वतंत्रता प्राप्त की। उसने जब अपनी आँखें खोली, तो विश्व को दो भागों में बंटा पाया। एक तरफ संयुक्त

राज्य अमेरिका और पश्चिमी देश थे। दूसरी तरफ सोवियत संघ और पूर्वी यूरोप के जनवादी गणराज्य थे। दोनों गुटों में संघर्ष आरम्भ हो गया था। उसे शीत युद्ध के नाम से पुकारा जाता था। भारत ने अपने राष्ट्रीय हित में यही ठीक समझा कि वह दोनों गुटों से अलग रहे। अतः उसने जो विदेश नीति अपनायी, उसे असम्बद्धता की नीति कहा जाता है।

अन्तर्राष्ट्रीय राजनीति के क्षेत्र में असम्बद्ध होते हुये भी आरम्भिक वर्षों में भारत आर्थिक, सामाजिक और सांस्कृतिक क्षेत्र में पश्चिमी देशों की तरफ झुका रहा। इसके ऐतिहासिक, भौगोलिक, सामाजिक, आर्थिक और सांस्कृतिक कारण थे।

भारतीय राष्ट्रीय आंदोलन में पूंजीपति, सामन्त कृषक और श्रमिक वर्ग सब का सहयोग था। कृषक और श्रमिक वर्ग यह कभी बर्दास्त नहीं करता कि भारत उस पूंजीवादी खेमे में सम्मिलित हो। इसी तरह से सामन्तवादी और पूंजीपति वर्ग सोवियत खेमे में सम्मिलित होने का विरोध करता रहा।

भारत अनेक वर्षों तक ब्रिटेन के अधीन रह चुका था। भारत के शिक्षित वर्ग की भाषा अँग्रेजी थी। राष्ट्रीय संघर्ष के नेता पश्चिमी प्रजातंत्रीय व्यवस्था से बहुत प्रभावित थे। वे उसी की तरह राजनीतिक और शासन व्यवस्था अपने यहाँ लागू करना चाहते थे। भारत का शिक्षित वर्ग भी पश्चिमी संस्कृति से प्रभावित था और उसका प्रशंसक था। सुरक्षा की दृष्टि से भारत के लिये सोवियत संघ और चीन जितने महत्वपूर्ण थे, उतना ही वह अपने लम्बे समुद्री तट की रक्षा के लिये ब्रिटेन की जल सेना पर निर्भर था। आर्थिक क्षेत्र में वह स्टर्लिंग ग्रुप का सदस्य था और उसने शासन, प्रशासन और सैनिक क्षेत्र में ब्रिटिश पद्धति ही अपनायी थी।

भारत ने स्वतंत्रता के बाद गरीबी, बेकारी और अभाव को दूर करने और विकास के लिये मिश्रित अर्थव्यवस्था अपनायी थी। यह एक प्रकार से पूंजीवादी और समाजवादी अर्थव्यवस्थाओं के बीच का रास्ता था। इसमें बड़े–बड़े संवेदनशील तथा बुनियादी उद्योग सार्वजनिक क्षेत्र में स्थापित होने थे और छोटे तथा मध्यम श्रेणी के उद्योग निजी क्षेत्र में होने थे। कृषि प्रायः परस्पर सहकार "**कोऑपरेटिव**" क्षेत्र में होनी थी। सार्वजनिक सेवायें अधिकांशतः सार्वजनिक क्षेत्र में चलना था।

विभाजन के बाद भारत के पास जो कृषि के लिये उपयोगी भूमि थी वह पहले की तुलना में 73.1 प्रतिशत रह गयी थी। जिसमें 72.5 प्रतिशत

चावल की खेती के लिये थी और 70 प्रतिशत गेहूँ की खेती के लिये थी। विभाजन के पूर्व जितनी जूट की खेती लायक जमीन थी, उसका 3/5 हिस्सा पाकिस्तान में चला गया था। रूई के खेतों का 1/3 हिस्सा पाकिस्तान के पास पहुँच गया था। इसके परिणामस्वरूप भारत में खाद्यान की कमी हो गयी थी। उसको पूरा करने के लिये 1948 में 2.84 मिलियन टन खाद्यान भारत को विदेशों से खरीदना पड़ा। अधिकांशतः यह आयात आस्ट्रेलिया और अमेरिका से हुआ।

भारत के अनुरोध पर संयुक्त राज्य अमेरिका ने 1951 में एक विशेष कानून के अन्तर्गत 190 मिलियन डालर का ऋण खाद्यान खरीदने के लिये भारत को दिया था। इस पर 2,5 प्रतिशत ब्याज था। इसे तीस वर्षों में 6 माह की किश्तों में चुकाना था। इस कानून को PL-480 (पी.एल. 480) कहा गया। इसकी कीमत 902.5 मिलियन रूपये थी। इसको बेचने से 735.4 मिलियन रूपये की उगाही हुई थी। 161.1 मिलियन का, इससे जो नुकसान हुआ, उसको भारत सरकार को भुगतना पड़ा था। इस खाद्यान को बेचने से जो रूपया आया उसको स्पेशल डेवलपमेन्ट फण्ड में जमा करना था, जिसे केन्द्र सरकार की अनुमति से केन्द्र और राज्यों की विशेष परियोजनाओं को दिया जाना था।

भारत ने आजाद होने के बाद ब्रिटिश कॉमनवेल्थ आफ नेशन की सदस्यता ग्रहण की थी। भारत के अनुरोध पर इस नाम से ब्रिटिश शब्द हटा दिया गया था। इससे भी अधिक महत्वपूर्ण बात थी कि भारत अन्तर्राष्ट्रीय मुद्रा के क्षेत्र में स्टर्लिगं ब्लाक का सदस्य बना रहा। उसकी विदेशी मुद्रा का कोष स्टर्लिगं में ही था। सितम्बर 1949 में पाउन्ड स्टर्लिगं के अवमूल्यन होने पर रूपये का भी अवमूल्यन किया गया। भारत का इस समय आयात निर्यात का व्यापार अधिकांशतः पश्चिमी देशों से था।

चूँकि यह व्यापार कठोर (हार्ड करेंसी) मुद्रा में था, आयात निर्यात से अधिक था, अतः भारत को इस व्यापार में हानि थी। इससे विदेशी मुद्रा का अभाव उत्पन्न हो गया था। अतः भारत को विदेशों से सहायता लेनी पड़ी। 1952 में तकनीकी सहयोग समझौते के अन्तर्गत अमेरिका से 50 मिलियन यू.एस. डालर का ऋण मिला। इसी वर्ष इसी समझौते के अन्तर्गत 18.35 यू.एस. मिलियन डालर की सहायता मिली। इस समझौते के अन्तर्गत जो ऋण मिला, वह सामुदायिक विकास परियोजना, खाद्य पदार्थ, नदियों पर

आधारित परियोजना, जमीन के नीचे जल और ग्रामीण स्तर पर काम करने वाले कार्यकर्ताओं का प्रशिक्षण इत्यादि थे। भारत सरकार को जो रूपया इन परियोजनाओं में लगाना था, वह इस सहायता से काफी अधिक था।

1951–1952 और 1953 में भारत के विदेशी

देश	व्यापार का प्रतिशत					
	निर्यात			आयात		
	1951	1952	1953	1951	1952	1953
सं.रा. अमेरिका और कनाडा	20	22	21	20	38	19
लैटिन अमेरिका	6	4	6	1		
यूरोप महाद्वीप	10	9	8	12	11	18
यू.के.	25	20	28	17	19	25
पराधीन देश	1	1	1		1	2
अन्य स्टर्लिंग देश	28	31	25	25	18	24
शेष विश्व के देश	10	12	12	19	13	12[1]

इसके अतिरिक्त भारत ने अन्तर्राष्ट्रीय संस्थाओं से भी ऋण और आर्थिक सहायता ली। भारत ने अप्रैल 1950 में विश्व बैंक से 31.5 मिलियन यू.एस. डालर, 1953 में विश्व बैंक से 19.5 यू.एस. मिलियन डालर, 1952 में 31.5 यू.एस. मिलियन डालर का ऋण लिया। ये ऋण विशिष्ट योजनाओं के लिये दिया गया था। इन पर ब्याज 4 प्रतिशत से अधिक था। ये सारी परियोजनायें कृषि और सिचांई. के साधनों का विकास करने के लिये थी। इनमें केवल एक ऋण सार्वजनिक क्षेत्र में खनिज तेल तथा स्टील कम्पनी के विकास के लिये था।

भारत में विदेशी निवेश आकर्षित करने के लिये यह आश्वासन दिया गया कि (1) भारत स्वयं की पूंजी और विदेशी पूंजी में औद्योगिक नीति के अन्तर्गत कोई भेदभाव नहीं करेगा, (2) विदेशी अपना लाभ और पूंजी अपने देश वापस ले जा सकेंगे, बशर्ते भारत के विदेशी मुद्रा कोष पर इसका कोई विपरीत प्रभाव नहीं पड़ता हो, (3) यदि ऐसे उद्योगों का राष्ट्रीयकरण किया जाता है, तो उसकी उचित क्षतिपूर्ति की जायेगी। इसके बावजूद भारत में

1. P.C. Jain, *Economic Developments of Foreign Policy of India*, pp. 89-90.

विदेशी निवेश बहुत कम हुआ। 1948 से 1953 तक मात्र 175–180 करोड़ रूपये का विदेशी निवेश किया गया था। इसमें मुख्य हिस्सा ब्रिटेन का था। संयुक्त राज्य अमेरिका का निवेश मुख्यतः व्यापार के क्षेत्र में था।

प्रथम पंचवर्षीय योजना मे केवल प्राप्त ऋण 156 करोड़ डालर ही था। 365 करोड़ यू.एस. डालर की कमी थी जिसको विदेशी स्रोतों से पूरा करना था। इस समय सोवियत संघ से व्यापार कुल विदेशी व्यापार का 3 प्रतिशत था। नेहरू ने 7 जुलाई 1950 को स्वीकार किया था कि भारत की आर्थिक नीति पश्चिमी देशों विशेषकर ब्रिटेन और संयुक्त राज्य अमेरिका से बंधी हुई है। अल्लपी में उन्होंने अपने एक भाषण में यह भी कहा था कि दूसरे देशों पर बहुत निर्भरता हमारी स्वतंत्रता को कमजोर बनाती है। भारत ने इस समय "**मुक्त द्वार**" की नीति अपनायी थी। अमेरिका से विशेष कर सामाजिक और सांस्कृतिक कार्यक्रम तथा निवेश का खुला स्वागत था। उसे आकर्षित करने के लिये कोशिश भी की गयी थी।

संयुक्त राज्य अमेरिका और भारत के आर्थिक सम्बंध अच्छे होते हुये भी राजनीतिक सम्बंधों में बहुत मतभेद था। भारत ने असम्बद्धता की नीति अपनायी थी। यह अमेरिका को फूटी कोड़ी भी नहीं भाती थी। अमेरिका की दृष्टि से लोकतंत्र और साम्यवाद का संघर्ष एक प्रकार से धर्म युद्ध था। इसमें तटस्थ रहना अपराध था। अमेरिका चाहता था कि भारत इस युद्ध में अमेरिका का साथ दे। भारत सरकार ने श्रीमती विजया लक्ष्मी पंडित को भारत का अमेरिका में राजदूत बनाकर भेजा था। पं. नेहरू स्वयं अमेरिका की यात्रा पर गये। अमेरिका को विश्वास था कि वह पाकिस्तान को अपनी तरफ ला सकेगा। अतः कश्मीर के मामले में उसने बराबर पाकिस्तान का साथ दिया और कोशिश की कि कश्मीर में लोक निर्णय लिया जाये और किसी तरह भी वहाँ भारत और पाकिस्तान की सेना के स्थान पर संयुक्त राष्ट्र संघ के नाम पर अमेरिकी सेना तैनात हो जाये। अमेरिका की नीति यह थी कि कश्मीर यदि पाकिस्तान को मिलता है या स्वतंत्र होता है, तो वह वहाँ सोवियत संघ की सीमाओं के पास अपने सैनिक अड्डे बना सकेगा।

चीन के सम्बंध में भी संयुक्त राज्य अमेरिका और भारत में मतभेद था। भारत बराबर इस बात पर जोर देता रहा कि संयुक्त राष्ट्र संघ में चीन की वास्तविक सरकार को प्रतिनिधित्व दिया जाये। अमेरिका इसका विरोध करता रहा था। चीन के अतिरिक्त कोरिया के युद्ध के सम्बंध में भी भारत और अमेरिका के मतभेद कोरियन युद्ध के तीसरे चरण पर उभर कर आये

थे। भारत ने अमेरिका के उस प्रस्ताव का समर्थन किया था, जिसमें उत्तरी कोरिया को आंक्राता घोषित किया गया था। यद्यपि भारत ने अपनी सेना तथाकथित संयुक्त राष्ट्र की सेना (वास्तव में वह अमेरिकी सेना थी) के साथ उत्तरी कोरिया के विरूद्ध लड़ने को नहीं भेजी थी किन्तु भारत ने अपना मेडीकल मिशन औषधियों और उपचार के यंत्रों सहित भेजा था। जब कथित संयुक्त राष्ट्र की सेना के सेनापति मेकार्थर ने 38वीं अक्षांश रेखा को पार करने का इरादा प्रगट किया, तो भारत ने इसका विरोध किया क्योंकि इसका अर्थ चीन पर आक्रमण करना होता। इससे तृतीय महायुद्ध में परिवर्तित होने की सम्भावना प्रबल हो जाती। भारत ने अमेरिका के उस प्रस्ताव का समर्थन नहीं किया जिसमें चीन को आंक्राता घोषित किया जाना था। भारत ने युद्ध बन्द किये जाने की पेशकश की। उसके प्रयत्नों से युद्ध बन्द भी हो गया। युद्ध बन्दियों के सम्बंध में पुनः भारत और अमेरिका में मतभेद हो गया। अमेरिका के विरोध के कारण ही भारत कोरिया पर संयुक्त राष्ट्र के कोरिया पर आयोग का सदस्य नहीं बन सका। वह युद्ध बंदियों पर आयोग का सदस्य अवश्य बना किन्तु इसमें उसकी भूमिका आलोचना के ऊपर नहीं रही।

फिलिस्तीन के मामले में भारत और संयुक्त राज्य अमेरिका में नीतिगत मतभेद रहे। भारत, फिलिस्तीन और अरेबियन राष्ट्रवाद का कट्टर समर्थक था, जबकि अमेरिका अरबों के विरूद्ध इजराइल का भरपूर समर्थन कर रहा था।

सन् 1952 में आइजनहावर अमेरिका का राष्ट्रपति बना। उसने विदेशी मामलों का सचिव जोन फोस्टर डालेस को विदेशमंत्री बनाया। आइजनहावर और डालेस दोनों ही शीत युद्ध के प्रमुख परम योद्धा थे। डालेस ने कटु शब्दों में असमबद्धता की विदेश नीति की आलोचना की। यहाँ तक कि वह पं. नेहरू को हिन्दू साम्यवाद का प्रतिनिधि मानता था। सन् 1954 में अमेरिका के नेतृत्व में दक्षिण–पूर्वी एशिया में दक्षिण पूर्वी एशिया संधि संगठन भी स्थापित हुई। इसमें पाकिस्तान को भी सदस्यता दी गयी। इस संधि के अन्तर्गत पाकिस्तान को अमेरिका से भारी मात्रा में अस्त्र–शस्त्र मिले। इन्हें पाकिस्तान के द्वारा भारत के खिलाफ प्रयोग किया गया, यद्यपि कहा यह गया था कि इन अस्त्र–शस्त्रों का प्रयोग साम्यवाद के प्रसार को रोकने के लिये ही किया जायेगा। इसी दौरान भारत ने तिब्बत पर चीन से एक समझौता किया। इस समझौते में पंचशील का सिद्धांत प्रतिपादित किया

गया। अमेरिका को यह कतई मान्य नहीं था। भारत ने हिन्द–चीन के युद्ध में पश्चिमी वायुयानों को भी भारत से गुजरना प्रतिबन्धित कर दिया था। सीटों को लेकर पं. नेहरू ने तीव्र आलोचना करते हुये, इसे साम्राज्यवाद की पुनरावृत्ति बताया था।

नेहरू 1956 में अमेरिका की यात्रा पर दूसरी बार गये। किन्तु भारत और अमेरिका के सम्बंधों में कोई सुधार नहीं हुआ। 1959 में अमेरिका के राष्ट्रपति आइजनहावर भी भारत यात्रा पर आये, किन्तु इन यात्राओं से भी भारत अमेरिकी सम्बंधों में कोई विशेष सुधार नहीं हो पाया। भारत और अमेरिका के बीच सम्बंधों में दरार पैदा करने वाली घटनाओं में अमेरिका की हिन्द–चीन और मध्य पूर्व में भूमिका, हंगरी पर भारत की लगभग चुप्पी, लेबनान में अमेरिकी हस्तक्षेप का विरोध इत्यादि था।

गोवा के मामलें में भी संयुक्त राज्य अमेरिका नहीं चाहता था कि गोवा को पुर्तगाल से वापस लेने के लिये भारत किसी तरह की शक्ति का प्रयोग करे। डालेस के इस वक्तव्य ने कि गोवा पुर्तगाल का एक प्रांत है, भारत सरकार और जनता में तीव्र प्रतिक्रिया उत्पन्न की। पुर्तगाल अटलांटिक संधि संगठन का एक सदस्य था। इस संधि संगठन के सदस्यों को केवल स्वयं की ही अखंडता की रक्षा करना पर्याप्त नहीं माना जाता था, प्रत्युत उनके उपनिवेशों में भी उनके आधिपत्य को बनाये रखना इस संगठन का दायित्व माना जाता था।

सन् 1960 में जे.एफ. केनेडी अमेरिका के राष्ट्रपति निर्वाचित हुए। केनेडी उदार माने जाते थे। उन्हें भारत का मित्र माना जाता था। वह भारत से अच्छे सम्बंध स्थापित करने के हामी माने जाते थे। केनेडी को भारत से सम्बंध सुधारने का अवसर उस समय मिला, जब 1962 में भारत चीन युद्ध सीमाओं को लेकर हुआ। भारत ने अमेरिका से अस्त्र–शस्त्र देने की गुहार लगायी। किन्तु अमेरिका ने हल्के–फुल्के अस्त्र–शस्त्र देने के अतिरिक्त अन्य कोई हथियार और सैनिक सामग्री नहीं दी। यही नहीं अमेरिका और ब्रिटेन ने पाकिस्तान से सुलह करने पर भारत पर जोर डाला। उनके छत्रछाया में बातचीत के पाँच दौर भी चले, किन्तु कोई नतीजा नहीं निकला।

इसके बावजूद दिसम्बर 1963 में संयुक्त राज्य अमेरिका और भारत में एक समझौता हुआ। इसके अन्तर्गत संयुक्त राज्य अमेरिका ने तारापुर में परमाणु रिएक्टर स्थापित करने के लिये 8 यू.एस. मिलियन डालर की

सहायता दी। इसके लिये 30 वर्ष तक परिशोधित यूरेनियम देने का भी समझौता किया।

नेहरू के देहान्त के बाद लाल बहादुर शास्त्री भारत के प्रधानमंत्री बने। भारत और अमेरिका के सम्बंध उस समय सबसे खराब हुये जब 1 मई 1965 को लाल बहादुर शास्त्री को अमेरिका जाना था, किन्तु अमेरिका के तत्कालीन राष्ट्रपति जॉनसन ने उनकी अगवानी करने में अपनी असमर्थता जताई। इस समय अमेरिका ने वियतनाम पर गोलाबारी करने की घोषणा की थी। इसका भारत में डटकर विरोध हुआ और देश में अमेरिकन विरोधी भावना बढ़ी। सन् 1965 में भारत और पाकिस्तान के बीच युद्ध हुआ। इसमें पाकिस्तान ने अमेरिका से मिले पैटन टैंक, एफ 96 वायुयान और अन्य अस्त्र–शस्त्रों का भारत के विरूद्ध प्रयोग किया। यह अमेरिका के आश्वासनों के खिलाफ था। संयुक्त राज्य अमेरिका इस बात को भी नहीं पचा सका कि सोवियत संघ की मध्यस्थता से युद्ध बन्द हुआ। ताशकन्द में भारत और पाकिस्तान में समझौता हुआ।

जनवरी 1966 में श्रीमती इन्दिरा गांधी भारत की प्रधानमंत्री बनीं। उन्होंने अमेरिका और भारत के पारस्परिक सम्बंधों को ठीक बनाने का प्रयत्न किया। मार्च 1966 में इन्दिरा गांधी अमेरिका गयीं उन्होंने रिश्ते सुधारने का प्रयत्न किया। किन्तु वियतनाम और मध्यपूर्व को लेकर दोनों देशों में मतभेद होने के कारण रिश्तों में सुधार नहीं हुआ।

1973 में अमेरिका ने पाकिस्तान को अस्त्र–शस्त्र देना आरम्भ कर दिया, और हिन्द महासागर में डियागोगार्सिया में अपना सैनिक अड्डा स्थापित किया। यह भारत को अपनी सुरक्षा के प्रतिकूल लगा। 15 मई 1974 को भारत ने परमाणु शक्ति का परीक्षण किया, जिससे अमेरिका भारत की परमाणु शक्ति के सम्बंध में आशंकित हो गया।

अक्टूबर 1974 में संयुक्त राज्य अमेरिका के तत्कालीन विदेश सचिव डॉ. हैनरी कीसिंजर भारत आये। आर्थिक, व्यापारिक, वैज्ञानिक, तकनीकी, शिक्षा और सांस्कृतिक क्षेत्र में पारस्परिक सहयोग के लिये एक संयुक्त आयोग की स्थापना हुई।

सन् 1969–74 की अवधि में रिपब्लिकन पार्टी के अमेरिकी राष्ट्राध्यक्ष निक्सन थे। निक्सन ने अन्तर्राष्ट्रीय राजनीति में चीन के महत्व को समझा। चीन को शक्ति का तीसरा केन्द्र और ध्रुव माना। भारत के प्रति निक्सन का

रवैया उदासीनता का था। भारत और अमेरिका के पारस्परिक सम्बंध उस समय बहुत बिगड़ गये, जब 1971 में सोवियत संघ और भारत के बीच शांति और मित्रता की संधि हुई। बहुत से अमेरिकन लेखक और आलोचक मानने लगे कि भारत असम्बद्धता की नीति त्याग कर सोवियत गुट में शामिल हो गया है। जब 1971 में भारत ने पूर्वी पाकिस्तान के जन विद्रोह का समर्थन किया, जिसके फलस्वरूप भारत और पाकिस्तान में युद्ध आरम्भ हो गया, तब पाकिस्तान की सहायता के लिये अमेरिका ने प्रशान्त महासागर से अपना सातवां जहाजी बेड़ा बंगाल की खाड़ी की तरफ रवाना किया। दोनों देशों में तनाव अत्यधिक बढ़ गया। उस समय सोवियत संघ ने भारत और सोवियत संघ के बीच शांति और मित्रता की संधि के अन्तर्गत अमेरिकन जहाजी बेड़े के पीछे अपना छटां जहाजी बेड़ा लगा दिया और घोषणा की, कि यदि अमेरिकी जहाजी बेड़ा भारत–पाक युद्ध में हस्तक्षेप करता है, तो सोवियत संघ के जहाजी बेड़े को भारत की सहायता के लिये हस्तक्षेप करना पड़ेगा। इसके परिणामस्वरूप अमेरिका युद्ध में हस्तक्षेप नहीं कर सका। अमेरिका ने भारत पर आरोप लगाया कि भारत ने पाकिस्तान के आंतरिक मामले में हस्तक्षेप किया था। 1971 के बाद भारत ने वियतनाम से अपने राजनयिक सम्बंधों की श्रेणी को उच्चतर बनाया। अमेरिका–पाकिस्तान और चीन के उभरते हुये गठबन्धन से भारत चिन्तित था।

1972 के अन्त में भारत और अमेरिका के रिश्तों में कुछ सुधार हुआ। हैनरी कीसिंजर ने भारत को एक महाशक्ति के रूप में स्वीकार किया। डेवियल पी. मोइनीहन को अमेरिका ने भारत में अपने राजदूत के रूप में नियुक्त किया। दिसम्बर 1973 में अमेरिका ने पी.एल. 480 ऋण को समाप्त कर दिया। भारत को ऋण देने वाले देशों के सुझाव पर अमेरिका ऋण को चुकाने की समयावधि में परिवर्तन के लिये तैयार हो गया। यह होते हुये भी वियतनाम पर और डियागोगर्सिया पर अमेरिका के गुप्तचर विभाग सी.आई.ए. की गतिविधियों पर और मार्च 1973 पाकिस्तान को दिये जाने वाले अस्त्र–शस्त्र की आपूर्ति पुनः आरम्भ करने पर, भारत और अमेरिका के सम्बंधों में कटुता पैदा हुई। अक्टूबर 1974 में अमेरिका के विदेश सचिव डॉ. हैनरी कीसिंजर भारत आये। उन्होंने भारत और अमेरिका के पारस्परिक सम्बंध सुधारने का प्रयास किया। 1973 में वियतनाम का युद्ध समाप्त हो गया। इस बीच अमेरिका और सोवियत संघ के पारस्परिक सम्बंधों में सुधार हो रहा था।

सन् 1977 में भारत के केन्द्र में जनता पार्टी की सरकार बनी। मोरारजी देसाई प्रधानमंत्री और अटल बिहारी वाजपेयी विदेश मंत्री बने। सरकार में इस परिवर्तन से आशा बंधी कि भारत और अमेरिका के सम्बंधों में सुधार होगा। मोरारजी देसाई और अटल बिहारी वाजपेयी दोनों नेहरू की असम्बद्धता की नीति के विरोधी थे। जनता पार्टी की सरकार ने असम्बद्धता को सही नीति अपनाने की घोषणा की। उनके मत में नेहरू और इन्दिरा गाँधी दोनों की नीति असम्बद्धता होने के बावजूद सोवियत संघ की तरफ झुकी हुई थी। 1977 में पेरिस में अटल बिहारी वाजपेयी और अमेरिका के विदेश मंत्री की भेंट हुई। दोनों देशों के पारस्परिक सम्बंधों को सुधारने का प्रयास किया गया। इस समय अमेरिका में राष्ट्रपति जिमी कार्टर था। वह जनवरी 1978 में भारत की यात्रा पर आया। जिमी कार्टर ने भारत पर इस बात पर जोर डाला कि वह परमाणु अप्रसार संधि को स्वीकार कर लें, किन्तु भारत उसको भेदभाव का दोषी मानता था, अतः वह इस संधि को स्वीकार करने के लिये तैयार नहीं था। जून 1978 में मोरारजी देसाई अमेरिका की यात्रा पर गये किन्तु दोनों देशों के सम्बंधों में कोई विशेष सुधार नहीं हुआ।

जनवरी 1980 में इन्दिरा गाँधी पुनः भारत की प्रधानमंत्री बनीं। इसी वर्ष संयुक्त राज्य अमेरिका में रीगन राष्ट्रपति निर्वाचित हुये थे। उम्मीद थी कि दोनों देशों के सम्बंधों में सुधार होगा। इसके बावजूद दोनों देशों में कुछ विषयों पर तीव्र मतभेद बना रहा। जिन विषयों पर दोनों देशों में मतभेद था वे थे (1) अफगानिस्तान में सोवियत संघ का हस्तक्षेप, (2) हिन्द महासागर में डियागोगार्सिया पर अमेरिकी सैनिक अड्डे की स्थापना, (3) पाकिस्तान को आधुनिक युद्ध सामग्री देना, जिसमें 6 वायुयान भी सम्मिलित थे, (4) कम्पूचिया को मान्यता, (5) भारत की परमाणु नीति। अमेरिका अफगानिस्तान में सोवियत संघ के हस्तक्षेप का कट्टर विरोधी था। भारत का मानना था कि अफगानिस्तान की वैध सरकार के बुलाने पर ही सोवियत संघ की सेनायें वहाँ गयी थीं। शांतिपूर्ण सम्वाद के द्वारा ही अफगान समस्या को सुलझाया जा सकता था। इसके विपरीत अमेरिका हर तरीके से वहाँ सोवियत संघ के प्रभाव को समाप्त करना चाहता था। इसके लिये अलकायदा जैसे षड़यंत्रकारियों और आतंकवादियों को सहायता दे रहा था। भारत इस बात के विरूद्ध था की डियागोगार्सिया में अमेरिका ने अपने नौसैनिक अड्डे बनाये। वह इसे अपनी सुरक्षा के लिये खतरा मानता था। कथित नई अर्थव्यवस्था जिसकी पहल अमेरिका कर रहा था, भारत उसके

विरूद्ध था। जून 1982 में इन्दिरा गाँधी अमेरिका की यात्रा पर गयी। वहाँ उनका राष्ट्रपति रीगन से संवाद हुआ। दोनों ने आर्थिक, व्यापारिक और राजनीतिक सम्बंध बढ़ाने पर समझौता किया। तारापुर रिऐक्टर के लिये परिशोधित यूरेनियम की आपूर्ति करने का दायित्व फ्रांस को दिया गया। यह सब होते हुये भी 1982–84 में भारत और अमेरिका के सम्बंधों में बहुत ज्यादा सुधार नहीं हो पाया। अमेरिका बराबर संवेदनशील अस्त्र–शस्त्र पाकिस्तान को दे रहा था। वह अपने यहाँ भारत विरोधी तत्वों के विरूद्ध कोई प्रभावशील कार्यवाही भी नहीं कर सका।

सन् 1985 में राजीव गाँधी भारत के प्रधानमंत्री बने। अमेरिका में माना जाने लगा कि चूंकि राजीव गाँधी की शिक्षा पश्चिम में हुई है, उन पर पश्चिमी सभ्यता का असर है, वह जवान है और आर्थिक क्षेत्र में उदारीकरण के पक्षधर है, अतः उनकी पदावधि में भारत और अमेरिका के सम्बंधों में सुधार हो सकता था। जून 1985 में राजीव गाँधी अमेरिका गये। वहाँ उनकी रीगन से बातचीत हुई। मुख्य मुद्दा अमेरिका द्वारा पाकिस्तान को अस्त्र–शस्त्र देने का था। उस समय अमेरिका 3.2 यू.एस. मिलियन डालर के समझौते के तहत पाकिस्तान को युद्ध की आधुनिक सामग्री दे रहा था। दोनों देशों के सम्बंधों में उसी सीमा तक सुधार हो सकता था, जिस सीमा तक अमेरिका पाकिस्तान को अस्त्र–शस्त्र देने की नीति में परिवर्तन कर सकता था। अमेरिका पाकिस्तान को हथियारों के सम्बंध में उच्चकोटि का देश बनाना चाहता था। यह भारत के लिये सामरिक चिंता का विषय था।

अमेरिका भारत और पाकिस्तान के बीच संतुलन बनाये रखने के पक्ष में नहीं था क्योंकि अन्तर्राष्ट्रीय राजनीति के क्षेत्र में वह भारत की अपेक्षा पाकिस्तान को अपने अधिक निकट पाता था। अमेरिका इस समय चीन से भी अपने रिश्ते बढ़ा रहा था। वह चीन के विशाल बाजार की अवहेलना नहीं कर सकता था। सोवियत संघ और चीन के बीच में सैद्धांतिक कलह में वह चीन पर अपना दांव लगा रहा था।

इन परिस्थितियों में भारत और अमेरिका में प्रतिरक्षा के क्षेत्र में सहयोग बढ़ रहा था, किन्तु जब अमेरिका के प्रतिरक्षा मंत्री ने पाकिस्तान को एयरबोर्न वारनिंग और कन्ट्रोल सिस्टम (AWACS) देने की घोषणा की, तो फिर भारत और अमेरिका के सम्बंधों को झटका लगा। एक तरफ अमेरिका भारत को दी जाने वाली सहायता कम कर रहा था दूसरी तरफ पाकिस्तान को दी जाने वाली सहायता बढ़ा रहा था। अमेरिका ने पाकिस्तान को दी

जाने वाली आर्थिक और सैनिक सहायता बढ़ाकर 4 वर्षों के लिये 4.92 मिलियन यू.एस. डालर करने का फैसला किया था।

अक्टूबर 1987 में भारत के तत्कालीन प्रधानमंत्री राजीव गाँधी दूसरी बार अमेरिका गये। बातचीत में पारस्परिक सम्बंधों को सुधारने और सहयोग बढ़ाने का समझौता हुआ, किन्तु कोई ठोस परिणाम नहीं निकला।

सोवियत संघ के पराभव और खाड़ी युद्ध के बाद अन्तर्राष्ट्रीय स्थिति में मूलभूत परिवर्तन हुआ। विश्व की राजनीति एकल ध्रुवीय हो गयी। इसके साथ भारत में नरसिम्हा राव की सरकार ने आर्थिक क्षेत्र में उदारवाद और सुधारवाद की नीति अपनायी थी। इसके तहत बाजार आधारित अर्थव्यवस्था को अपनाया गया। अमेरिका आरम्भ से इस नीति का पक्षधर था। भारत और संयुक्त राज्य अमेरिका के सम्बंधों का नया अध्याय आरम्भ हुआ।

अमेरिका के राष्ट्रपति रीगन और बुश दोनों जानते थे कि पाकिस्तान ने परमाणु बम बनाने की क्षमता प्राप्त कर ली है। प्रेसलर संशोधन के अन्तर्गत वह अमेरिकी सहायता प्राप्त करने के योग्य नहीं था। इसके बावजूद पाकिस्तान को यह प्रमाण पत्र मिलता रहा था कि उसके पास परमाणु क्षमता नहीं है। संयुक्त राज्य अमेरिका यह भी समझ गया था कि पाकिस्तान में आतंकवादियों को प्रशिक्षित करने के अड्डे हैं। उसने पाकिस्तान से इन अड्डों को हटाने और आतंकवादियों को शरण देना बन्द करने का अनुरोध किया, किन्तु इसे लागू करने के लिये कोई ठोस कार्यवाही नहीं की।

भारत के तत्कालीन विदेश मंत्री माधवसिंह सोलंकी अमेरिका गये। उनकी वहाँ तत्कालीन अमेरिकन विदेश मंत्री जेम्स बेकर से लम्बी सौहार्दपूर्ण बातचीत हुई। अमेरिका ने आतंकवाद से भारत की चिन्ता को समझा। प्रतिरक्षा के क्षेत्र में भारत और अमेरिका के सहयोग में वृद्धि हुई। भारत के तत्कालीन प्रतिरक्षा मंत्री शरद पवार और विदेश सचिव जे.एन. दीक्षित अमेरिका गये। उन्होंने प्रतिरक्षा से सम्बंधित महत्वपूर्ण मसलों पर बातचीत की। अमेरिका का इस समय पाकिस्तान और भारत दोनों पर दबाव बना रहा था कि वे परमाणु शक्ति के विकास को बन्द कर दें। भारत के मिसाइल और रॉकेट के विकास करने के प्रयासों के वह विरूद्ध था। वह चाहता था कि भारत इनके विकास के कार्यक्रम को विराम लगा दे। इस दबाव से प्रभावित होकर पाकिस्तान ने प्रस्ताव रखा कि एक बैठक बुलाई जाये। जिसमें दक्षिण एशिया को परमाणु शक्ति रहित क्षेत्र बनाने पर बातचीत और समझौता किया जाये।

भारत ने उस प्रस्ताव को अस्वीकार कर दिया। अमेरिका चाहता था कि भारत परमाणु प्रसार संधि को स्वीकार कर ले।

अमेरिका भारत में उदारवाद और सुधारवाद की आर्थिक नीति की प्रगति से सन्तुष्ट नहीं था। इस बात पर जोर दे रहा था कि इस नीति को तेज किया जाये। विशेष कर भारत के पेटेन्ट (बौद्धिक सम्पदा) अधिकारों से सम्बन्धित कानूनों में परिवर्तन लाना चाहता था। दोनों देशों के पारस्परिक सम्बंधों में उस समय खटास पड़ी, जब भारत ने रूस से क्रायोजेनिक तकनीक लेने का समझौता किया।

1992 में अमेरिका में जार्ज बुश का स्थान बिल क्लिंटन ने ले लिया। वह डेमोक्रेटिव पार्टी से थे। भारत में यह भ्रम था कि डेमोक्रेटिव पार्टी रिपब्लिकन पार्टी की तुलना में भारत के प्रति अधिक उदार है। यह केवल अपने आपको धोखा देना था। निक्सन और रीगन, जो रिपब्लिकन थे, क्लिंटन से अधिक भारत के प्रति उदार थे। आरम्भ से ही क्लिंटन प्रशासन ने भारत से प्रतिकूल रवैया अपनाया। उसकी सहानुभूति पाकिस्तान के प्रति अधिक रही। क्लिंटन ने एक पत्र भारत सरकार को लिखा जिसमें सिखों के अधिकार की चर्चा की गयी थी। क्लिंटन ने यह पत्र कुछ भारत–विरोधी तत्वों द्वारा राष्ट्रपति क्लिंटन को दिये एक ज्ञापन के आधार पर दिया था। इसमें खालिस्तान का उल्लेख था। क्लिंटन भारत को कश्मीर में मानव अधिकारों के उल्लघंन का भी दोषी मानता था। कश्मीर पर अमेरिका पाकिस्तान का समर्थन कर रहा था और बराबर कोशिश में लगा था कि येन–केन–प्रकारेण भारत परमाणु अप्रसार संधि स्वीकार कर ले। अमेरिका भारत और पाकिस्तान को एक ही श्रेणी में रख रहा था।

1994 मई में भारत के तत्कालीन प्रधानमंत्री नरसिम्हा राव संयुक्त राज्य अमेरिका की यात्रा पर गये। वहाँ अमेरिका के राष्ट्रपति से बातचीत हुई। प्रतिरक्षा के क्षेत्र में अमेरिका परमाणु अप्रसार संधि में भारत के सम्मिलित होने पर जोर दे रहा था। राव के वहाँ जाने और बातचीत करने से कुछ नर्मी आई। राव ने वहाँ उद्योगपतियों से अपील की, कि वे भारत आयें और यहाँ निवेश करें। राव के अमेरिका की यात्रा के बाद अमेरिका के कई मंत्री भारत आये। अमेरिका के सुरक्षा सलाहकार एन्थनी लेथ ने स्वीकार किया कि अमेरिका के भारत से सम्बंधों में पाकिस्तान से सम्बंध का पर्याप्त महत्व है। इसके बावजूद दोनों देशों में प्रतिरक्षा के क्षेत्र में सहयोग बढ़ता रहा। दो वर्षों में संयुक्त नौसैनिक अभ्यास भी हुये।

इस समय अमेरिका में पाकिस्तान द्वारा भारत विरोधी प्रचार के खिलाफ एक भारत का पक्ष रखने वाला ग्रुप तैयार हुआ। आगे चलकर उसे "**इन्डिया का काकस**" कहा जाने लगा।

अगस्त 1995 में अमेरिका के सीनेटर ब्राउन ने एक संशोधन रखा। इसके तहत पाकिस्तान को आर्थिक सहायता और अनेक आधुनिक वायुयान, तोपें और अन्य अस्त्र–शस्त्र दिये जाने थे। भारत में इसकी तीव्र प्रतिक्रिया हुई। 1996 में निःशस्त्रीकरण सम्मेलन में भारत ने परमाणु अप्रसार संधि को स्वीकार नहीं किया। इसकी वजह से आगे चलकर उसे सामान्य सभा में पारित किया गया। यह समाचार आ रहे थे कि चीन पाकिस्तान को प्रक्षेपास्त्र और उसकी तकनीक दे रहा था। उसको मिसाइल बनाने के कारखाने स्थापित करने में मदद कर रहा था। अमेरिका इन समाचारों को सही भी मान रहा था और नहीं भी मान रहा था। उसकी प्रतिक्रिया टाल–मटोल करने की थी।

यद्यपि भारत और अमेरिका में राजनीतिक क्षेत्र में गहरे मतभेद थे किन्तु आर्थिक क्षेत्र में सहयोग बढ़ रहा था। सन् 1991 से आरम्भ होने वाले दशक में भारत में आर्थिक क्षेत्र में सुधारवाद और उदारवाद से अमेरिका प्रसन्न तो था, किन्तु वह इनकी गति तीव्र करने के पक्ष में था। अमेरिका चाहता था कि भारत अपना बाजार पूरी तरह से खोल दे। अमेरिका विद्युत, वित्त, बैंकिग, संचार, बीमा, और उपभोग की वस्तुओं के क्षेत्र में अधिक से अधिक भागीदारी चाहता था। भारत केवल कुछ बुनियादी क्षेत्रों में विदेशी निवेश के लिये उत्सुक था। विद्युत के क्षेत्र में महाराष्ट्र में अमेरिकन कम्पनी डामोल केन्द्र सरकार की काउन्टर गारन्टी पर एक विशाल विद्युत गृह बनाने के लिये आगे आयी। इस कम्पनी और राज्य सरकार में विद्युत दर के बारे में मतभेद हुये। अन्त में वह सुलझ गये।

इसी समय अमेरिका के व्यापार मंत्री भारत आये। उन्होंने भारत के वाणिज्य मंत्री प्रणव मुखर्जी से एक समझौते पर हस्ताक्षर किये। इसके तहत एक व्यापारिक गठबन्धन दो वर्षों के लिये स्थापित किया गया। इस समय दोनो देशों का व्यापार 7.9 मिलियन यू.एस. डालर था, उसको बढ़ाने पर फैसला लिया गया। संयुक्त उद्योगों को स्थापित करना तय हुआ। इनमें 6 विद्युत क्षेत्र में, 4 संचार के क्षेत्र में और एक बीमा के क्षेत्र में था। इनमें कुल निवेश 1.4 मिलियन यू.एस. डालर का निवेश होना था।

इस समय अमेरिका भारत में निवेश करने वाला सबसे बड़ा देश था। 1991 से 1995 के बीच में अमेरिका ने रू. 600 मिलियन (लगभग 22 मिलियन यू.एस. डालर) का निवेश किया था। भारत में कुल विदेशी निवेश में अमेरिका की भागीदारी लगभग 25 प्रतिशत थी। भारत का अमेरिका को निर्यात, कुल निर्यात का 20 प्रतिशत और आयात, कुल आयात का 10 प्रतिशत था। यह घाटे का सौदा था।

मोरारजी देसाई, वी.पी. सिंह, एच.डी. देवगोडा, इन्द्र कुमार गुजराल और चन्द्रशेखर की सरकार ने भी थोड़े–बहुत रूप में असम्बद्धता की विदेश नीति का पालन किया। अटल बिहारी वाजपेयी जब विरोध में थे, तो असम्बद्धता की नीति के कड़े आलोचक थे। जब वह प्रधानमंत्री बने तो उन्होंने भी असम्बद्धता की विदेश नीति अपनायी। यह अवश्य है कि उन्होंने अमेरिकी दबाव में कई बार पाकिस्तान से समझौता करने का प्रयास किया। भारत और पाकिस्तान के बीच में रेल और बस यात्रा भी आरम्भ की किन्तु इन सबका कोई ठोस परिणाम नहीं निकला।

सन् 2004 को संसद में काँग्रेस को बहुमत मिला किन्तु इतना बहुमत नहीं था कि अपने बलबूते पर सरकार बना सके। अतः काँग्रेस के नेतृत्व में एक गठबन्धन की सरकार बनी। डॉ. मनमोहन सिंह प्रधानमंत्री बने। इस सरकार को वाम मोर्चे का भी समर्थन प्राप्त था। मनमोहन सिंह वर्ल्ड बैंक आई.एम.एफ. में अधिकारी रह चुके थे। नरसिम्हा राव की सरकार में उन्होंने ही आर्थिक क्षेत्र में उदारवाद और सुधारवाद की नीति आरम्भ की थी। अब वह उसे पूर्णतः तक ले जाना चाहते थे। सोवियत संघ का पराभव हो गया था और विश्व राजनीति में एक ध्रुवीय व्यवस्था स्थापित हो गयी थी। मनमोहन सिंह के नेतृत्व में भारत ने असमबद्धता की नीति का त्याग करते हुए अमेरिकी खेमे की ओर पैर बढ़ाये।

28 जून 2005 को भारत और अमेरिका में दस वर्षों के लिये सैनिक क्षेत्र में सहयोग के लिये समझौता हुआ। इस समझौते के द्वारा अमेरिका के सैनिक अधिकारियों द्वारा भारत के सैनिक अधिकारियों को प्रशिक्षित करना था। अमेरिका को भारत में अपने अस्त्र–शस्त्रों के जखीरे बनाने का अधिकार मिला। दोनों देशों के सैनिकों को संयुक्त अभ्यास करना था।

जुलाई 2005 में भारत के प्रधानमंत्री और अमेरिका के राष्ट्रपति में परमाणु शक्ति के सम्बंध में एक समझौता हुआ। इस समझौते की मुख्य बात

यह है कि परमाणु शक्ति के सैनिक और नागरिक प्रयोग को अलग रखा जायेगा। अमेरिकी परमाणु ऊर्जा के नागरिक प्रयोग में भारत की सहायता करेगा। परमाणु ऊर्जा के उत्पादन के लिये जो संसाधन चाहिये उन्हें देने पर अभी तक लागू नियंत्रण समाप्त करेगा। अन्य परमाणु शक्ति सम्पन्न देशों को भी इस प्रकार का नियंत्रण समाप्त करने की सलाह देगा। इसके बदले में भारत अपने नागरिक प्रयोग के लिये परमाणु शक्ति के जो संयंत्र हैं, उनका अन्तर्राष्ट्रीय परमाणु शक्ति अभिकरण द्वारा (इन्टरनेशनल एटोमिक एनर्जी एजेन्सी) निरीक्षण और नियत्रंण करने का अधिकार और सुविधायें देगा। यद्यपि भारत ने परमाणु शक्ति के अप्रसार संधि पर हस्ताक्षर नहीं किये थे, किन्तु वह उसके प्रावधान के अनुसार अपने दायित्वों का निर्वाह करेगा। इस संधि की संसद में और संसद के बाहर तीव्र आलोचना हुई। इस संधि को लेकर वाम मोर्चो ने सरकार का समर्थन वापस ले लिया। परिणामतः भारत की राजनीति में काफी उथल–पुथल हुई थी ।

भारत जिस तरह से अमेरिका का अनुगमन करने लगा है, वह इराक और लीबिया के युद्ध और ईरान के प्रति भारत ने जो रवैया अपनाया है उससे स्पष्ट हो जाता है। इराक में जनतंत्र के नाम पर मानव अधिकारों को कुचला गया। भारत लगभग चुप रहा। इसी भांति लीबिया में अधिनायकतंत्र खत्म करने के नाम अमानवीय हिंसा और मौत का जो ताण्डव नृत्य हुआ, किसी से छिपा नहीं है, फिर भी भारत चुप रहा। अब ईरान को निशाना बनाया जा रहा है। भारत ने परमाणु शस्त्र नियंत्रण अभिकरण में ईरान के विरूद्ध मत दिया है और यह कहा कि यह राष्ट्र हित में था। भारत के तेल की आवश्यकता एक बडी मात्रा में ईरान के तेल से पूरी होती है। प्रस्तावित ईरान–भारत तेल पाइप लाइन बिछाने का समझौता अमेरिकी दबाव में लगभग समाप्त हो गया। यह पाइप लाइन भारत और ईरान, दोनों के राष्ट्रीय तथा आर्थिक हित में थी।

समीक्षा

संयुक्त राज्य अमेरिका और भारत बराबर कहते आये हैं कि चूंकि उन दोनों के यहाँ प्रजातंत्र है, अतः एक दूसरे के नजदीक हैं। दोनों के लक्ष्य एक समान है। अन्तर्राष्ट्रीय क्षेत्र में यह केवल सैद्धांन्तिक बात है। पाकिस्तान अधिकांशतः अधिनायक तंत्र रहा है। किन्तु अमेरिका ने भारत की तुलना में पाकिस्तान का साथ दिया था। हकीकत यह है कि भारत और अमेरिका के सम्बंधों की धुरी पाकिस्तान रहा है।

जब तक सोवियत संघ था तब तक भारत और अमेरिका के सम्बंध इस बात पर निर्भर करते थे कि भारत और सोवियत संघ के सम्बंध कैसे रहे थे। यदि भारत सोवियत संघ के नजदीक आया, तो अमेरिका भारत से उतना ही दूर चला गया।

यह यथार्थ है कि द्वितीय महायुद्ध के बाद ब्रिटेन और फ्रांस का स्थान अमेरिका ने ले लिया था। उसका ध्येय पूरे विश्व पर आधिपत्य स्थापित करना हो गया। इस भांति अमेरिका नव–साम्राज्यवाद का प्रतीक है। उसके रास्ते में आने वाले असमबद्ध देश ओर समाजवादी देश उसके दुश्मन थे।

द्वितीय महायुद्ध समाप्त हो गया। किन्तु हथियारों की दौड़ समाप्त न होकर कई गुना बढ़ गयी। हथियारों को बेचने या कर्ज के रूप में देने के लिये साम्यवाद का नया भूत खड़ा किया गया। उसके जाने के बाद हथियारों का महत्व कम नहीं हुआ अपितु बढ़ गया। अब नये प्रतिद्वन्द्वी पैदा हो गये। परिवर्तित रूप में शक्ति संघर्ष आरम्भ हो गया। साम्राज्यवाद और उपनिवेशवाद नये रूप में अवतरित हुए हैं और नये रूप में शक्ति संघर्ष में उलझे हुए हैं।

संयुक्त राज्य अमेरिका के साथ पश्चिम यूरोप के अन्य और पूंजीवादी देश थे। यह शीत युद्ध 1990–91 तक चला। अन्त में पश्चिमी देशों और अमेरिका के षड़यंत्रों और सोवियत संघ के नेताओं की गलतियों के कारण सोवियत संघ की समाजवादी व्यवस्था टूट गयी। साथ में पूर्वी यूरोप के देशों की जनवादी सरकारों का भी पराभव हो गया। अन्तर्राष्ट्रीय राजनीति में एक नये युग का आरम्भ हुआ और वह एक ध्रुवीय हो गयी। अमेरिका इस स्थिति में मनमानी कर रहा है।

14

भारत और यूनाइटेड किंगडम

भारत और ग्रेट ब्रिटेन के विशिष्ट सम्बंध रहे हैं। लगभग 200 वर्षों तक भारत ब्रिटेन का उपनिवेश था। वर्षों तक संघर्ष करने के बाद 15 अगस्त 1947 को भारत को स्वतंत्रता मिली। स्वतंत्र होने पर भारत में केन्द्र में एक अंतरिम सरकार की स्थापना हुई। माउन्टबेटन भारत के गवर्नर जरनल बने रहे। आजादी के बाद भी भारतीय सेना में बहुत से अफसर ब्रिटिश नागरिक थे। स्वतंत्रता के बाद कई वर्षों तक भारत अपनी आवश्यकता के अस्त्र–शस्त्र ब्रिटेन से खरीदता रहा और भारत के सैनिक अधिकारी उच्च सैनिक शिक्षा के लिये ब्रिटेन जाते रहे। ब्रिटेन और भारत में घनिष्ठता का एक महत्वपूर्ण कारण अँग्रेजी भाषा रही है। आज भी भारत में शिक्षित लोगों की भाषा अँग्रेजी है और कई वर्षों तक सरकारी कामकाज अँग्रेजी में ही होता रहा। अँग्रेजी संस्कृति का प्रभाव भारत के पूरे जीवन पर पड़ा है।

स्वतंत्र होने पर भारत और ब्रिटेन के सबसे ज्यादा सम्बंध आर्थिक क्षेत्र में रहे हैं। भारत स्टरलिंग ब्लाक का सदस्य था। भारत का निर्यात और आयात व्यापार मुख्यतः ब्रिटेन और अन्य कॉमनवेल्थ के सदस्यों के साथ था। भारत में निवेश सबसे अधिक ब्रिटेन का था। स्वतंत्रता प्राप्त करने से पहले से भारत में खनन, रेलवे, प्लान्टेशन, बीमा, बैंकिंग, आदि मुख्य उद्योगों और सेवाओं का स्वामित्व और नियंत्रण ब्रिटिश पूंजीपतियों के पास था, जो आजादी के बाद कई वर्षों तक उनके हाथों में बना रहा।

प्रो. करूणाकरण के शब्दों में हमारे यहाँ **"Revolution of Continuity"** पूर्व स्थिति के बने रहने की क्रांति हुई थी। भारत ने शिक्षा, प्रशासन, संस्कृति, सामाजिक और राजनीति के क्षेत्र में ब्रिटेन की विरासत को बनाये रखा और उसमें यहाँ–वहाँ थोड़ा–बहुत परिवर्तन करता रहा।

अन्तर्राष्ट्रीय राजनीति के क्षेत्र में हमारी विदेश नीति का एक आधार स्तम्भ साम्राज्यवाद और उपनिवेशवाद का विरोध था। किन्तु हमने भारत की सीमाओं के बाहर ब्रिटिश साम्राज्यवाद के विरूद्ध उतना तीव्र विरोध नहीं किया, जितना अन्य यूरोपियन देशों के साम्राज्यवाद और उपनिवेशवाद का किया। उदाहरणार्थ मलाया में वहाँ के जन–विद्रोह के दमन के लिये ब्रिटेन को भारत की भूमि पर गोरखा सैनिकों को भर्ती करने की स्वतंत्रता दी और मलाया में ब्रिटेन का समर्थन किया।

आजादी के बाद बहुत समय तक सुरक्षा के क्षेत्र में हम ब्रिटेन पर निर्भर रहे। भारत का एक विशाल समुद्री तट है। हिन्द महासागर पर ब्रिटेन की नौसेना का दबदबा रहा और प्रशान्त महासागर पर अमेरिका का आधिपत्य रहा है। भारत की नौसेना बहुत विकसित नहीं थी। अतः भारत को अपने समुद्री तटों की रक्षा के लिये ब्रिटेन और अमेरिका पर निर्भर रहना पड़ा।

सन् 1956 में स्वेज् विवाद पर ब्रिटेन के तत्कालीन प्रधानमंत्री ईडन को त्याग पत्र देना पड़ा था। उनके उत्तराधिकारी ब्रिटेन के प्रधानमंत्री मेकमिलन ने भारत की संसदात्मक शासन प्रणाली की सफलता में गहरी दिलचस्पी दिखायी थी। उस समय भारत और ब्रिटेन के सम्बंध सामान्य रहे।

1962 में जब भारत और चीन का युद्ध हुआ, तो भारत ने ब्रिटेन और अमेरिका से आधुनिक वायुयान और अस्त्र–शस्त्र माँगे थे। ब्रिटेन और अमेरिका ने ये संवेदनशील और आधुनिक अस्त्र–शस्त्र नहीं दिये, बल्कि हल्के और 5.35 मिलियन पाउण्ड के साधारण अस्त्र–शस्त्र लैंडलीज (पट्टे पर भारतीय भूमि का उपयोग) और अनुदान के रूप में दिये गये। उन्होंने भारत की सेना के आधुनिकीकरण के लिये 100 से 125 यू.एस. मिलियन डालर की सहायता देने का फैसला लिया। कहा जाता है कि ब्रिटेन और अमेरिका ने उस समय पाकिस्तान को भी भारत विरोधी कार्यवाही करने से रोका।

1965 के भारत और पाकिस्तान के बीच युद्ध में पहले ब्रिटेन की सहानुभूति पाकिस्तान के साथ रही। बाद में (विल्सन का 6 सितम्बर का वक्तव्य) जब चीन के हस्तक्षेप का खतरा पैदा हो गया, तब ब्रिटेन को इस खतरे को दूर करने के लिये भारत का समर्थन करने पर सोचना पड़ा।

1971 में पकिस्तान से युद्ध के समय ब्रिटेन ने स्थिति को ठीक तरह से समझा। यह स्वीकार किया कि पश्चिमी पाकिस्तान पूर्वी पाकिस्तान के साथ भेदभाव कर रहा था। इस युद्ध में पाकिस्तान पराजित हुआ। परिणामस्वरूप

पूर्वी पाकिस्तान उससे एक स्वतंत्र देश के रूप में अलग हो गया। इस देश का नाम बांग्लादेश हुआ।

जून 1975 में इन्दिरा गाँधी ने भारत में आपातकाल घोषित किया। नागरिकों के मौलिक अधिकारों का दमन हुआ, तो ब्रिटेन के प्रेस और जनता ने इसकी तीव्र आलोचना की। इस समय भारत में ब्रिटेन का निवेश 400 मिलियन पाउण्ड था। ब्रिटेन अपने इस निवेश के सम्बंध में चिन्तित था।

जब सोवियत संघ ने हिन्द महासागर में अपने नौसैनिक अड्डे स्थापित किये और हिन्द महासागर की चौकियों पर अपनी उपस्थिति दर्ज की तब ब्रिटेन अपनी सुरक्षा को लेकर अधिक चिन्तित हो गया। ब्रिटेन और अमेरिका सोवियत संघ की नौसेना की उपस्थिति के विरोधी थे। भारत की सहानुभूति सोवियत संघ के साथ थी। भारत हिन्द महासागर को शांतिपूर्ण क्षेत्र बनाने के पक्ष में था।

भारत ने अपनी शासन व्यवस्था ब्रिटेन की संसदात्मक शासन प्रणाली के अनुरूप ही बनायी थी। शासन की अन्य संस्थायें भी ब्रिटेन की संस्थाओं के अनुरूप थी।

स्वतंत्रता की प्राप्ति से पहले भारत का राष्ट्रीय आन्दोलन स्वतंत्रता प्राप्त करने के बाद कॉमनवेल्थ ऑफ नेशन्स में सम्मिलित न होने के लिये प्रतिबद्ध था किन्तु स्वतंत्र होने के बाद उसने कॉमनवेल्थ ऑफ नेशन्स की सदस्यता ग्रहण की। भारत का संविधान 1950 में बना और उसके अनुसार भारत में गणराज्य की स्थापना की गयी। भारत के अनुरोध पर कॉमनवेल्थ में कुछ औपचारिक संशोधन किये गये। ब्रिटिश शब्द हटा दिया गया और 'क्राउन' के प्रति वफादारी अभिव्यक्त करने का प्रावधान हटा दिया गया। कॉमनवेल्थ में सम्मिलित होने के आर्थिक, राजनीतिक और रणनीतिक कारण थे। 17 मार्च 1953 को लोकसभा में अपने एक भाषण में नेहरू ने कहा था कि स्वतंत्र देशों का किसी भी संगठन का आधार पारस्परिक लेन–देन होता है–इंग्लैण्ड से हमारे आर्थिक सम्बंध हैं अतः हम सोचते हैं कि इंग्लैण्ड से हमारे आर्थिक सम्बंध हमारे लिये लाभकारी हैं। कॉमनवेल्थ की सदस्यता ग्रहण करने का मुख्य कारण यह था कि भारत अन्तर्राष्ट्रीय मुद्रा के क्षेत्र में स्टरलिंग ब्लाक का सदस्य था। अन्तर्राष्ट्रीय आर्थिक क्षेत्र में सोने का मापदण्ड समाप्त हो चुका था और विश्व मुद्रा व्यवस्था स्टरलिंग, डालर, रूबल आदि हिस्सों में अपने व्यापार के लिये बट गया था। इसका तात्पर्य था कि भारत और स्टरलिंग ब्लाक के अन्य सदस्य राज्यों के बीच मुद्रा का लेन–देन सरलता

से हो सकता था। युद्ध समाप्त होने पर इंग्लैण्ड को 1200 मिलियन पाउण्ड ऋण भारत को देना था। भारत इसको वापस धीरे–धीरे ही ले सकता था। उस समय ब्रिटेन का भारत में निवेश 300 से 500 मिलियन पाउण्ड था और भारत के निर्यात में ब्रिटेन का 50 प्रतिशत का हिस्सा था।

यद्यपि नेहरू ने इसे स्वीकार नहीं किया, किन्तु यह सत्य है कि आरम्भिक काल में कॉमनवेल्थ की सदस्यता से हमारी स्वतंत्रता और सम्प्रभुता पर प्रतिकूल प्रभाव पड़ा था। सन् 1951 की कॉमनवेल्थ के सम्मेलन की समाप्ति पर, जो विज्ञप्ति जारी की गयी, उसमें अमेरिका के प्रति निकटता व्यक्त की गयी और उसके अन्तर्राष्ट्रीय प्रयासों को सराहा गया। 7 दिसम्बर 1950 को नेहरू ने यह स्वीकार किया था कि कॉमनवेल्थ के सदस्यों से परामर्श किये बिना हम शायद ही कोई काम करते थे। आर्थिक क्षेत्र में इंग्लैण्ड और दूसरे स्टरलिंग देशों के साथ व्यापार को भारत ने प्राथमिकता दी थी।

भारत आरम्भिक वर्षों में प्रतिरक्षा के क्षेत्र में विशेष कर नौसेना और वायुसेना में बहुत कुछ ब्रिटेन के ऊपर निर्भर था। आजादी के बाद भी भारत के नौजवान सैनिक अधिकारी उच्च प्रशिक्षण के लिये इंग्लैण्ड भेजे जाते थे। नौसेना और वायुसेना में अँग्रेज अफसर थे।

यही नहीं भारत की कॉमनवेल्थ की सदस्यता ब्रिटेन के लिये काफी लाभकारी थी। ब्रिटेन ने भारत को महत्वपूर्ण आर्थिक सहायता दी थी। 1969–70 में यह आर्थिक सहायता 45.9 मिलियन पाउण्ड थी, जो 1974–75 में 75 मिलियन पाउण्ड हो गयी और 77–78 में 144 मिलियन पाउण्ड हो गयी। 1958 में एड इन्डिया कन्सोरटियम की स्थापना में भी ब्रिटेन ने सक्रिय भाग लिया। भारत को सस्ते ब्याज की दर पर ऋण दिया गया। भारत ब्रिटेन को शक्कर, काफी, चाय, तम्बाकू, कपड़ा, चमड़ा, जूट आदि निर्यात करता रहा और ब्रिटेन से दवायें, खाद, रसायन, लोहा, इस्पात, मशीनें, खनिज और उसके उत्पाद आदि आयात करता रहा था।

ब्रिटेन में पर्याप्त संख्या में भारतीय बसे हुये हैं। भारतीय नागरिक ब्रिटेन की आर्थिक, राजनीतिक, सामाजिक और सांस्कृतिक क्षेत्र में महत्वपूर्ण भूमिका निभाते रहे हैं। भारत के शिक्षित वर्ग की भाषा अभी भी अँग्रेजी है और अभी भी भारत में केन्द्रीय शासन के अनेक कामकाज अँग्रेजी में होते हैं। उच्च शिक्षा की संस्थाओं में शिक्षण कार्य अँग्रेजी में होता है। एक अनुमान के

अनुसार लगभग 70 हजार लोग प्रति वर्ष भारत से इंग्लैण्ड और इंग्लैण्ड से भारत आते जाते हैं। वर्तमान में इंग्लैण्ड का स्थान अमेरिका ने ले लिया है।

यद्यपि इंग्लैण्ड जाने वाले विद्यार्थियों की संख्या बहुत घट गयी, फिर भी उच्च शिक्षा के लिये इंग्लैण्ड जाने वालों की संख्या नगण्य नहीं है।

भारत और ब्रिटेन के घनिष्ठ सम्बंध होते हुये भी अन्तर्राष्ट्रीय राजनीति के क्षेत्र में दोनों देशों में गहरे मतभेद रहे हैं। शीत युद्ध समाप्त होने के पहले अमेरिकन गुटबन्दी में ब्रिटेन बहुत सक्रिय रूप से सम्मिलित था जबकि भारत की विदेश नीति असमबद्धता की थी। ब्रिटेन ऐसे सैनिक गठबन्धनों जैसे "**सीटो**", "**अटलान्टिक संधि**", "**मध्यपूर्व संधि संगठन**" आदि के संस्थापकों में से था, जबकि भारत इन सैनिक गठबन्धनों को अपनी सुरक्षा के लिये खतरनाक मानता था।

सोवियत संघ के पराभव के बाद अन्तर्राष्ट्रीय राजनीति में मूलभूत परिवर्तन हुआ। आर्थिक क्षेत्र में उदारवाद, सुधारवाद और भूमण्डलीकरण का अभ्युदय हुआ। इनकी प्रणेता ब्रिटेन की पूर्व प्रधानमंत्री थेचर थी। 1991 से भारत ने समाजवाद की बातें छोड़कर नव–पूंजीवाद अथवा नव–उदारवाद का रास्ता अपनाया है। भारत उस समय से पश्चिमी देशों के निकट आता गया है।

पाकिस्तान को लेकर ब्रिटेन और भारत में मतभेद रहे हैं। भारत में यह माना जाता था कि ब्रिटेन भारत की अपेक्षा पाकिस्तान का समर्थन करता रहा था। वास्तव में जम्मू कश्मीर की समस्या भी ब्रिटेन की देन है, जो भारत छोड़ते समय भारत के देशी रियासतों को इस बात के लिये स्वतंत्र छोड़ गया था कि वे भारत या पाकिस्तान में किसी में भी सम्मिलित हो सकती है। संयुक्त राष्ट्र संघ में ब्रिटेन अमेरीका के साथ पाकिस्तान का ही समर्थन करता रहा है। भारत में इस कारण से ब्रिटेन के प्रति प्रतिकूल भावना रही है।

वर्तमान में ब्रिटेन दूसरी श्रेणी की महाशक्ति है। परिणामतः उसके साथ भारत के सम्बंधों का बहुत अधिक महत्व नहीं है।

15
भारत और लैटिन अमेरिका

भारत और लैटिन अमेरिका के देशों के सम्बन्ध बहुत कम रहे हैं। वास्तव में भारत लैटिन अमेरिका के देशों को संयुक्त राज्य अमेरिका का प्रभाव क्षेत्र मानकर वहाँ की राजनीति से अलग रहा है। संयुक्त राज्य अमेरिका ने मुनरो सिद्धान्त के अन्तर्गत लैटिन अमेरिका के देशों पर यूरोप के अन्य देशों के आधिपत्य को हटाकर अपना आधिपत्य किया था और कट्टरता से बनाये रखा था। लैटिन अमेरिका का कोई भी देश औपचारिक रूप में स्वतंत्र होते हुए भी वास्तव में स्वतंत्र नहीं था। लैटिन अमेरिका के देशों की प्राकृतिक सम्पदा पर संयुक्त राज्य अमेरिका का स्वामित्व और नियंत्रण था और इसे बनाये रखने के लिये राजनीतिक आधिपत्य और नियंत्रण भी स्थापित किया था।

सन् 1949 तक भारत ने किसी भी लैटिन अमेरिकन देश से अपने राजनयिक सम्बंध स्थापित नहीं किये थे। भारत की इस दिशा में उदासीनता का एक उदाहरण लैटिन अमेरिका के एक छोटे से देश ग्वाटेमाला के सम्बन्ध में है। वहाँ जब अमेरिकी गुप्तचर एजेन्सी सी.आई.ए. के द्वारा 1954 में जेकब अरबेन्ज की सरकार को पलट दिया था, भारत ने इस सम्बन्ध में कोई प्रतिक्रिया व्यक्त नहीं की।

क्यूबा

करेबियन सागर में सबसे बड़ा द्वीप क्यूबा है। इसको कोलम्बस ने 1492 में खोज निकाला था। इसका क्षेत्रफल 110.922 वर्ग किलोमीटर है और जनसंख्या 11,240,841 है। पहले 400 वर्षों तक यह स्पेन का उपनिवेश रहा। 1902 में इसने स्वतंत्रता प्राप्त की। इसमें दो मुख्य द्वीप हैं–क्यूबा और यूथ। इसे करेबियन सागर का मोती भी कहा जाता है।

क्यूबा विश्व का शक्कर का उत्पादन करने वाला सबसे बड़ा देश है। शक्कर के बाद दूसरे स्थान पर इसका उत्पाद तम्बाकू है। इसमें निकल धातु के बड़े निक्षेप हैं। इसके गन्ने और तम्बाकू के खेतों पर अमेरिकन पूंजीपतियों का अधिकार था। शक्कर मिलों और तम्बाकू से सिगार और सिगरेट बनाने वाले कारखानें भी उनके स्वामित्व और नियंत्रण में थे। वहाँ की शासन व्यवस्था भी तानाशाही थी और यह तानाशाह अमेरिका की कठपुतली हुआ करते थे। 1958 में वहाँ का तानाशाह जनरल बटिस्टा था।

जनवरी 1959 में वहाँ एक क्रांति फीडल केस्ट्रो के नेतृत्व में हुई। यह क्रांति क्यूबा में विदेशी साम्राज्यवादियों के विरूद्ध थी। यह सामाजिक और राजनीतिक क्रांति दोनों थी और इसका लक्ष्य सामाजिक और आर्थिक क्षेत्र में बुनियादी परिवर्तन लाना था। यह क्रांति राष्ट्रीय क्रांति भी थी। जिसका ध्येय परोक्ष विदेशी परतंत्रता का अन्त करना था। क्यूबा चूंकि संयुक्त राज्य अमेरिका के समीप स्थित है अतः इस कारण से भी उसमें होने वाले परिवर्तनों से इसका महत्व बढ़ गया था।

क्यूबा को सोवियत संघ और पूर्वी यूरोप के देशों का समर्थन मिला। इससे भी संयुक्त अमेरिका रूष्ट हो गया। संयुक्त राष्ट्र संघ में क्यूबा के प्रतिनिधि ने शिकायत की थी कि संयुक्त राज्य अमेरिका क्यूबा के भगोड़े और राष्ट्र विरोधी तत्त्वों को एकत्रित और संगठित करके सैनिक प्रशिक्षण दे रहा है और अस्त्र–शस्त्रों से सुसज्जित कर रहा है, जिससे वे क्यूबा पर आक्रमण करवा सकें। संयुक्त राज्य अमेरिका ने इसका विरोध नहीं किया क्योंकि यह सच था। आइजनहावर प्रशासन की नीति के अन्तर्गत अमेरिका के गुप्तचर संगठन सी.आई.ए. द्वारा यह सब षड़यंत्र रचा जा रहा था।

अप्रैल 1961 में इन भगोड़ो और राष्ट्र विरोधी तत्त्वों ने **"वे आफ पिग्स"** से क्यूबा पर हमला बोल दिया। किन्तु जैसे की उम्मीद थी कि यह हमला सफल होगा, वह नहीं हुआ। क्यूबा के राष्ट्र भक्तों ने इसे तीन दिनों के अन्दर परास्त कर दिया।

सन् 1961 में जवाहरलाल नेहरू मेक्सिको में थे। उन्होंने इस नग्न आक्रमण के विरूद्ध कोई तीव्र प्रतिक्रिया व्यक्त नहीं की। जब भारत में इस आक्रमण का विरोध मुखर हुआ तब 20 अप्रैल 1961 को राज्य सभा में क्यूबा पर आक्रमण की बात स्वीकार की और उसकी निन्दा की।

जून 1960 में जब पं. नेहरू न्यूयार्क में थे, उन्हें क्यूबा आने का निमंत्रण दिया गया था। फीडल केस्ट्रो ने स्वयं यह अनुरोध उनसे किया था किन्तु वह

वहाँ नहीं गये। पुनः जब 1961 में मेक्सिको में थे, फीडल केस्ट्रो ने उन्हें क्यूबा आने का निमंत्रण दिया किन्तु उन्होंने उसे भी स्वीकार नहीं किया। **'वे आफ पिग्स'** की हार से संयुक्त राज्य अमेरिका की बहुत किरकिरी हुई थी। लैटिन अमेरिका में फीडल केस्ट्रो की प्रशंसा और अमेरिका की आलोचना हुई थी। संभवतः पं. नेहरू क्यूबा जाकर अमेरिका को नाराज नहीं करना चाहते थे।

क्यूबा में फीडल केस्ट्रो की क्रांति साम्राज्यवाद और उपनिवेशवाद के विरूद्ध होते हुए भी भारत ने उसे वह मान्यता नहीं दी जो अपेक्षित थी। यद्यपि केस्ट्रो हमेशा भारत के प्रति अपनी मित्रता और सहानुभूति जताता रहा।

अमेरिका के तमाम विरोध और षड़यंत्रों के बावजूद क्यूबा में फीडल केस्ट्रो वहाँ से साम्राज्यवाद और उपनिवेशवाद समाप्त करने में और समाजवादी व्यवस्था स्थापित करने में सफल रहा।

क्यूबा की सफल क्रांति ने अनेक लैटिन अमेरिकन देशों को प्रोत्साहित किया है। क्यूबा की क्रांति के पहले ग्वाटेमाला में 1954–55 में इसी तरह एक वामपंथी सरकार स्थापित हुई थी, जिसने अमेरिकन आधिपत्य को समाप्त करने का प्रयास किया था। इस सरकार को भी देशद्रोहियों का माध्यम बना कर पलट दिया गया था।

अर्जेंटीना में लोकतांत्रिक प्रक्रिया में निर्वाचन से अलैन्दे की सरकार बनी थी, जो अमेरिका से मुक्ति पाने के लिये प्रतिबद्ध थी, किन्तु अमेरिका ने षड़यंत्र और सैनिक हस्तक्षेप करके उसे अपदस्थ कर दिया।

क्यूबा में अमेरिकी आक्रमण और षड़यंत्रों के विफल होने का अन्य लैटिन अमेरिकी देशों पर भारी असर पड़ा है।

निकारगुआ में वामपंथी सरकार कायम है। अमेरिका द्वारा उसको हटाने के लाख प्रयत्न करने के बाद भी उसे पदच्युत नहीं किया जा सका है।

जिन देशों में अमेरिकी साम्राज्यवाद के विरूद्ध उल्लेखनीय परिवर्तन हुए हैं, उनमे वेनेजुएला का नाम विशेषकर आता है। वेनेजुएला दक्षिण अमेरिका का करेबियन सागर पर उत्तर में स्थित राज्य है। उसका क्षेत्रफल 912050 वर्ग किलोमीटर और जनसंख्या 29,168,000 है। वह स्पेन का एक उपनिवेश था। 1811 में उसने स्वतंत्रता प्राप्त की और 1830 में वह गणराज्य बना।

वेनेजुएला विश्व में तेल के उत्पादन में चौथे स्थान पर है। तेल के अतिरिक्त वहाँ विश्व में हीरे के उत्पादन में आठवें स्थान पर है। यहाँ पर भी

अमेरिका के परोक्ष साम्राज्यवाद का कब्जा था। संयुक्त राज्य अमेरिका की तेल की आवश्यकता बहुत कुछ वेनेजुएला से पूरी होती थी।

सन् 1998 में वहाँ हयूगो शेवाज राष्ट्रपति निर्वाचित हुआ। उसका खुला लक्ष्य लैटिन अमेरिका से अमेरिकन नव साम्राज्यवाद का अन्त करना और लैटिन अमेरिका के देशों में समाजवाद की स्थापना करना था। उसका समाजवाद, 21वीं सदी का समाजवाद अथवा वोलोवियन समाजवाद के नामों से भी जाना जाता है। उसके शासन में गरीबी में उल्लेखनीय कमी आयी थी और साक्षरता बढ़ी थी, लाखों लोगों को स्वास्थ्य सेवायें उपलब्ध हुई थीं। सामाजिक और लोक कल्याण के खर्चे में भारी बढ़ोत्तरी हुई और तेल की अतिरिक्त आय का पुनर्वितरण हुआ, अर्थात असमानता दूर हुई। ह्यगो शेवाज 2012 में तमाम अमेरिकी षड़यंत्रों के बावजूद चौथी बार राष्ट्रपति निर्वाचित हुआ। दुर्भाग्य से वह कैन्सर से पीड़ित था और मार्च 2013 में उसका निधन हो गया।

भारत की लैटिन अमेरिका के देशों में दिलचस्पी कम रही है। वेनेजुएला में होने वाली ऐतिहासिक घटनाओं पर मनमोहन सिंह सरकार ने कोई प्रतिक्रिया व्यक्त नहीं की है।

इक्यूडर लैटिन अमेरिका के पश्चिमी तट पर स्थित है। उसका क्षेत्रफल 283,561 वर्ग किलोमीटर और जनसंख्या 14,306,000 है। वहाँ की 40 प्रतिशत जनसंख्या अमेरिकी इन्डियन है। इक्यूडर विश्व का केले के निर्यात में सबसे बडा देश है। इसके अतिरिक्त शक्कर का उत्पादन और निर्यात होता है। यहाँ प्रमुख खनिज चाँदी है, इसके अलावा तांबा, सोना और जिंक खनिजों के बड़े निक्षेप हैं।

फरवरी 2013 में यहा रेफिल कोरिया तीसरी बार राष्ट्रपति निर्वाचित हुआ है और उसकी पार्टी को संसद में बहुमत मिला है। 2006 में वह पहली बार निर्वाचित हुआ था। कोरिया इक्यूडर से गरीबी, बेकारी, भूख, अभाव और निरक्षरता समाप्त करने के लिये प्रतिबद्ध है और इसके लिये उसने समाजवाद का रास्ता अपनाया है। उसके शासन की नीति को नागरिकों की क्रांति का नाम दिया गया है।

भारत ने लैटिन अमेरिका में इन क्रांतिकारी परिवर्तनों से अपने को अलग ही रखा है।

क्यूबा, वेनेजुएला, इक्यूडर के अतिरिक्त दक्षिण अमेरिका के अन्य देशों जैसे ब्राजील, पेरू, अर्जेंटीना आदि देशों में भी अमेरिकी साम्राज्यवाद की

विरोधी प्रवृत्तियाँ तेजी से बढ़ी हैं और वह दिन दूर नहीं जबकि अमेरिका के इस साम्राज्यवाद का पूर्णतः अंत हो जायेगा।

अमेरिका ने विरोधी प्रवृत्तियों को रोकने के लिये भरसक प्रयास भी किया है। 1958 में अमेरिका के तत्कालीन उपराष्ट्रपति निक्सन लैटिन अमेरिका की यात्रा पर भी गये थे किन्तु वहाँ उनका अपेक्षित स्वागत नहीं किया गया।

ब्रिक्स

लैटिन अमेरिका में भारत की दिलचस्पी उस समय मुखर हुई, जब पारस्परिक सहयोग और परामर्श के लिये ब्राजील, रूस, चीन और भारत के विदेश मंत्रियों की बैठक सितम्बर 2006 में न्यूयार्क में हुई। इसके बाद कई बैठकें हुईं। 2008 में रूस में इनकी पूरे राजनयिक आधार पर बैठक हुई। आरम्भ में इसे ब्रिका कहा गया था। इसकी औपचारिक स्थापना 2000 में की गई। आरम्भ में इसके सदस्य ब्राजील, रूस, चीन और भारत थे। यह एक विकसित रूस को छोड़कर विकासशील देशों का समुदाय है। सन् 2010 में इसमें दक्षिण अफ्रीका भी सम्मिलित कर लिया गया। उस समय से इसका नाम '**ब्रिक्स**' हो गया। ब्रिक्स में सम्मिलित देशों की जनसंख्या 300 बिलियन है। उनका कुल घरेलू उत्पादन 14.9 ट्रिलीयन यू.एस. डालर है और विदेशी मुद्राकोष में 4 ट्रिलीयन यू.एस. डालर है। 2011 में ब्रिक्स को सदस्य देशों के बीच आर्थिक, व्यापारिक, राजनीतिक और सांस्कृतिक क्षेत्रों में सहयोग बढ़ाने के लिये संगठनात्मक रूप दे दिया गया। जून 2012 में ब्रिक्स के देशों ने इन्टरनेशनल मानीटरी फण्ड की ऋण देने की क्षमता बढ़ाने के लिये 75 बिलियन यू.एस. डालर देना तय किया।

ब्रिक्स के शिखर सम्मेलन बारी–बारी से सदस्य राज्यों में होते हैं। 2009 और 2010 के बीच इसमें सम्मिलित देशों के चार शिखर सम्मेलन हुए। 2012 मार्च में नई दिल्ली में चौथा शिखर सम्मेलन हुआ। अगला सम्मेलन दक्षिण अफ्रीका के नगर डबलिन में मार्च 2013 में हुआ। ब्रिक्स के सदस्यों ने यह निर्णय भी लिया है कि वे विश्वव्यापी एक नयी मुद्रा स्थापित करेंगे।

2012 में चीन के राष्ट्राध्यक्ष ह्यू जिनताओ ने ब्रिक्स को विकासशील देशों का संरक्षण और प्रोन्नति करने वाला संगठन तथा विश्व शांति के लिये एक प्रभावी शक्ति बताया।

अगस्त 1961 में अमेरिका के राष्ट्रपति केनेडी ने 19 लैटिन अमेरिकी राज्यों का एक संगठन स्थापित किया, जिसे प्रगति के लिये "**मैत्री**" का नाम

दिया गया। इस संगठन की औपचारिक स्थापना उरूग्वे में हुई थी। इसका लक्ष्य आर्थिक विकास, प्रत्येक बालक के लिये शिक्षा की व्यवस्था, बच्चों की मृत्यु दर कम करना, संक्रामक रोगों से सुरक्षा, कृषि सुधार और औद्योगीकरण था। इसके लिये केनेडी ने 100 करोड़ डालर की सरकारी सहायता और 200 करोड़ डालर की गैर–सरकारी सहायता देने का वचन दिया था। किन्तु आवंटित धन का उचित प्रयोग नहीं हो सका और केनेडी का प्रयास असफल रहा। 14 अप्रैल 1969 को निक्सन ने रोकफैतर को लैटिन अमेरिका की समस्याओं का अध्ययन करने और अपनी रिपोर्ट देने के लिये नियुक्त किया था, उसने अपनी रिपोर्ट में 80 सिफारिशें कीं। इनके आधार पर निक्सन ने लैटिन अमेरिका के प्रति नई नीति की घोषणा की, जिसे "**समान साझे की नीति**" के नाम से पुकारा गया।

दक्षिण अमेरिका के देशों के प्रति संयुक्त राज्य अमेरिका की मूलभूत नीति में कोई बुनियादी परिवर्तन नहीं आया है। इस स्थिति में लैटिन अमेरिका के देशों में अमेरिकन विरोध बढ़ रहा है और एक के बाद एक देश पूर्ण स्वतंत्रता और वामपक्ष की ओर जा रहे हैं।

ओ.ए.एस.

संयुक्त राज्य अमेरिका ने दक्षिण अमेरिका के देशों का एक संगठन OAS में सन् 1948 में स्थापित किया था। इसका मुख्य ध्येय लैटिन अमेरिका के देशों में साम्यवाद के विरूद्ध सामूहिक कार्यवाही करना था। इससे पहले 1923 में अमेरिका के तत्कालीन राष्ट्रपति जेम्स मुनरो ने यह सिद्धान्त प्रतिपादित किया था कि अमेरिका के देशों में किसी बाहरी शक्ति को हस्तक्षेप करने का अधिकार नहीं है। इसे मुनरो सिद्धान्त के नाम से पुकारा जाता था।

इस सिद्धान्त के अन्तर्गत संयुक्त राज्य अमेरिका जो लैटिन अमेरिका को एकमात्र अपना प्रभाव क्षेत्र मानता था और वहाँ पर अपना आधिपत्य जमाये हुए था। 1903 में पनामा की नहर बनाने के लिये कोलम्बिया को विभाजित करके पनामा एक अलग राज्य बनाया था। संयुक्त राज्य अमेरिका ने मेक्सिको का बहुत सा प्रदेश आक्रमण करके अपने अधिकार में कर लिया था। प्यूरटोराइको को अमेरिका का उपनिवेश बना लिया था। सारांश यह है कि 20वीं शताब्दी के मध्य तक क्यूबा को छोड़कर लैटिन अमेरिका का कोई भी देश ऐसा नहीं था, जो संयुक्त राज्य अमेरिका के आधिपत्य में न हो। इसे अमेरिका का अदृश्य साम्राज्यवाद कहा जाता था।

जब कभी लैटिन अमेरिका में कभी ऐसी सरकार बनी, जो अमेरिका के आधिपत्य के विरूद्ध हुई, तो उसे येन–केन प्रकारेण हटा दिया जाता था– इसके ग्वाटेमाला, चिली, बोलोविया अन्य कई उदाहरण हैं।

सीलेक

अमेरिका राज्यों के सगंठन के विरूद्ध दिसम्बर 2011 में वेनेजुएला की राजधानी कराकास में 33 लैटिन अमेरिकन देशों का एक शिखर सम्मेलन हुआ और उसमें "**कम्युनिटी आफ लैटिन अमेरिकन एण्ड करेवियन स्टेट्स**" की स्थापना की गयी। वेनेजुएला के राष्ट्रपति शेवाज और क्यूबा के राष्ट्रपति केस्ट्रो ने इसे लैटिन अमेरिका के 100 वर्षों के इतिहास में सर्वाधिक महत्वपूर्ण घटना घोषित की। शिखर सम्मेलन में सम्मिलित होने वाले बहुत से देशों के नेताओं ने यह विचार व्यक्त किया कि यह महान क्रांतिकारी साइमन बोलीवर के एकीकृत लैटिन अमेरिका के स्वप्न को साकार करेगा।

"**सीलेक**" की परिकल्पना वेनेजुएला के राष्ट्रपति ह्यूगो शेवाज और ब्राजील के भूतपूर्व राष्ट्रपति लूला डी सिल्वा ने की थी। इसके घोषणा पत्र के अनुसार इसका लक्ष्य लैटिन अमेरिकन और करेबियन राज्यों के बीच आर्थिक और राजनीतिक क्षेत्रों में एकता स्थापित करना था। इस बात पर जोर दिया गया कि समस्त अन्तर्राष्ट्रीय संगठनों और मंचों में इसमें सम्मिलित देशों की नीति एक समान होनी चाहिये। इसका उद्देश्य लैटिन अमेरिका में स्थित अन्य प्रगतिशील संगठनों से समन्वय स्थापित करना भी है। इसका यह भी उद्देश्य है कि यह लैटिन अमेरिका के देशों में पारस्परिक मतभेदों और झगड़ों को दूर करे। यह विश्व का सबसे बड़ा प्रादेशिक संगठन है, जिसके अन्तर्गत 600 मिलियन लोग रहते हैं। वोलिविया के राष्ट्राध्यक्ष ईभी मोरेल्स ने कहा था कि लैटिन अमेरिका के देशों को अपने यहाँ संयुक्त राज्य अमेरिका के सैनिक अड्डे स्थापित नहीं होने देना चाहिये।

सीलेक का एक शिष्टमंडल अगस्त 2012 में भारत आया और उसने भारत के तत्कालीन विदेशमंत्री एस.एम. कृष्णा और अन्य अधिकारियों से बातचीत की। इस भेंट और बातचीत के परिणामस्वरूप सीलेक और भारत में तीन समझौते हुए। एक समझौते के अन्तर्गत एक आर्थिक विकास फोरम, एक कृषि से सम्बन्धित वर्किंग ग्रुप और एक एनर्जी फोरम स्थापित करने का निर्णय लिया गया। पारस्परिक बातचीत में इस बात पर जोर दिया गया कि अन्तर्राष्ट्रीय क्षेत्र में बहु ध्रुवीय व्यवस्था स्थापित होनी चाहिये। वेनेजुएला के

विदेशमंत्री निकोलस मुनरो ने कहा कि सीलेक अमेरिका के आधिपत्य और साम्राज्यवाद के विरूद्ध एक सकारात्मक कदम है। वेनेजुएला अपने देश में उसकी परिस्थितियों और जीवन शैली के अनुरूप समाजवाद की स्थापना करना चाहता है।

16
भारत, यूरोप और यूरोपियन यूनियन

द्वितीय महायुद्ध के बाद यूरोप का परिदृश्य बिल्कुल बदल गया। पुराने साम्राज्यवादी देश विश्व की महाशक्ति नहीं रहे। ब्रिटेन, फ्रांस, जर्मनी और इटली के स्थान पर सोवियत संघ यूरोप का सर्वशक्तिशाली राज्य बन गया। इसकी प्रतिद्वन्द्वता में दूसरी तरफ संयुक्त राज्य अमेरिका था। इंग्लैण्ड के तत्कालीन प्रधानमंत्री चर्चिल ने अमेरिका में अपने एक प्रसिद्ध भाषण में कहा था कि यदि पश्चिमी यूरोप को अपनी सभ्यता और जीवन शैली की रक्षा करना है तो उसे पश्चिमी यूरोप के देशों का संघ बनाना आवश्यक है। तब से इस दिशा में तेजी से सोचा जाने लगा था।

31 दिसम्बर 1992 को एक यूरोपियन संधि पर हस्ताक्षर हुये। इस संधि के अन्तर्गत एक साझा बाजार स्थापित किया गया। आरम्भ में इसमें 357 मिलियन लोग आते थे। इस संधि में आरम्भ में सम्मिलित होने 12 सदस्यों के स्थान पर बढ़कर 15 सदस्य हो गये, जिसके परिणामस्वरूप इसमें सम्मिलित लोगों की जनसंख्या 380 मिलियन हो गयी। 1994 में इसका विश्व के निर्यात व्यापार में 19.4 प्रतिशत की हिस्सेदारी थी और आयात के व्यापार में 18.6 प्रतिशत की हिस्सेदारी थी। जैसे–तैसे उसमें सम्मिलित होने वाले देशों की संख्या में वृद्धि हुई उसकी निर्यात और आयात में हिस्सेदारी भी बढ़ी।

भारत के लिये व्यापार की दृष्टि से यूरोपियन संघ का एक इकाई के रूप में पर्याप्त महत्व है। भारत का यूरोपियन संघ के देशों को निर्यात उसके कुल निर्यात का 1985–86 में 17.7 प्रतिशत था, जो 1993–94 में 26 प्रतिशत हो गया। इसी भांति भारत में कुल आयात में यूरोपियन संघ के देशो की हिस्सेदारी 1993–94 में 30 प्रतिशत थी।

यूरोपियन संघ के प्रमुख देशों ब्रिटेन, जर्मनी और फ्रांस से घनिष्ट आर्थिक और राजनीतिक सम्बन्ध स्थापित करना भारत की विदेश नीति की

सफलता के लिये आवश्यक है। स्वतंत्रता प्राप्ति के बाद आरम्भिक वर्षों में भारत बहुत कुछ पश्चिमी देशों और विशेषकर ब्रिटेन पर निर्भर था। ब्रिटेन, फ्रांस, जर्मनी कितने भी कमजोर क्यों न पड़ गये हों किन्तु विश्व राजनीति में उनके महत्व को नकारा नहीं जा सकता।

यूरोपियन यूनियन में आस्ट्रिया, बेल्जियम, लक्जेम्बर्ग, फ्रांस, जर्मनी, फिनलैण्ड, ग्रीस, स्पेन, पुर्तगाल, यूनाइटेड किंगडम, आयरलैण्ड, इटली, स्वीडन, नीदरलैण्ड, डेनमार्क सम्मिलित हैं। इनका पारस्परिक व्यापार इनके कुल व्यापार का दो तिहाई था। एक तिहाई व्यापार 1995 में 545 बिलियन यूरो था (एक यूरो बराबर था 1.17 यू.एस. डालर के)। भारत के यूरोपियन संघ के अनेक देशों से परम्परागत आर्थिक सम्बन्ध रहे हैं–जैसे यूनाइटेड किंगडम, जर्मनी, बेल्जियम, लक्जेम्बर्ग, फ्रांस, इटली और नीदरलैण्ड। भारत का व्यापार इन देशों में 9.97 बिलीयन यूरो से 17.218 बिलियन यूरो हो गया, जो 72 प्रतिशत की वृद्धि थी। यूरोपियन संघ के देशों की आपूर्ति करने वाले देशों में 1990 में भारत की पच्चीसवीं हिस्सेदारी से 1995 में सत्रहवीं हिस्सेदारी हो गयी यद्यपि फिर भी उसकी स्थिति संयुक्त राज्य अमेरिका, जापान, स्विट्जरलैण्ड और चीन से बहुत पीछे है।

भारत से यूरोपियन संघ के देशों को निर्यात होने वाली वस्तुओं में मुख्यतः परम्परागत वस्तुयें जैसे जूट उत्पाद (40.76 प्रतिशत), फर्श एवं कालीन् (23.26 प्रतिशत), ग्रेनाइट (22.48 प्रतिशत), चमड़ा और उसके उत्पाद (13.03 प्रतिशत), ज्वैलरी (7 प्रतिशत), सूती कपड़े (5.94 प्रतिशत), और समुद्री उत्पाद (3.47 प्रतिशत) रहे हैं।

यूरोपियन संघ के सदस्य देश भारत में प्रत्यक्ष निवेश के भी महत्वपूर्ण श्रोत रहे हैं। एशिया में प्रत्यक्ष निवेश के देशों में जापान की हिस्सेदारी 12 प्रतिशत, संयुक्त राज्य अमेरिका की हिस्सेदारी 11 प्रतिशत से कुछ कम और यूरोपियन संघ की हिस्सेदारी 2.2 प्रतिशत रही है। यूरोपियन संघ के देशों का भारत में प्रत्यक्ष निवेश 1994–95 में 11000 करोड़ रूपये था। 1996 में उसमें 4769 करोड़ रूपयों की वृद्धि हुई। इस निवेश में अधिकांश हिस्सा यूनाइटेड किंगडम, फ्रांस, जर्मनी और नीदरलैण्ड का रहा है।

राजनीतिक क्षेत्र में भी यूरोपियन संघ के देशों और भारत में पारस्परिक सहयोग और समझदारी बढ़ी है। नवम्बर 1991 में यूरोपियन संघ ने पाकिस्तान से आतंकवाद को रोकने के लिये प्रभावी कदम उठाने को कहा

था। यूरोपियन संघ और भारत में आर्थिक और राजनीति सहयोग बढ़ाने के लिये यूरोपियन संघ की तीन सदस्य देशों की एक समिति बनायी गई, जिसको "**ट्रोइका**" कहा गया। 1994 में भारत और यूरोपियन संघ ने एक संधि पर हस्ताक्षर किये, जिसके तहत पारस्परिक सम्बन्धों में वृद्धि करना था।

कश्मीर की समस्या पर यूरोपियन संघ ने यही कहा कि यह दो देशों के बीच का मामला है और उन्हें आपस में ही इसका समाधान ढूंढना है। यूरोपियन संघ में और भारत में प्रतिवर्ष आर्थिक, राजनीतिक और व्यापारिक मामलों पर परामर्श करना एक स्थायी कार्यक्रम बन गया है। 1997 में यूरोपियन संघ ने भारत को परिवार के स्वास्थ्य सम्बन्धी परियोजनाओं के लिये 200 मिलियन यूरो (रूपया 788.6 करोड़) का अनुदान दिया।

यह सब होते हुये भी यह वास्तविकता है कि यूरोपियन संघ के देशों ने अपने बाजार भारत के लिये पूरे नहीं खोले हैं। इसके लिये जो तर्क दिये जाते हैं वे यह हैं कि भारत के उत्पाद गुणात्मक दृष्टि से उतने उत्तम नहीं हैं जितने होने चाहिये। दूसरे यह कि इन उत्पादों के उत्पादन में पर्यावरण पर ध्यान नहीं दिया गया है और इनके उत्पादन में बाल–श्रमिकों को भी लगाया गया है। ये तर्क लगभग सारहीन हैं। हकीकत यह है कि यूरोपियन संघ में सम्मिलित बड़े देश अभी भी औपनिवेशिकता की मानसिकता से मुक्त नहीं हो पाये है। ब्रिटेन को छोड़ कर हम मुख्यतः यूरोप में जर्मनी, फ्रांस, इटली और नीदरलैण्ड की ही तरफ देखते हैं। यूरोपियन संघ में और तमाम अन्य देश हैं, जिन पर हमने कम ध्यान दिया है।

यह भी हकीकत है कि पश्चिमी यूरोप के देश राजनीतिक क्षेत्र में प्रतिक्रियावादी और अनुदारवादी विचारों से ग्रसित पाये जाते हैं। उदाहरण के लिये फ्रांस, अल्जीरिया, वियतनाम, मिश्र में अन्त तक अपने साम्राज्यवादी शिकंजे को बनाये रखने के लिये प्रयत्नशील रहा था, यद्यपि भारत में स्थित छोटे उपनिवेश को छोड़ने में उसने अपनी ज्यादा जिद नहीं बतायी थी। गोवा, दमन और दीव को स्वतंत्र करने के लिये पुर्तगाल से संघर्ष करना पड़ा था। पुराने उपनिवेशवादी देश अभी भी किस प्रकार की साजिश करते हैं, उसका उदाहरण अफ्रीका के कांगो आदि हैं।

पश्चिमी यूरोप के देश शीत युद्ध के समय से संयुक्त राज्य अमेरिका के साथ रहे हैं और संयुक्त राज्य अमेरिका के द्वारा प्रायोजित सैनिक गठबन्धनों नाटो, सीटो, मीडो के सक्रिय सदस्य रहे हैं। चीन के खिलाफ अभियान में

भी उन्होंने संयुक्त राज्य अमेरिका का ही साथ दिया है। यूरोपियन संघ में सम्मिलित देशों में अभी भी भारतीयों को काम करने के लिये '**वर्क परमिट**' हासिल करना पड़ता है। वर्ल्ड ट्रेड आरगेनाइजेशन (WTO) का झुकाव यूरोप और अमेरिका के प्रति है।

इस समय यूरोपियन संघ में 27 देश हैं। विश्व में उस की अर्थव्यवस्था सबसे बड़ी है। वर्ल्ड बैंक के अनुसार 2005 में इसका जी.डी.पी. 12 ट्रिलीयन यू.एस. डालर से अधिक था, जो संयुक्त राज्य अमेरिका से कुछ अधिक था। यह आयात और निर्यात के व्यापार में भी संयुक्त राज्य अमेरिका से तिगुना है। इनमें से 12 राज्यों ने समान मुद्रा '**यूरो**' स्वीकार किया है। यू.एस. डालर का प्रयोग करने या उसके प्रभाव क्षेत्र में आने वाले मनुष्यों की संख्या 285 मिलियन है। यूरो के प्रभाव क्षेत्र में आने वाले लोगों की संख्या 304 मिलियन है। यदि ब्रिटेन, स्वीडन और डेनमार्क भी इसमें सम्मिलित हो जाते हैं तो '**यूरो**' के प्रभाव क्षेत्र में आने वाले मनुष्यों की संख्या 387 मिलीयन हो जायेगी। इसमें विश्व के 500 सबसे अधिक धनिक व्यक्ति हैं। राजनीतिक दृष्टि से यूरोपियन संघ के देश बहुत स्थिर और विकसित हैं। इनमें अधिकांश में पश्चिमी प्रजातंत्र है और राजनीतिक और सामाजिक व्यवस्था आधुनिक है।

यूरोपियन संघ की अपनी संसद, न्यायालय, राजधानी, झंडा, लाइसेन्स प्लेट और पासपोर्ट है। इसका अपना नागरिकों के अधिकारों का घोषणा पत्र है।

यूरोपियन संघ की जनसंख्या 456 मिलियन है जो विश्व की जनसंख्या का 7.6 प्रतिशत है और केवल चीन और भारत की जनसंख्या से कम है। इस जनसंख्या में अधिकांश लोग विश्व के गरीबी के मानदण्ड से धनी और सुशिक्षित है। इतिहास में यूरोपियन देशों की इतनी एकता कभी भी नहीं रही है।

इसका क्षेत्रफल 4 मिलियन वर्ग किलोमीटर है, जो विश्व का 7वां हिस्सा है, यदि नार्वे और रूस इसमें सम्मिलित हो जाते हैं, तो इसका क्षेत्रफल और जनसंख्या और बढ़ जायेगी। इसमें तेल (विश्व के उत्पाद में 8.91 स्थान) कोयला यूरेनियम, लोहा, और अन्य प्रचुर संसाधन हैं। फिर भी उसे संसाधनों के आयात पर निर्भर रहना होता है।

तकनीकी दृष्टि से यूरोपियन संघ में देश बहुत विकसित हैं। इसका अपना स्पेस कार्यक्रम है और अंतरिक्ष और अन्य ग्रहों (प्लेनेट) की खोज में भी वह बहुत आगे है।

यूरोपियन संघ में और विषयों में एकता स्थापित करने के प्रयास भी चल रहे हैं, जिसमें प्रतिरक्षा और विदेश नीति उल्लेखनीय है।

क्या यूरोपियन संघ अन्तर्राष्ट्रीय क्षेत्र में एक इकाई माना जा सकता है? इस सम्बन्ध में विचारों में मतभेद है। एक मत के अनुसार उसका एक इकाई के रूप में अलग अस्तित्व है। इसकी स्वयं की संसद, न्यायालय, मुद्रा, लाइसेन्स, समान बाजार, कार्यपालिका आदि सब कुछ है।

दूसरे मत के अनुसार यह एक राज्य या संघ के समान इकाई नहीं है। सदस्य राज्यों ने अपनी स्वतंत्रता और सम्प्रभुता का पूर्ण समर्पण नहीं किया है। उनकी अपनी–अपनी विदेश और प्रतिरक्षा नीतियाँ हैं। उनकी अपनी अलग–अलग सेनायें हैं, जिनका प्रयोग अपनी प्रतिरक्षा नीति के अनुसार कर सकते हैं। उदाहरण के लिये इराक के युद्ध में इंग्लैण्ड, स्पेन और इटली ने अपनी सेनायें भेजीं जब कि फ्रांस और जर्मनी ने इराक पर आक्रमण का विरोध किया। यूरोपियन संघ वास्तव में पश्चिमी यूरोप के देशों का संगठन है। इसमें रूस और पूर्वी यूरोप के देश सम्मिलित नहीं है। अन्तर्राष्ट्रीय क्षेत्र में पश्चिमी देशों का राजनयिक प्रतिनिधित्व अलग–अलग है। संयुक्त राष्ट्र संघ में भी पश्चिमी यूरोप के देशों का प्रतिनिधित्व अलग–अलग है। अतः यूरोपियन संघ को एक राज्य और राज्यों के एक संघ के रूप में, एक इकाई के रूप में नहीं माना जा सकता।

यूरोपियन संघ में सम्मिलित बड़े–बड़े राज्यों में काफी नीतिगत मतभेद हैं, जैसे फ्रांस और ब्रिटेन में। फ्रांस अन्तर्राष्ट्रीय व्यवस्था को बहु–ध्रुवीय बनाना चाहता है, जबकि ब्रिटेन शत प्रतिशत संयुक्त राज्य अमेरिका के साथ है। जर्मनी भी पूरी तरह से अमेरिका के प्रति समर्पित नहीं है।

यूरोपियन संघ की अर्थव्यवस्था संयुक्त राज्य अमेरिका की ही अर्थव्यवस्था के समान है, किन्तु यूरोपियन संघ की अर्थव्यवस्था में वृद्धि 1.7 प्रतिशत है, जबकि अमेरिका में अर्थव्यवस्था में वृद्धि 3.5 प्रतिशत है। प्रतिव्यक्ति आय दोनों जगह एक समान है। यूरोपियन संघ के देशों में आर्थिक स्थिति के सम्बन्ध में असमानता है। उदाहरण के लिये 2008–12 में आर्थिक गिरावट के सम्बन्ध में ग्रीस, स्पेन, पुर्तगाल अन्य देशों की तुलना में सबसे अधिक प्रभावित थे।

निकट भविष्य में यूरोपियन संघ के सब देश हर क्षेत्र में एक हो जायेंगे इसकी संभावना नजर नहीं आती। इस विवेचना से इस बात की पुष्टि होती

है कि यूरोपियन संघ को अन्तर्राष्ट्रीय क्षेत्र में एक इकाई माना जाना कठिन है।

जर्मनी के एकीकरण के पहले पूर्वी जर्मनी से भारत के सम्बंध बहुत घनिष्ठ थे। यूरोपियन संघ के देशों में ब्रिटेन को छोड़कर जर्मनी और फ्रांस से भारत के विशेष सम्बन्ध रहे हैं। 1991–92 में भारत के तत्कालीन प्रधानमंत्री नरसिम्हा राव सबसे पहले जर्मनी गये थे। जर्मनी भारत का आर्थिक क्षेत्र में एक मुख्य सहयोगी रहा है। 1991 में जर्मनी के द्वारा भारत को दी जाने वाली आर्थिक सहायता 734 करोड़ रूपये थी। सन् 1992 में वह 943 करोड़ रूपये पर पहुंच गयी थी। यह आर्थिक सहायता एक ऋण के रूप में थी, जिस पर ब्याज 0.75 प्रतिशत था और इसकी वापसी 40 वर्षों में करनी थी।

राजनीतिक क्षेत्र में भारत और जर्मनी में कोई विशेष मतभेद नहीं रहे। यह जरूर है कि जर्मनी भारत को परमाणु अप्रसार संधि को स्वीकार करने पर जोर देता रहा। पर्यावरण और बालश्रम को लेकर भी दोनों देशों के सम्बन्ध प्रभावित हुये हैं। भारत के आयात व्यापार में जर्मनी का स्थान चौथा और यूरोपियन संघ के देशों में प्रथम है।

फ्रांस के साथ आरम्भ से ही व्यवहार नरम रहा। इसका एक कारण यह भी बताया गया है कि फ्रांस ने भारत में उसके जो अधिकृत क्षेत्र थे, उन्हें भारत को सौंपने में कोई विशेष कठिनाई उपस्थित नहीं की। अल्जीरिया और हिन्द–चीन के स्वतंत्रता संघर्षों का भारत ने उतना तीव्र विरोध नहीं किया जितना कि किया जाना उससे अपेक्षित था। इसका कारण भारत की फ्रांस के प्रति विशेष सहानुभूति ही मानी जाती है।

नरसिम्हा राव अपने कार्यकाल में तीन बार फ्रांस गये और वहाँ उन्होंने फ्रांस के इतिहास, संस्कृति, साहित्य और दर्शन की बहुत प्रशंसा की।

फ्रांस ने तारापुर के आणविक तापगृह के लिये परिशोधित यूरेनियम दिया है। दोनों देशों के संयुक्त उद्योगों की संख्या 353 है, यद्यपि इनमें पूंजी का निवेश 435 करोड़ रूपया ही है। 1987 में इनका व्यापार 1320 मिलियन रूपयों का था, जो 1990 में 1681 मिलियन रूपयों का हो गया। भारत को निर्यात करने वाले देशों में फ्रांस का आठवां स्थान है। 12 वर्षों तक प्रत्येक वर्ष फ्रांस ने भारत को 800 मिलियन की सहायता दी है। फ्रांस, भारत को नागरिक और सैनिक वायुयान भी देता है, जिसमें एयरबस शामिल हैं।

फ्रांस संयुक्त राज्य अमेरिका की नीतियों का अनुगमन करता है किन्तु उस सीमा तक नहीं, जिस सीमा तक ब्रिटेन और कनाड़ा करते हैं। वह बहु–ध्रुवीय राजनीति का प्रबल पक्षधर है। समय की आवश्यकता है कि भारत यूरोप के बड़े देशों की तरफ ही मुख्यतः न देखकर छोटे देशों की तरफ भी देखे। स्केनडेवियन देश, पोलैन्ड, चेकोस्लेविया, रूमानिआ, हंगरी, आस्ट्रिया, स्पेन, नीदरलैण्ड, बेल्जियम आदि से अपने सम्बंधों पर विशेष ध्यान दे, जिसके अच्छे परिणाम शीघ्र ही नजर आ सकते हैं।

17

भारत, नव-उदारवाद और भू-मण्डलीकरण

नव–उदारवाद का आरम्भ 1980 के बाद से माना जाता है। भारत में इसका उदय 1990–91 से माना गया है। राजीव गाँधी के प्रधानमंत्री बनने के बाद तथाकथित आर्थिक सुधारों का सिलसिला आरम्भ हुआ। उद्योगों में सार्वजनिक क्षेत्र की तुलना में निजी क्षेत्र को प्रोत्साहन दिया जाने लगा। राजीव गाँधी आधुनिकीकरण के पक्ष में थे। इसका तात्पर्य यह था कि जिस व्यवस्था को उन्होंने विरासत में पाया था, उसे आधुनिक नहीं माना। जिस प्रकार के परिवर्तन यूरोप और अमेरिका में हो रहे थे, उसी प्रकार के परिवर्तन भारत में लाना चाहते थे। 1991 में नरसिम्हा राव प्रधानमंत्री बने। उन्होंने डॉ. मनमोहन सिंह को अपना वित्तमंत्री बनाया। उस समय से नव–उदारवाद अपने प्रभावी रूप में आरम्भ हुआ। नरसिम्हा राव और डॉ. मनमोहन सिंह नेहरू के द्वारा मिश्रित अर्थव्यवस्था के स्थान पर पूंजीवादी व्यवस्था स्थापित करने के लिये प्रयत्नशील हो गये। सन् 1991 में ही सोवियत संघ की समाजवादी व्यवस्था का पराभव हो गया। साथ–साथ पूर्वी यूरोप के देशों में जनवादी व्यवस्था का भी अंत हो गया था। विश्व व्यवस्था एकल–ध्रुवीय हो गयी। अमेरिका एक मात्र महाशक्ति रह गया। उसने सारे विश्व को अपने प्रभाव क्षेत्र में लेना आरम्भ कर दिया। उसने सारे विश्व में एक समान अर्थ–व्यवस्था तथा सामाजिक और सांस्कृतिक व्यवस्था स्थापित करने की मुहिम आरम्भ की। इसमें उसको सफलता भी मिली। इसे भू–मण्डलीकरण कहा गया। इसका तात्पर्य है, पूंजीवादी व्यवस्था का अन्तर्राष्ट्रीयकरण। पूरा विश्व एक बाजार है। विश्व के देशों में आदान–प्रदान, शीघ्र आवागमन, वैज्ञानिक खोज, मुद्रा और व्यापार की स्वतंत्रता होनी चाहिये। वर्तमान

प्रतिबन्धों और करों की दीवारों को धीरे-धीरे कम करते हुये समाप्त कर देना चाहिये।

नव-उदारवाद एवं सुधारवाद का तात्पर्य विशुद्ध पूंजीवाद है। अविकसित और विकासशील देशों की अर्थव्यवस्थाओं को हड़पने की साजिश है। यह नव साम्राज्यवाद है। पूर्व में जो समाजवादी कदम उठाये गये थे, उन्हें उलट देना है। उद्योग और कृषि के क्षेत्र के सार्वजनिक स्वामित्व और नियंत्रण का उन्मूलन करना।

उद्योग, कृषि और सेवाओं में निजी निवेश को महत्व देना। इसे बाजारवादी अर्थव्यवस्था भी कहा जाता है। न्यूजीलैण्ड के अर्थशास्त्री ए.डब्लू. फिलिप्स ने 1955 में कहा था कि जब बेकारी कम होती है, तो इसका परिणाम महंगाई का बढ़ना होता है। बेकारी कम होने से श्रमिकों के द्वारा अधिक उत्पादन होता है और उत्पादित वस्तुओं का मूल्य बढ़ता है। इसे '**कॉस्ट पुश इनफ्लेशन**' कहा जाता है।

नव-उदारवाद के जनक मिल्टन क्रइडमेन ने इससे आगे बढ़कर नैसर्गिक बेकारी की दर का सिद्धान्त प्रतिपादित किया। न्यूजीलैण्ड के अर्थशास्त्री एडमण्ड फिलिप्स ने इस धारणा को आगे बढ़ाया। उसके मत में बेकारी का पूर्णतः अन्त होना कभी संभव नहीं है।

नव-उदारवाद में पूंजी और वित्तीय संस्थाओं पर आर्थिक विकास निर्भर करता है। नव-उदारवाद और सुधार के समर्थक तर्क देते हैं कि नव-उदारवाद और भू-मण्डलीकरण के परिणामस्वरूप कीमतें कम होती हैं, उत्पादन अधिक होता है और बेकारी कम होती है। विकासशील देशों में उन लोगों की संख्या, जिनकी आय एक डालर से कम थी, पिछले 30 वर्षों में 50 प्रतिशत कम हो गयी है। औसत आयु दुगुनी हो गयी है, बाल मृत्यु दर कम हो गयी है। आर्थिक असमानता घटी है और प्रजातांत्रिक व्यवस्था में वृद्धि हुई है। विश्व बैंक और आइ.एम.एफ की यही विचारधारा है।

नव-उदारवाद और भू-मण्डलीकरण इस धारणा पर आधारित है कि विश्व एक इकाई बन गया है। वैज्ञानिक और तकनीकी साधनों के विकास के कारण दूरी और समय को घटा दिया है। संचार के साधनों में उल्लेखनीय प्रगति हुई है। परिणामतः इलैक्ट्रॉनिक साधनों के द्वारा चौबीस घंटे व्यापार चलता है। विश्व के देश निरंतर सम्पर्क में रह सकते हैं। अन्तर्राष्ट्रीय व्यवस्था में राज्यों के सम्बन्ध मुख्य थे। उनमें सम्बंधों का एक आधार

शक्ति संतुलन था। भू–मण्डलीकरण की व्यवस्था में राज्यों के पारस्परिक सम्बंधों के अतिरिक्त कारपोरेशन और व्यक्तियों के सम्बंधों का विशेष महत्व होता है। वस्तुओं के उत्पाद और वितरण में कारपोरेशन महत्वपूर्ण भूमिका निभा सकते हैं। उनके उत्पाद विश्व के अधिकांश देशों में लोकप्रिय होते हैं। जैसे लिप्टन चाय, रोलेक्स घड़ियाँ, पार्कर पेन, स्काच व्हिस्की आदि। नव–उदारवाद और भू–मण्डलीकरण के कारण राष्ट्रीय राज्यों की स्वतंत्रता और सम्प्रभुता तिरोहित होने लगती है। इनकी राष्ट्रीय सीमायें धूमिल पड़ने लगती है। इनके अन्तर्गत राज्यों को तीन श्रेणी में रखा जाता है, प्रथम विकसित देश, दूसरे विकासशील देश और तीसरे अविकसित देश।

नव–उदारवाद और भू–मण्डलीकरण की आलोचना की गयी है। इनके अन्तर्गत सामाजिक न्याय का हनन् होता है। पूरा जोर आर्थिक व्यवस्था पर होता है। सामाजिक, राजनीतिक और सांस्कृतिक जीवन की उपेक्षा होती है। इनके अन्तर्गत पूंजी का केन्द्रीयकरण होता है। महंगाई बढ़ती है। गरीबी और आर्थिक असमानता में वृद्धि होती है। सबसे बड़ी बात यह है कि इस व्यवस्था के केन्द्र में मनुष्य या समाज नहीं होता है। मुद्रा और बाजार होता है। यह कहा जाता है कि नव उदारवाद और भू–मण्डलीकरण 19वीं सदी के साम्राज्यवाद और उपनिवेशवाद का नया संस्करण है। संयुक्त राज्य अमेरिका इसके तहत पूरे विश्व पर अपना आधिपत्य स्थापित करना चाहता है।

भारत पर नव-उदारवाद का प्रभाव

भारत में इसका क्रियान्वयन सन् 1990 में आरम्भ हुआ। इसके क्या परिणाम हुए हैं, यह हम निम्न आंकड़ों से देख सकते हैं। आर्थिक वृद्धि 2005–06 में 9.5 प्रतिशत थी, जो 2011–12 में 6.9 प्रतिशत हो गयी। 1910–11 में वह 8.4 प्रतिशत थी। कृषि के क्षेत्र में वृद्धि 2010–11 में 7.0 प्रतिशत थी, जो 2011–12 में 2.5 प्रतिशत रह गयी। इस काल में औद्योगिक उत्पादन में भी गिरावट 7.6 प्रतिशत से 3.9 प्रतिशत हुई है। 2011–12 में निवेश की दर में भी कमी आयी है, इस काल में महंगाई 2007–08 में 6.2 प्रतिशत से 2008–09 में 9.1 प्रतिशत, 2009–10 में 1.2 प्रतिशत, 2010–11 में 10.4 प्रतिशत और 2011–12 में 8.4 प्रतिशत रही है।

कहा जाता है कि नव–उदारवाद और भू–मण्डलीकरण के अन्तर्गत मनुष्य की प्रगति और विकास होता है। आर्थिक सर्वेक्षण के अनुसार मानवीय विकास में भारत का स्थान 134वां है। इसकी प्रति व्यक्ति आय श्रीलंका, मिश्र और इन्डोनेशिया से कम है। विश्व की औसतन प्रति व्यक्ति आय भारत की तुलना में तिगुनी है। भारत में निवेश के परिणामतः अमीरों की संख्या में वृद्धि हुई है। विश्व के 500 सर्वाधिक धनी व्यक्तियों में भारत के लगभग 10 धनी व्यक्ति शामिल हैं। भारत के योजना आयोग ने गरीबी के पीछे आने वाले लोगों की परिभाषा की है। उनके मत में रू. 32 प्रतिरोज कमाने वाले, गरीबी की रेखा के ऊपर हैं या यों कहें कि वे सम्पन्न हैं। भारत में आजादी के 64 वर्षों बाद भी 70 प्रतिशत लोग रू. 20 प्रतिशत पर अपना जीवन निर्वाह करते हैं। गरीबी के सम्बन्ध में यह आँकड़े हास्यापद है और वास्तविकता से परे हैं अर्थात मेल नहीं खाते।

यह भी उल्लेखनीय है कि भारत में राजनैतिक, आर्थिक, सांस्कृतिक क्षेत्र के गिरावट और भ्रष्टाचार नव–उदारवाद काल में ही हुए हैं। राजनीतिक, अपराधी, व्यापारी, और धार्मिक पाखंडी, लोगों का विकराल गठबंधन इसी अवधि में हुआ है।

नव–उदारवाद के समर्थक सम्पन्न लोगों के समर्थक और गरीबों के विरोधी होते हैं, जबकि केवल उदारवादी गरीबों के समर्थक और सम्पन्न लोगों के विरोधी नहीं होते। उदारवादी राजनीतिक समानता और एक मनुष्य और एक मत के समर्थक होते हैं। जबकि नव–उदारवादी सम्पति पर आधारित बाजारों की स्वतंत्रता और निर्वाचन में धन के पूरे प्रयोग के समर्थक होते हैं।

यह नव–उदारवाद और भू–मण्डलीकरण का परिणाम था कि 2008 में भयंकर मंदी आई और इसका प्रतिकूल प्रभाव सभी देशों पर पड़ा। इसमें अमेरिका भी शामिल है। यूरोप के कुछ देश जैसे ग्रीस, पुर्तगाल तबाह हो गये। साइप्रस तबाह होने की कगार पर है। अमेरिका में कई बड़ी कम्पनियां बन्द हो गयी।

कुछ कम्पनियों और बैंकों को बचाने के लिये अमेरिका की सरकार ने उनके शेयर खरीद कर उनकी भारी मदद की। आर्थिक तकनीकी भाषा में इसे '**बेल आउट**' कहा जाता है। किन्तु वहाँ आर्थिक संकट घट नहीं रहा है। बेकारी की समस्या वहाँ की राजनीतिक और सामाजिक व्यवस्था का

मुख्य मुददा बन गया है। ओबामा के लाख प्रयत्न करने के बाद भी बेकारी की दर में उल्लेखनीय कमी नहीं आयी है।

मन्दी के कारण पश्चिमी यूरोप के देश भी परेशान हैं। फ्रांस, जर्मनी, स्केनडेवियन देश भी अछूते नहीं रहे हैं। इनकी अनेक कम्पनियों को चीन ने खरीद लिया है। वर्तमान में ये चीन के कर्जदार बन गये हैं। माना जाता है कि इनमें से बहुत सी कम्पनियाँ, यदि चीन मदद न करे, तो डूब जायेंगी।

भारत में भी मन्दी का जबरदस्त प्रभाव पड़ा है। 34 प्रतिशत लोग अभी भी गरीबी की रेखा के नीचे है। प्रति व्यक्ति आय विश्व के औसत से तिगुनी कम है। 37 प्रतिशत लोग अभी भी निरक्षर हैं। आजादी मिले 64–65 वर्ष हो गये, फिर भी भारत विश्व के पिछड़े देशों में से एक है। इसका कारण नव–उदारवाद और भू–मण्डलीकरण है। विश्व बैंक, इन्टरनेशनल मानिटरी फण्ड, विश्व व्यापार संगठन, जिन पर हमारी अटूट आस्था और विश्वास है, जिनको हम अपना मार्ग दर्शक मानते हैं, वे विशुद्ध पूंजीवादी व्यवस्था की पोषक हैं।

इसका प्रभाव हमारी विदेश नीति और अन्तर्राष्ट्रीय सम्बंधों पर भी पड़ा है। वास्तव में असमबद्धता की नीति का बहुत कुछ त्याग करके हम अमेरिकी खेमे में शामिल हो गये हैं। शीत युद्ध बन्द होने के बाद भी असमबद्धता का महत्व समाप्त नहीं हुआ है। अपनी स्वतंत्रता, सम्प्रभुता और प्रादेशिक अखण्डता बचाने के लिये छोटे और मझोले देशों के लिये असमबद्धता एक सबल शस्त्र है। भारत और अमेरिका के बीच रणनीति के क्षेत्र में भागीदारी और परमाणु संधि होने से भारत ने अपनी स्वतंत्रता और सम्प्रभुता का कुछ अंशों तक त्याग कर दिया है। यही कारण है कि इराक और लीबिया पर साम्राज्यवादी आक्रमण पर हम चुप ही नहीं रहे, हमने अमेरिका का साथ दिया। यही कहानी ईरान की है, जहाँ हमने अमेरिकी दबाव में परमाणु शक्ति नियंत्रण अभिकरण में ईरान के खिलाफ मत दिया और अपने राष्ट्रीय हितों के विपरीत प्रस्तावित तेल पाइप परियोजना को लागू करने में पीछे हट गये। अभी हाल में हमने मानव अधिकार आयोग में श्रीलंका के ऊपर अमेरिकी प्रस्ताव में कुछ संशोधन प्रस्तावित करने से इंकार कर दिया, जिसके फलस्वरूप डी.एम.के. और अन्य तमिल पार्टियों का यू.पी.ए. 2 की सरकार के प्रति विरोध बढ़ा है। डी.एम.के., यूनाइटेड प्रगतिशील मोर्चे से अलग हो गयी है। इससे मनमोहन सिंह की सरकार और कमजोर हो गई।

भारत में नव–उदारवाद और भू–मण्डलीकरण की नीति का पूर्ण समर्थन करते हुये, यू.पी.ए. और यू.पी.ए. 2 की सरकारें बहुत आगे बढ़ी हैं। इसका प्रभाव भारत की विदेश नीति पर पड़ा है। विश्व में भारत का आज वह प्रभाव और करिश्मायी स्थिति नहीं है, जो नेहरू के शासन काल में थी। भारत ने एशियाई और अफ्रीकी देशों के नेतृत्व की स्थिति खो दी है।

18

अन्तर्राष्ट्रीय आतंकवाद और भारत

वर्तमान अन्तर्राष्ट्रीय राजनीति में आतंकवाद और उसे रोकने के लिये साधन एक बड़ा मुद्दा बन गया है। भारत के दूसरे देशों के साथ सम्बंधों में आतंकवाद का उल्लेख अवश्य होता है। भारत विशेष रूप से आतंकवाद से पीड़ित है।

आतंकवाद की परिभाषा करना बहुत कठिन है। उसका वर्णन किया जा सकता है। प्राचीन और मध्यकाल में भी आतंकवाद का अस्तित्व रहा है। प्राचीन और मध्यकाल में भी युद्ध हुए हैं। उनमें नृशंसता, क्रूरता, हिंसा और अमानवता के अंश रहे हैं। भारत में राम और रावण का युद्ध, महाभारत, सीमा के बाहर से आक्रमण, जबर्दस्ती धर्म परिवर्तन, औरंगजेब की कठोरता और क्रूरता भारत के इतिहास के भाग है। यूरोप में बर्बरता रही है। यूरोप और भारत में राजा आपस में लड़ते रहे हैं। भारत में अंग्रेजी शासनकाल में शासन द्वारा प्रायोजित आतंकवाद के अनेक उदाहरण जैसे जलियाँवाला बाग का मृत्यु ताण्डव भुलाया नहीं जा सकता। मध्यकाल में भी धर्म युद्ध होते रहे हैं। आधुनिक युग में हिटलर और मुसोलिनी के शासन बर्बर और अमानवीय थे।

20वीं शताब्दी के अन्तिम वर्षों और 21वीं शताब्दी के आरम्भ में आतंकवाद ने एक नया रूप ले लिया है। इसका कारण अस्त्र–शस्त्रों का आधुनिकीकरण और उनका विनाश करने की व्यापक क्षमता में वृद्धि और धार्मिक कट्टरता में वृद्धि है। आधुनिक आतंकवाद की विशेषता यह भी है कि इसका प्रयोग राज्यों और समुदायों के खिलाफ किया जाता है। इसके उद्देश्य जनता में भय और असुरक्षा उत्पन्न करना, सार्वजनिक सम्पत्ति को नष्ट करना और बदला लेना होता है। यह कहीं भी और किसी भी समय हो सकता है। यह विश्वास किया जाता है कि विश्व के लगभग 60 देश इससे पीड़ित हैं। इसका सम्बन्ध देश की सुरक्षा और शांति से है। आतंकवाद से

प्रभावित होने वाले अपने को असुरक्षित अनुभव करते हैं। उससे छुटकारा पाने के उपाय ढूंढ़ते हैं। आतंकवाद की यह परिभाषा भी दी जाती है कि जब कोई संगठन या समुदाय संकुचित हितों की पूर्ति के लिये अस्त्र–शस्त्रों और हिंसा का सहारा लेता है, तब हम उसे आतंकवाद की संज्ञा देते हैं। अस्त्र–शस्त्र और हिंसा का प्रयोग उन लोगों के खिलाफ किया जाता है, जो उनके विरोधी हैं और उनके लक्ष्यों और हितों की पूर्ति में बाधक माने जाते हैं। यह आवश्यक नहीं हैं किन्तु इस प्रकार के संगठनों और समुदायों के पीछे प्रत्यक्ष या परोक्ष रूप में किसी न किसी राज्य की सह होती है। संक्षेप रूप में आतंकवाद सैद्धान्तिक स्वतंत्रता का विरोधी होता है। वह आदमी के असहमति के अधिकार का हनन करता है। अपनी बात/मत मनवाने के लिये, वह विचार–विमर्श के स्थान पर हिंसा का सहारा लेता है। वह अपने विचारों को दूसरों पर थोपना चाहता है।

19 नवम्बर 2001 के न्यूयार्क पर अचानक आतंकवादी हमले और उससे हुई क्षति के परिणामस्वरूप अमेरिका की विदेश नीति में परिवर्तन आया है।

वह अपनी सुरक्षा के प्रति जरूरत से ज्यादा संवेदनशील हो गया है। अपनी मजबूत स्थिति होने का दुरूपयोग करते हुये, वह खुद आंतकवादी जैसी गतिविधियों में लिप्त हो गया है। इस आतंकवाद को खत्म करने के नाम पर ही उसने इराक को तबाह किया तथा लीबिया पर हमला करके वहाँ अशांति और अव्यवस्था उत्पन्न की। ईरान पर आक्रमण की तैयारी में था। उत्तरी कोरिया पर किसी भी समय आक्रमण कर सकता है। यद्यपि संयुक्त राज्य अमेरिका आतंकवाद के विरूद्ध विश्वव्यापी अभियान चला रहा है, किन्तु एक दृष्टि से वर्तमान आतंकवाद के लिये वही बहुत कुछ उत्तरदायी है। जिस अलकायदा ने न्यूयार्क में हमले किए, उसको बनाने और प्रोत्साहित करने में अमेरिका का ही हाथ था। अफगानिस्तान से सोवियत संघ का प्रभाव समाप्त करने के लिये उसी ने अलकायदा और ओसामा बिन लादेन को तैयार किया था। क्यूबा पर आक्रमण करने के लिये वहाँ के देश द्रोहियों और भगोड़ों को अस्त्र–शस्त्र दिये थे। उन्हें प्रशिक्षित किया था। इराक के तानाशाह सद्दाम हुसैन को ईरान के खिलाफ युद्ध करने के लिये अमेरिका ने ही उकसाया था और अस्त्र–शस्त्रों से मदद की थी। लैटिन अमेरिका के देशों में अपने प्रतिकूल सरकारों को अपदस्थ करने में भी अमेरिका ने देशद्रोहियों, भगोड़ों और महत्वाकांक्षी सैनिक अधिकारियों को अपना साधन बनाया है।

जम्मू और कश्मीर में अनेक आतंकवादी गुट और गिरोह हैं। वे समय–समय पर जम्मू और कश्मीर तथा भारत में हिंसा, तोड़–फोड़ और हत्यायें करते रहते हैं। इनके पीछे पाकिस्तान की शह और समर्थन है। यदि पाकिस्तान इनकी सहायता न करे और प्रोत्साहित न करे, तो ये कुछ ही दिनों में वे समाप्त हो जायेंगे। कुछ भी कहें किन्तु निःसंदेह जिहादियों को भर्ती करना, उन्हें अस्त्र–शस्त्र देना, अन्य साधन और सामग्री देना, अपनी जमीन पर प्रशिक्षित करने में पाकिस्तान की ही भूमिका रही है। दिसम्बर 2008 में आतंकवादियों ने भारत में संसद भवन उड़ाने का प्रयास किया था; 2003 में जम्मू–कश्मीर में भारत के सैनिक पड़ाव कालचुक में हमला करके कुछ भारतीय सैनिकों को हताहत कर दिया था। इस प्रकार 2008 में मुम्बई में आतंकवादियों ने बमों से हमला किया। यह परोक्ष युद्ध ही था, इसमें कई भारतीयों की जान गयी। इन सबके पीछे पाकिस्तान का हाथ रहा है। अमेरिका पाकिस्तान को बड़े पैमाने पर सैनिक सहायता देता रहा है। पाकिस्तान का हमलावर होने का यह भी एक कारण है। प्रायः यह माना जाता है कि कट्टरवादी मुस्लिम देश और संगठन आतंकवाद के मुख्य स्रोत हैं। किन्तु इस प्रकार की धारणा बिलकुल सही नहीं है। हालांकि यह सच है कि बहुत से आतंकवादी संगठन कट्टर इस्लामवादी हैं किन्तु भारत में कट्टर हिन्दू आतंकवादी भी बहुत सी आतंकवादी घटनाओं के लिये जिम्मेदार रहे हैं। इसके अतिरिक्त जैसा ऊपर लिखा गया है कि संयुक्त राज्य अमेरिका द्वारा प्रायोजित आतंकवाद का दोषी है।

आतंकवाद के दो रूप बताये गये हैं–एक सैद्धांतिक और दूसरा अपराधात्मक। सैद्धांतिक आतंकवाद का गलत अर्थ लिया गया है। धार्मिक कट्टरवाद अथवा साम्प्रदायिक और जातिगत आतंकवाद को सैद्धांतिक आतंकवाद न मान कर केवल एक विकृति माना जाना चाहिये। इस प्रकार का आतंकवाद हिंसा, प्रतिहिंसा, घृणा, शत्रुता आदि जैसे अपराधिक प्रवृत्तियों से ही प्रेरित होता है। वास्तव में सिद्धान्तों या विचारधारा पर आधारित विरोध आतंकवाद न होकर एक सामाजिक और आर्थिक व्यवस्था के प्रति विद्रोह होता है, जो हिंसात्मक भी हो सकता है।

संयुक्त राष्ट्र संघ के पूर्व महासचिव कोफी अन्नान के अनुसार आतंकवाद के विश्वव्यापी परिणाम होते हैं। वह संयुक्त राष्ट्र के सिद्धान्तों, विकास, शांति, मानव अधिकार और कानून के शासन के विरूद्ध है। पश्चिमी देश पराधीन देशों के आर्थिक शोषण और राजनीतिक उत्पीड़न के विरूद्ध

संघर्ष को भी आतंकवाद का नाम देते हैं, जो कि गलत है। शोषण और उत्पीड़न के विरूद्ध संघर्ष को आतंकवाद नहीं कहा जा सकता है। यह कहना तो मनुष्य के स्वतंत्रता के अधिकार के विरूद्ध होगा।

आतंकवाद व्यक्ति, समुदाय, गुट और राज्य के द्वारा किसी अन्य व्यक्ति, गुट, समुदाय या राज्य के विरूद्ध प्रयोग में लाया जा जाता है। इसके साधन हिंसा, तोड़फोड़, हत्यायें और लूटपाट करना होता है। इसका परिणाम जनता को भयभीत करना, झुकाना और पराजित या पस्तहिम्मत करना और कायर बनाना होता है। इसके विपरीत इससे निपटने की प्रतिबद्धता और क्रियाशीलता किसी भी चेतना सम्पन्न व्यक्ति/समाज/देश के लिये अपरिहार्य है।

वर्तमान अन्तर्राष्ट्रीय राजनीति में आतंकवाद एक ऐसी स्थिति है, जो शांति और सुरक्षा के लिये एक खतरा है। इससे निपटना और इसका समाधान ढूंढ़ना, विश्व व्यवस्था के लिये आवश्यक है।

इस तरह से आतंकवाद का अन्तर्राष्ट्रीयकरण हो गया है। अतः उससे निपटने और समाप्त करने के लिये राष्ट्रों में समझ और सहयोग की आवश्यकता है। जो राज्य इसे पालने और प्रोत्साहन देने के दोषी हों उनको चेतावनी देने और यदि चेतावनी से न माने, तो इसके विरूद्ध सामूहिक कार्यवाही करने की आवश्यकता है। कौन राज्य या समुदाय या समूह/संगठन आतंकवादी है, इसका निर्णय निष्पक्ष और वस्तुगत किया जाना चाहिये।

19

भारत और संयुक्त राष्ट्र संघ

भारत आरम्भ से एक ऐसे अंतर्राष्ट्रीय संघ के संगठन या स्थापन का समर्थन करता रहा है, जिसमें विश्व के सभी राष्ट्र सम्मिलित हों और जो आक्रमणों को रोकते हुए विश्व शांति की रक्षा कर अंतर्राष्ट्रीय सहयोग और भाईचारे की वृद्धि कर सके।

सेन फ्रांसिस्को, अमेरिका में 01 जनवरी 1942 को एक सम्मेलन हुआ जिसमें आरम्भ में 26 राष्ट्रों ने भाग लिया। यह सम्मेलन धुरी राष्ट्रों के विरोध में बुलाया गया था और सम्मिलित देशों को उनके विरूद्ध संगठित करना था। इस सम्मेलन में संयुक्त राष्ट्र अमेरिका के तत्कालीन राष्ट्रपति एफ.डी. आर. रूजवेल्ट ने संयुक्त राष्ट्र संघ के नाम का प्रयोग किया था। जून 01, 1945 तक इसमें 50 देश सम्मिलित हो गए थे। इसी दौरान संयुक्त राष्ट्र से चार्टर घोषणापत्र का प्रारूप तैयार कर लिया गया था। जून 20, 1945 को पचास देशों ने इस पर हस्ताक्षर किए, जिनमें भारत भी सम्मिलित था। पोलैण्ड ने भी घोषणापत्र को मानते हुए इस पर हस्ताक्षर किए। इस भाँति संयुक्त राष्ट्र संघ में मूल 51 राष्ट्र सदस्य थे। इसका मुख्यालय न्यूयार्क में है। वर्तमान में इसके 197 राज्य सदस्य हैं। इसके 17 विशेष अभिकरण और 14 मुख्य कार्यक्रम पूरे विश्व में कार्यरत हैं।

जैसा कि ऊपर कहा गया है कि आरम्भ से ही भारत की इसमें गहरी दिलचस्पी रही है। पं॰ नेहरू ने कहा था कि "संयुक्त राष्ट्र के प्रति भारत का रवैया हमेशा बिना किसी हिचक के समर्थन का रहा है। भारत विश्व मानव समाज के प्रति अपने दायित्वों को हमेशा पूरा करेगा।"[1]

भारतीयों ने समय–समय पर इसमें महत्वपूर्ण भूमिका निभाई है। सन् 1953–54, में श्रीमती विजया लक्ष्मी पंडित सामान्य सभा की अध्यक्ष थी।

1. उद्धृत जयपालनः *भारत की विदेश नीति 1947–1987*, पृष्ठ 438।

डॉ. राधाकृष्णन् और मौलाना अब्दुल कलाम आजाद यूनेस्को के अध्यक्ष रहे हैं। श्रीमती राजकुमारी अमृता कौर, डब्ल्यू.एच.सी. की अध्यक्ष रही हैं।

सन् 1956–57 में श्री पी.आर. सेन, एफ.ओ. के अध्यक्ष रहे हैं। सन् 1955 में भारत के प्रसिद्ध वैज्ञानिक एच.जे. भाभा संयुक्त राष्ट्र संघ के एटम शांति के लिए आयोग के अध्यक्ष रहे हैं। इनके अतिरिक्त सर्वश्री पी.एम. लोकनाथन, राजेश्वर दयाल, एम.सी. नरसिम्हा राव, मेजर जनरल रिखी, शशि थरूर और अन्य ने महत्वपूर्ण भूमिका का निर्वाह किया है।

भारत कई वर्ष सुरक्षा परिषद् का अस्थाई सदस्य और संयुक्त राष्ट्र के विविध आयोगों और समितियों का सदस्य रहा है, जिनमें सामाजिक और आर्थिक परिषद्, यूनेस्को, ट्रस्टीशिप काउन्सिल, विशेष रूप से उल्लेखनीय हैं।

संयुक्त राष्ट्र संघ में भारत की एक मुख्य भूमिका विश्व के विभिन्न क्षेत्रों में शांति बनाए रखने के लिए भेजे गए सैनिक दलों में सम्मिलित होने की रही है। सन् 1950 में कोरिया में शांति स्थापित करने के लिए भेजे गए संयुक्त राष्ट्र संघ के सैनिक दल में भारत का सैनिक जत्था मुख्य था। 1954 में हिन्द चीन में संयुक्त राष्ट्र संघ ने तीन आयोग स्थापित किए, जिनमें भारत, पोलैण्ड और कनाड़ा सदस्य थे। इन आयोगों की अध्यक्षता भारत को दी गई थी। इसी भाँति शांति बनाए रखने के लिए संयुक्त राष्ट्र संघ की जो सेना स्वेज नहर क्षेत्र, कांगो, अंगोला भेजी गई थी, उसमें भारत का महत्वपूर्ण योगदान था, यद्यपि भारतीय सेना के रवैये की आलोचना भी हुई थी।

भारत ने सामान्य सभा में समय–समय पर महत्वपूर्ण मुद्दे उठाए हैं। 1954 में दक्षिण अफ्रीका को वर्णभेद और रंगभेद के नीति के विरोध में प्रतिबंध लगाने के सम्बन्ध में, 1965 में रोड़ेशिया पर आर्थिक प्रतिबन्ध लगाने के सम्बन्ध में तथा असम्बद्व देशों के महत्व के सम्बन्ध में भारत ने महत्वपूर्ण योगदान दिया है।

श्रीमती इन्दिरा गाँधी ने जब वह प्रधानमंत्री थीं सामान्य सभा के 38वें सत्र में स्वयं भाग लिया और सामान्य सभा को सम्बोधित किया। उस समय 25 अन्य राज्यों के शासनाध्यक्षों ने भी भाग लिया था। इस अवसर पर संयुक्त राष्ट्र संघ में इस तरह से विश्व के प्रमुख देशों के राष्ट्राध्यक्षों और शासनाध्यक्षों की शीर्ष बैठक हुई। इस प्रकार की तीन बैठकें हुईं,

जिसमें इन्दिरा गाँधी ने विश्व की समस्याओं पर असम्बद्व देशों के दृष्टिकोण को बहुत प्रभावी ढंग से रखा। वह इस समय असम्बद्व देशों के आंदोलन "**नाम**" की अध्यक्ष थीं। सन् 1957 में भारत के शिष्टमण्डल के नेता वी॰के॰ कृष्णा मेनन थे। कश्मीर पर वह 13 घंटे बोले। यह संयुक्त राष्ट्र संघ के इतिहास में सबसे लम्बा भाषण था। उन्होंने अपने भाषण में कश्मीर के मुद्दे को एक दूसरा ही रूप दिया। कश्मीर एक समस्या न होकर पाकिस्तान द्वारा आक्रमण की शिकायत है। लोक निर्माण का परिवर्तित परिस्थितियों में प्रश्न नहीं उठता।

भारत ने संयुक्त राष्ट्र संघ में निरन्तर साम्राज्यवाद और उपनिवेशवाद का अंत और विश्वशांति के हित में निःशस्त्रीकरण पर जोर दिया है। उसने पूर्ण निःशस्त्रीकरण के प्रस्ताव का जोरदार समर्थन किया। भारत ने चीन की वास्तविक सरकार को संयुक्त राष्ट्र संघ में स्थान देने की सफल मुहिम चलाई।

भारत आरम्भ से ही संयुक्त राष्ट्र संघ द्वारा दिए गए दायित्वों को पूरा करता रहा है। संयुक्त राष्ट्र संघ के कुल व्यय का 2.5 प्रतिशत भारत अपने योगदान के रूप में देता है।

अक्टूबर 1980 में भारत के तत्कालीन प्रधानमंत्री श्री अटल बिहारी वाजपेयी ने सामान्य सभा में अपने भाषण के दौरान कहा था कि "निकट भविष्य में हम विश्व सरकार की स्थापना न कर सके किन्तु हम विश्व की एकता के अपने लक्ष्य की ओर बढ़ सकते हैं। हमें संयुक्त राष्ट्र संघ के तत्वावधान में अंतर्राष्ट्रीय विकास की योजनाओं और कार्यक्रमों में सक्रिय रूप में भाग लेना चाहिए। समूचे रूप में और उन क्षेत्रों में, जहाँ तक मानव के प्रयास पहुँच सकते हैं।"[2]

यद्यपि भारत का पूरा समर्थन संयुक्त राष्ट्र संघ को रहा है किन्तु भारत को इस विश्वास और आस्था के बावजूद निराशा ही हाथ लगी। 1948 में भारत की सेना कश्मीर में आगे बढ़ रही थी। उसको आगे बढ़ने से रोककर भारत ने संयुक्त राष्ट्र संघ में पाकिस्तान के आक्रमण की शिकायत की थी। इस शिकायत पर गंभीरतापूर्ण विचार करने और पाकिस्तान को आक्रमण से रोकने के बजाय भारत पर ही अपना दबाव बनाया। सुरक्षा परिषद् में यह मामला शीतयुद्ध का शिकार बन गया। संयुक्त राज्य अमेरिका, ब्रिटेन और अन्य

---

2. उद्धृत जयपालनः *भारत की विदेश नीति*, पृष्ठ 445–46।

पश्चिमी देशों ने वर्षों तक भरसक यह कोशिश की, कि कश्मीर को भारत से अलग कर दिया जाए या वह पाकिस्तान के पास चला जाये या एक स्वतंत्र राष्ट्र बन जाए अथवा उसका विभाजन हो जाए और वहाँ भारतीय सेना के स्थान पर कथित संयुक्त राष्ट्र संघ की सेना तैनात कर दी जाए। पयर्वेक्षक और मध्यस्थ नियुक्त किए और भारत के विरूद्ध अनेक प्रस्ताव पारित किए गए। अंततः ये सब प्रयास विफल हुए, किन्तु पाकिस्तान अभी भी कश्मीर में शांति और व्यवस्था भंग करने में लगा हुआ है। संयुक्त राष्ट्र संघ आज तक पाकिस्तान को आक्रांता घोषित नहीं कर सका।

बहुत समय तक संयुक्त राष्ट्र संघ में सं. राज्य अमेरिका का बहुमत रहा और उसने संयुक्त राष्ट्र संघ का प्रयोग, अपने राष्ट्रीय हितों को आगे बढ़ाने के लिए किया। उत्तर कोरिया में वास्तविक आक्रांता संयुक्त राज्य अमेरिका था किन्तु अमेरिका ने संयुक्त राष्ट्र संघ का प्रयोग करते हुए उसे आक्रांता घोषित किया और संयुक्त राष्ट्र के नाम पर उत्तरी कोरिया पर आक्रमण किया। हिन्द–चीन के देशों पर पहले फ्रांस और फिर संयुक्त राज्य अमेरिका के आक्रमण को संयुक्त राष्ट्र संघ रोक नहीं सका। इसी भाँति कांगो में शांति स्थापित करने के लिए जो संयुक्त राष्ट्र संघ की सेना भेजी गई थी, उसने शांति स्थापित करने की बजाय देशद्रोहियों का साथ दिया, जिसके कारण देशभक्त पेट्रिस लुम्बथा की हत्या हुई। स्वेज् नहर के मामले पर ब्रिटेन, फ्रांस और इजराइल के आक्रमण को संयुक्त राष्ट्र संघ द्वारा कार्यवाही करने में इसलिए सफलता मिली क्योंकि इस मामले पर संयुक्त राज्य अमेरिका और सोवियत संघ एक–दूसरे को सहयोग कर रहे थे।

संयुक्त राष्ट्र संघ की यह विफलता और दोष होते हुए भी वह सर्वाधिक महत्वपूर्ण अंतर्राष्ट्रीय संस्था है। इसके तत्वावधान में सभी देशों के राजनयिक एक जगह एकत्रित होते हैं, उनमें आपस में विचार–विमर्श होता है, एक–दूसरे को समझने का मौका मिलता है। संयुक्त राष्ट्र संघ के मुख्यालय पर सभी सदस्य देशों के स्थाई प्रतिनिधि रहते हैं। इससे एक देश को दूसरे देशों की नीति और राजनय जानने का अवसर मिलता है, जिससे उस देश को स्वयं की नीति निर्धारित करने में सहायता मिलती है।

संयुक्त राष्ट्र संघ की राजनीतिक क्षेत्र में विफलता के बावजूद उसने शिक्षा, संस्कृति, खाद्य पदार्थ, शरणार्थी, आवागमन, संचार और अनेक अन्य विषय पर महत्वपूर्ण योगदान दिया है। वी.के. कृष्णा मेनन ने संयुक्त राष्ट्र संघ में अपने दस वर्षों के अनुभवों को याद करते हुए लिखा है कि "किसी

ने संयुक्त राष्ट्र संघ में भारत के योगदान का समुचित अध्ययन नहीं किया है क्योंकि हम अधिकांशतः समाचार पत्रों के शीर्षक को देखते हैं। हमने आरम्भिक वर्षों में जो कुछ किया है, उसे समझने में वर्षों लगेंगे"।[3]

परिवर्तित अंतर्राष्ट्रीय परिस्थिति में संयुक्त राष्ट्र संघ की संरचना में संशोधन करना आवश्यक हो गया है। भारत निरन्तर इस बात पर जोर देता रहा है कि ये वांछित संशोधन यथाशीघ्र कर देना चाहिए। संयुक्त राष्ट्र वास्तव में सार्वभौम बन सके। इसके लिए विश्व के सभी देशों को प्रतिनिधित्व मिलना चाहिए। 1950 से संयुक्त राज्य अमेरिका सोवियत संघ की तरफ रूझान रखने वाले देशों को संयुक्त राष्ट्र का सदस्य बनने से रोकता रहा। सन् 1955 में नेहरू और सोवियत संघ के राजनेताओं के साथ इस विषय पर बातचीत हुई और इस बातचीत के परिणामस्वरूप सोवियत संघ इस बात को मान गया कि राजनीतिक रूझान के कारण संयुक्त राष्ट्र का सदस्य बनने से किसी देश को न रोका जाए। इसके फलस्वरूप 1955 में 16 अन्य राज्यों को संयुक्त राष्ट्र संघ की सदस्यता प्रदान की गई।

वर्तमान में संयुक्त राष्ट्र संघ में एशियाई और अफ्रीकन देश बहुमत में हैं किन्तु उनका संयुक्त राष्ट्र संघ में समुचित प्रतिनिधित्व नहीं है। विशेषकर सुरक्षा परिषद् के गठन में पश्चिमी देशों का वर्चस्व है, संयुक्त राज्य अमेरिका, ब्रिटेन, फ्रांस पहले सोवियत संघ जो अब रूस है तथा चीन। इसमें 10 अस्थाई सदस्य दो वर्ष के लिए निर्वाचित होते हैं। हर वर्ष दो अस्थाई सदस्य हटते हैं और उनके स्थान पर दो नये अस्थाई सदस्य निर्वाचित होते हैं। भारत का यह कहना है कि द्वितीय महायुद्ध के बाद 68 वर्ष हो चुके हैं, इस दौरान विश्व के शक्तिगत सम्बन्धों में बहुत बड़ा अन्तर आ गया है। एशिया और अफ्रीका के देश लगभग स्वतंत्र हो चुके हैं और वे सामाजिक, आर्थिक और राजनीतिक विकास की ओर बढ़ रहे हैं और विश्व में शांति और व्यवस्था बनाए रखने में महती भूमिका निभा रहे हैं। अतएव सुरक्षा परिषद् में उनको समुचित प्रतिनिधित्व देने के लिए सुरक्षा परिषद् में सदस्य संख्या में विस्तार किया जाना चाहिए। भारत अब स्वयं एक महाशक्ति है। जापान और भारत दोनों देश सुरक्षा परिषद् की स्थाई सदस्यता की माँग कर रहे हैं।

---

3. वी.के. कृष्णा मेनन "संयुक्त राष्ट्र संघ' में मेरे दस वर्ष" *योजना,* नई दिल्ली, वॉल्यूम 14 नम्बर 19–20 स्पेशल नम्बर "संयुक्त राष्ट्र संघ" पर 1943–70, 18 अक्टूबर 1970, पृष्ठ 16।

वर्तमान में भारत की विदेश नीति का एक मुद्दा यह भी है कि कौन देश भारत की इस माँग का समर्थन करते हैं और कौन से नहीं। विशेषकर पश्चिमी देश, जिनमें संयुक्त राज्य अमेरिका भी है, भारत की इस जायज माँग का खुलकर समर्थन नहीं करता। भारत इस प्रयत्न में लगा हुआ है कि एक न एक दिन उसकी इस माँग को अधिकांश देशों की स्वीकृति मिल जाएगी। भारत के साथ जर्मनी और जापान का दावा भी न्याययुक्त है। ब्रिटेन और फ्रांस की तुलना में वे अधिक समृद्ध और शक्तिशाली हैं। सुरक्षा परिषद् के गठन के अतिरिक्त उसके पाँच स्थाई सदस्यों को निषेधाधिकार (वीटो) मिला है, वह भी आलोचना का एक महत्वपूर्ण विषय है। द्वितीय महायुद्ध के बाद जो महाशक्तियों की स्थिति थी और सोवियत संघ और संयुक्त राज्य अमेरिका में प्रतिद्वंद्वता आरम्भ हो गयी, उसमें महाशक्तियों को निषेधाधिकार देना उचित था। किन्तु अब स्थिति बदल चुकी है। 1990 में सोवियत संघ और पूर्वी समाजवादी देशों के पराभव के बाद स्थाई सदस्यों का निषेधाधिकार होना कोई अर्थ नहीं रखता। वैसे भी निषेधाधिकार लोकतंत्र के समानता के सिद्धान्त के विरूद्ध है। निषेधाधिकार के ही कारण अनेक अवसरों पर संयुक्त राष्ट्र संघ असफल और निष्क्रिय रहा है। ऐसे अनेक उदाहरण हैं, जैसे कोरिया का युद्ध, वियतनाम, लाओस और कम्बोडिया, हंगरी, अल्जीरिया, इराक, फिलिस्तीन, इराक का कुवैत पर हमला आदि।

सामान्य सभा के निर्णयों और विनिश्चयों को और अधिक प्रभावी और कारगर बनाने की आवश्यकता है। वर्तमान में स्थिति यह है कि यह सदस्य राज्यों पर निर्भर करता है कि सामान्य सभा के प्रस्तावों को स्वीकार करे या न करे। उदाहरणतः दक्षिण अफ्रीका और इजराइल पूर्व में सामान्य सभा के प्रस्तावों की अवहेलना करते रहे। अनेक निर्बलताएं और दोष होते हुए भी संयुक्त राष्ट्र संघ का महत्व अंतर्राष्ट्रीय राजनीति के क्षेत्र में कम नहीं है। अब तक सुरक्षा परिषद् में शांति विषयक 1500 से अधिक प्रस्ताव पारित हुए हैं। उसके पास अपने निर्णयों को लागू करने के लिए न तो कोई फौज है और न ही कोई अन्य बल का प्रयोग करने का साधन। कई मौकों पर उसने अपनी सेना का गठन किया है किन्तु इसमें जितना खर्च होता है उसको वहन करने में वह सक्षम नहीं है। अतः उसे इसमें बड़े और धनी राष्ट्रों पर निर्भर होना पड़ता है।

संयुक्त राष्ट्र के वार्षिक बजट में उसका एक बड़ा हिस्सा उसके कर्मचारियों के वेतन, भत्ते और रखरखाव में ही खर्च होता है। संयुक्त

राष्ट्र संघ से जुड़ी सामाजिक, आर्थिक, सांस्कृतिक एवं शैक्षणिक श्रम और खादान् से जुड़ी अनेक संस्थाऐं हैं, जिनकी इन क्षेत्रों में महत्वपूर्ण भूमिका रही है। इनमें से डब्ल्यू.एच.ओ., एफ.ओ., आई.एल.ओ, अंतर्राष्ट्रीय न्यायालय, यूनेस्को विशेष रूप से उल्लेखनीय है। भारत ने इन संस्थाओं में महत्वपूर्ण भूमिका निभाई है।

जब महाशक्तियों में सहयोग रहा तब युद्ध रोकने और शांति स्थापित करने में संयुक्त राष्ट्र संघ को सफलता मिली है।

संयुक्त राष्ट्र के प्रमुख अंग जनरल असेम्बली, सुरक्षा परिषद्, ट्रस्ट्रीशिप परिषद्, सामाजिक और आर्थिक परिषद् और अन्तर्राष्ट्रीय न्यायालय है। अन्तर्राष्ट्रीय न्यायालय "**लीग ऑफ नेशन्स**" के अन्तर्गत स्थापित स्थाई अन्तर्राष्ट्रीय न्यायालय का ही नया संस्करण था।

जनरल असेम्बली

प्रत्येक सदस्य राज्य इसका सदस्य होता है और प्रत्येक सदस्य राज्य का एक वोट अथवा मत होता है। अधिकांश निर्णय बहुमत से लिए जाते हैं। कुछ विशेष महत्वपूर्ण विषयों पर निर्णय दो तिहाई मत से लिए जाते हैं। इसके निर्णय सदस्य राज्यों के लिए संस्तुति मात्र हैं। इनका मानना या न मानना राज्यों की इच्छा पर निर्भर करता है।

जनवरी 10, 1946 को जनरल असेम्बली की पहली बैठक इंग्लैण्ड में हुई। इसमें पॉल हेनरी स्पाक को अध्यक्ष चुना गया। 6 समितियों में से प्रत्येक के लिए 18 सदस्य निर्वाचित किए गए। नार्वे के विदेश मंत्री ट्रिग्वी ली को पाँच वर्षों के लिए महामंत्री निर्वाचित किया गया। इस समय संयुक्त राष्ट्र संघ की सदस्य संख्या 192 है।

जनरल असेम्बली का प्रत्येक वर्ष वार्षिक अधिवेशन होता है। विशेष परिस्थितियों में विशिष्ट सत्र भी बुलाये जा सकते हैं। प्रत्येक देश के प्रतिनिधि मण्डल में 5 सदस्य हो सकते हैं। विशेष अवसरों पर सदस्य राज्यों के राष्ट्राध्यक्ष, प्रधानमंत्री और विदेश मंत्री इसमें भाग लेते हैं।

जनरल असेम्बली को अन्तर्राष्ट्रीय महत्व के किसी भी विषय पर विचार करने का अधिकार हैं। युद्धों को रोकना और विश्व–शांति की रक्षा करने का मुख्य कार्य सुरक्षा परिषद् को सौंपा गया है किन्तु सुरक्षा परिषद् में पाँच स्थाई सदस्यों को वीटो पावर अथवा विशेषाधिकार मिला हुआ है, जिसका अर्थ यह है कि जब तक पाँचों सदस्य सहमत न हों, कोई भी निर्णय नहीं लिया जा

सकता। इस व्यवस्था से युद्ध को रोकने और शांति बनाये रखने के लिए निर्णय लेना मुश्किल हो जाता है। अतः जनरल असेम्बली में इस प्रकार की परिस्थिति में विचार करना और निर्णय लेना सुविधाजनक हो जाता है। सन् 1950 में संयुक्त राज्य अमेरिका की पहल पर जनरल असेम्बली ने "**शांति के लिए एकता**" का प्रस्ताव पारित किया गया, जिसके तहत युद्ध की स्थिति उत्पन्न होने पर जनरल असेम्बली उस पर विचार कर सकती है और सदस्य राज्यों को आवश्यक कार्यवाही करने की संस्तुति कर सकती है। सम्बद्ध संगठन जनरल असेम्बली को अपने कार्यों की वार्षिक रिपोर्ट भेजते हैं।

सुरक्षा परिषद्

संयुक्त राष्ट्र की कार्यकारिणी अथवा कार्यपालिका "**सुरक्षा परिषद्**" है। इसके 15 सदस्य होते हैं–पाँच स्थाई और दस अस्थाई। पाँच स्थाई सदस्य संयुक्त राज्य अमेरिका, ग्रेट ब्रिटेन, फ्रांस, सोवियत संघ और चीन है। अस्थाई सदस्य दो वर्ष के लिए जनरल असेम्बली के द्वारा निर्वाचित किए जाते हैं। प्रत्येक वर्ष 2 सदस्य हटते हैं और उनके स्थान पर 2 नए सदस्य निर्वाचित किए जाते हैं। सन् 1971 तक चीन के प्रतिनिधित्व के सम्बन्ध में पश्चिमी देशों और सोवियत संघ में विवाद चलता रहा। पश्चिमी देश क्यूमिनटांग के पक्ष में थे, जबकि चीन के मूल प्रदेश से क्यूमिनटांग का शासन समाप्त हो चुका था। इस विवाद के कारण विश्व के कुछ अन्य देश भी सदस्यता ग्रहण नहीं कर सके, क्योंकि सुरक्षा परिषद् की संस्तुति पर ही जनरल असेम्बली नए सदस्य बना सकती है। सन् 1971 के अंत तक चीन का प्रतिनिधित्व करने का हक चीन के वास्तविक शासकों को मिल गया।

सुरक्षा परिषद् में निर्णय बहुमत से लिए जाते हैं। प्रक्रियात्मक विषयों पर निर्णय के लिए प्रत्येक स्थाई सदस्य की सहमति आवश्यक नहीं है। महत्वपूर्ण विषयों पर निर्णय बहुमत से तो लिए जा सकते हैं किन्तु ऐसे निर्णय लेने के लिए प्रत्येक स्थाई सदस्य की सहमति की आवश्यकता होती है। इसे ही स्थाई सदस्यों का "**वीटो**" विशेषाधिकार पावर कहा जाता है। सेन फ्रांस्सिको में वीटो पावर विशेषाधिकार के प्रावधान का काफी विरोध किया गया था किन्तु महाशक्तियों का कहना था कि विश्व में युद्धों को रोकना और विश्व शांति बनाए रखना मुख्यतः उनका दायित्व है और बिना इस प्रावधान के वे संयुक्त राष्ट्र संघ की सदस्यता ग्रहण नहीं करेंगे।

सुरक्षा परिषद् का सर्व प्रमुख कार्य शांति को बनाए रखना है। शांति भंग होने पर वह आक्रान्ता के विरूद्ध आर्थिक प्रतिबन्ध लगा सकती है, बहिष्कार

कर सकती है, घिराव (इम्वागो) करने की सिफारिश कर सकती है और अंततः सैनिक कार्यवाही भी कर सकती है।

सुरक्षा परिषद् के गठन में संशोधन के अनेक प्रस्ताव और सुझाव समय–समय पर दिए गए हैं। यह माना जाता है कि विश्व की राजनीतिक परिस्थितियाँ बदल गई है, अतः सुरक्षा परिषद् के गठन में संशोधन करना आवश्यक हो गया है। इस दिशा में भारत, जर्मनी और जापान को स्थाई सदस्य बनाने की मुहिम चल रही है। इसकी सफलता के बारे में कुछ नहीं कहा जा सकता।

सुरक्षा परिषद् निरन्तर कार्य करने वाली संस्था है, इसकी बैठकें समय–समय पर होती रहती हैं और विशेष बैठक कभी भी बुलाई जा सकती है।

लगभग सभी देश अपने स्थाई प्रतिनिधि या राजनयिक संयुक्त राष्ट्र संघ के मुख्यालय में नियुक्त करते हैं, जिससे प्रत्येक देश की उपलब्धता अविलम्ब हो सके।

सचिवालय

संयुक्त राष्ट्र संघ का सचिवालय '**लीग ऑफ नेशन्स**' के सचिवालय से बहुत बड़ा है। अमेरिका के मैनहट्टन द्वीप पर उसका विशाल और भव्य कार्यालय है। सचिवालय का प्रमुख महामंत्री होता है, जिसका निर्वाचन सुरक्षा परिषद् की संस्तुति पर जनरल असेम्बली करती है। महामंत्री जनरल असेम्बली के द्वारा निर्धारित नियमों के तहत अन्य अधिकारियों की नियुक्ति करता है। महामंत्री की सहायता के लिए उपमहामंत्री और सहायक मंत्रियों की नियुक्ति की जाती है। सचिवालय के अधिकारी और कर्मचारी सभी सदस्य देशों से लिए जाते हैं। उन्हें राजनयिक स्तर और नियुक्तियाँ मिलती हैं और उनकी प्राथमिक प्रतिबद्धता और वफादारी संयुक्त राष्ट्र संघ के प्रति होती है। एक अनुमान के अनुसार संयुक्त राष्ट्र संघ में 51000 अधिकारी और कर्मचारी काम कर रहे हैं।

सामाजिक और आर्थिक परिषद्

सामाजिक और आर्थिक परिषद् में 18 सदस्य होते हैं जिनका चुनाव जनरल असेम्बली के द्वारा किया जाता है। इसमें कोई स्थाई सदस्य नहीं होता किन्तु सामान्यतः पाँच बड़े देश, जो सुरक्षा परिषद् के स्थाई सदस्य हैं, वे इसके भी सदस्य होते हैं। इसके निर्णय बहुमत से लिए जाते हैं।

सामाजिक और आर्थिक परिषद् का मुख्य कार्य अन्तर्राष्ट्रीय आर्थिक, सामाजिक, सांस्कृतिक, शैक्षणिक, स्वास्थ्य तथा अन्य सम्बन्धित विषयों पर विचार करना, सम्मेलन बुलाना और अपनी संस्तुतियाँ करना है। यह मानवीय अधिकार और मूलभूत स्वतंत्रता से सम्बन्धित विषयों पर भी विचार करती है। इसके अन्तर्गत सामाजिक, आर्थिक, सांस्कृतिक और शैक्षणिक क्षेत्र में अनेक अभिकरण स्थापित हुए हैं और कार्यरत हैं। यह इनमें तालमेल रखती है। यद्यपि इसके निर्णय विश्व के देशों की संस्तुतियों के रूप में ही होते हैं किन्तु इसने अनेक महत्वपूर्ण विषयों पर अध्ययन करके अपनी रिपोर्ट प्रकाशित की है, जो विश्व की विभिन्न क्षेत्रों में वस्तुस्थिति समझने के लिए मूल्यवान है।

सामाजिक और आर्थिक परिषद् में केवल राज्यों के प्रतिनिधि ही नहीं, व्यक्ति और गैर–सरकारी संस्थाऐं भी 'काउन्सिल' की कार्यवाही में भाग ले सकती हैं यद्यपि उन्हें बोलने और मतदान करने का अधिकार नहीं होता।

संयुक्त राष्ट्र संघ की राजनीतिक क्षेत्र में सफलता विवादास्पद है किन्तु सामाजिक, आर्थिक और सांस्कृतिक क्षेत्र में उसके योगदान को सभी के द्वारा स्वीकार किया जाता है।

संयुक्त राष्ट्र संघ की समीक्षा

आरम्भ में महाशक्तियों में पारस्परिक संदेह, अविश्वास, भय और विरोध के कारण संयुक्त राष्ट्र संघ से जो अपेक्षाएँ थी, वह धूल में मिलने लगीं। तेहरान, याल्टा, सैन फ्रांस्सिको और पोट्सडम में जो सहमति बनी थी वह टूट गई। आरंभ से ही पश्चिमी देशों और उनके समर्थक देशों का जनरल असेम्बली और सुरक्षा परिषद् में बहुमत था।

संयुक्त राज्य अमेरिका और सोवियत संघ में शीत युद्ध आरम्भ हो गया और वह संयुक्त राष्ट्र संघ पर छा गया। पश्चिमी देशों ने संयुक्त राष्ट्र संघ की तकनीकी प्रक्रिया और प्रावधानों का भरपूर प्रयोग शीत युद्ध के अस्त्रों के रूप में किया। संयुक्त राष्ट्र संघ एक प्रकार से शीत युद्ध का अखाड़ा बन गया। संयुक्त राज्य अमेरिका और सोवियत संघ में जो मतभेद थे, उनका जन्म संयुक्त राष्ट्र संघ में नहीं हुआ था। उनका विरोध दो व्यवस्थाओं का मूलभूत विरोध था। एक तरफ पूंजीवादी–साम्राज्यवादी व्यवस्था थी, तो दूसरी तरफ पूंजीवाद–साम्राज्यवाद की घोर विरोधी समाजवादी व्यवस्था थी।

ए॰एफ॰के॰ ओरगेन्सकी के अनुसार संयुक्त राष्ट्र संघ में जो निर्णय लिए गए, उनके पीछे किसी न किसी महाशक्ति का हाथ रहा है। उदाहरणतः

जब द्वितीय महायुद्ध के बाद इण्डोनेशिया ने अपनी स्वतंत्रता की घोषणा की तो हॉलैण्ड ने, जिसका युद्ध के पूर्व वहाँ उपनिवेश था, इसका विरोध किया। परिणामतः इण्डोनेशिया और हॉलैण्ड के बीच युद्ध छिड़ गया। 1945 और 1950 के बीच तीन बार युद्ध हुआ। संयुक्त राष्ट्र की सुरक्षा परिषद् में भी इसकी चर्चा हुई किन्तु संयुक्त राष्ट्र संघ दोनों पक्षों में शांति स्थापित नहीं करवा सका। दिसम्बर 1949 में इण्डोनेशिया को स्वतंत्रता मिली। ओरगेन्सकी के अनुसार संयुक्त राज्य अमेरिका के हॉलैण्ड पर दबाव के कारण उसको इण्डोनेशिया की सर्वोच्च सत्ता हस्तान्तरित करनी पड़ी।[4]

सन् 1950 में संयुक्त राज्य अमेरिका की पहल और दबाव में सुरक्षा परिषद् ने उत्तरी कोरिया को आक्रमण करने का दोषी करार देते हुए, उसके विरूद्ध संयुक्त राष्ट्र संघ के द्वारा सामूहिक कार्यवाही करने का फैसला करवाया। उस पर सोवियत संघ चीन के प्रतिनिधित्व के मामले में सुरक्षा परिषद् का बहिष्कार कर रहा था, अतः सुरक्षा परिषद् यह फैसला ले सकी। संयुक्त राष्ट्र संघ के नाम और झण्डे के नीचे संयुक्त राज्य अमेरिका की सेना ने उत्तरी कोरिया के विरूद्ध युद्ध छेड़ दिया। जनरल असेम्बली में जहाँ प्रत्येक देश को केवल एक मत मिला हुआ है, छोटे देश महाशक्तियों के दबाव में किसी विषय या मुद्दे पर उनका समर्थन या विरोध करते हैं। इसका एक कारण यह है कि केवल महाशक्तियों में ही छोटे देशों को पुरस्कृत करने और दण्डित करने की क्षमता थी। कोरिया के युद्ध के मामले पर जब सोवियत संघ भी सुरक्षा परिषद् का बहिष्कार समाप्त करके उसके बैठकों में भाग लेने लगा, तो संयुक्त राज्य अमेरिका ने जनरल असेम्बली का प्रयोग करते हुए "**शान्ति के लिए एकता**" का प्रस्ताव पारित करवाया और जब चीन ने कोरियन युद्ध के विस्तार का विरोध किया, तब चीन को आक्रान्ता घोषित करते हुए उसके विरूद्ध आर्थिक और सैनिक प्रतिबन्ध (इमबारगो) लगवाये।

महाशक्तियों में मतभेद और उनमें से प्रत्येक के पास "**वीटो**" की शक्ति के कारण संयुक्त राष्ट्र संघ कई महत्वपूर्ण विषयों पर निर्णय नहीं ले सका है। उदाहरण के लिए भारत के कश्मीर पर पाकिस्तान के द्वारा आक्रमण की शिकायत पर सुरक्षा परिषद् और जनरल असेम्बली अभी तक कोई स्पष्ट निर्णय नहीं ले सकी है। सन् 1955 में फ्रांस की अल्जीरिया में कार्यवाही और स्थिति पर जनरल असेम्बली में कोई चर्चा नहीं हो सकी क्योंकि उस समय

4. ए.एफ.के. ओरग्रेन्सकीः *विश्व राजनीति*, पृष्ठ 429।

फ्रांस जनरल असेम्बली से हट गया था और उसने संयुक्त राष्ट्र संघ की सदस्यता त्यागने का भी इशारा किया था। वियतनाम के युद्ध पर भी संयुक्त राष्ट्र संघ के द्वारा कोई कार्यवाही इसलिए नहीं की जा सकी क्योंकि पहले फ्रांस और बाद में अमेरिका नहीं चाहते थे कि इस सम्बन्ध में उसके द्वारा कोई कार्यवाही की जाए। इसी भाँति सन् 1968 में चैकोस्लोवाकिया और सन् 1956 में हंगरी के सम्बन्ध में सोवियत संघ के द्वारा न चाहने पर संयुक्त राष्ट्र संघ द्वारा कोई कार्यवाही नहीं की जा सकी।

यदि जनरल असेम्बली या सुरक्षा परिषद् किसी विषय या घटना के सम्बन्ध में निर्णय ले भी लेती है, तब भी अगर कोई भी महाशक्ति प्रभावी कार्यवाही करने के विरूद्ध है, तो भी कोई कार्यवाही नहीं हो पाती। उदाहरण के लिए जनरल असेम्बली के प्रस्तावों के बावजूद न तो फिलिस्तीन का अपेक्षित विभाजन हो सका न ही अरब–इजरायल संघर्षों को रोका जा सका क्योंकि अमेरिका इजरायल के खिलाफ संयुक्त राष्ट्र संघ के द्वारा किसी कार्यवाही के विरूद्ध था।

द्वितीय महायुद्ध के बाद विश्व में जब–जब छोटे–मोटे युद्ध हुए, गृह युद्ध हुए, आक्रमण किए गए, तब संयुक्त राष्ट्र संघ उनको रोकने और शांतिपूर्ण समझौता करवाने में विफल रहा। उदाहरणार्थ इण्डोनेशिया पर डच आक्रमण, हिन्द–चीन में युद्ध, भारत और पाकिस्तान में युद्ध, कश्मीर पर पाकिस्तान द्वारा आक्रमण, कोरिया का युद्ध, स्वेज् नहर के मामले में मिस्र में ब्रिटेन और फ्रांस द्वारा आक्रमण, ईरान में राष्ट्रवादियों के खिलाफ साजिश, मलाया (मलेशिया) पर ब्रिटेन द्वारा दमन और सैनिक कार्यवाही, अरब और इजराइल के बीच चलने वाला निरन्तर संघर्ष, अल्जीरिया में फ्रांस के द्वारा कार्यवाही, ईराक में अमेरिकी आक्रमण, क्यूबा पर अमेरिकी आक्रमण आदि महत्वपूर्ण घटनाओं पर संयुक्त राष्ट्र संघ युद्ध और सैनिक कार्यवाही को रोक नहीं सका, जिसका मुख्य कारण किसी महाशक्ति का हित इसमें नहीं था कि कोई कार्यवाही की जाए और कोई न कोई महाशक्ति इसमें प्रत्यक्ष या परोक्ष रूप में संलिप्त थी।

इन सबके बावजूद संयुक्त राष्ट्र संघ का एक अन्तर्राष्ट्रीय संगठन के रूप में महत्व कम नहीं कहा जा सकता। संयुक्त राष्ट्र संघ विश्व के देशों को एक मंच पर एकत्रित होने का, एक–दूसरे के दृष्टिकोण को समझने का, गम्भीर विचार–विमर्श करने का, एक दूसरे की नीतियों को जानने का, उनकी सहमतियों और असहमतियों को उजागर करने का और सभी महाशक्तियाँ

सहमत हो तो प्रभावी कार्यवाही करने का अवसर प्रदान करता है। जब जनरल असेम्बली और सुरक्षा परिषद् की बैठकें होती हैं, उस समय विश्व के राज्यों के प्रतिनिधि अलग से भी मिलते हैं और सामयिक अन्तर्राष्ट्रीय विषयों पर और पारस्परिक हितों पर विचार करते हैं। संयुक्त राष्ट्र संघ के गठन में एक जो बड़ा परिवर्तन आया है वह यह है कि वर्तमान में एशिया और अफ्रीका के देशों ने मिलकर एक नीति और रवैया अपनाने का प्रयास किया है, जिसकी अवहेलना या उपेक्षा महाशक्तियाँ नहीं कर सकतीं। संयुक्त राष्ट्र संघ में महत्वपूर्ण अंतर्राष्ट्रीय विषयों पर चर्चा होने से विश्व जनमत भी प्रभावित होता है, जिसका असर सम्बन्धित राज्यों की नीतियों और कार्यवाही पर पड़ता है। पं॰ नेहरू कहा करते थे कि बातचीत करना चाहे वह कितने ही समय तक चले युद्ध करने की अपेक्षा विश्व शांति के हित में है। संयुक्त राष्ट्र संघ निरंतर बातचीत करने का अवसर प्रदान करता है।

सन् 1990–91 में सोवियत संघ के अवसान के कारण और शीत युद्ध की समाप्ति के परिणामस्वरूप संयुक्त राष्ट्र संघ की भूमिका अब वह नहीं रही जो पहले थी, किन्तु अब भी वह अन्तर्राष्ट्रीय राजनीति की मुख्य समस्याओं और घटनाओं पर विचार–विमर्श करने और राष्ट्रों को एक–दूसरे की नीतियों और दृष्टिकोणों को समझने का मुख्य मंच है। संयुक्त राष्ट्र संघ की विफलता उसके अस्तित्व और संगठन के दोषों के कारण न होकर राज्यों के सम्प्रभु होने के कारण है। सम्प्रभुता शक्ति सम्पन्न देश अभी भी युद्ध करने, आक्रमण करने, मित्रता या शत्रुता करने, समझौता करने या न करने के लिए स्वतंत्र हैं।

संयुक्त राष्ट्र संघ की राजनीतिक क्षेत्र में विफलता के बावजूद सामाजिक, आर्थिक, सांस्कृतिक और मानवीय क्षेत्र में उससे सम्बद्ध संगठनों ने महत्वपूर्ण कार्य किए हैं। संयुक्त राष्ट्र संघ स्वयं विश्व–सरकार की परिकल्पना को वास्तविकता में बदलने का एक महत्वपूर्ण सोपान है।

प्रादेशिक संगठन

प्रादेशिक आधार पर विशेषकर सामाजिक, आर्थिक, सांस्कृतिक और व्यापारिक सहयोग के उद्देश्य से अनेक संगठनों की स्थापना हुई है। जिनमें से कुछ महत्वपूर्ण संगठनों की हम यहाँ चर्चा करेंगे।

द्वितीय महायुद्ध के बाद विश्व जहाँ सारे देशों को एक प्रभावी संगठन में लाने का प्रयास किया गया है वहाँ यूरोप, एशिया, अफ्रीका और लैटिन

अमेरिका में आर्थिक, सामाजिक, सामरिक, राजनीतिक और व्यापारिक एकता और सहयोग के लिए प्रादेशिक संगठनों की स्थापना हुई है। इससे राष्ट्रों की एक–दूसरे पर निर्भरता और अपेक्षित सामंजस्य की आवश्यकता और अनिवार्यता स्पष्ट होती है। इस भाँति विश्व के देश धीरे–धीरे विश्वव्यापी सुदृढ़ एकता और सार्वभौमिकता की तरफ बढ़ते नजर आते हैं।

20
नाम

असम्बद्ध देशों के आंदोलन को 'नाम' कहा गया। भारत की तरह अन्य एशियाई और अफ्रीकन देशों ने स्वतंत्र होने पर असम्बद्धता की विदेश नीति अपनायी। द्वितीय महायुद्ध के पश्चात् संयुक्त राज्य अमेरिका और सोवियत संघ दो महानतम् शक्तियों के रूप में उभरे थे। द्वितीय महायुद्ध की तोपें पूरी तरह शान्त भी नहीं हो पाई थीं कि इन दोनों महानतम् शक्तियों में शक्ति संघर्ष आरम्भ हो गया और शनैःशनैः यह बढ़ता गया। इस संघर्ष को 'शीतयुद्ध' के नाम से पुकारा गया। संयुक्त राज्य अमेरिका ने सोवियत संघ को घेरने के लिए अपने समर्थक देशों के सामूहिक सुरक्षा के नाम पर सुरक्षा गठबंधन स्थापित किए। इनमें सर्वप्रथम यूरोपियन देशों को लेकर अटलांटिक संधि संगठन (नाटो) स्थापित किया गया। मध्यपूर्वी एशिया में टर्की और इराक, पाकिस्तान, ईरान, ब्रिटेन को लेकर मध्यपूर्व संधि संगठन (मीडो या सेन्ट्रो) स्थापित किया। दक्षिण–पूर्वी एशिया में आस्ट्रेलिया, न्यूजीलैंड, थाईलैंड, पाकिस्तान, फिलीपीन्स और दक्षिण वियतनाम को लेकर साऊथ एशिया संधि संगठन स्थापित किया गया। सोवियत संघ ने भी इसके उत्तर में पूर्वी यूरोप के देशों को लेकर वारसा संधि की स्थापना की।

द्वितीय महायुद्ध के बाद पहले एशिया और बाद में अफ्रीका के देशों ने भी स्वतंत्रता प्राप्त की। इनमें से अधिकांश देशों ने यह स्वतंत्रता लम्बे संघर्ष के बाद प्राप्त की थी। राजनीतिक स्वतंत्रता प्राप्त करने के बाद उनके सामने आर्थिक, सामाजिक और सांस्कृतिक स्वतंत्रता प्राप्त करने का अहम लक्ष्य था क्योंकि इसके बिना राजनीतिक स्वतंत्रता खोखली और अर्थहीन थी। यह तभी संभव था जबकि वे महाशक्तियों के शक्ति संघर्ष से अलग रहते। उनके सैनिक गठबंधनों में सम्मिलित होते हुए, उनको अपने यहाँ सेना रखने और सैनिक अड्डे बनाने नहीं देते। इसी में उनकी स्वतंत्रता थी। इस

भाँति ऐसे अधिकांश देशों ने जो नीति अपनाई उससे असम्बद्धता के साथ लोकतंत्र, समाजवाद और समानता के सिद्धान्त जुड़े हुए थे। ऐसे देशों में भारत सर्वप्रथम था। बाद में इसके मुख्य प्रतिपादकों में इण्डोनेशिया, श्रीलंका, मिश्र, घाना और युगोस्लाविया थे। उन्होंने यह जरूरत महसूस की कि असम्बद्धता की विदेश नीति अपनाने वाले देशों को एक–दूसरे से सहयोग और एकता स्थापित करने की आवश्यकता है। अतः सितम्बर 1, 1961 को बेलग्रेड में असम्बद्ध देशों का एक सम्मेलन बुलाया गया। इस सम्मेलन में 25 देशों के राष्ट्राध्यक्षों/प्रधानमंत्रियों ने भाग लिया। बोल्विया, ब्राजील और इक्वेडर ने अपने पर्यवेक्षक भेजे।

बेलग्रेड में विचार–विमर्श के बाद जो घोषणा पत्र तैयार किया गया उसमें विश्वशांति को प्राथमिकता देते हुए यह कहा गया कि वह महाशक्तियों के पारस्परिक संबधों पर निर्भर करती है, अतएव् यह अत्यंत आवश्यक है कि महाशक्तियाँ पारस्परिक बातचीत के द्वारा अपने मतभेदों को दूर करें और इसको संभव बनाने के लिए असम्बद्ध देशों को अपना योगदान देना चाहिए।

असम्बद्ध देशों ने सभी राष्ट्रों की स्वतंत्रता पर जोर देते हुए संयुक्त राष्ट्र संघ के 15वें सत्र में इस आशय के प्रस्ताव का समर्थन किया।

बेलग्रेड सम्मेलन में सम्मिलित देशों ने पुराने और नये साम्राज्यवाद और उपनिवेशवाद का घोर विरोध किया और कहा कि जिन देशों में अभी भी विदेशी सेनायें हैं, वे वहाँ से हट जायें और असम्बद्ध देश प्रत्यक्ष या परोक्ष रूप में महाशक्तियों द्वारा प्रायोजित सैनिक संधियों और गठबंधनों से दूर रहें।

बेलग्रेड घोषणा–पत्र में वर्णभेद और रंगभेद की नीति की तीव्र आलोचना करते हुए, उसे समाप्त करने का आहवान् किया।

बेलग्रेड में निःशस्त्रीकरण को अति आवश्यक बताया और कहा कि महाशक्तियों को यथाशीघ्र पूर्ण निःशस्त्रीकरण के लिए आपस में समझौता करना चाहिए। संयुक्त राज्य अमेरिका और सोवियत संघ के राजनेताओं को दो पत्र लिखे, जिसमें उनसे यथाशीघ्र मिलने और सम्वाद करने के लिए कहा गया जिससे परमाणु युद्ध के खतरे से बचा जा सके।

सम्मेलन में यह स्पष्ट किया गया कि असम्बद्धता की नीति नकारात्मक नहीं है। असम्बद्ध देशों की अंतर्राष्ट्रीय राजनीति में गहरी दिलचस्पी है किन्तु वे किसी नये गठबंधन को स्थापित नहीं करना चाहते। यहाँ यह उल्लेख करना भी तर्कसंगत होगा कि इस सम्मेलन में शीर्ष नेताओं में कुछ खास

मुद्दों पर मतभेद भी सामने आये। भारत विश्वशांति और सद्भावना को प्राथमिकता देता था, जबकि इण्डोनेशिया, माले और घाना साम्राज्यवाद और उपनिवेशवाद को समाप्त करने को प्राथमिकता देने के पक्ष में थे। अंततः भारत की बात मान ली गयी यद्यपि कुछ और मुद्दों पर भारत को पीछे हटना पड़ा। चीन, पाकिस्तान और इण्डोनेशिया दूसरी बांडुग समान सम्मेलन बुलाने की पहल कर रहे थे और संयुक्त अरब गणराज्य, श्रीलंका और युगोस्लाविया दूसरे असम्बद्ध देशों के सम्मेलन बुलाने के लिए जोर दे रहे थे। भारत इन दोनों प्रस्तावों के विरूद्ध था।

सन् 1962–63 में चीन के द्वारा भारत पर आक्रमण और इन दोनों देशों के बीच युद्ध से असम्बद्धता या गुटनिरपेक्षता के अभियान को बहुत धक्का पहुँचा था, फिर भी श्रीमती भण्डार नायके, टीटो और नासिर के जोर देने पर भारत दूसरे निर्गुट सम्मेलन में भाग लेने को तैयार हो गया। जनवरी 1964 में असम्बद्ध देशों के विदेश मंत्रियों की बैठक शिखर सम्मेलन की तैयारी करने के लिए हुई। मार्च में बेलग्रेड में सम्मिलित देशों के राजनयिकों की बैठक हुई, जिसमें भारत ने सक्रिय रूप से भाग लिया। अक्टूबर 1964 में असम्बद्ध देशों का दूसरा सम्मेलन संयुक्त अरब गणराज्य की राजधानी काहिरा में हुआ। इस समय तक नेहरू का निधन हो चुका था। भारत के प्रधानमंत्री लाल बहादुर शास्त्री ने इसमें शिरकत की। सन् 1964 से 1970 तक दुविधा की स्थिति रही। चीन का उदय और उसकी उत्तरोत्तर बढ़ती शक्ति और प्रभाव अन्तर्राष्ट्रीय राजनीति का एक महत्वपूर्ण तथ्य था। एशिया के अनेक देश उसकी ओर आकर्षित हो रहे थे। इस दौरान अफ्रीका, लैटिन, अमेरिका और अरेबियन सागर के देशों में भी असम्बद्धता के प्रति रूझान बढ़ी थी।

दिसम्बर 1970 में अफ्रीका के लुसाका में असम्बद्ध देशों का तीसरा शिखर सम्मेलन हुआ। इसमें पारस्परिक आर्थिक सहयोग पर विस्तार से चर्चा हुई और निर्णय लिए गए। इस दौरान संयुक्त राष्ट्र संघ के व्यापार संगठन की स्थापना हो चुकी थी। अब असम्बद्ध देश अपने आर्थिक और व्यापारिक हितों के प्रति अधिक सचेत हो चुके थे।

असम्बद्ध देशों का चौथा शिखर सम्मेलन अल्जीरिया में सन् 1973 में हुआ। इसमें 43 सदस्य राज्य उपस्थित हुए और पाँचवा शिखर सम्मेलन 1976 में कोलम्बो में हुआ। इन सम्मेलनों में विशेषकर विकासशील देशों की आर्थिक समस्याओं, उनके समाधान और सहयोग पर विचार किया गया। कोलम्बो सम्मेलन में, जिसमें 43 राज्यों ने भाग लिया था, एक समन्वय

कार्यालय की स्थापना का निर्णय लिया गया। इसमें 25 सदस्य रखे गए। इनमें अफ्रीका से 12, एशिया से आठ, लैटिन अमेरिका से चार और यूरोप से एक सदस्य लिया गया। इनकी पहली बैठक 1977 में दिल्ली में हुई।

सितम्बर 1979 में क्यूबा की राजधानी हवाना में असम्बद्ध देशों का छठवां शिखर सम्मेलन हुआ। इस समय असम्बद्ध देशों, जिन्होंने इसमें भाग लिया, उनकी संख्या 94 हो गई थी। मार्च 1983 में असम्बद्ध देशों का सातवां शिखर सम्मेलन नई दिल्ली में हुआ। इस सम्मेलन में भाग लेने वाले देशों की संख्या 97 हो गई थी। बाद में तीन राज्यों के द्वारा असम्बद्ध देशों के अभियान/आंदोलन में सम्मिलित होने से इन देशों की संख्या 100 हो गई। असम्बद्ध देशों के इस अभियान या आंदोलन को "**नाम**" (**NAM**) के नाम से जाना जाने लगा। जिस देश में उसका सम्मेलन होता है वहाँ के राष्ट्राध्यक्ष या शासनाध्यक्ष को अगले सम्मेलन के लिए अध्यक्ष निर्वाचित किया जाता है। सन् 1979 में हवाना के वहाँ के राष्ट्रपति फीडल कॉस्ट्रो को अध्यक्ष निर्वाचित किया गया था। मार्च 1983 में नई दिल्ली में सातवें शिखर सम्मेलन में भारत की तत्कालीन प्रधानमंत्री श्रीमती इन्दिरा गांधी को अगले तीन वर्षों के लिए अध्यक्ष निर्वाचित किया गया। यह सम्मेलन काफी सफल रहा और इसमें असम्बद्ध देशों में आत्म विश्वास बढ़ने के साथ–साथ अंतर्राष्ट्रीय राजनीति में इनकी मान्यता और प्रभाव में वृद्धि हुई।

श्रीमती इन्दिरा गांधी "**नाम**" के अध्यक्ष के रूप में अपने कार्यकाल में बहुत सक्रिय रहीं। उक्त सभी राज्यों के राष्ट्रपतियों और प्रधानमंत्रियों को संयुक्त राष्ट्र संघ की 38वीं सामान्य सभा में स्वयं उपस्थित होने का अनुरोध किया, जिससे अनेक राज्यों के राष्ट्रपति और प्रधानमंत्री संयुक्त राष्ट्र की सामान्य सभा के 38वें सत्र में उपस्थित हुए। उन्होंने महत्वपूर्ण वार्ता की। उन्होंने अपने कार्यकाल में "**नाम**" में सम्मिलित देशों की आर्थिक और व्यापारिक समस्याओं से विश्व के देशों को अवगत कराया। विभिन्न विषयों पर विचार करने के लिए "**नाम**" के सदस्यों की बैठक बुलाई और उनका अध्ययन करने और समुचित कार्यवाही करने के लिए संस्तुति करने के लिए समितियाँ स्थापित की।

असम्बद्ध देशों का आठवां शिखर सम्मेलन जाम्बिया के नगर हरारे में सितम्बर 1986 में हुआ जिसमें 101 गुट निरपेक्ष देशों ने भाग लिया। यह सम्मेलन 1 सितम्बर से 6 सितम्बर तक चला। इस सम्मेलन में पुनः गुटनिरपेक्षता के सिद्धान्तों और उद्देश्यों पर प्रकाश डाला गया। सम्मेलन में

विचार–विमर्श से यह निष्कर्ष निकला कि गुट–निरपेक्षता का सारतत्व या मूलतत्व साम्राज्यवाद, उपनिवेशवाद, रंग और वर्णभेद की नीति, जातिवाद, विदेशी आक्रमण और बलात् अधिकार और आधिपत्य, विदेशी हस्तक्षेप तथा महाशक्तियों के गुटों के शक्ति संघर्ष के विरूद्ध है और वह विश्वशांति के पक्ष में है।

हरारे सम्मेलन में विशेषकर दक्षिण अफ्रीका के सरकार की वर्णभेद और रंगभेद की नीति का विरोध किया गया तथा उसके ऊपर आर्थिक प्रतिबंध लगाए गए तथा संयुक्त राष्ट्र संघ और पश्चिमी देशों से दक्षिण अफ्रीका के विरूद्ध इसी प्रकार के प्रतिबन्ध लगाने का अनुरोध किया गया। फिलिस्तीन के मुक्ति आंदोलन का जोरदार ढंग से समर्थन किया गया। भारत के तत्कालीन प्रधानमंत्री राजीव गांधी की पहल पर एक अफ्रीकन एकजुटता धन कोष की स्थापना की गई, जिसके तहत दक्षिण अफ्रीका के रंग भेद की नीति के विरूद्ध लड़ने वाले स्वतंत्रता संघर्ष में सम्मिलित होने वाले देशों को आर्थिक सहायता दी जा सके। राजीव गांधी ने हिन्द महासागर को शांति क्षेत्र घोषित करने तथा महाशक्तियों से वहाँ से अपने सैनिक अड्डे हटाने पर जोर दिया।

सम्मेलन में यह कार्यक्रम भी निर्धारित किया गया कि सभी असम्बद्ध देश वित्त, तकनीकी, औद्योगिक, व्यापारिक, परिवहन, संचार, खाद् पदार्थ, कृषि, स्वास्थ्य, रोजगार, आणविक शक्ति का शांतिपूर्ण कार्यों में प्रयोग, आवास, शिक्षा, संस्कृति, खेल और पर्यटन आदि क्षेत्रों में मिलकर कार्य करेंगे।

हरारे सम्मेलन में असम्बद्ध देशों के आंदोलन/अभियान "**नाम**" की सिल्वर जुबली मनाई गई।

परिवर्तित होती हुई आर्थिक, व्यापारिक और तकनीकी में समानता करने के लिए मंत्री स्तरीय स्थाई समिति की स्थापना की गई। इस भांति हरारे सम्मेलन "**नाम**" के इतिहास में मील की शिला थी।

कुछ समय पूर्व अमेरिका ने लीबिया पर बम गिराए थे। वह इससे बहुत आहत् था। लीबिया के राष्ट्रपति कर्नल गद्दाफी ने कहा कि गुट–निरपेक्ष देशों की शांति और सुरक्षा के लिए प्रयत्नों से क्या लाभ जबकि गुट–निरपेक्ष देशों की स्वतंत्रता खतरे में है। उन्हें एक संगठन के रूप में परिवर्तित हो जाना चाहिए।

हरारे सम्मेलन में सोवियत संघ की आणविक शस्त्रों के परिसीमन की दिशा में किए गए प्रयासों की सराहना की गई। दक्षिण अफ्रीका की रंगभेद की नीति के कारण उस पर प्रतिबन्धों का कठोरता से पालन करने पर जोर दिया गया। इस सम्मेलन का तत्कालीन अंतर्राष्ट्रीय राजनीति पर व्यापक प्रभाव पड़ा।

"**नाम**" के शिखर सम्मेलनों का सिलसिला आगे भी जारी रहा। सन् 1989 में बेलग्रेड, सन् 1992 में जकार्ता (इण्डोनेशिया), सन् 1995 में आर्टीजन (कोलम्बिया), सन् 1997 में नई दिल्ली, और सन् 1998 में डरबन (दक्षिण अफ्रीका), और तेरहवां सम्मेलन 2003 में क्वालालम्पुर (मलेशिया) में हुआ। सन् 2009 में इसका सम्मेलन मिस्र की राजधानी काहिरा में हुआ।

असम्बद्धता की नीति की आलोचना

अनुदारवादी तथा दक्षिणपंथी राजनीतिक दल असम्बद्धता की आलोचना करते रहे हैं कि वास्तव में परोक्ष रूप में यह सोवियत संघ और समाजवादी व्यवस्था के समर्थन की नीति रही है।

कुछ एक आलोचकों का यह कहना है कि पश्चिमी देशों द्वारा प्रायोजित सैनिक संधियों और गठबंधनों के सम्मिलित न होते हुए भी असम्बद्ध देश आर्थिक दृष्टि से पश्चिमी देशों पर और विशेषकर संयुक्त राज्य अमेरिका पर निर्भर रहे हैं। अतः इनकी विदेश नीति अधूरी है।

संयुक्त राज्य अमेरिका और पश्चिमी देशों ने आलोचना भी की है कि जब धर्म और अधर्म, पाप और पुण्य, लोकतंत्र और अधिनायकतंत्र, स्वतंत्रता और समिष्टवाद सत्य और असत्य का संघर्ष हो तो उससे अलग रहना अथवा तटस्थ रहना अधर्म और पाप है। संयुक्त राज्य अमेरिका के पूर्व विदेश मंत्री "**जान कोस्टर डलेश**" इसी मत के थे और इसे ही वह पूरे जोश के साथ प्रतिपादित करते थे।

कालान्तर में असम्बद्ध देशों के आंदोलन में ऐसे बहुत से देश सम्मिलित हो गए, जो किसी न किसी रूप में महाशक्तियों से जुडे हुए थे। इसके परिणामतः असम्बद्धता की नीति, धूमिल और भ्रमित हो गई। ऐसे देशों में पाकिस्तान, ईरान, कनाड़ा, सूरीनाम, निकारगुआ, कोलंबिया तथा अन्य देश आर्थिक और राजनीतिक क्षेत्र में पश्चिमी देशों पर निर्भर थे और उनके गुट में सम्मिलित थे। इसी भाँति क्यूबा सोवियत संघ से घनिष्ठ रूप से संबंधित था।

असम्बद्ध देशों के आंदोलन अथवा अभियान को तीसरा खेमा या गुट बताया गया है यद्यपि निरपेक्ष देशों के राजनेताओं और उनके सम्मेलनों में बार–बार इस बात पर जोर दिया गया है कि वे किसी गुट या खेमें का गठन नहीं कर रहे हैं।

सन् 1967 में बेलग्रेड सम्मेलन में नेहरू, नासिर, टीटो, सुकार्णो आदि ने यह बहुत स्पष्ट कर दिया था कि वे कोई नया गुट बनाने नहीं जा रहे हैं।

वी.के. कृष्णा मेनन ने कहा था कि असम्बद्ध देशों में सम्मिलित अधिकांश देश निर्धन, पिछड़े और कमजोर हैं। उन्होंने असम्बद्धता की नीति इसलिए अपनाई है कि जिससे वह अपनी स्वतंत्रता की रक्षा कर सकें और अपना सामाजिक और आर्थिक विकास कर आत्मनिर्भर बन सकें। उनके पास न तो विशाल सेना है न आणविक अस्त्र–शस्त्र, न मिसाइल्स् और न पनडुब्बियाँ। वे कैसे तीसरी महाशक्ति बन सकते हैं या तीसरे गुट का गठन कर सकते हैं? उनका लक्ष्य पारस्परिक सहयोग से अपनी सामाजिक, राजनीतिक और सांस्कृतिक समस्याओं का समाधान करना है।

असम्बद्धता और असम्बद्ध देशों की यह भी आलोचना की गई है कि उनमें इतनी विभिन्नता है कि वे कैसे एक हो सकते हैं, उनकी भाषा, संस्कृति, धर्म, अर्थव्यवस्था और राजनीतिक व्यवस्था अलग–अलग हैं। कुछ में आपस में विरोध की स्थिति रही है। जैसे भारत और पाकिस्तान, ईरान और इराक। इनमें एकसूत्रता नहीं हो सकती।

वर्तमान में असम्बद्धता

सन् 1990–91 में सोवियत संघ को समाजवादी व्यवस्था का पराभव हो गया। पूर्वी यूरोप के देशों में क्रांतियाँ हुईं और उनके यहाँ भी पूंजीवाद की स्थापना हुई। परिणामतः शीत युद्ध का अंत हो गया और संयुक्त राज्य अमेरिका एक मात्र महाशक्ति रह गया। अंतर्राष्ट्रीय व्यवस्था एक ध्रुवीय हो गई। बहुत से विचारक और राजनेताओं का यह कहना है कि इस स्थिति में असम्बद्धता का कोई अर्थ नहीं है। इनमें बहुत से ऐसे भी है कि उनके मन में है कि अब राष्ट्रीय हितों में संयुक्त राज्य अमेरिका के आधिपत्य को स्वीकार करते हुए उसका साथ देना चाहिए।

उपरोक्त तर्क सही नहीं है। सोवियत संघ की समाजवादी व्यवस्था का पतन होने और शीत युद्ध की समाप्ति की स्थिति में अंतर्राष्ट्रीय राजनीति एक ध्रुवीय हो गई है। यह अन्य देशों के लिए विशेषकर विकासशील देशों

के लिए हितकर नहीं है। एक मात्र महाशक्ति होने पर वह मनमानी कर सकती है और कर रही है। वह पूरे विश्व पर प्रत्यक्ष या परोक्ष रूप में अपना आधिपत्य और सत्ता स्थापित करने के लिए प्रयत्नशील है। इराक, सीरिया और लीबिया में जो कुछ हुआ वह इसका प्रमाण है। ईरान बाल–बाल बच गया है। मिस्र, अल्जीरिया और अन्य देश कथित "**जेसमिन क्रांति**" की लपेट में आ गए। इस स्थिति को बदलने में और बहु–ध्रुवीय व्यवस्था स्थापित करने में असम्बद्ध देश महत्वपूर्ण भूमिका निभा सकते हैं। चीन, फ्रांस, ब्राजील और कुछ अन्य देश इस दिशा में प्रयत्नशील हैं।

असम्बद्धता की नीति केवल अंतर्राष्ट्रीय क्षेत्र में गुटबंदी से अलग रहने की ही नीति नहीं है। इसका घनिष्ठ संबंध लोकतंत्र, धर्मनिरपेक्षता और समतावादी अर्थव्यवस्था से भी है। जैसे इनके नष्ट होने पर कोई देश असम्बद्ध नहीं रह सकता उसी भांति असम्बद्धता की विदेश नीति त्यागने पर किसी देश की आंतरिक नीति में धर्मनिरपेक्षता, लोकतंत्र और समतावादी व्यवस्था सच्चे रूप में नहीं रह सकती। असम्बद्ध देश आर्थिक क्षेत्र में आत्मनिर्भरता प्राप्त करने के लिए प्रतिबद्ध होते हैं।[1]

असम्बद्धता का सही अर्थ स्वतंत्र विदेश नीति है। विदेश नीति स्वतंत्र तभी हो सकती है, जब बाह्य दबावों से स्वतंत्र और यथासंभव आत्मनिर्भर हो। शीत युद्ध समाप्त होने पर भी यदि कोई देश एकपक्षीय या बहुपक्षीय संधि या समझौता करता है, जिससे उसकी स्वतंत्र विदेश नीति पर प्रत्यक्ष या परोक्ष प्रतिबन्ध या नियन्त्रण लगते हैं, तब इस प्रकार की स्थिति में वह देश असम्बद्धता की नीति से हट जाता है। आर्थिक क्षेत्र में भी वह किसी अंतर्राष्ट्रीय संस्था या देश के सूक्ष्म या स्थूल नियंत्रण में आ जाता है और इसके कारण वह उसकी असम्बद्धता की विदेश नीति से हट जाता है।

अतः यह कहना कि वर्तमान में असम्बद्धता की कोई प्रासंगिकता नहीं रही, यह असम्बद्धता की नीति को बहुत संकीर्ण रूप में समझना है, जबकि असम्बद्धता का व्यापक अर्थ है, जिसमें विदेश नीति और आंतरिक नीति दोनों का समावेश और समन्वय होता है।

यद्यपि भारत असम्बद्ध देशों के अभियान "**नाम**" में सम्मिलित है किन्तु 1990–91 के बाद भारत की कुछ ऐसी नीति और रवैया रहा है कि उसकी असम्बद्धता की नीति पर प्रतिकूल प्रभाव पड़ा है। सन् 2005 जुलाई में भारत

1. असम्बद्ध देशों का सम्मेलन, सितम्बर 1–6, 1961।

ने संयुक्त राज्य अमेरिका से आणविक शक्ति के नागरिक प्रयोग के सम्बन्ध में एक संधि की है, जो भारत को असम्बद्धता की नीति से विचलित कर देती है। इसके पूर्व 25 जून 2005 को भारत का संयुक्त राज्य अमेरिका से दस वर्षों के लिए प्रतिरक्षा क्षेत्र में सहयोग का समझौता हुआ था। इसके पूर्व दोनों देशों में सामरिक भागीदारी का एक समझौता हुआ, जिसके अंतर्गत अमेरिकी सैनिक प्रशिक्षक भारत आऐंगे और अमेरिकन अस्त्र–शस्त्रों का जखीरा भारत में बनेगा और अन्य सामरिक सुविधाएँ भी अमेरिकन सैनिकों को मिलेंगी। विश्व राजनीति के क्षेत्र में भारत और अमेरिका अपने समान हितों के लिए सैनिक सहयोग करेंगे। इसके पूर्व अटल बिहारी वाजपेयी ने अमेरिकी दबाव में पाकिस्तान से सुलह करने की हर कोशिश की। यहाँ तक कि उन्होंने अपना पद दाव पर लगा दिया था।

अमेरिका के दक्षिण एशिया में एक तरह से अपने स्वार्थ हैं। एक तरफ वह भारत और पाकिस्तान को लड़ाता भी रहा है, दूसरी तरफ वह दोनों देशों में सुलह भी करवाना चाहता है, जिससे उसका दक्षिण एशिया और मध्य एशिया में वर्चस्व कायम रहे।

आर्थिक क्षेत्र में भी भारत अमेरिका प्रभाव से मुक्त नहीं है। उदारीकरण और वैश्वीकरण की नीति का अनुपालन अमेरिकी नेतृत्व वाले विश्व बैंक और आई.एम.एफ. के इशारों पर ही किया जा रहा है। सार्वजनिक क्षेत्र में ऐसे उपक्रमों को भी, जो मुनाफा कमा रहे हैं, विनिवेश किया जा रहा है। डब्ल्यू.टी.ओ. की सदस्यता से भी देश की कृषि और उद्योगों पर प्रतिकूल प्रभाव पड़ने की संभावनाओं से इंकार नहीं किया जा सकता।

अभी भी देश के अनेक लोग असम्बद्धता की नीति को देश के हित में मानते हैं। यद्यपि उसका महत्व कम हुआ है फिर भी उसकी उपयोगिता को बिल्कुल नकारा नहीं जा सकता।

21
भारत और निःशस्त्रीकरण

आरंभ से भारत की दिलचस्पी निःशस्त्रीकरण में रही है। पिछले पृष्ठों में बताया जा चुका है कि भारत की विदेश नीति का मुख्य ध्येय् विश्व शांति था क्योंकि यह उसके राष्ट्रीय हित में है।

शांति के लिए अनुसंधान संस्था की विश्व के शस्त्रीकरण और निःशस्त्रीकरण (SIPRI) पर वार्षिक रिपोर्ट में कहा गया है कि 1972 में विश्व के संसाधनों का 6 प्रतिशत सैनिक साधनों पर खर्च होता था। वैसे तो सब देश शस्त्रीकरण की दौड़ में सम्मिलित थे, किन्तु सेना पर कुल खर्च का 80 प्रतिशत संयुक्त राज्य अमेरिका, सोवियत संघ, चीन, पश्चिमी जर्मनी, फ्रांस और यूनाईटेड किंगडम खर्च करते थे। सैनिक अनुसंधान और विकास पर इन छः देशों का कुल खर्च का 95 प्रतिशत था।

निःशस्त्रीकरण के ऊपर सन् 1945 से 1946 तक संयुक्त राज्य अमेरिका और सोवियत संघ के बीच 6000 बैठकें हुई। जिनेवा में निःशस्त्रीकरण की 1971 में 500वीं बैठक हुई। संयुक्त राष्ट्र संघ की सामान्य सभा में 1967 के अंत तक निःशस्त्रीकरण पर 50 प्रस्ताव पारित किए। इन सब प्रयासों के परिणामस्वरूप 1963 में परीक्षण पर प्रतिबंध संधि, 1967 में अंतरिक्ष में परीक्षण पर प्रतिबंध संधि, 1968 में परमाणु अप्रसार संधि, 1967 में लैटिन अमेरिकन परमाणु रहित क्षेत्र संधि, 1969 में अंतरिक्ष संधि और 1942 में साल्ट संधि हुई।

निःशस्त्रीकरण पर अनेकानेक प्रयत्न हुए हैं, किन्तु उनका कोई नतीजा नहीं निकला। इसके फलस्वरूप निराशा हुई और यह सोचा जाने लगा था कि जब तक कोई बहुत महत्वपूर्ण घटना नहीं घटती, दोनों महाशक्तियाँ वास्तविक निःशस्त्रीकरण को स्वीकार नहीं करेंगी। भारत की कोई परमाणु निःशस्त्रीकरण की नीति नहीं थी क्योंकि उसके पास परमाणु

अस्त्र–शस्त्र नहीं थे किन्तु उसने परमाणु निःशस्त्रीकरण की पहल अवश्य की। यह पहल संयुक्त राष्ट्र संघ के माध्यम से हुई।

सन् 1946 में भारत ने अमेरिका द्वारा प्रस्तावित "**बरूच योजना**" का समर्थन किया। इस योजना में यह प्रस्तावित किया गया था कि परमाणु शक्ति आरम्भ से लेकर अंत तक अंतर्राष्ट्रीय नियंत्रण में रहे। इस योजना को सोवियत संघ ने अस्वीकार कर दिया क्योंकि उसके अनुसार इससे परोक्ष रूप में परमाणु शक्ति पर एक मात्र अमेरिका का आधिपत्य हो जाता।

सन् 1948 में नेहरू ने भारत की शांति के लिए परमाणु शक्ति के प्रयोग की नीति की घोषणा की। भारत ने दो रिएक्टर स्थापित करने का फैसला लिया और उनको प्राप्त करने के लिए पश्चिमी परमाणु शक्तियों से बातचीत की।

सन् 1954 में मई 10 को संसद में उन्होंने अपने एक वक्तव्य में आईजनहाबर के प्रशासन के उस प्रस्ताव का विरोध किया, जिसके अन्तर्गत परमाणु शक्ति को अंतर्राष्ट्रीय नियन्त्रण में रखने की बात कहीं गई थी।[1]

निःशस्त्रीकरण आयोग की सन् 1953 में केवल एक बैठक हुई। सन् 1953 में यू.एन. की सामान्य सभा में भारत ने प्रस्ताव में यह प्रावधान जोड़ने का संशोधन रखा कि संयुक्त राष्ट्र संघ की सामान्य सभा वास्तव में परमाणु, हाईड्रोजन, बैक्ट्रियल, रासायनिक और अन्य अस्त्रों को प्रतिबन्धित करना चाहती है और इसका प्रावधान करने के लिए तैयार है। भारत के प्रस्ताव पर निःशस्त्रीकरण आयोग की उपसमिति बनाई गई, जिसमें संयुक्त राष्ट्र अमेरिका, ग्रेट–ब्रिटेन, कनाड़ा, फ्रांस और सोवियत संघ रखे गए। सोवियत संघ ने एक प्रस्ताव के द्वारा भारत, चीन, चैकोस्लोविया को भी इसका एक सदस्य बनाने का सुझाव रखा, किन्तु अन्य देशों ने इसे स्वीकार नहीं किया।

सन् 1954 में अमेरिका ने बिकानी में हाईड्रोजन बम का परीक्षण किया, जिसका प्रभाव 7000 मील तक पड़ा। बिकानी विस्फोट के एक माह बाद नेहरू ने लोकसभा में बोलते हुए कहा "एक ऐसे नए अस्त्र का परीक्षण किया गया है, जिसके वजन, आकार और तीव्रता का अंदाज नहीं लगाया जा सकता है और न वह अंदाजा लगाने योग्य है। उसकी विध्वंसात्मक शक्ति और व्यापक परिणामों को भी नहीं आंका जा सकता। उसका प्रयोग पूरी

1. संपादक–बी.आर. नंदा की *भारत की विदेश नीति "नेहरू काल"* उद्धृत, पृ. 236।

मानव जाति के अस्तित्व और उसकी सभ्यता के लिए खतरा है। हमें यह बताया गया है कि इससे बचने का कोई रास्ता नहीं है और इसके प्रयोग से बहुत से मनुष्य मौत के घाट उतर जायेंगे और बहुत से लोग अपंग हो जाऐंगे और अन्य विपत्तियों के शिकार होंगे।"[2]

नेहरू ने इस विनाश प्रलय को रोकने लिए यह सुझाव दिए कि इनके आगे विस्फोट को रोकने के लिए सम्बन्धित देशों में एक अस्थाई समझौता हो, इसके विस्फोट के भयंकर परिणामों को प्रचुर रूप से प्रचारित किया जाए तथा इस पर विचार करने के लिए निःशस्त्रीकरण आयोग की उपसमिति की अनौपचारिक बैठकें हों। इन सुझावों का मामूली सा प्रभाव पड़ा। यह असम्बद्ध देशों की पहल थी और परिणामतः सन् 1962 में आठ असम्बद्ध देशों को परमाणु शक्ति के नियंत्रण के लिए बातचीत में सम्मिलित किया गया।

सन् 1957 में लोकसभा ने एक प्रस्ताव पारित किया, जिसमें एक ऐसा समझौता करने का अनुरोध किया गया कि परमाणु अस्त्रों के परीक्षणों को प्रतिबन्धित कर दिया जाए। सन् 1957 में लोकसभा में नेहरू ने संयुक्त राज्य अमेरिका और सोवियत संघ से इस बात की जोरदार अपील की, कि वे परमाणु अस्त्रों का परीक्षण बंद कर दें।

मई 1955 में सोवियत संघ ने व्यापक निःशस्त्रीकरण का प्रस्ताव रखा। सन् 1956 में सोवियत संघ और पश्चिमी देश सीमित निःशस्त्रीकरण की तरफ बढ़े। सन् 1957 में सं.रा. संघ की सामान्य सभा में निःशस्त्रीकरण पर एक प्रस्ताव पारित किया गया।

सन् 1961–62 में भारत, घाना और संयुक्त अरब गणराज्य की पहल पर निःशस्त्रीकरण पर विचार करने के लिए 18 देशों की निःशस्त्रीकरण समिति की स्थापना की गई। इस समिति में आठ असम्बद्ध देशों ने निःशस्त्रीकरण की एक योजना रखी, जिस पर सोवियत संघ और संयुक्त राज्य अमेरिका ने विचार करने के लिए कहा गया।

संयुक्त राज्य अमेरिका और सोवियत संघ में बातचीत के परिणामस्वरूप परमाणु अस्त्र–शस्त्रों के परीक्षण पर आंशिक नियंत्रण के लिए मास्को संधि हुई। भारत और अन्य देशों ने इसकी प्रशंसा की और इसे एक बड़ी उपलब्धि मानी। वास्तविकता में यह प्रशंसा भ्रामक थी। इससे निःशस्त्री. करण की दिशा में कोई प्रगति नहीं हुई।

---

2. पुनः पृष्ठ 237 उद्धृत।

मार्च 1962 में भारत ने एक परमाणु अप्रसार संधि करने का सुझाव रखा। सन् 1964 में नेहरू का निधन हो गया। उनका तो विश्वास और आस्था निःशस्त्रीकरण में था, वह फलीभूत नहीं हो पाया था।

नेहरू के बाद लाल बहादुर शास्त्री ने परमाणु शक्ति सम्बन्धी भारत की नीति जारी रखी। इन्दिरा गांधी ने परमाणु अप्रसार संधि को स्वीकार करने से इंकार कर दिया। उनका कहना था कि यह राष्ट्रों की असमानता पर आधारित है। जिन देशों के पास परमाणु शक्ति नहीं है, उन्हें रोका गया है। इस भाँति परमाणु शक्ति सम्पन्न देशों का हमेशा दबदबा रहेगा। इन देशों का शांतिपूर्ण और रचनात्मक उद्देश्यों के लिए परमाणु शक्ति का ज्ञान प्राप्त करने और उनका प्रयोग करने का अधिकार है। भारत के दृष्टिकोण से परमाणु अप्रसार संधि परमाणु शक्ति के प्रसार को रोकने के लिए न होकर उन देशों को निःशस्त्र करने के लिए है, जो पहले से ही निःशस्त्र हैं।

18 मई 1974 को भारत ने पोखरण में परमाणु बम का परीक्षण किया, जिसके परिणामस्वरूप भारत एक परमाणु देश बन गया। पश्चिमी देशों और चीन तथा पाकिस्तान ने इसकी तीव्र आलोचना की। भारत ने बार–बार इस बात को प्रभावी ढ़ंग से कहा है कि भारत परमाणु शक्ति का प्रयोग शांतिपूर्ण उद्देश्यों के लिए ही करेगा। इन्दिरा गांधी ने कहा कि भारत परमाणु शक्ति का प्रयोग उद्योगों के लिए, बिजली के उत्पादन के लिए, खानों में उत्पादन के लिए, बाँध और बंदरगाह बनाने और खनिजों की खोज के लिए करेगा।

सन् 1977 में भारत की केन्द्र में जनता सरकार बनी। मोरारजी देसाई प्रधानमंत्री और अटल बिहारी वाजपेयी विदेश मंत्री बने। यह सरकार परमाणु शक्ति पर खोज करने और उसका प्रयोग करने के बिल्कुल विरूद्ध थी। अक्टूबर 1977 को भारत पूरी तरह से परमाणु अस्त्र–शस्त्र बनाने या लेने के विरूद्ध था, उसका कहना था कि विश्व के चाहे सारे देश परमाणु अस्त्र–शस्त्रों से सुसज्जित हो जाएं तब भी भारत परमाणु अस्त्र–शस्त्र न तो किसी से लेगा, न स्वयं बनाएगा। मोरारजी देसाई ने परमाणु प्रसार की संधि को स्वीकार करने से साफ–साफ इंकार कर दिया।

जनवरी 1980 में इन्दिरा गांधी पुनः सत्ता में आ गईं। उन्होंने दोहराया कि भारत परमाणु शक्ति के शांतिपूर्ण प्रयोग के लिए उस पर अनुसंधान और विकास करेगा। भारत अपनी संप्रभुता का त्याग नहीं कर सकता और भारत

औद्योगिक और व्यापारिक विकास के लिए परमाणु तकनीक पाने और उसका विकास करने के लिए कटिबद्ध है।

इन्दिरा गांधी के बाद भारत के प्रधानमंत्री राजीव गांधी ने इस नीति को जारी रखा। उन्होंने कहा था कि पाकिस्तान परमाणु बम बनाने जा रहा है। अमेरिका उसको इससे नहीं रोक सका। वह भारत के आण्विक संस्थानों के संयुक्त निरीक्षण के विरूद्ध थे।

भारत की परमाणु शक्ति के सम्बन्ध में नीति की मुख्य विशेषताएं निम्नांकित थीं:

1. परमाणु बम के विकास और प्रयोग का विरोध।
2. परमाणु अस्त्र–शस्त्रों का निःशस्त्रीकरण।
3. परमाणु अस्त्र–शस्त्रों का नियंत्रण और उस दिशा में पहला कदम परमाणु अस्त्र–शस्त्रों की दौड़ समाप्त हो।
4. यथा संभव परमाणु अस्त्र न बनाने की प्रतिबद्धता।
5. शांतिपूर्ण उद्देश्यों और कार्यों के लिए परमाणु शक्ति का विकास और प्रयोग।
6. देश के आण्विक संस्थान और सुविधाओं के भेदभावपूर्ण निरीक्षण और नियंत्रण का अंत।

यह बात सबको ज्ञात थी कि पाकिस्तान परमाणु बम बनाने के लिए काम कर रहा था। भारत ने यह स्पष्ट कर दिया है कि यदि पाकिस्तान अपने कारनामों पर अड़ा रहता है, तो भारत को भी अपनी परमाणु नीति बदलनी होगी। भारत के पास वह तकनीकी क्षमता है कि वह थोड़े समय में ही परमाणु शक्ति के शांतिपूर्ण प्रयोग को युद्ध के लिए भी बदल सकता है।

सन् 1998 में भारत के केन्द्र में राष्ट्रीय लोकतांत्रिक मोर्चे की सरकार बनी, जिसका मुख्य घटक बी.जे.पी. थी। प्रधानमंत्री अटल बिहारी वाजपेयी बने। उन्होंने 18 मई 1998 को यह घोषणा की, कि भारत ने परमाणु शक्ति के तीन परीक्षण किए हैं जिनके परिणाम 1974 के परीक्षण से ज्यादा अच्छे थे। इसी समय इन परीक्षणों की प्रतिक्रिया के रूप में पाकिस्तान ने दो परीक्षण किए। संयुक्त राज्य अमेरिका, चीन और जापान ने दोनों देशों के द्वारा परीक्षण करने की तीव्र आलोचना की। अटल बिहारी वाजपेयी ने अपनी प्रभावशाली भाषा में कहा कि निश्चय ही भारत एक परमाणु शक्ति सम्पन्न देश बनना चाहता है।

यू.पी.ए. 1 और 2 में भी भारत ने निःशस्त्रीकरण का समर्थन किया है। परम्परागत् अस्त्र–शस्त्र और परमाणु अस्त्र–शस्त्र होते हुए भी भारतीय सेना पर व्यय कम नहीं है। चीन के बाद भारत के पास सबसे बड़ी सेना है। जोधपुर में दक्षिण एशिया का सबसे बड़ा हवाई अड्डा है। भारत ने अपने प्रक्षेपास्त्र (मिसाइल) बना लिए हैं। प्रतिरक्षा पर व्यय दिन पर दिन बढ़ता जा रहा है। उदाहरणतः 1950–51 में यह लगभग रू. 200 करोड़ था, जो 1967–68 में रू. 900 करोड़ हो गया।

यद्यपि भारत की सीमाएं 7 देशों से मिलती हैं किन्तु भारत की सुरक्षा की दृष्टि से, पाकिस्तान और चीन को महत्वपूर्ण माना जाता है। सन् 1962 के भारत–चीन युद्ध के बाद चीन को अधिक संदेह की दृष्टि से देखा जाता है।

भारत की वर्तमान नीति परमाणु शक्ति का शांतिपूर्ण उद्देश्यों के लिए प्रयोग करने की है, किन्तु परमाणु अस्त्र–शस्त्र बनाने की क्षमता भी भारत में है और आवश्यकता पड़ने पर भारत परमाणु अस्त्र–शस्त्र भी बना सकता है। पाकिस्तान और चीन के पास परमाणु बम की उपेक्षा भारत नहीं कर सकता। 25 अप्रैल 1985 में तत्कालीन प्रतिरक्षा मंत्री नरसिम्हा राव ने कहा था "मंत्री परिषद् भारत की संसद की राय चाहती है कि पाकिस्तान से परमाणु बम का खतरा होने पर हम क्या करें।"[3] उत्तर स्पष्ट हैः भारत में तमाम लोग जिनमें संसद के सदस्य, ...सेना, वायुसेना और जलसेना के अधिकारी, निवृत्ति प्राप्त शासनाधिकारी, विद्वान और राजनीतिज्ञ सम्मिलित हैं, यह मानते हैं कि भारत को परमाणु बम बना लेना चाहिए।

दूसरी तरफ ऐसे लोग भी हैं, जो परमाणु बम बनाने के विरोध में है। उनका कहना है कि इससे प्रतिरक्षा पर खर्च बहुत बढ़ जाएगा, जिसका विपरीत प्रभाव सामाजिक और आर्थिक विकास पर पड़ेगा। दक्षिण एशिया में अस्त्र–शस्त्रों की दौड़ तेज हो जाऐगी। अंतर्राष्ट्रीय संगठनों में भारत की आलोचना होगी और भारत की छवि गिरेगी। पाकिस्तान और चीन से प्रतिस्पर्धा बढ़ेगी और बुनियादी ढाँचे में काफी परिवर्तन करना होगा।

अच्छा यह होगा कि भारत परमाणु अस्त्र–शस्त्र बनाने के लिए अपनी पूरी तैयारी रखे, जिससे आवश्यकता के समय यथाशीघ्र उन्हें बना सके। किन्तु अभी न बनाऐं। धनाभाव पहले से ही चल रहा है। जो खर्च परमाणु बम बनाने पर आएगा उससे सामाजिक और आर्थिक विकास पर

3. नरसिम्हा राव, उद्धृत एन जयपालन, *भारत की विदेश नीति*, पृष्ठ 481।

प्रतिकूल प्रभाव पड़ेगा। चीन और पाकिस्तान के पास परमाणु बम होते हुए भी वे उसका प्रयोग नहीं कर पायेंगे क्योंकि इससे उनका स्वयं का भी विनाश हो जायेगा। भारत को पहले अपने आर्थिक, सामाजिक, औद्योगिक, सांस्कृतिक और तकनीकी विकास पर जोर देना चाहिए। ये ही वास्तविक शक्ति के स्रोत हैं।

समीक्षा

अन्य महाशक्तियों की ही भाँति भारत में विदेश नीति का बहुत महत्व माना गया है। स्वतंत्र होने के बाद जवाहरलाल नेहरू प्रधानमंत्री और विदेशमंत्री बने और वे 1964 तक इन पदों पर बने रहे। चूँकि वह भारत के राष्ट्रीय आंदोलन के अग्रणी थे, अतः उनकी लोकप्रियता और प्रतिष्ठा पहले से थी। नेहरू ने आरम्भ से ही अंतर्राष्ट्रीय राजनीति के क्षेत्र में विश्वशांति, असम्बद्धता, साम्राज्यवाद का विरोध, वर्णभेद और रंगभेद की नीति का विरोध अपने विदेश नीति के तहत अपनाया। असम्बद्धता की नीति विश्व को भारत की देन है। इस नीति के निर्माणात्मक तत्त्व ऐतिहासिक पृष्ठभूमि, भौगोलिक स्थिति, आर्थिक और सामाजिक व्यवस्था और इसकी आवश्यकतायें एवं आत्मनिर्भरता, आदि थे। नेहरू और उनके सहयोगियों के द्वारा इस नीति का क्रियान्वयन किया गया। इस नीति के कारण इस काल में विश्व में भारत की प्रतिष्ठा और लोकप्रियता स्थापित हुई। यह लोकप्रियता और प्रतिष्ठा उसकी शक्ति के अनुपात में बहुत अधिक थी।

भारत ने विश्वशांति स्थापित करने और उसकी रक्षा करने में महत्वपूर्ण योगदान दिया—जैसे कोरिया का युद्ध, वियतनाम का युद्ध, स्वेज् नहर का मामला, आदि।

यद्यपि राजनीति और सैनिक क्षेत्र में भारत ने असम्बद्धता की नीति अपनाई थी, किन्तु सन् 1947 से लेकर 1953 तक आर्थिक, सामरिक और सांस्कृतिक क्षेत्रों में भारत पश्चिमी देशों से अधिक सम्बन्धित था। उसका व्यापार मुख्यतः पश्चिमी देशों से था। भारत में निवेश मुख्यतः पश्चिमी देशों का था। उच्च शिक्षा के लिए भारतीय विद्यार्थी और अधिकारी पश्चिमी देश जाते थे। प्रशासन और सैनिक संगठन ब्रिटेन के समान था। पश्चिमी देशों में भी भारत और ब्रिटेन के सम्बन्ध अधिक घनिष्ठ थे। भारत कॉमनवेल्थ और स्टरलिंग मुद्रा क्षेत्र का सदस्य बना रहा। अंग्रेजी भाषा दोनों देशों को जोड़ने के लिए एक प्रबल साधन थी।

1953 से उस समय परिवर्तन आया जब भारत और सोवियत संघ की पहली व्यापारिक संधि हुई। जब भारत ने दूसरी पंचवर्षीय योजना के अन्तर्गत औद्योगीकरण के लिए पश्चिमी देशों से पूंजीगत् और तकनीकी सहायता माँगी, तब उन्होंने मुँह फेर लिया क्योंकि वे नहीं चाहते थे कि भारत एक औद्योगिक देश बने। ऐसी स्थिति में सोवियत संघ मदद करने के लिए तैयार हो गया। यहाँ से भारत की विदेश नीति का दूसरा अध्याय आरम्भ होता है। सोवियत संघ ने जो सहायता दी वह देश में भारी उद्योग स्थापित करने और अन्य महत्वपूर्ण क्षेत्रों में विकास करने के लिए थी। इसके विपरीत अमेरिका और पश्चिमी देश जो सहायता दे रहे थे, वह आकार में बड़ी थी, किन्तु वह कृषि और सार्वजनिक सेवाओं के लिए ही थी।

आर्थिक परिदृश्य बदलने पर राजनीतिक परिदृश्य बदला। भारत और सोवियत संघ के राजनीतिक संबंध भी घनिष्ठ बने। सोवियत संघ ने खुलकर कश्मीर और गोवा पर भारत का समर्थन किया।

सन् 1959 से भारत और चीन का सीमाओं को लेकर विवाद आरम्भ हो गया था। सोवियत संघ ने चीन में साम्यवादियों का शासन होते हुए भी भारत का साथ दिया।

इसके बावजूद भारत अमेरिका की तरफ झुकने लगा। संयुक्त राज्य अमेरिका के तत्कालीन राष्ट्रपति आईजनहावर भारत आए और उस समय भारत और अमेरिका में पारस्परिक सहयोग और व्यापार के सम्बन्ध में अनेक समझौते हुए।

सन् 1962 में भारत और चीन के बीच कुछ समय के लिए युद्ध हुआ। इसमें भारत पराजित हुआ। युद्ध के दौरान भारत ने अमेरिका से सैनिक सहायता माँगी, किन्तु अमेरिका ने इस प्रकार की सहायता देने से इंकार कर दिया। सोवियत संघ ने पहले तटस्थता की नीति अपनाई। आगे चलकर उसने भारत का पक्ष लेते हुए, उसको अपेक्षित अस्त्र–शस्त्र दिए। सन् 1964 में नेहरू का महाप्रयाण हो गया।

नेहरू के बाद लाल बहादुर शास्त्री प्रधानमंत्री बने। उन्होंने नेहरू की ही असम्बद्धता की नीति अपनाई। उनके संक्षिप्त कार्यकाल की सबसे बड़ी घटना 1965 में पाकिस्तान से युद्ध था। इस युद्ध में पाकिस्तान की बुरी तरह से हार हुई। सोवियत संघ के प्रयत्नों से युद्ध बंद हो गया। सोवियत संघ के निमंत्रण पर लाल बहादुर शास्त्री और पाकिस्तान के सैनिक शासक

जनरल अय्यूब खाँ सोवियत संघ के नगर ताशकंद गए। वहाँ सोवियत संघ के तत्कालीन प्रधानमंत्री कोसीजिन की मध्यस्थता में दोनों देशों में बातचीत हुई, परिणामतः ताशकंद समझौता हुआ। जिस दिन समझौते पर हस्ताक्षर हुए उसी रात को लाल बहादुर शास्त्री का निधन हो गया।

लाल बहादुर शास्त्री के बाद इन्दिरा गाँधी प्रधानमंत्री बनी। काँग्रेस के पुराने और परिपक्व नेता यह सोचते थे कि इन्दिरा गाँधी उनके हाथ की गुड़िया रहेगी। इन्दिरा गाँधी बहुत तेज, कुशाग्र और चतुर साबित हुई। नेहरू के साथ रहकर उन्हें राष्ट्रीय और अंतर्राष्ट्रीय राजनीति का अच्छा ज्ञान हो गया था। उनकी दिलचस्पी अंतर्राष्ट्रीय राजनीति में अधिक थी। उन्होंने अपने सलाहकार और सहयोगी चुने। इन्दिरा गाँधी और काँग्रेस के पुराने नेताओं में मतभेद पैदा हो गया। अंततः काँग्रेस दो हिस्सों में बंट गई—इन्दिरा गाँधी काँग्रेस और सिन्डीकेट।

इन्दिरा गाँधी ने पहले अमेरिका से घनिष्ठता की पहल की, किन्तु अमेरिकन शासन ने उनकी उपेक्षा की। इसके फलस्वरूप उनके सोवियत संघ से सम्बन्ध प्रगाढ़ बने।

इन्दिरा गाँधी ने देशी राजाओं के प्रिवी पर्स बंद कर दिए। बैंकों का राष्ट्रीयकरण किया। कोयले की खदानों का राष्ट्रीयकरण किया। असम्बद्ध देशों के आंदोलन/अभियान "**नाम**" में उन्होंने सक्रियता दिखाई। जब "**नाम**" का सम्मेलन दिल्ली में हुआ, तो अगले तीन वर्षों के लिए उनको "**नाम**" का अध्यक्ष चुना गया।

इन्दिरा गाँधी का सबसे बड़ा योगदान बांग्लादेश की स्थापना थी। पूर्वी और पश्चिमी पाकिस्तान में फूट पड़ी और इसके नतीजतन इन देशों में युद्ध आरम्भ हो गया। पाकिस्तान ने इसके लिए भारत को उत्तरदायी ठहराया और उस पर आक्रमण कर दिया। परिणामतः भारत को पाकिस्तान से युद्ध करना पड़ा। युद्ध में पाकिस्तान पराजित हुआ। पूर्वी पाकिस्तान के शेख मुजीबुर्रहमान के नेतृत्व में स्वतंत्र और संप्रभु बांग्लादेश की स्थापना हुई। यह भारत की विदेश नीति की एक बहुत बड़ी सफलता थी। आरम्भ से ही भारत और पाकिस्तान के सम्बन्ध अच्छे नहीं रहे थे। पाकिस्तान का विभाजन भारत के हित में था।

भारत पाकिस्तान के युद्ध में अमेरिका पाकिस्तान का समर्थन कर रहा था और सोवियत संघ भारत के साथ था। यद्यपि दोनों देशों ने प्रत्यक्ष रूप से युद्ध में कोई हस्तक्षेप नहीं किया।

इन्दिरा गाँधी ने सिक्किम को भारत में सम्मिलित कर लिया और पंजाब से पंजाब और हरियाणा, हिमाचल, राज्यों की स्थापना की। सन् 1975 में उन्होंने भारत में आपात्काल घोषित किया, जिससे उनकी बहुत आलोचना हुई।

इन्दिरा गाँधी अंतर्राष्ट्रीय क्षेत्र में बहुत लोकप्रिय थी। उनकी छवि करिश्माई थी। उन्होंने संयुक्त राष्ट्र संघ की सामान्य सभा में भाग लेते हुए उसको सम्बोधित भी किया था।

सन् 1984 में उनकी हत्या कर दी गई। विदेश नीति के क्षेत्र में नेहरू से लेकर इन्दिरा गाँधी तक नेहरू काल माना जाता है। इस काल में विकासशील देश होते हुए भी भारत की अंतर्राष्ट्रीय राजनीति के क्षेत्र में बहुत दखल था। वह न चाहते हुए भी एशियाई और अफ्रीकी देशों, विशेषकर असम्बद्ध देशों का नेता था। नेहरू, शास्त्री और इन्दिरा गाँधी की स्वयं अपनी लोकप्रियता थी। इनके कार्यकाल में विदेश नीति के नए–आयाम स्थापित हुए थे; उदाहरणतः "**नाम**", बाडुंग सम्मेलन, बांग्लादेश, आदि।

इन्दिरा गाँधी के बाद काँग्रेस सरकारों में राजीव गाँधी और बाद में नरसिम्हा राव प्रधानमंत्री बने। राजीव गाँधी के समय से चीन के साथ सुधार आरम्भ हुआ। राजीव गांधी और नरसिम्हा राव दोनों ने "**नाम**" में सक्रिय भाग लिया। यद्यपि दोनों की विदेश नीति असम्बद्धता की थी, किन्तु इनके कार्यकाल में वह छवि नहीं रही, जो नेहरू से इन्दिरा गाँधी के काल में थी।

इसके बाद मोरारजी देसाई, वी.पी. सिंह, देवगौड़ा, गुजराल, अटल बिहारी वाजपेयी एवं मनमोहन सिंह क्रमशः प्रधानमंत्री बने। इनके कार्यकाल में अंतर्राष्ट्रीय क्षेत्र में भारत की भूमिका साधारण रही। इनका मुख्य ध्यान आंतरिक समस्याओं पर अधिक था। इन्होंने भी सिद्धान्त में विदेश नीति, असम्बधता की अपनाई किन्तु सिद्धान्त और क्रियान्वयन में वह आकर्षण नहीं रहा, जो पहले था। अटल बिहारी वाजपेयी ने पाकिस्तान से सुलह करने के लिए पहल की, किन्तु वह सफल नहीं हो सके।

सन् 1990–91 में सोवियत संघ और पूर्वी यूरोप के समाजवादी देशों का पराभव हो जाने से अंतर्राष्ट्रीय राजनीति एकल ध्रुवीय हो गई। अतः पूरे विश्व

में संयुक्त राज्य अमेरिका की तूती बोलने लगी। संयुक्त राज्य अमेरिका ने एशिया, अफ्रीका, लैटिन अमेरिका में अपनी स्थिति मजबूत करने और अपना आधिपत्य स्थापित करना आरम्भ कर दिया। जो देश अमेरिका के साथ नहीं थे, उन्हें **"रोग"** (Rouge) देश कहा जाने लगा, जैसे–उत्तर कोरिया, ईरान, सीरिया, आदि।

अंतर्राष्ट्रीय राजनीति के क्षेत्र में शक्ति के नए समीकरण स्थापित हुए। चीन एक महाशक्ति बन गया। वह आकार–प्रकार और जनसंख्या में विश्व के दस देशों में से था। गरीबी और पिछड़ेपन से निकलकर वर्तमान में उसकी अर्थ–व्यवस्था विश्व में दूसरे स्थान पर है। चीन में साम्यवादियों के हाथों में सत्ता आ जाने के बाद अमेरिका से उसके संबंध अच्छे नहीं रहे हैं। दोनों देशों में एक प्रकार से शीत युद्ध की स्थिति रही है। चीन और पाकिस्तान के निकट संबंध बनना भारत के लिए चिन्ता का विषय है। दूसरी तरफ पश्चिमी देश और अमेरिका, भारत और चीन को प्रतिद्वंदी बताते आए हैं। चीन, फ्रांस और रूस का आगे चलकर शक्ति का दूसरा ध्रुव बन सकता है।

मई 2004 में युनाइटेड प्रोग्रेसिव एलाइन्स की काँग्रेस के नेतृत्व में नई सरकार बनी। डॉ. मनमोहन सिंह को प्रधानमंत्री बनाया गया। वह एक प्रसिद्ध अर्थशास्त्री और नौकरशाह थे। वह विश्वबैंक में और आई.एम.एफ. में अधिकारी रह चुके थे। नरसिम्हा राव की सरकार में उनको वित्तमंत्री बनाया गया था। उन्होंने ही भारत की अर्थव्यवस्था में परिवर्तन करना आरम्भ किया था। मिश्रित अर्थव्यवस्था के स्थान पर नव–उदारवाद और भूमण्डलीकरण के नाम पर विशुद्ध पूंजीवादी व्यवस्था स्थापित करना उनका लक्ष्य था। प्रधानमंत्री बनने के बाद डॉ॰ मनमोहन सिंह ने उसी अर्थ नीति पर काम करना आरम्भ किया, जिस नीति को उन्होंने वित्त मंत्री के रूप में आरम्भ किया था।

विदेशी पूंजी को भारत में निवेश करने के लिए आमंत्रित और प्रोत्साहित किया गया। देश के उद्योगों और प्रमुख सेवाओं, जो सार्वजनिक क्षेत्र में चली आ रही थी, उनका विनिवेश किया जाने लगा।

इस बदलती हुई अर्थव्यवस्था के परिणामतः विदेश नीति में भी परिवर्तन आरम्भ हुए। भारत असम्बद्धता की विदेश नीति से हटता गया। यद्यपि भारत ने दबावों के बावजूद परमाणु अप्रसार संधि को स्वीकार नहीं किया किन्तु उसने अमेरिका से सैनिक क्षेत्र में मित्रता और सहयोग के सम्बन्ध स्थापित किए हैं; जिनमें भारत ने अमेरिकी सेना रखने और भारत में अमेरिका

अस्त्र–शस्त्रों का जखीरा बनाने के समझौते भी सम्मिलित हैं। आगे चलकर 2008 में भारत ने अमेरिका से परमाणु शक्ति के गैर सैनिक अथवा नगरीय क्षेत्र में प्रयोग करने में संधि भी है। इस संधि के अंतर्गत अंतर्राष्ट्रीय परमाणु अभिकरण को भारत में परमाणु संस्थाओं का निरीक्षण करने का अधिकार मिला। इस भाँति अमेरिका और अन्य पश्चिमी देशों ने भारत पर परमाणु शक्ति के संसाधनों और तकनीक देने पर जो प्रतिबंध लगाया था, वह हट गया है और एक तरह से भारत को परमाणु शक्ति होने की मान्यता मिली है। इस संधि का जनता में समर्थन और घोर विरोध भी हुआ। इस प्रकार की संधियों और समझौतों से भारत असम्बद्धता की नीति से हटता गया।

असम्बद्धता की नीति से हटने के परिणामतः ही भारत ने इराक में अमेरिका के सैन्य हस्तक्षेप का कोई विरोध नहीं किया। लीबिया में भी वह मूक बना रहा। ईरान के संबंध में भारत की नीति गड़बड़ है। भारत ने संयुक्त राष्ट्र संघ और अंतर्राष्ट्रीय परमाणु अभिकरण में अमेरिका का साथ देते हुए ईरान का विरोध किया। सीरिया में भी प्रतिक्रांति पर भारत ने चुप्पी साधी। इस प्रकार इसकी साम्राज्यवाद विरोधी नीति में बदलाव आया है।

प्रत्येक देश की विदेश नीति अपने राष्ट्रीय हितों की रक्षा करने और पूर्ति करने की होनी चाहिए। भारत ने डॉ॰ मनमोहन सिंह के नेतृत्व में उस महत्वपूर्ण संधि को ठुकरा दिया, जिसके अंतर्गत ईरान से पाकिस्तान से होते हुए, तेल की पाईप लाईन भारत आनी थी। ईरान, भारत को तेल की आपूर्ति करने में महत्वपूर्ण स्थान रखता है। इस पाईप लाईन से भारत को ईरान से मिलने वाले तेल में बहुत वृद्धि होती, और तेल सस्ता मिलता किन्तु अमेरिका के दबाव में भारत ने इस संधि को करने से इंकार कर दिया, जो वास्तव में भारत के हितों की उपेक्षा थी।

डॉ॰ मनमोहन सिंह के कार्यकाल में विदेश मंत्रियों की भूमिका घट गई। वह अपने निकट के नौकरशाहों और अन्य सलाहकारों पर निर्भर रहते आए हैं। यद्यपि वह प्रायः विदेशों की यात्रा पर रहते हैं, किन्तु इस क्षेत्र में उनकी उपलब्धियाँ बहुत कम हैं। उनके कार्यकाल में चीन के साथ संबंधों में सुधार हुआ है और पारस्परिक व्यापार बहुत बढ़ा है। उनके कार्यकाल में रूस, चीन, ब्राजील, भारत और दक्षिण अफ्रीका को लेकर एक क्षेत्रीय संगठन "**ब्रिक्स्**" की स्थापना हुई है। यह अंतर्राष्ट्रीय क्षेत्र में महत्वपूर्ण भूमिका निभा सकता है। डॉ॰ मनमोहन सिंह ने पड़ोसी देशों से संबंध अच्छे करने में भी योगदान दिया है।

आरम्भ से ही भारत ने लैटिन अमेरिका में कोई विशेष दिलचस्पी नहीं दिखाई थी। नेहरू अमेरिका और मैक्सिको तो गए, किन्तु दो बार निमंत्रण मिलने पर भी क्यूबा नहीं गए। लैटिन अमेरिका में जागृति की लहर आई हुई है। क्यूबा के साथ वेनेजुएला, बोल्विया, ब्राजील, इक्वेडर विदेशी आधिपत्य और हस्तक्षेप से मुक्ति पा चुके हैं और समाजवादी व्यवस्था की ओर बढ़ रहे हैं। दक्षिण अमेरिका के देश संसाधनों में बहुत धनी हैं और समान हितों के आधार पर उनसे सहयोग बहुत लाभदायक हो सकता है। उनमें भारत के प्रति सहानुभूति और मित्रता की भावना है।

संदर्भित पुस्तकें

भारत की खोज, पं. जवाहरलाल नेहरू।

भारत के इतिहास का सर्वेक्षण, के.एम. पाणिकर।

स्वतंत्रता के लिए युद्ध, वी.डी. सावरकर।

भारत की विदेश नीति, इकबाल सिंह।

जवाहरलाल नेहरू के भाषण, वॉल्यूम 1, 11 एवं 111, 1946–49, 1949–53 और 1953–57।

विश्व राजनीति, ए.एफ.के. और ओरगेन्सकी।

अंतर्राष्ट्रीय राजनीति के सिद्धान्त और व्यवहार, मोरगेंथ्यू।

भारत की विदेश नीति के आर्थिक आधार, बंदोपाध्याय।

भारत की विदेश नीति, सम्पादित के.पी. मिश्रा।

नेहरूः राजनीतिक आत्मकथा, माईकेल ब्रीचर–पृष्ठ 569।

हिन्दू का जीवन दर्शन, डॉ. एस. राधाकृष्णन्, पृष्ठ–36–37।

आज का भारत, फ्रांक, मोरेस पृष्ठ 214।

लोकसभा डिबेट, पार्ट–2, वॉल्यूम–8, 20 मई 1957 कॉलम 882।

नेहरू पहले 60 वर्ष, 1963 वॉल्यूम–11 पृष्ठ 179, सम्पादक मोरोथी नोरपन।

भारत की विदेश नीति, प्रकाशन विभाग भारत सरकार।

भारत की विदेश नीति, करूणाकर गुप्ता।

अंतर्राष्ट्रीय संगठन, पुष्पेश पंत।

भारत की विदेश नीति, विमल प्रसाद।

संयुक्त राष्ट्र संघ का अभिलेख–ए/पीयू/882 अक्टूबर 1960।

भारत का विदेशी व्यापार–1951, 1952 और 1833 भारत सरकार प्रकाशन।

भारत की विदेश नीति, जयपालन।

भारत की विदेश नीति, सम्पादित बी.आर. नंदा।

नई दिल्ली से हरारे, बी.डी. चौपड़ा।

भारत की विदेश नीति, करूणाकरण।

भारत की विदेश नीतिः असम्बद्धता का विकास, डॉ॰ नारायण मलिक।

नेहरू की असमबद्धता की विरासत, शशि भूषण।

भारत की विदेश नीति, ए.एस. मिश्रा।

भारत और सोवियत मैत्री, बसंत चटर्जी।

अंतर्राष्ट्रीय संबंध, वी.एन. खन्ना।

भारत की विदेश नीति, मुचकुण्ड दुबे।

भारत की विदेश नीति, सुमित गांगुली।

भारत की विदेश नीति, वी.पी. दत्त।

अंतर्राष्ट्रीय राजनीति का विज्ञान, पी.सी. जैन।

भारत की विदेश नीति के निर्माणक आर्थिक तत्व, नेहरू कालः पी.सी. जैन।

अंतर्राष्ट्रीय संबंध, पुष्पेश पंत।

विदेशी सहायता की राजनीति, पी.एल. एलड्रिक।

अंतर्राष्ट्रीय राजनीति, पी. चन्द्रा।

अंतर्राष्ट्रीय संबंध, विश्व रंजन मोहंती।

भारत की प्रतिरक्षा और विदेश नीति, सम्पादनः ए.बी. शाह।

अंतर्राष्ट्रीय संबंध, दिनेश चतुर्वेदी।

अंतर्राष्ट्रीय आर्थिक संबंधों की राजनीति, जोन इडरमेन स्पेरो।

समाचार पत्र और पत्रिकाऐं

फ्रन्टलाईन, अगस्त 22, 1997, पृष्ठ 14।

नेशनल हैरल्ड, 10.5.1959।

ईस्टर्न एकोनोमिक्स्, 15 मई 1960, पृष्ठ 849।

टाईम्स् ऑफ इण्डिया, 7, 17 और 7 अक्टूबर 1961।